EL SIGLO DE LA SOLEDAD

NOREENA HERTZ

EL SIGLO DE LA SOLEDAD

Recuperar los vínculos humanos en un mundo dividido

Traducción de Fernando Borrajo Castanedo

⫸ PAIDÓS®

Obra editada en colaboración con Editorial Planeta - España

Título original: *The Lonely Century*

Publicado originalmente en inglés por Sceptre, un sello editorial de Hodder & Stoughton, una compañía de Hachette UK

© 2020, Noreena Hertz

© 2021, Traducción: Fernando Borrajo Castanedo

© 2021, Editorial Planeta, S. A. - Barcelona, España

Derechos reservados

© 2022, Ediciones Culturales Paidós, S.A. de C.V.
Bajo el sello editorial PAIDÓS M.R.
Avenida Presidente Masarik núm. 111,
Piso 2, Polanco V Sección, Miguel Hidalgo
C.P. 11560, Ciudad de México
www.planetadelibros.com.mx
www.paidos.com.mx

Primera edición impresa en España: septiembre de 2021
ISBN: 978-84-493-3845-8

Primera edición impresa en México: marzo de 2022
ISBN: 978-607-569-208-1

Impreso en los talleres de Impregráfica Digital, S.A. de C.V.
Av. Coyoacán 100-D, Valle Norte, Benito Juárez
Ciudad De Mexico, C.P. 03103
Impreso y hecho en México – *Printed and made in Mexico*

A Danny, por todo

SUMARIO

CAPÍTULO

1

Este es el siglo de la soledad

Acurrucada junto a él, con el pecho pegado a su espalda, la respiración sincronizada y los pies entrelazados. Así hemos dormido durante más de cinco mil noches.

Pero ahora dormimos en habitaciones separadas. Durante el día bailamos el zigzag de los dos metros. Los abrazos, las caricias, los besos —nuestra coreografía cotidiana— ahora están prohibidos, y un «no te acerques a mí» es mi nueva demostración de cariño. Sin parar de toser, dolorida y achacosa, me da muchísimo miedo contagiar a mi marido si me acerco demasiado a él. Así que guardo las distancias.

Estamos a 31 de marzo de 2020 y, al igual que 2.500 millones de personas, lo que viene a ser una tercera parte de la población mundial, mi familia está confinada.[1]

Con tantas personas recluidas en sus casas, condenadas al teletrabajo (si es que tienen un empleo, claro), sin poder visitar a sus familiares y amigos, «distanciadas socialmente», «en cuarentena» y «aisladas *motu proprio*», era inevitable que aflorasen los sentimientos de soledad y aislamiento.

Al cabo de solo dos días de confinamiento, mi mejor amiga me escribe un mensaje en el que dice: «El aislamiento me está volviendo loca». Al cuarto día, mi padre, que tiene ochenta y dos años, me wasapea: «Deambulo como una nube solitaria». En todo el mundo, los operadores que atienden los servicios de salud emocional informaron no solo de un aumento exponencial de las llamadas durante los días de confinamiento obligatorio, sino también de que la mayoría de esas llamadas estaban motivadas por el sufrimiento que produce la soledad.[2] «Mi mamá no quiere abrazarme ni acercarse demasiado a mí», le dijo un angustiado niño a un voluntario del servicio Childline.[3] En Alemania, donde a mediados de marzo el número de llamadas a los teléfonos de asistencia aumentó en más de un 50 %, un psicólogo señaló que «la mayoría de la gente tenía más miedo a la soledad que a una posible infección».[4]

Pero el «siglo de la soledad» no comenzó en el primer trimestre de 2020. Cuando la COVID-19 asestó el primer golpe, la mayoría de nosotros ya nos sentíamos solos, aislados y atomizados la mayor parte del tiempo.

Este libro analiza las razones por las que hemos llegado a sentirnos tan solos, así como las medidas que debemos adoptar para volver a comunicarnos.

La chica de rosa

Veinticuatro de septiembre de 2019. Estoy esperando, sentada junto a la ventana y apoyada en una bonita pared rosa.

Suena el móvil. Es Brittany, que se retrasa unos minutos.

«No te preocupes», tecleo. «Has elegido un lugar muy chulo». Y ciertamente lo es. La estilosa y elegante clientela, con sus modernos portafolios bajo el brazo, da fe del furor que está causando la tetería Cha Cha Matcha en el barrio de NoHo, en Manhattan.

Al cabo de un rato, llega por fin Brittany. Esbelta y atlética, sonríe cuando me localiza entre la gente. «Oye, me encanta tu vestido», dice.

A 40 dólares la hora, no esperaba menos. Pues Brittany es la «amiga» que he alquilado en una empresa que se llama Rent-a-Friend, fundada en Nueva Jersey por Scott Rosenbaum, quien vio el éxito que había tenido esa idea en Japón y ahora cuenta con sucursales en muchas ciudades de todo el mundo y tiene una página web con más de 620.000 amigos platónicos para arrendar.

Aquella no era la salida profesional a la que aspiraba Brittany, de veintitrés años y natural de Florida, cuando fue admitida en la Universidad Brown. Pero, al no encontrar trabajo como experta en ciencias medioambientales, que era lo que había estudiado, y como tenía que devolver los préstamos que había pedido para cursar la carrera, dice que la decisión de ofrecerse para hacer compañía es una cuestión meramente pragmática y que su trabajo emocional no es más que otra manera de ganarse la vida. Cuando no está acompañando a alguien —lo hace unas pocas veces a la semana—, ayuda a nuevas empresas a publicitarse en las redes sociales y ofrece servicios de asistente ejecutiva a través de Task-Rabbit.

Antes de encontrarnos, yo estaba bastante nerviosa, pues no sabía si «amiga» era un eufemismo para pareja sexual o si la reconocería por la foto de su perfil. Pero al cabo de unos minutos compruebo aliviada que se trata nada más que de amistad sin derecho a otras cosas. Y, durante las siguientes horas, mientras deambulamos por las calles de Manhattan charlando de #MeToo y de su heroína Ruth Bader Ginsberg, o de nuestros libros preferidos en McNallys, en ocasiones me llego a olvidar de que estoy pagando por la compañía de Brittany. Aunque no es como una amiga de toda la vida, me siento bastante a gusto con ella.

Pero en Urban Outfitters, en Broadway, es donde despliega todo su encanto, justo cuando se nos empieza a acabar el tiempo. Sin dejar de sonreír, no para de hacer chistes y bromea conmigo mientras rebuscamos entre un montón de camisetas y nos probamos unos vistosos sombreros chambergos. Al parecer, me quedan bastante bien; aunque probablemente Brittany me habría dicho lo mismo de todas formas.

Le pregunto por otras personas que la han contratado, por otras consumidores de amistad como yo. Me habla de aquella mujer tan dulce que no quería ir sola a una fiesta, del técnico de Nueva Delhi que se había mudado a Manhattan por trabajo, que no conocía a nadie en la ciudad y no le gustaba comer solo, del banquero que se ofreció a llevarle sopa de pollo cuando se puso enferma. «¿Cómo definirías al cliente típico?», le pregunté. «Son profesionales, de entre treinta y cuarenta años, que se sienten solos. El tipo de personas que trabajan mucho y al parecer no tienen tiempo para hacer amigos», me respondió.

Una característica de nuestro tiempo es poder encargar compañía por teléfono como quien encarga una hamburguesa, y es también que haya surgido una «economía de la soledad» para ayudar —y en ocasiones exprimir— a quienes se sienten solos. Pero en el siglo XXI, el siglo más solitario del que tenemos constancia hasta hoy, los profesionales sobrecargados de trabajo con los que se relaciona Brittany no son los únicos que sufren; lamentablemente, los tentáculos de la soledad se extienden mucho más allá.

Antes incluso de que el coronavirus provocara una «recesión social» por el peligro del contacto cara a cara, tres de cada cinco adultos estadounidenses se sentían solos.[5]

En Europa sucedía más o menos lo mismo. En Alemania, dos terceras partes de la población consideraban la soledad como un problema grave.[6] Casi un tercio de los holandeses reconocía sentirse solo, y uno de cada diez se sentía realmente desolado.[7] En Suecia, una cuarta parte de la población afirmaba estar sola con frecuencia.[8] En Suiza, dos de cada cinco personas afirmaban sentirse así en ocasiones, a menudo o todo el tiempo.[9]

En el Reino Unido el problema adquirió una magnitud tal que en 2018 el primer ministro llegó al extremo de crear un Ministerio de la Soledad.[10] Uno de cada ocho británicos no tenía un solo amigo íntimo en quien confiar, mientras que esa proporción era de uno a diez solo cinco años antes.[11] Tres cuartas partes de los ciudadanos no sabían cómo se llamaban sus vecinos, en tanto que el 60 % de los empleados británicos afirmaban sentirse solos en el lugar de trabajo.[12] Los datos recogidos en Asia, Australia, Sudamérica y África eran igual de preocupantes.[13]

De manera inevitable, tantos meses de confinamiento, aislamiento voluntario y distanciamiento social han agravado aún más este problema. Jóvenes y ancianos, hombres y mujeres, solteros y casados, ricos y pobres...[14] Los habitantes de todo el planeta se sienten solos, desconectados y maltratados. Nos encontramos en pleno centro de una crisis de soledad mundial. Ninguno de nosotros, en ningún sitio, es inmune.

A unos 10.000 kilómetros de Manhattan, Saito-san comienza un nuevo día. Pequeñita y de mejillas redondeadas, con un brillo especial en los ojos, esta viuda y madre de dos hijos sabe perfectamente lo que es estar sola. Agobiada por los problemas económicos, con una pensión que no le alcanza para hacer frente a los gastos cotidianos, carente de ayudas sociales, con unos hijos que están siempre demasiado ocupados, Saito-san se sentía desamparada. Hasta que tomó una decisión radical y sin precedentes.

Ingresada en el penal de Tochigi, un centro penitenciario para mujeres, Saito-san es una de las muchas japonesas de cierta edad que han hecho de la cárcel un modo de vida. En Japón, durante las últimas dos décadas, los delitos cometidos por personas mayores de sesenta y cinco años se han cuadruplicado.[15] El 70 % de este grupo de edad reincide antes de cinco años. La funcionaria de prisiones Junko Ageno no tiene la menor duda de que la soledad es la causa de esa propensión, pues eso es lo que le cuentan las reclusas.[16] Koichi Hamai, profesor de la Universidad de Ryukoku, quien ha estudiado el fenómeno de las presidiarias de cierta edad, coincide plenamente. Hamai considera que muchas ancianas eligen la cárcel como forma de evitar el aislamiento social.[17] Arrestadas habitualmente por delitos menores, como por ejemplo hurtos en tiendas —una de las formas más fáciles de ir a la cárcel—, el 40 % de esas reclusas afirman que casi nunca hablan con su familia, y la mitad de las ancianas encarceladas por hurto durante los últimos años vivían solas antes de entrar en prisión.

Muchas mujeres dicen que la cárcel es una forma de crear «el entorno familiar que no tienen en casa»; un lugar donde, como explica una reclusa octogenaria, «siempre hay gente a mi alrededor y no me siento sola».[18] Un entorno que la señora O, una presidiaria de setenta y ocho años, describe como «un oasis» donde «hay muchas personas con las que se puede charlar». Es un refugio donde tienen compañía y en el que además reciben apoyo y atención.[19]

Los ancianos son el conjunto de personas en el que primero pensamos cuando nos preguntamos quiénes están más solos. Y, ciertamente, ese grupo de edad está más solo que la mayoría de la gente.

Ya en 2010, el 60 % de los internos en residencias de ancianos en Estados Unidos afirmaba que casi nunca recibía visitas.[20] En el Reino Unido, en 2014, dos quintas partes de todos los ancianos aseguraba que la televisión era su única compañía.[21] No mucho después, un abuelo de ochenta y cinco años que vivía en Tianjin, uno más de los millones de ancianos solitarios que hay en China, salió en los noticiarios de todo el mundo en 2017 tras colocar en la marquesina del autobús una pancarta que rezaba: «Soy un octogenario que está completamente solo. Necesito que una familia o una persona de buen corazón tenga a bien adoptarme». Por desgracia, el hombre murió al cabo de tres meses. Muchos vecinos suyos tardaron dos semanas en echarlo de menos.[22]

Esas historias tan tristes hacen que nos preguntemos cómo tratamos, en cuanto sociedad, a nuestros mayores. Y, sin embargo, aunque nos resulte sorprendente, son los jóvenes los que están más solos.

Me di cuenta de esa curiosa circunstancia hace pocos años, cuando daba clases a graduados universitarios.[23] Al verlos trabajar en grupo, era evidente que les costaba relacionarse entre sí mucho más que a las generaciones anteriores, y, por otra parte, cuando venían a mi despacho angustiados por los estudios y por su incierto futuro laboral, muchos me contaban que se sentían realmente solos y abandonados.

Mis alumnos no eran atípicos.

En Estados Unidos, uno de cada cinco *millennials*, poco más o menos, dice no tener amigos.[24] En el Reino Unido, tres de cada cinco jóvenes de edades comprendidas entre los dieciocho y los treinta y cuatro años, y casi la mitad de los niños de entre diez y quince años, aseguran sentirse solos con frecuencia o en ocasiones.[25]

Una vez más, esta inquietante situación ha ido empeorando de forma progresiva durante los últimos años en todo el mundo. En casi todos los países miembros de la OCDE (a la que pertenecen la mayor parte de las naciones europeas, Estados Unidos, Canadá y Australia) el porcentaje de adolescentes que afirman sentirse solos en el colegio aumentó de manera significativa entre 2003 y 2015.[26] Una vez más, como consecuencia de la COVID-19, es probable que la proporción sea ahora considerablemente mayor.

No se trata solo de una crisis relacionada con la salud mental. Estamos ante una crisis que nos hace enfermar. Las investigaciones indican que la soledad es más nociva para la salud que la falta de ejercicio físico, tan dañina como el alcoholismo y más perjudicial que la obesidad.[27] Desde una perspectiva estadística, la soledad equivale a fumar quince cigarrillos al día.[28] Conviene señalar que todas estas cuestiones son independientes del nivel de vida, el sexo, la edad o la nacionalidad.[29]

Se trata también de una crisis económica. En Estados Unidos, antes incluso de la aparición de la COVID-19, el aislamiento social le costaba a Medicare (un programa de seguridad social) unos 7.000 millones de dólares anuales, es decir, más de lo que gasta en el tratamiento de la artrosis y casi tanto como lo que invierte en la prevención de la hipertensión, y eso ciñéndonos únicamente a las personas de edad avanzada.[30] En el Reino Unido, los solitarios de más de cincuenta años costaban al Servicio Nacional de Salud 1.800 millones de libras al año, lo que equivale más o menos al presupuesto anual del Ministerio de Vivienda, Comunidades y Administraciones Locales.[31] Al mismo tiempo, los empresarios británicos perdían 800 millones de libras anuales por causa de las bajas laborales debidas a la soledad, una cantidad que aumenta considerablemente si tenemos en cuenta la disminución de la productividad.[32]

Y se trata también de una crisis política que agrava las disensiones y el extremismo en Estados Unidos, en Europa y en todo el planeta. La soledad y el populismo de derechas son, como veremos, una pareja muy bien avenida.

Lo más preocupante es que estamos subestimando el verdadero alcance del problema, y ello se debe en parte al estigma que supone la soledad. A muchas personas les cuesta reconocer que están solas: la tercera parte de los trabajadores británicos que se sienten solos nunca se lo han contado a nadie;[33] a otras les resulta difícil admitirlo incluso ante sí mismas, pues consideran su situación más como un fracaso que como la consecuencia de las circunstancias de la vida y de toda una serie de factores económicos, sociales y culturales que escapan al control individual.

Pero lo que más nos hace subestimar el problema de la soledad es su definición, pues la soledad, además de no ser lo mismo que el hecho de estar solo —podemos estar rodeados de personas y sentirnos solos, o estar solos y no conocer la soledad—, ha sido definida casi siempre de manera muy restrictiva. La soledad que sentimos en el siglo XXI va mucho más allá de la definición tradicional.

¿QUÉ ES LA SOLEDAD?

La escala de soledad de UCLA fue desarrollada en 1978 por tres investigadores que pretendían crear un test cuantitativo para medir la sensación subjetiva de soledad. La prueba consta de veinte preguntas encaminadas a determinar no solo el grado de conexión, apoyo y atención que sienten los encuestados, sino también el nivel de exclusión, aislamiento e incomprensión. Este test sigue siendo el principal criterio de referencia en las investigaciones sobre la soledad.[34] La mayoría de los estudios citados en este libro utilizan esta escala, o una de sus variantes, para determinar el grado de abandono de los encuestados.

Tómese unos minutos para responder a este cuestionario. Trace un círculo alrededor de cada respuesta y luego sume los puntos.[35]

	Nunca	Casi nunca	A veces	A menudo
1. ¿Con qué frecuencia siente que «sintoniza» con las personas de su entorno?	4	3	2	1
2. ¿Con qué frecuencia siente que necesita compañía?	1	2	3	4
3. ¿Con qué frecuencia siente que no tiene a nadie a quien recurrir?	1	2	3	4
4. ¿Con qué frecuencia se siente solo?	1	2	3	4
5. ¿Con qué frecuencia siente que forma parte de un grupo de amigos?	4	3	2	1
6. ¿Con qué frecuencia siente que tiene muchas cosas en común con las personas de su entorno?	4	3	2	1
7. ¿Con qué frecuencia siente que ya no tiene confianza en nadie?	1	2	3	4
8. ¿Con qué frecuencia siente que a los demás no les interesan sus ideas y aficiones?	1	2	3	4
9. ¿Con qué frecuencia se siente abierto y comunicativo?	4	3	2	1
10. ¿Con qué frecuencia siente afinidad con otras personas?	4	3	2	1
11. ¿Con qué frecuencia se siente excluido?	1	2	3	4

	Nunca	Casi nunca	A veces	A menudo
12. ¿Con qué frecuencia siente que sus relaciones con los demás carecen de sentido?	1	2	3	4
13. ¿Con qué frecuencia siente que nadie la/lo conoce bien?	1	2	3	4
14. ¿Con qué frecuencia se siente aislado con respecto a los demás?	1	2	3	4
15. ¿Con qué frecuencia siente que puede encontrar compañía cuando le apetezca?	4	3	2	1
16. ¿Con qué frecuencia siente que hay personas que la/lo comprenden de verdad?	4	3	2	1
17. ¿Con qué frecuencia siente timidez?	1	2	3	4
18. ¿Con qué frecuencia siente que las personas que la/lo rodean no están a su lado?	1	2	3	4
19. ¿Con qué frecuencia siente que hay personas con las que puede hablar?	4	3	2	1
20. ¿Con qué frecuencia siente que hay personas a las que puede recurrir?	4	3	2	1

¿Cuál ha sido el resultado? Si la puntuación es superior a 43, se supone que es una persona solitaria,[36] pero, si rellenara un cuestionario basado en una definición más amplia de soledad —una definición que abarcase no solo la relación con sus amigos, familiares, vecinos y compañeros de trabajo (las personas que la escala de UCLA suele tener en cuenta), sino también la relación con su jefe, con sus conciudadanos, con los políticos y con el Estado—, ¿cómo afectaría eso a la puntuación obtenida?

Una diferencia fundamental entre mi definición de soledad (la que utilizaré a lo largo del libro) y la definición tradicional es que para mí la soledad no es solo estar falto de amor, compañía o cariño. Tampoco tiene que ver simplemente con la idea de sentirse abandonado o ninguneado por aquellos con quienes nos relacionamos habitualmente, esto es, la pareja, la familia, los amigos y los vecinos. Sino que también tiene que ver con el hecho de sentirnos desatendidos por la comunidad, el Gobierno o la ciudadanía. Es la sensación de desconexión no solo con respecto a aquellas personas en las que deberíamos confiar, sino también con respecto a nosotros mismos. Se trata no únicamente de la falta de apoyo social o familiar, sino también de la sensación de exclusión política y económica.

Para mí la soledad es un estado interior y al mismo tiempo un estado existencial, es decir, personal, social, económico y político.

Por ende, mi definición se asemeja más a la que propusieron pensadores como Karl Marx, Émile Durkheim, Carl Jung y Hannah Arendt, y escritores como Isaac Asimov, Aldous Huxley, George Eliot y, más recientemente, Charlie Brooker, el autor de *Black Mirror*.[37]

Creo que la soledad contemporánea —alterada por la globalización, la urbanización, las desigualdades sociales y las asimetrías de poder, por el cambio demográfico, el aumento de la movilidad, el desbarajuste tecnológico, la austeridad y ahora también el coronavirus— va más allá del anhelo de confraternización, del deseo de amar y ser amados y de la tristeza que sentimos cuando pensamos que no tenemos amigos. Porque a todo ello hay que añadir también el distanciamiento con respecto a la política y sus representantes, la impresión de aislamiento en el trabajo, la exclusión social y la sensación de invisibilidad, impotencia e inutilidad. Es una soledad inclusiva, pero también es mayor que el deseo de sentirnos cerca de los demás, de que nos escuchen, nos vean y nos presten atención, de tener cierto protagonismo, de que nos traten con justicia, amabilidad y respeto. La interpretación tradicional de la soledad solo refleja una parte de esas aspiraciones.

Teniendo en cuenta esta definición, ¿cuándo fue la última vez que se sintió desvinculado de quienes lo rodean, ya se trate de sus vecinos, familiares y amigos o de sus conciudadanos? ¿Cuándo fue la última vez que se sintió abandonado o ninguneado por los políticos a los que votó, o que tuvo la impresión de que a ningún cargo público le importaban lo más mínimo sus problemas? ¿Cuándo fue la última vez que se sintió impotente o invisible en el lugar de trabajo?

No está solo.

Durante los años previos a la pandemia del coronavirus, dos terceras partes de los habitantes de los países democráticos pensaban que sus respectivos Gobiernos no defendían sus intereses.[38] El 85 % de los trabajadores de todo el mundo se sentían desvinculados de su empresa y de su trabajo.[39] Y solo el 30 % de los estadounidenses creía poder confiar en los demás, lo que supone un descenso considerable con respecto a 1984, cuando esa proporción era del 50 %.[40] Cuando hablamos de tal grado de desconexión entre las personas, ¿recuerda alguna época en que el mundo estuviera tan fracturado, dividido y polarizado?

Cómo hemos llegado hasta aquí

Esta situación no se ha producido por casualidad. Tampoco es que se haya agravado de la noche a la mañana. Hay un telón de fondo, un cúmulo de causas y acontecimientos que sirven para explicar por qué nos hemos quedado tan solos y atomizados, tanto en lo personal como en lo social.

Como ya habrá intuido, los teléfonos móviles y, sobre todo, las redes sociales han desempeñado un papel fundamental en todo esto, pues distraen nuestra atención y sacan lo peor de nosotros mismos, haciéndonos cada vez más irascibles y tribales, más maniáticos de los *likes*, los retuits y los *follows*, circunstancias estas que menoscaban nuestra capacidad para la empatía y la comunicación. Esta situación siguió siendo cierta durante el confinamiento del coronavirus. Además de la retransmisión en directo de la misa diaria del papa en Facebook, del *disc jockey* D-Nice organizando una fiesta a la que asistieron más de cien mil personas en

Instagram, de la aparición de grupos de Facebook en los que vecinos que nunca se habían dirigido la palabra comparten consejos para «mantenerse cuerdos», contraseñas de wifi y leche en polvo, los ataques racistas y la incitación al odio se intensificaron en las redes sociales, las teorías conspiratorias empezaron a circular a gran velocidad y los asesores matrimoniales aseguraron tener más clientes que se sentían solos porque sus parejas estaban cada vez más enganchadas al móvil.[41]

Pero los teléfonos móviles y las redes sociales son solo dos piezas del rompecabezas. Las causas de la actual crisis de soledad son diversas y numerosas.

Sin duda, hay que seguir teniendo en cuenta factores tales como la discriminación estructural e institucional: un estudio llevado a cabo en 2019 en el Reino Unido constató que la discriminación racial y la xenofobia aumentan en un 21 % las probabilidades de que ciertas personas se sientan solas. Una encuesta realizada en 2020, en la que intervinieron más de diez mil estadounidenses, estableció que los negros y los hispanohablantes se sienten más solos en el trabajo que sus conciudadanos supremacistas, y también mucho más marginados.[42]

Pero, además de estos viejos fallos estructurales, han surgido otros factores que agudizan la soledad. La emigración masiva a las ciudades, la reorganización radical del lugar de trabajo y determinados cambios esenciales en la forma de vivir son también factores decisivos. No se trata únicamente de que «juguemos solos a los bolos» más a menudo que cuando el politólogo Robert Putnam publicó, en el año 2000, su emblemático libro sobre la vida cotidiana en Estados Unidos. Hoy en día hacemos cada vez menos cosas juntos, al menos en lo que se refiere a las formas tradicionales de convivencia. En la mayor parte del mundo, hace solo diez años, la gente era más propensa a ir a la iglesia o la sinagoga, a pertenecer a una asociación de padres de alumnos o a un sindicato, a convivir con otras personas o a tener un amigo íntimo.[43] También han disminuido el contacto físico y las relaciones sexuales.[44]

Y desde hace algún tiempo observamos la tendencia, incluso cuando hacemos cosas «juntos», a no hacerlas en presencia de otra persona: «asistimos» a clases de yoga a través de una aplicación; «hablamos» con una máquina, y no con un empleado, cuando llamamos al servicio de atención al cliente; presenciamos los oficios religiosos por Internet desde la sala de estar, o compramos en Amazon Go, la nueva cadena de supermercados donde se puede hacer la compra sin contacto alguno con otro ser humano. Antes incluso de que apareciera el coronavirus, la falta de contacto con los demás ya se estaba convirtiendo paulatinamente en nuestra nueva forma de vida.

Al mismo tiempo, la estructura de la comunidad —palabra con la que me refiero a esos espacios físicos en los que la gente se reúne para relacionarse y crear vínculos de amistad— se ha visto, cuando menos, gravemente dañada. Se trata de un proceso que en muchos países comenzó antes de la crisis económica de 2008, y que luego se aceleró vertiginosamente, cuando las políticas de austeridad de los Gobiernos se ensañaron con las bibliotecas, los parques públicos, las instalaciones de recreo y los centros sociales de casi todo el planeta. En el Reino Unido, por ejemplo, la tercera parte de los centros juveniles y casi ochocientas bibliotecas públicas cerraron sus puertas entre 2008 y 2018, mientras que en Estados Unidos los recursos destinados a las bibliotecas se redujeron en más de un 40 % entre 2008 y 2019.[45] Todo esto es de suma importancia porque en esos lugares no solo nos reunimos, sino que en ellos también aprendemos a comunicarnos con los demás; en esos lugares practicamos la urbanidad y la democracia inclusiva, aprendiendo a convivir pacíficamente con personas diferentes de nosotros y a conciliar distintos puntos de vista. Sin esos espacios de convivencia, es inevitable que nos distanciemos cada vez más los unos de los otros.

Competencia despiadada

El estilo de vida, la naturaleza cambiante del trabajo y de las relaciones personales, el modo de construir las ciudades y diseñar las oficinas, la manera en que nos tratamos unos a otros y en que el Gobierno nos trata a nosotros, la adicción a los teléfonos móviles e incluso la forma de amar al prójimo... todos esos factores contribuyen a que nos sintamos cada vez más solos. Pero para comprender por qué hemos llegado a esta situación de aislamiento, incomunicación y desamparo debemos retroceder un poco en el tiempo, pues los fundamentos ideológicos de la actual crisis de soledad son anteriores a la tecnología digital, a la fiebre urbanística, a los profundos cambios habidos en el ámbito laboral y a la crisis económica de 2008, así como, por supuesto, a la pandemia del coronavirus.

Los orígenes de todo esto se remontan a la década de 1980, momento en el que arraigó una forma de capitalismo especialmente cruel —el neoliberalismo—, una ideología que hacía especial hincapié en la libertad: «libre» elección, mercados «libres», «libertad» con respecto a los Gobiernos o los sindicatos. Una libertad que idealizaba la autonomía y preconizaba la no intervención del Estado y la competitividad a ultranza, situando el interés personal por encima del bien común. Liderado en un principio por Margaret Thatcher y Ronald Reagan, y adoptado posteriormente por los adalides de la «tercera vía» —en especial Tony Blair, Bill Clinton y Gerhard Schröder—, aquel proyecto político ha condicionado las prácticas comerciales y gubernamentales de todo el mundo durante las últimas décadas.

Si ha desempeñado un papel fundamental en la actual crisis de soledad es, en primer lugar, porque provocó una enorme desigualdad entre ricos y pobres en numerosos países.[46] En Estados Unidos, en 1989, los directivos ganaban por término medio cincuenta y ocho veces el salario de un trabajador de a pie, pero en 2108 cobraban 278 veces más.[47] En el Reino Unido, la proporción de in-

gresos que va a parar al 1 % de los hogares más ricos se ha triplicado en los últimos cuarenta años, y el 10 % más rico posee ahora
cinco veces más bienes que el 50 % más pobre.[48] Como consecuencia de ello, gran parte de la población se ha sentido desamparada
durante mucho tiempo, vista como un fracaso en una sociedad que
solo tiene tiempo para los triunfadores, abandonada a su suerte en
un mundo en el que los refugios tradicionales —el trabajo y la comunidad— se están desintegrando, en el que los mecanismos de
protección se están deteriorando y en el que los trabajadores tienen cada vez peor fama. Si bien la soledad también puede afectar
a los ricos, los pobres están muchísimo más solos.[49] Teniendo en
cuenta los niveles actuales de desempleo y penuria económica, debemos ser muy conscientes de estas circunstancias.

En segundo lugar, porque el neoliberalismo ha dado siempre
prioridad a las grandes empresas y al capital financiero, permi-
tiendo que los mercados y los accionistas modifiquen a su antojo
las reglas del juego y las condiciones laborales, aunque para ello
los trabajadores y la sociedad en general tengan que pagar un precio demasiado alto. A principios de esta década, la mayor parte de
la población mundial consideraba que el capitalismo, en su forma
actual, es realmente pernicioso. En Alemania, el Reino Unido, Estados Unidos y Canadá, casi la mitad de la población era de ese
parecer, y muchos pensaban que el Estado estaba tan sometido a
la economía que no se guardaba las espaldas ni velaba por sus intereses.[50] Es triste sentirse así de desprotegido, invisible e impotente. Las colosales intervenciones de los Gobiernos para apoyar
a sus ciudadanos durante 2020 eran completamente contrarias a
la ética económica de los cuarenta años anteriores, encarnada en
los comentarios que hizo Ronald Reagan en 1986: «Las palabras
más aterradoras de la lengua inglesa son "Soy del Gobierno y he
venido a ayudarlos"». Aunque los diversos estímulos ocasionados
por el coronavirus indican la posibilidad de un nuevo enfoque, el
daño social y económico a largo plazo que dejó tras de sí el neoliberalismo tardará mucho tiempo en desaparecer.

En tercer lugar, porque esa doctrina ha alterado profundamente las relaciones no solo económicas, sino también personales. El capitalismo neoliberal no fue nunca una simple política económica, como dejó bien claro Margaret Thatcher cuando en 1981 declaró al *Sunday Times*: «La economía es el método, pero el objetivo es cambiar el alma y el corazón».[51] Y en muchos sentidos el neoliberalismo ha alcanzado ese objetivo, ya que transformó por completo la forma de vernos a nosotros mismos y las obligaciones que teníamos para con los demás, valorizando cualidades tales como la hipercompetitividad y la búsqueda del interés personal, sin tener en cuenta las consecuencias.

No es que los seres humanos seamos en esencia egoístas; las investigaciones sobre biología evolutiva han demostrado que no lo somos.[52] Pero, cuando los políticos defendieron activamente el egoísmo y la competencia despiadada, y, cuando «la codicia es buena» (la famosa máxima de Gordon Gekko en *Wall Street* [1987]) se convirtió en el grito de guerra del neoliberalismo, entonces la solidaridad, la nobleza y la generosidad no solo perdieron su valor, sino que pasaron a ser consideradas como cualidades irrelevantes. El neoliberalismo nos redujo a la condición de *homo economicus*, es decir, a seres racionales que lo único que buscan es el interés propio.

El lenguaje mismo refleja estas consideraciones. Determinadas palabras inclusivas, como «pertenecer», «responsabilidad», «participación» y «juntos», han ido siendo sustituidas progresivamente desde la década de 1960 por otras de carácter individualista, como «adquirir», «propio», «personal» y «especial».[53] Incluso las letras de las canciones se han ido volviendo cada vez más individualistas a lo largo de los últimos cuarenta años, ya que pronombres como «nosotros» y «nos» han sido reemplazados por «yo» y «me» en la imaginación lírica de esta generación.[54] En 1977 el grupo Queen dijo que «somos los campeones» y Bowie afirmó que «podríamos ser héroes». En 2013, Kanye West dijo «soy un Dios», y el éxito *Gracias, siguiente* (2018), de Ariana Grande, fue escrito como una canción de amor a sí misma.

Esta evolución no se observa solo en Occidente. Los investigadores de la Academia China de las Ciencias y de la Nanyang Business School de Singapur, al analizar, año por año, las diez canciones más populares entre 1970 y 2010, observaron un uso cada vez más frecuente de los pronombres singulares de primera persona, como «yo», «me» y «mío», en detrimento de los plurales «nosotros», «nos» y «nuestro».[55] Incluso en un país caracterizado tradicionalmente por la solidaridad y el colectivismo, en el que el Estado sigue ejerciendo un control férreo, se ha impuesto lo que podríamos considerar una mentalidad neoliberal superindividualista.

El neoliberalismo nos ha hecho vernos a nosotros mismos como competidores y no como colaboradores, como consumidores y no como ciudadanos, como acaparadores y no como partícipes, como granujas y no como ayudantes; personas que no solo están demasiado ocupadas para ayudar a sus vecinos, sino que ni siquiera saben cómo se llaman. Y nosotros, en cuanto colectividad, permitimos que todo esto suceda. En cierto modo se trataba de una respuesta lógica, pues, en el capitalismo neoliberal, si «yo» no me preocupo de «mí», ¿quién se va a preocupar? ¿El mercado? ¿El Estado? ¿Nuestro jefe? ¿Nuestro vecino? Parece poco probable. Lo malo es que una sociedad basada en el egoísmo, en la que las personas consideran que tienen que cuidar de sí mismas porque nadie cuidará de ellas, es forzosamente una sociedad solitaria.

También se convierte en seguida en un círculo vicioso porque, para no sentirnos solos, tenemos que dar y recibir, cuidar y ser cuidados, tratar a los demás con respeto y amabilidad, y esperar de ellos el mismo trato.

Si queremos permanecer unidos en un mundo que se está disgregando, tendremos que devolver al capitalismo cualidades como la compasión, la búsqueda del bien común y la solidaridad, haciéndolas extensibles a quienes son diferentes de nosotros. Ese es el verdadero objetivo: volver a identificarnos no solo con aquellos que son parecidos a nosotros, sino también con la gran comunidad de la que en definitiva formamos parte. Después de la

COVID-19, este objetivo es más necesario que nunca y también más posible.

La finalidad de este libro no es únicamente dar a conocer la magnitud de la crisis de soledad del siglo XXI, los factores que la originaron y la posibilidad de que empeore si no tomamos medidas. Es también un llamamiento a la acción, dirigido a las empresas y los Gobiernos, los cuales deben examinar las causas estructurales de la soledad, pero también a cada uno de nosotros en cuanto individuos.

Porque la sociedad no es simplemente algo que los demás hacen para nosotros; nosotros también «hacemos» la sociedad, participamos en ella y le damos forma. De modo que, si queremos detener el avance destructivo de la soledad y recuperar la armonía y la solidaridad que hemos perdido, debemos tomar ciertas medidas y hacer algunas concesiones, buscando el término medio entre individualismo y colectivismo, entre interés personal y bienestar social, entre anonimato y familiaridad, entre conveniencia y generosidad, entre lo que es bueno para nosotros y lo que es mejor para la comunidad, entre libertad y fraternidad; opciones que no son necesariamente excluyentes, pero que nos obligan a renunciar al menos a algunas de las libertades cuyo disfrute gratuito el neoliberalismo falsamente nos prometió.

El reconocimiento de que cada uno de nosotros desempeña un papel decisivo en la mitigación de esta crisis de soledad es uno de los puntos clave de este libro. La recuperación de la sociedad no tiene por qué ser una labor exclusiva de los Gobiernos, las instituciones y las grandes empresas, aunque el proceso de desintegración haya sido causado en gran medida por esos organismos.

A lo largo del libro iré aportando ideas, pensamientos y ejemplos de lo que podemos hacer para contrarrestar la tendencia a la disgregación, el aislamiento y la soledad no solo en el plano político y económico, sino también en el personal.

Este es el siglo de la soledad, pero no tiene por qué serlo.

El futuro está en nuestras manos.

La soledad mata

«Me duele la garganta. Me arde. Me duele muchísimo. No puedo ir al colegio».

Estamos en 1975. En la radio suena *Rapsodia bohemia*, Margaret Thatcher se ha convertido en «líder de la oposición», la guerra de Vietnam acaba de terminar y es la sexta vez que tengo anginas este año.

Mi madre me lleva otra vez al médico. Vuelve a darme Penbritin, el delicioso antibiótico con sabor a caramelo y anís. Me hace otra papilla de plátano y ralla una manzana, que es lo único que puedo comer. Y vuelvo a faltar al colegio.

Para mí 1975 es el año del dolor de garganta, las hemorragias nasales y la gripe. Es también el año en que Sharon Putz lleva la batuta en mi colegio. El año en que me siento más aislada, excluida y sola. Todos los días, durante el recreo, me sentaba sola en una esquina del patio y veía a los otros niños saltar a la cuerda y jugar a la rayuela, con la esperanza de que me invitaran a unirme a ellos. Nunca me invitaban.

A primera vista puede parecer exagerado relacionar aquel sentimiento de soledad con la inflamación de garganta y la lengua lijosa, pero resulta que la soledad se refleja en el organismo, y un cuerpo solitario, como veremos en este capítulo, no es un cuerpo sano.

Cuerpos solitarios

Piense en la última vez que se sintió solo. Tal vez fuese durante poco tiempo. ¿Cómo reaccionó su cuerpo? ¿A qué parte le afectó?

A menudo nos imaginamos a los solitarios como personas inactivas, reservadas y taciturnas. De hecho, cuando recordamos los momentos de mayor soledad, no nos viene a la memoria un corazón palpitante, una aceleración del pensamiento u otros síntomas del estrés. La soledad solemos relacionarla con el silencio, pero las señales químicas de la soledad en el organismo —dónde reside y qué hormonas produce— apenas se diferencia de la reacción de lucha o huida con las que respondemos a un ataque.[1] Esta respuesta al estrés es la causante de algunos de los efectos más perniciosos de la soledad,[2] que pueden ser de gran alcance e incluso mortales. Así pues, cuando hablamos de soledad, no nos referimos solo a mentes solitarias, sino también a cuerpos solitarios. Hay, por supuesto, una estrecha relación entre ambas contingencias.

No es que nuestro cuerpo no esté acostumbrado al estrés, pues lo experimentamos con bastante frecuencia, como cuando tenemos que hablar en público o hemos estado a punto de tener un accidente en bicicleta o nuestro equipo va a lanzar un penalti. Pero, en general, cuando el «peligro» ha pasado, las constantes vitales —el pulso, la tensión, la respiración— se restablecen. Estamos a salvo. En un cuerpo solitario, sin embargo, ni la respuesta al estrés ni la recuperación se producen de manera normal.

Cuando un cuerpo solitario está estresado, los niveles de colesterol suben más deprisa; la tensión sube más deprisa; los niveles de cortisol, la «hormona del estrés», suben más deprisa.[3] Además, esos aumentos fugaces de la presión sanguínea y el colesterol se acumulan con el tiempo en el caso de las personas que se sienten solas de modo crónico, ya que la amígdala —la parte del cerebro que se encarga de estas respuestas de «lucha o huida»— da la señal de «peligro» con mucha más frecuencia de lo normal.[4]

Esto ocasiona inflamaciones y un aumento de la producción de glóbulos blancos, lo cual, en momentos de mucho estrés, puede ser un estímulo reforzador, pero, si se prolonga demasiado en el tiempo, tiene graves efectos secundarios.[5] Por eso el cuerpo solitario, cuando tiene una inflamación crónica que sobrecarga y debilita el sistema inmunitario, es propenso a contraer otras enfermedades que normalmente combatiría sin demasiado esfuerzo, como por ejemplo el resfriado común, la gripe o mi querida amigdalitis.[6]

En esas circunstancias el cuerpo también es más propenso a contraer enfermedades graves. Si uno se siente solo, las probabilidades de padecer una enfermedad coronaria aumentan en un 29 %, las de sufrir un ictus en un 32 % y las de desarrollar demencia clínica en un 64 %.[7] Y si uno se siente solo o está aislado desde el punto de vista social, tiene un 30 % más de probabilidades de morir prematuramente.[8]

Aunque cuanto más tiempo estamos solos, más perjudicamos nuestra salud, también es cierto que incluso los períodos de soledad relativamente cortos influyen en nuestro bienestar.[9] Cuando un equipo de la Universidad Johns Hopkins de Baltimore llevó a cabo un estudio en las décadas de 1960 y 1970, en el que se hizo un seguimiento de jóvenes estudiantes de medicina durante dieciséis años, el grupo objeto de estudio mostró un patrón revelador: los estudiantes cuya infancia había sido solitaria, por culpa de unos padres fríos y distantes, eran más propensos a desarrollar diversos tipos de cáncer a lo largo de su vida.[10] En un estudio posterior sobre personas que habían vivido un período de soledad, en este caso provocado por un suceso concreto, como la muerte de la pareja o el traslado a otra ciudad, se observó que, aunque la soledad fuera temporal (en este caso menos de dos años), la esperanza de vida disminuía.[11] El período de confinamiento obligatorio al que nos vimos sometidos todos durante 2020 hizo saltar las alarmas.

Volveremos a hablar de por qué la soledad causa tantos estragos en el cuerpo, pero consideremos primero lo que en muchos modos es la antítesis de la soledad —la colectividad— y sus efectos sobre la salud. Así pues, si la soledad nos hace enfermar, ¿el hecho de sentirnos en contacto con los demás nos mantendrá sanos?

EL ROMPECABEZAS JAREDÍ

Cremoso, salado, dulce. El *ruguélaj* se me deshace en la boca. Al igual que el *zserbó*, un pastel judeohúngaro con capas de chocolate, nueces y mermelada de albaricoque. Estoy en Bnei Brak, en la panadería Katz, una de las paradas más habituales de la ruta gastronómica jaredí.

Los jaredíes forman una secta ultraortodoxa judía, surgida a finales del siglo XIX.[12] Hoy en día esta colectividad, que se distingue por su indumentaria (traje y sombrero negros, camisa blanca), constituye aproximadamente el 12 % de la población israelí, y se calcula que esa proporción llegará al 16 % en 2030.[13] Me encantan los pasteles de Katz, pero estas exquisiteces no son nada sanas. De hecho, tanta mantequilla, azúcar y grasa explica por qué los jaredíes tienen siete vez más probabilidades de ser obesos que los israelíes laicos.[14] Pini, el simpático jaredí que dirige la visita guiada, a mi pregunta de cuánta fibra vegetal contiene la dieta tradicional de su secta, responde que muy poca.

La dieta no es el único aspecto insano de su estilo de vida. Pese a vivir en un país con una media de 288 días de sol al año, los integrantes de este grupo religioso presentan un acusado déficit de vitamina D. Su indumentaria se encarga de que apenas les dé el sol. En cuanto al ejercicio físico, intentan evitar los esfuerzos.[15] Según los criterios modernos, es evidente que Pini y sus correligionarios no llevan una vida sana.

Tampoco gozan de seguridad económica. La mayoría de los hombres renuncian al trabajo con el fin de estudiar la torá y, aunque el 63 % de las jaredíes tienen un empleo, que a menudo es el único sostén de la familia, estas mujeres suelen trabajar menos horas que las no ortodoxas debido a sus considerables cargas familiares (por término medio, la mujer jaredí tiene 6,7 hijos, esto es, tres más que la media nacional israelí).[16] Suelen encontrar empleo en la enseñanza, donde los salarios son relativamente bajos.[17] Por consiguiente, más del 54 % de los jaredíes viven por debajo del umbral de la pobreza, frente al 9 % de los judíos no ultraortodoxos; su renta media mensual per cápita (3.500 séqueles) es también la mitad que la de sus compatriotas menos religiosos.[18]

Teniendo en cuenta estos indicadores, cabría suponer que la esperanza de vida de los jaredíes fuera menor que la del resto de la población. Al fin y al cabo, la inmensa mayoría de los estudios realizados en casi todo el mundo muestran una evidente correlación entre dieta y longevidad, ejercicio físico y longevidad, así como entre estatus socioeconómico y longevidad.

Pero, contra todo pronóstico, los jaredíes parecen invertir esta tendencia; el 73,6 % de sus fieles afirma gozar de «muy buena» salud, frente al 50 % en otros grupos.[19] Podríamos pensar que esta estadística es un cuento que ellos mismos han inventado, pero lo cierto es que su esperanza de vida es superior a la media.[20] Las tres ciudades en las que vive la mayoría de la población jaredí —Beit Shemesh, Bnei Brak y Jerusalén— son casos atípicos en lo que a la esperanza de vida se refiere.[21] En Bnei Brak, el 96 % de cuya población es jaredí, la esperanza de vida al nacer es cuatro años más alta que lo que indica su situación socioeconómica.[22] En general, los varones jaredíes viven tres años más de lo que cabría esperar, y las mujeres casi dieciocho meses más. Otros estudios han descubierto que los jaredíes también están más satisfechos con su vida que los judíos menos religiosos o los árabe-israelíes.[23]

También podría ser que esta colectividad, muchos de cuyos integrantes proceden de los mismos *shtetls* de Rusia y Polonia y además se casan entre sí, compartiese una predisposición genética a gozar de buena salud. Pero en realidad es mucho más probable que la limitación del acervo génico dé lugar a trastornos genéticos y no a una mayor longevidad.

También podríamos suponer que los jaredíes están así de sanos gracias a su fe, pues numerosos estudios sugieren que la práctica de la religión es beneficiosa para la salud. Sin embargo, se cree que no es tanto la fe propiamente dicha cuanto la participación en la comunidad la que produce esos efectos.[24] Como sugiere un estudio muy citado, lo que añade esos sorprendentes siete años a la esperanza de vida no es el simple hecho de declararse creyente, sino la asistencia a los oficios religiosos.[25]

La «comunidad», tan denostada por el capitalismo neoliberal, parece tener cualidades saludables. Y para los jaredíes la comunidad lo es todo.

Este grupo tan cohesionado dedica prácticamente todo el día a la oración, el voluntariado, el estudio y el trabajo. El año está salpicado de festividades y actos en los que confluyen los fieles. En *Sukot*, o fiesta de los Tabernáculos, las familias reciben a sus invitados en cabañas con tejado de hojas de palma, donde comen y duermen durante una semana. En *Purim*, las calles se llenan de juerguistas, y el ambiente es una mezcla de carnaval y víspera del día de difuntos. En *Janucá*, los amigos, los vecinos y los amigos de estos encienden las menorás y comen rosquillas. Las bodas, los *bar mitsvás* y los funerales reúnen a miles de personas durante varios días seguidos. Y, por supuesto, todos los viernes por la noche multitud de nietos, primos, primos segundos y parientes políticos se reúnen en torno a la mesa del comedor para partir el pan y celebrar juntos el *sabbat*.

Pero los jaredíes no solo rezan y juegan juntos. En los momentos difíciles también se ayudan y se prestan apoyo. Cuando las cosas se complican, siempre están ahí para echar una mano, para lo que sea: cuidado de los niños, comidas, transporte al médico, asesoramiento e incluso ayuda económica. Así pues, no es de extrañar que solo el 11 % de los jaredíes afirmen sentirse solos, en comparación con el 23 % de la población israelí.[26]

Dov Chernichovsky, profesor de economía y política de la salud en la Universidad Ben-Gurión del Néguev, ha dedicado varios años de estudio a la colectividad jaredí. Chernichovsky cree que, si bien la fe influye de manera significativa en la elevada esperanza de vida de los jaredíes, los vínculos comunitarios y familiares son aún más importantes.[27] «La soledad acorta la vida, y el compañerismo disminuye la tensión», dice escuetamente el catedrático. En el caso de los jaredíes, el apoyo y la atención que se prestan entre sí es probablemente el secreto de su longevidad.

LOS BENEFICIOS PARA LA SALUD DE LA VIDA EN COMUNIDAD

Los jaredíes no son una excepción en este sentido. Los beneficios de la vida en comunidad en la salud se detectaron por primera vez en el pequeño municipio de Roseto (Pensilvania), cuando los médicos del distrito observaron que los vecinos de esa localidad tenían un índice de enfermedades cardíacas muy inferior al del municipio vecino. Tras investigar más a fondo, los médicos comprobaron que la tasa de mortalidad entre los varones mayores de sesenta y cinco años no llegaba ni a la mitad de la media nacional, a pesar de que realizaban trabajos agotadores en las canteras cercanas, fumaban cigarrillos sin filtro, comían albóndigas grasientas y bebían vino todos los días.[28] ¿Por qué? Los investigadores llegaron a la conclusión de que los estrechos vínculos familiares y comunitarios de aquella colectividad, de origen mayoritariamente italiano, eran los que explicaban el porqué de la buena salud de sus habitantes. En 1992 el examen de los expedientes médicos y sociales tramitados a lo largo de cincuenta años en Roseto confirmaron esa tesis. Sin embargo, por entonces, la tasa de mortalidad en Roseto había vuelto a equipararse a la media nacional por culpa del «deterioro de los valores familiares y las relaciones comunitarias» a partir de finales de la década de 1960.[29] A medida que los pudientes empezaban a hacer ostentación de su riqueza, que las tiendas de barrio daban paso a las grandes superficies y que las viviendas de toda la vida eran sustituidas por casas unifamiliares, la salud de los habitantes de Roseto comenzó a resentirse.[30] Otros ejemplos de comunidades cohesionadas que velan por la salud de sus miembros los encontramos en Cerdeña y en Okinawa, así como entre los adventistas de Loma Linda (California). Esos territorios se conocen como «zonas azules», esto es, lugares en los que la elevada esperanza de vida no viene determinada solo por la alimentación, sino también por la solidez y estabilidad de los vínculos sociales:[31] lugares como Bnei Brak o Roseto en la década de 1950, donde, como afirma Dan Buettner, el miembro de *National Geographic* que acuñó ese concepto, «no puedes salir de casa sin toparte con algún conocido».[32]

No conviene idealizar demasiado la vida en comunidad. Por definición, las comunidades son excluyentes y, por tanto, pueden llegar a ser herméticas y hostiles a los forasteros. Con frecuencia no toleran la discrepancia o el inconformismo en lo tocante a los intereses personales, los valores tradicionales, las creencias religiosas o los estilos de vida. En el caso de los jaredíes o los adventistas del Séptimo Día, por ejemplo, aquellos que no acatan las normas de la comunidad se arriesgan a ser marginados de inmediato.

Pero es evidente que la comunidad tiene efectos beneficiosos para los que permanecen en su seno. Ello se debe no solo al apoyo material que proporciona la comunidad o a la tranquilidad de saber que alguien nos cubre las espaldas, sino también a un aspecto fundamental que tiene su origen en la evolución: el hecho de que estamos programados para no estar solos.

CRIATURAS SOLIDARIAS

Al igual que otros primates, los seres humanos son animales sociales. Para nuestra supervivencia dependemos de grupos complejos y estrechamente unidos: desde el primordial vínculo químico entre la madre y el recién nacido, pasamos luego a formar parte de una familia y de una nación. De hecho, el ascenso de los seres humanos a la cima de la cadena alimentaria puede atribuirse a su extraordinaria solidaridad, que ha propiciado el desarrollo colectivo de avanzadas técnicas de caza y recolección, así como la aplicación de estrategias defensivas.[33] Hasta hace muy poco tiempo en la historia de nuestra especie, un individuo solo habría estado literalmente en peligro de muerte, ya que se encontraba demasiado indefenso en un mundo en el que el grupo era necesario para la supervivencia. De manera consciente o inconsciente, la relación con los demás es una tendencia natural.

Por eso la falta de comunicación con los demás es tan perjudicial para la salud. Para disuadirnos de permanecer en un estado que es contrario a la supervivencia, la evolución nos ha dotado de una reacción biológica a la soledad que aumenta nuestra agudeza mental y es tan desagradable fisiológica y psicológicamente que nos induce a acabar con ella lo antes posible.

En cierto modo, la capacidad de sentirnos solos, el dolor y la agitación que experimentamos cuando no estamos en compañía de otras personas, es una magnífica característica evolutiva. «Es mejor no desactivar el mecanismo desencadenante de la soledad», declaró el profesor John Cacioppo, uno de los pioneros en la investigación de este sentimiento. «Sería como suprimir por completo el hambre. Entonces no nos daríamos cuenta de que necesitamos comer».[34]

Pero en el mundo actual, tan diferente del paisaje en el que vivieron nuestros antepasados, este mecanismo puede parecer más un defecto que una característica positiva. Como me explicó el profesor Anton Emmanuel en el University College Hospital de Londres, la respuesta al estrés que desencadena la soledad es como meter la primera en un coche: es la forma más eficaz de ponerse en marcha y acelerar. Pero, si sigues en primera todo el viaje, el motor se recalienta por ir a demasiadas revoluciones y termina estropeándose. Un coche no está diseñado para ir todo el tiempo en primera, del mismo modo que nuestro cuerpo no está diseñado para estar siempre solo. ¿A alguien le extraña que los cuerpos expuestos constantemente a ese tipo de estrés empiecen a dar muestras de deterioro físico?

El eminente médico escocés William Cullen fue uno de los primeros en establecer una relación directa entre la soledad y los trastornos físicos. Una de sus pacientes, «la señora Rae», padecía una misteriosa dolencia para la que le prescribió cacao, equitación, tintura de Marte y —lo que es más significativo en nuestro contexto— compañía. «Por mucho que le desagrade la idea, debería ver usted a sus amigos, tanto aquí como en el extranjero», le aconsejó. «Debe evitar el silencio y la soledad».[35]

Varios proyectos de investigación han demostrado que las relaciones humanas son beneficiosas para la salud. El famoso «estudio sobre el desarrollo de los adultos», llevado a cabo por la Universidad de Harvard, hizo un seguimiento de 238 universitarios a lo largo de más de ochenta años a partir de 1938. Los investigadores midieron factores tales como la práctica de deportes, la evolución de los matrimonios y las carreras profesionales y, por último, la longevidad.[36] (Entre los universitarios que tomaron parte en el estudio original se encontraban John F. Kennedy y el periodista Ben Bradlee, inmortalizado posteriormente por Tom Hanks en la película *Los archivos del Pentágono*). Resultó que quienes estaban más sanos a los ochenta años eran aquellos que habían tenido una vida social más satisfactoria treinta años antes. Esa suerte no se limitaba a quienes habían tenido el privilegio de estudiar en Harvard en la década de 1930. También se reflejó en un heterogéneo grupo de bostonianos a los que se les hizo el mismo seguimiento. Como ha señalado Robert Waldinger, el responsable del estudio actual: «Cuidar el cuerpo es importante, pero cultivar las relaciones personales es también una forma de cuidarse. Creo que ahí está el secreto».[37]

No es difícil establecer una diferencia entre la escasez de relaciones humanas y la soledad; como señalamos más arriba, la soledad no refleja solo la interacción con otras personas, sino también el grado de integración en colectividades e instituciones y en la sociedad en su conjunto. Pero lo que nos dicen cientos de estudios médicos es que la vida social es beneficiosa para la salud, en tanto que la soledad, incluso en su definición menos amplia, puede afectarnos gravemente.

Por lo tanto, deberíamos preguntarnos si la soledad es simplemente una de las numerosas causas del estrés, cada una de las cuales contribuye de alguna manera al deterioro de la salud física, o si el estrés debido a la soledad tiene algún componente específico que origina graves problemas de salud a largo plazo. La respuesta parece estar en algún punto intermedio.

Por una parte, el cuerpo solitario es un cuerpo estresado, un cuerpo que se agota con facilidad y se inflama demasiado. No es que esa inflamación sea intrínsecamente mala. En proporciones razonables es en realidad beneficiosa, pues se trata de un mecanismo de defensa contra las infecciones y las heridas, y está diseñada para localizar los daños y ayudar al cuerpo a sanarse. De hecho, sin la inflamación, que se caracteriza por la hinchazón y el enrojecimiento, la curación sería prácticamente imposible.[38] El problema radica en que, por lo general, la inflamación desaparece cuando la amenaza patógena es menor o cuando la herida se ha curado. Pero en el caso de la soledad, sobre todo cuando es crónica, no hay un «botón de apagado» para recordarle al cuerpo que necesita reposar. Así pues, la inflamación ocasionada por la soledad puede llegar a ser crónica, es decir, puede convertirse en la nueva normalidad.[39] Y la inflamación crónica se ha relacionado con una serie de trastornos, entre los cuales se encuentran la trombosis, las cardiopatías, los derrames cerebrales, la depresión, el alzhéimer y el cáncer. De hecho, al revisar la bibliografía médica en 2012, se observó que la inflamación crónica, asociada durante mucho tiempo a las enfermedades infecciosas, está «estrechamente vinculada a una amplia gama de enfermedades no infecciosas, puede que incluso a "todas" ellas».[40]

Por otra parte, la soledad es un tipo de estrés que puede intensificar considerablemente los efectos de otras formas de tensión psicológica. Pensemos, por ejemplo, en el sistema inmunitario. Un cuerpo sano se sirve de diversos mecanismos para rechazar al «enemigo», ya se trate de bacterias, virus o células cancerosas. Se ha demostrado que la soledad reduce la eficacia de la protección contra ambos tipos de amenazas, pues nos debilita y nos hace más propensos a contraer enfermedades y, sobre todo, virus.[41]

La soledad afecta, además, al sistema inmunitario no solo porque nos mantiene en un constante estado de «alerta máxima», que sería como un coche que lleva circulando ocho horas seguidas en primera, sino también porque nos afecta a escala celular y hormonal. Un importante estudio ha señalado que la soledad altera el funcionamiento de diversas glándulas endocrinas que segregan hormonas y están relacionadas con la respuesta inmunitaria.[42] Steve Cole, profesor de medicina y psiquiatría en UCLA, ha descubierto que la sangre de las personas solas contiene niveles significativamente más elevados de norepinefrina, una hormona que, cuando se produce una amenaza vital, comienza a bloquear las defensas virales. Ese debilitamiento inmunitario se extiende al cáncer, del que el cuerpo suele defenderse en parte recurriendo a las células «asesinas naturales» (NK, por sus siglas en inglés), las cuales destruyen los tumores y las células infectadas por virus. Un estudio llevado a cabo con estudiantes de medicina de primer curso ha demostrado que la actividad de las células NK es mucho menor entre los alumnos más solitarios.[43]

La soledad, del mismo modo que contribuye a la aparición de diversas enfermedades, es probable que, si ya está enfermo, dificulte su recuperación. Como me comentó Anton Emmanuel: «Estoy seguro al cien por cien de que la soledad influye en la salud y el restablecimiento. Si un paciente solitario y otro que no lo es reciben el mismo tratamiento, el que no lo es evolucionará mejor. De igual manera que un fumador que está siendo tratado para la enfermedad de Crohn evoluciona peor que un no fumador, así también un paciente solitario se recupera peor que otro que no lo es».

Por ejemplo, en los pacientes socialmente aislados, la presión arterial (y en el caso de los hombres, el colesterol) tarda más en volver a la normalidad después de un episodio estresante, mientras que, al parecer, la dificultad de una persona solitaria para «restaurar» los niveles de inflamación tras un derrame cerebral, un ataque al corazón o una operación quirúrgica es una de las principales razones por las que los ancianos aislados tienen una esperanza de vida menor, por término medio, que los que viven acompañados.[44]

Como dijo Helen Stokes-Lampard, presidenta del Colegio Oficial de Médicos, en el congreso anual de 2017: «El aislamiento social y la soledad se asemejan a una enfermedad crónica desde el punto de vista de los efectos que tienen sobre la salud y el bienestar de nuestros pacientes».[45]

Solo, solo, completamente solo

Pero la soledad no solo causa estragos en el cuerpo. «La terrible agonía de mi alma», dijo el viejo marinero de Coleridge para describir el hecho de sentirse «solo, solo, completamente solo, sobre la vasta, la inmensa superficie del mar». La soledad también produce angustia y dolor espiritual.

La literatura está poblada de personajes solitarios que están deprimidos o tienen una enfermedad mental, desde la protagonista anónima de *El papel pintado amarillo* (Charlotte Perkins Gilman, 1892), quien, tras ser confinada en una habitación por su «ligera tendencia a la histeria» —una «enfermedad» hace tiempo descalificada—[46] va desarrollando delirios alucinatorios, hasta la Eleanor Oliphant de Gail Honeyman, ganadora del premio Costa en 2017, cuya soledad se agrava y le impide dejar atrás un pasado traumático.

Pero, incomprensiblemente, hasta la última década la soledad no ha empezado a ser objeto de investigación por parte de la psiquiatría y la psicología. Aunque no la hayan clasificado como un problema de salud mental, ahora se admite que está relacionada con toda una serie de enfermedades mentales, entre las que se encuentran la ansiedad y la depresión. Esa relación es bidireccional. Un estudio realizado en Inglaterra en 2012 con más de 7.000 adultos llegó a la conclusión de que las probabilidades de sentirse solos eran diez veces mayores en el caso de las personas que sufrían una depresión.[47] En la misma época, un estudio de referencia llevado a cabo en Estados Unidos, en el que se hizo un seguimiento de los participantes durante cinco años, reveló que los pacientes que declararon sentirse solos eran más propensos, al cabo de cinco años, a padecer una depresión.[48]

Estamos empezando a comprender la compleja relación entre la soledad y las enfermedades mentales. Mas parece que la soledad acelera la tendencia genética o circunstancial a la depresión, en parte como consecuencia de su impacto fisiológico: dormimos menos cuando estamos solos, y la falta de sueño puede provocar síntomas depresivos. Y los síntomas de la depresión pueden agudizar la soledad, pues a las personas deprimidas les resulta más difícil relacionarse con los demás. La soledad puede ser la gallina y también el huevo.

Lo mismo cabe decir de la ansiedad, con respecto a la cual el aislamiento puede ser tanto un síntoma como una causa. «La ansiedad social ha reducido mi mundo», dice Alex, un adolescente británico que padece un trastorno de ansiedad. «A medida que empeoraba la cosa, empecé a sentirme más insignificante. Cuanto más intensa era la ansiedad, más solo y aislado me sentía. […] Evitaba ir de compras o coger el autobús en horas punta porque había demasiada gente. […] Cuanto más se agravaba, más afectaba la angustia a mi trabajo y a mis relaciones […] así que mi vida social se ha […] bueno, en realidad no tengo vida social».[49]

Incluso los períodos cortos de aislamiento, como los que hemos vivido todos durante el coronavirus, pueden repercutir visiblemente en la salud mental.[50] A veces los efectos se prolongan

durante varios años. Los investigadores observaron que los trabajadores sanitarios de Pekín que habían estado en cuarentena durante el brote de SARS en 2003 eran más propensos a sufrir de-
presiones graves al cabo de tres años, a pesar de que los períodos
de confinamiento duraban menos de un mes, y en muchos casos
menos de dos semanas.[51] Otros estudios realizados entre los trabajadores de los hospitales de Pekín revelaron que, tres años después del brote de SARS, el alcoholismo era más elevado entre los
que habían estado confinados que entre los que no, y que un número significativo de ellos seguía padeciendo el síndrome de estrés postraumático, con síntomas como la hipervigilancia, las pe-
sadillas y las evocaciones recurrentes.[52]

A medida que vamos saliendo de la COVID-19, deberíamos
tomarnos muy en serio estas conclusiones. Todos nosotros, y también los Gobiernos, deberíamos ser conscientes de las posibles
repercusiones psicológicas a largo plazo de ese aislamiento forzo-
so, y los políticos deberían destinar todos los recursos disponibles
a mitigar sus consecuencias.

En casos extremos, la soledad puede conducir al suicidio.[53]

Francie Hart Broghammer es jefa de psiquiatría del UC Irvine
Medical Center. Hace poco escribió un conmovedor artículo sobre dos pacientes a los que la soledad les había hecho sentir que
no valía la pena seguir viviendo. Uno de esos pacientes era una
joven «que se había cortado las vías respiratorias y la médula espi-
nal con un cuchillo de cocina, en un intento de quitarse la vida».
En las entrevistas atribuyó su desesperación «al aislamiento a que
la obligaba el cuidado de su abuela, pues no tenía prácticamente
a nadie con quien hablar de aquella situación».[54]

El otro paciente era «el señor White»; aquel treintañero con
ideas suicidas acababa de perder a sus padres, estaba atravesando
una mala racha económica y laboral, había sido repudiado por
sus hermanos, carecía de amigos y no tenía dónde vivir. Al parecer la pérdida de su perra —la única compañía que le quedaba—
fue la gota que colmó el vaso.

De su perrita el señor White dijo que «era la única cosa en este mundo que me veía como alguien digno de ser amado. Duermo en el parque, y todos los que pasan por delante de mí piensan que soy escoria; soy infrahumano. Cuando estás en una situación como la mía nadie se preocupa por ti. Menos ella [...] ella me cuidaba, y mi único objetivo en la vida era cuidar de ella. Ahora no está, y ya no me queda nada en este mundo».

Por desgracia, la doctora Broghammer trata a pacientes como estos con demasiada frecuencia. Las investigaciones confirman su conocimiento directo de la relación entre suicidio y soledad. Hay más de ciento treinta estudios que establecen una relación entre la soledad, las ideaciones suicidas y los comportamientos autolesivos.[55] Esa relación es válida para todos los grupos de edad, incluidos los jóvenes. Una encuesta en la que participaron más de 5.000 alumnos de secundaria reveló que los adolescentes que mostraban un alto grado de soledad eran dos veces más propensos a tener pensamientos suicidas.[56] Esos resultados se ven confirmados por investigaciones realizadas no solo en el Reino Unido, sino también en lugares tan distantes como Kenia, Kiribati, las islas Salomón y Vanuatu, lo que nos recuerda que la soledad no es un fenómeno exclusivo de los países ricos.[57] Además, estos efectos pueden manifestarse al cabo de muchos años: un estudio reveló que los pensamientos suicidas de los adolescentes estaban estrechamente relacionados con la soledad de la que ellos mismos se lamentaban ocho años antes.[58] Teniendo en cuenta el alto índice de soledad entre niños y adolescentes, esta circunstancia es especialmente preocupante.

Lo que tenemos que comprender es que esa soledad que provoca una desesperación tan angustiosa puede deberse a una amplia gama de circunstancias, desde el sentimiento de exclusión social que experimenta un niño marginado en el patio del colegio o en las redes sociales, hasta la sensación de aislamiento físico que experimenta un anciano que lleva más de un mes sin recibir la visita de nadie, o el desamparo en el que se ve sumido el adulto que no recibe ninguna ayuda de los servicios sociales porque estos no funcionan. Una persona como el señor White.

De hecho, en Estados Unidos (y en menor medida en el Reino Unido), en donde durante los últimos años hemos observado un repunte de las «muertes por desesperación» —muertes debidas a las sobredosis de drogas, al alcoholismo o a los suicidios, y cuyas víctimas son por lo general obreros de mediana edad— suelen ser aquellos donde las estructuras tradicionales de apoyo social se han desmoronado. Suelen ser hombres divorciados, que van poco a misa y que han perdido la hermandad de los sindicatos o de los compañeros de trabajo porque están desempleados o solo tienen un trabajo precario y temporal.[59]

Por eso, a pesar del interés de las grandes farmacéuticas en desarrollar una píldora contra la soledad (de hecho, se está probando una que pretende reducir la soledad subjetiva, así como varios fármacos que intentan contrarrestar los efectos fisiológicos de la soledad), debemos hacer algo más que tratar los síntomas o, peor aún, intentar disimularlos.[60] Hay que abordar las causas subyacentes de la soledad, pero entendiendo que las soluciones habrán de ser políticas, económicas y, por supuesto, sociales, y no simplemente farmacéuticas.

Y debemos tener confianza en la viabilidad de las soluciones. Pues, si bien el desmembramiento de la comunidad da lugar a vidas solitarias e insanas, lo contrario, como hemos visto, también es posible.

Como dice Edgardo en *El rey Lear*: «Cuando la desgracia tiene compañeros y el dolor está asociado a otros dolores, entonces el alma esquiva grandes pesares». Incluso las relaciones fugaces con otras personas ejercen un efecto positivo en la salud: la simple presencia de un amigo en una situación angustiosa reduce la presión sanguínea y los niveles de cortisol.[61] Cogerle la mano a un ser querido puede producir el mismo efecto calmante que un analgésico.[62] Las últimas investigaciones sobre el envejecimiento han revelado que incluso los vínculos relativamente frágiles con otras

personas cuando somos mayores —jugar a las cartas, enviarse fe-
licitaciones de Navidad, charlar con el cartero— pueden consti-
tuir una valiosa protección contra la pérdida de memoria y la demencia.[63]

Al parecer nuestra salud está determinada no solo por la comunidad y el contacto con los demás, sino también por la amabilidad. Debemos recordar eso mientras reconstruimos el mundo
tras la COVID-19. Y también que, durante el capitalismo neoliberal, la amabilidad fue una divisa que devaluamos entre todos.

EL SUBIDÓN DEL BUEN SAMARITANO

Es lógico que el hecho de recibir atención y ser tratados con amabilidad haga que nos sintamos menos solos y que resulte beneficioso para la salud,[64] pero lo que es menos evidente es que ser
amables y atentos con «los demás», sin esperar nada a cambio,
tiene un efecto similar.

Numerosas investigaciones confirman la idea de que ayudar a
los demás es bueno para la salud, sobre todo si tenemos contacto
directo con la persona a la que estamos ayudando.[65] En los primeros años del siglo XXI, una serie de investigadores enviaron cues-
tionarios a 2.016 miembros de la Iglesia presbiteriana de Estados
Unidos con el fin de averiguar las costumbres religiosas de los
encuestados, su estado de salud física y mental y su predisposición a ofrecer y recibir ayuda.[66] Incluso después de tener en cuenta el sexo, la trayectoria vital y la salud general, se observó que los
encuestados que siempre se ofrecían a ayudar a los demás —mediante el voluntariado, las actividades comunitarias y el cuidado
de los seres queridos— gozaban de mejor salud mental.

Otros estudios han revelado que ayudar personalmente a los
demás es beneficioso para la salud tanto física como mental. Los
veteranos de guerra con síndrome de estrés postraumático muestran una disminución de los síntomas cuando cuidan a sus nie-

tos.[67] Cuidar a los niños en una guardería redujo los niveles de cortisol y epinefrina (otra hormona del estrés) en la saliva de los voluntarios de mayor edad.[68] La intensidad de la depresión en los adolescentes tiende a disminuir cuando ofrecen su ayuda a otras personas.[69] Por el contrario, en un estudio realizado por el Instituto de Investigación Social de la Universidad de Míchigan, los investigadores observaron que las personas que no prestaban ninguna ayuda a los demás —ni práctica ni emocional— tenían más del doble de probabilidades de morir durante los cinco años que duró el estudio, frente a aquellas que cuidaban a su pareja, a un familiar, a un vecino o a un amigo.[70] Pensemos en el señor Scrooge de *Cuento de Navidad*, cuya transformación de avaro cascarrabias en pródigo benefactor lo hace feliz y le devuelve la salud al final del relato.

Cuando ayudamos a otra persona, siempre y cuando nuestra motivación no sea el resentimiento o la obligación, experimentamos una reacción psicológica positiva.[71] Por eso los cuidadores experimentan a menudo lo que se conoce como «subidón del buen samaritano», es decir, una sensación de euforia, vigor, calma y afectuosidad.

Lo que esto implica es que en el siglo de la soledad es esencial no solo que las personas se sientan atendidas, sino también que tengan la oportunidad de cuidar a los demás.

¿Cómo podemos asegurarnos de que todo el mundo tiene la posibilidad de prestar y recibir ayuda? La solución es en parte estructural, pues resulta mucho más fácil ser útil a los demás cuando no estamos trabajando a todas horas y no nos sentimos agotados, y es mucho más fácil hacer voluntariado si no tenemos que compaginar varios trabajos y si nuestro jefe nos concede algo de tiempo libre para ello. El Estado y las empresas pueden y deben tomar medidas al respecto, y nosotros no debemos permitir que las actuales circunstancias económicas sean un obstáculo para ello. Del mismo modo que en Estados Unidos, tras la Gran Depresión, y en el Reino Unido, después de la segunda guerra mun-

dial, los Gobiernos dieron más derechos y protección a los trabajadores y pusieron más empeño en salvaguardar el bienestar de los
ciudadanos,[72] ahora nosotros tenemos que ver la pandemia del
coronavirus como una oportunidad para desarrollar nuevas estructuras y adoptar comportamientos que nos permitan ayudarnos unos a otros con más eficacia.

También es necesario un cambio cultural. Tenemos que fomentar y revalorizar la amabilidad, la dedicación y la caridad, que
durante los últimos años han estado muy infravaloradas. En 2020,
una búsqueda en uno de los principales buscadores de empleo
reveló que la remuneración de los puestos de trabajo en los que se
mencionaba la amabilidad como requisito apenas llegaba a la mitad del salario medio.[73] En el futuro debemos garantizar que se
asigne a la amabilidad y la compasión el valor que realmente tienen y que esas virtudes no queden al arbitrio del mercado. «Los
aplausos a los cuidadores» que resonaron en todo el mundo en
2020 deben traducirse en algo tangible y permanente.[74] En bien de
nuestra salud física y mental, y, como veremos más adelante, en
pro de nuestra seguridad, tenemos que formar una comunidad
cohesionada y aprovechar las ventajas de la convivencia.

El ratón solitario

Pelo blanco. Nariz rosada. Cola. El ratón tiene tres meses. Lleva cuatro semanas encerrado en su jaula, cumpliendo un período de soledad forzosa. Pero hoy va a recibir una visita.

Entra en su jaula otro ratón. El «nuestro» lo examina. Hay «un patrón inicial de actividad exploratoria», como constatan los investigadores que dirigen el ensayo. De repente, «nuestro» ratón hace un movimiento inesperado. Se levanta sobre las patas traseras, agita la cola y muerde violentamente al «intruso», derribándolo. Los investigadores graban en video la feroz y brutal pelea que tiene lugar a continuación, y que ha sido provocada por la simple aparición de otro roedor. Ya lo han visto en otras ocasiones. La mayoría de las veces, cuanto más tiempo está aislado un ratón, más agresivo se muestra con el recién llegado.[1]

Así pues, los ratones, cuando están aislados, se agreden unos a otros. ¿Les sucede lo mismo a las personas? Esta crisis de soledad, exacerbada por semanas e incluso meses de confinamiento, ¿podría hacer que nos volviéramos no solo contra nosotros mismos, sino también contra los demás? Aparte de ser mala para la salud, ¿la soledad podría hacer que el mundo fuese un lugar más violento?

De ratones y hombres

Numerosos estudios científicos relacionan la soledad con la animadversión a los demás.[2] En parte esa actitud se debe a un gesto defensivo inicial, como nos explica Jacqueline Olds, profesora de psiquiatría en la Universidad de Harvard. Las personas que se sienten solas tienden a ponerse una coraza que oculta la necesidad de compañía y de calor humano; de manera consciente o inconsciente, «empiezan a enviar señales, a menudo no verbales, del tipo "déjame en paz, no te necesito, fuera de aquí"».[3]

También hay algo más en juego, algo que la soledad le hace a nuestro cerebro. Diversos investigadores han observado una relación entre la soledad y la falta de empatía, que es la capacidad de ponernos en el lugar de otros, de comprender sus puntos de vista y su dolor. Esto se refleja no solo en el comportamiento, sino también en la actividad cerebral.[4]

Numerosos estudios han demostrado que, en el cerebro de las personas solitarias, la actividad de la unión temporoparietal, que es la parte del cerebro relacionada con la empatía, disminuye cuando esas personas se enfrentan al sufrimiento de los demás, mientras que, en el caso de los individuos no solitarios, aumenta. Al mismo tiempo se estimula la corteza visual, es decir, la parte del cerebro que se ocupa del estado de alerta, la atención y la visión,[5] lo cual significa que la gente solitaria suele reaccionar más deprisa —varios milisegundos— al sufrimiento de los demás, pero su respuesta es cautelosa y no perspectivista. Del mismo modo que el cuerpo solitario aumenta la respuesta al estrés, la mente solitaria —ansiosa e hipersensible— actúa con criterios de supervivencia, y examina el entorno en busca de amenazas en lugar de ver las cosas desde el punto de vista de la persona afectada.[6] «Paseando por el campo, ¿nunca te has sobresaltado al ver un palo en el suelo y confundirlo con una culebra?», pregunta Stephanie Cacioppo, directora del laboratorio de dinámica cerebral de la Universidad de Chicago. «La mente solitaria ve culebras por todas partes».[7]

Los investigadores también han observado que la soledad no solo influye en nuestra forma de ver el mundo, sino también en nuestra forma de clasificarlo. En un estudio llevado a cabo en el King's College de Londres se pidió a un total de dos mil jóvenes de dieciocho años que evaluaran el grado de amabilidad y tolerancia que percibían en su barrio. También les hicieron la misma pregunta a los hermanos de los encuestados. En resumen, a los jóvenes más solitarios, el barrio en el que vivían les parecía menos acogedor, menos cohesionado y menos seguro que a los que no tenían tanta sensación de soledad.[8] La soledad, por tanto, no es meramente un estado individual, sino que, según el profesor John Cacioppo, es un sentimiento que «actúa en función de lo que las personas esperan y piensan de los demás».

La rabia, la animadversión, la tendencia a considerar el entorno como un conjunto frío y amenazador, la falta de empatía... la soledad puede generar una combinación de peligrosas emociones con nefastas consecuencias para todos nosotros, ya que las crisis de soledad se expresan no solo en la consulta del médico, sino también en las urnas, y tienen repercusiones en la democracia que preocupan considerablemente a quienes creen en una sociedad basada en la unidad, la inclusión y la tolerancia.

De hecho, para que la democracia funcione bien —es decir, para encontrar un equilibrio entre los intereses de distintos grupos, atender a las necesidades de «todos» los ciudadanos y escuchar sus quejas—, hay que reforzar dos tipos de vínculos: los que unen al Estado con el ciudadano y los que unen a los ciudadanos entre sí. Cuando esos vínculos se rompen; cuando las personas creen que no pueden confiar en los demás y se sienten aisladas emocional, económica, social o culturalmente; cuando las personas creen que el Estado no vela por ellas y se sienten marginadas y abandonadas, la sociedad no solo se fractura y se polariza, sino que la gente pierde la fe en la política.

Tal es la situación en que nos encontramos ahora. Los lazos que nos unen unos a otros y con el Estado se están desgastando en este siglo de la soledad porque cada vez hay más personas que se sienten aisladas y separadas tanto de sus conciudadanos como de los políticos tradicionales, los cuales no les prestan atención ni velan por sus intereses.

Si bien es cierto que esta tendencia se prolonga desde hace bastantes años, corremos el peligro de que la pandemia la agrave. Las dificultades económicas agudizan el desencanto con los líderes políticos, sobre todo si son percibidas como una carga desigual, mientras que el miedo a contraer la COVID-19 nos hace sentir un miedo visceral a nuestros conciudadanos.

Todo esto debería preocuparnos a todos porque, como hemos visto últimamente, de situaciones como estas pueden sacar partido con facilidad los políticos extremistas, los populistas que quieren hacer su agosto a costa del descontento general.

Con «populistas» me refiero a los políticos que enfrentan descaradamente al pueblo, del que afirman ser los únicos representantes válidos, con la élite económica, política o cultural a la que suelen demonizar; una élite que a menudo abarca valiosas instituciones que mantienen unida a una sociedad justa y tolerante, ya se trate del Parlamento, el poder judicial o la prensa.[9] La retórica de los populistas de derechas suele poner de relieve las diferencias culturales y la importancia de la identidad nacional, amenazada por la «invasión» de los inmigrantes o las personas de otras razas o religiones. De ese modo ponen en grave peligro a una sociedad cohesionada en la que se respetan las instituciones y las normas que nos mantienen unidos, así como la cultura de la tolerancia, el entendimiento y la equidad. Los populistas pretenden dividir a la sociedad y están dispuestos a avivar las tensiones religiosas y raciales siempre que les convenga. Las personas solitarias, debido a su ansiedad y desconfianza, están deseando formar parte de un grupo, pero «ven culebras» por todas partes, y por tanto constituyen la clientela ideal —y más vulnerable— de los demagogos.

La soledad y la política de la intolerancia

Hannah Arendt fue la primera escritora que relacionó la soledad con la política de la intolerancia. Arendt, uno de los gigantes del pensamiento intelectual del siglo XX, nació en la antigua Königsberg (actual Kaliningrado), cuna de Immanuel Kant, uno de los filósofos que más influyeron en sus ideas. Mientras que la vida de Kant se caracterizó por una sorprendente monotonía (nunca salió de su ciudad natal, y se cuenta que los habitantes de Königsberg ajustaban los relojes tomando como referencia los paseos del filósofo, cuya regularidad era ciertamente asombrosa), Arendt llevó una vida de exilio y privaciones.

Sus padres eran judíos asimilados. «La palabra "judío" nunca se pronunciaba en casa», recordaría más adelante, pero la creciente ola de antisemitismo en Alemania hizo que tomara conciencia rápidamente de su identidad judía.[10] El momento crucial se produjo en 1933: el año del incendio del Reichstag y de la toma del poder por parte de Hitler. Arendt ofrecía su departamento de Berlín como refugio a los adversarios de Hitler y espiaba para la Federación Sionista de Alemania con el fin de conocer el alcance del antisemitismo oficial. La Gestapo se enteró de sus actividades y encarceló a Arendt y a su madre durante ocho días. Tras ser liberadas en espera de juicio, y pese a carecer de documentación para viajar, madre e hija huyeron de Alemania; primero a Praga a través de los montes Metálicos y gracias a una familia alemana que tenía una casa en la frontera; luego a Ginebra, con la ayuda de un amigo socialista que trabajaba para la Sociedad de Naciones. Arendt, entonces apátrida, se dirigió a París, donde permaneció siete años como «refugiada sin papeles».[11]

Cuando los nazis invadieron Francia en 1940, Arendt fue separada de su marido —Heinrich Blücher, un activista que también había huido de Alemania— y trasladada al tristemente famoso campo de internamiento de Gurs, en el sur de Francia. En medio del desconcierto debido a la derrota francesa, Arendt consiguió fugarse y se reunió con su marido en la localidad de Montauban. La pareja obtuvo un visado de emergencia para Estados Unidos, cruzó a España por los Pirineos, tomó un tren a Lisboa y finalmente, al cabo de tres meses, zarpó hacia Nueva York en abril de 1941.[12]

Fue un golpe de suerte. En el verano de 1941, el Departamento de Estado puso fin al programa de visados de emergencia y cerró otra vía de escape para los judíos que huían de los nazis.[13] Durante los ocho años que Arendt vivió como una fugitiva —una vida de desarraigo y huidas por los pelos, sin más razón que la de ser judía—, los alemanes sucumbieron al hechizo del totalitarismo nazi.

Al terminar la guerra, las pruebas documentales que se presentaron en los juicios de Núremberg dejaron al descubierto el horror del exterminio nazi. Arendt no comprendía cómo se había podido llegar a eso. ¿Qué lleva a una persona normal a ser cómplice, directo o indirecto, de un genocidio a escala industrial?[14] Arendt se propuso «averiguar las principales causas del nazismo, investigarlas y descubrir los verdaderos problemas políticos subyacentes».[15] En 1951 publicó un polémico libro sobre esta cuestión: *Los orígenes del totalitarismo.* Se trata de un extenso volumen que abarca el auge del antisemitismo, el papel de la propaganda y la combinación de racismo y burocracia propia del imperialismo. Pero al final del libro aborda una cuestión que nos desconcierta: la soledad. Para Arendt, el totalitarismo «se basa en la soledad […] que es una de las experiencias más amargas que puede vivir un ser humano».[16] Como el nacionalsocialismo encuentra partidarios entre aquellos «cuya característica principal […] no es la brutalidad y el atraso, sino el aislamiento y la falta de relaciones personales», Arendt argumenta que «quienes se sienten solos y excluidos de la sociedad redescubren la autoestima y el sentido de la vida entregándose a una ideología en cuerpo y alma».[17] La soledad, o «la circunstancia de no formar parte del mundo», es «la esencia del gobierno totalitario, el caldo de cultivo de sus verdugos y de sus víctimas».[18]

La soledad de la que habla Arendt refleja algunos aspectos clave de mi definición: los sentimientos de impotencia y marginalidad, de aislamiento, exclusión y denegación de apoyo y reconocimiento. Y esas facetas de la soledad constituyen un peligro creciente aquí y ahora, en el siglo XXI.

LA SOLEDAD Y LA NUEVA ERA DEL POPULISMO

Evidentemente, el mundo de hoy no es el de la Alemania de la década de 1930. A pesar del aumento del populismo en todo el mundo durante los últimos años, y a pesar de que algunos líderes autoritarios —entre los que se encuentran el húngaro Viktor Orbán, el filipino Rodrigo Duterte, el chino Xi Jinping y el turco Recep Tayyip Erdoğan— utilizan la excusa de la COVID-19 para afianzarse en el poder y coartar las libertades de sus ciudadanos, no estamos ante un resurgimiento generalizado del totalitarismo.[19]

Sin embargo, la historia nos hace algunas advertencias que no debemos desoír. Muchas personas comparan la situación actual con la Gran Depresión de la década de 1930, caracterizada por el aumento de la pobreza y el desempleo. La soledad y la recesión económica suelen ir juntas; los investigadores han determinado que los desempleados suelen estar mucho más solos que quienes tienen trabajo y que la pobreza aumenta el riesgo de aislamiento social.[20] Además, la soledad ya se había convertido en «la experiencia cotidiana de las masas en constante crecimiento», como dijo Arendt en referencia a la Alemania de preguerra, incluso antes de que apareciera el coronavirus.[21] Se trata de un fenómeno que los populistas de derechas y los extremistas seudodemocráticos vienen utilizando durante los últimos años para obtener réditos políticos.

La soledad no es, evidentemente, la única causa del populismo. El crecimiento de esta lacra contemporánea tiene precedentes culturales, tecnológicos y sociales, así como causas económicas. Entre ellas se encuentran el rápido aumento de la desinformación y la división en las redes sociales, el choque entre valores liberales y conservadores, progresistas y tradicionales, así como los cambios demográficos.[22] Por otra parte, el populismo tiene en cada país distintas causas subyacentes. Tampoco se puede decir que todas las personas que están solas o marginadas votan a los populistas, ya sean de izquierdas o de derechas, del mismo modo que no todas las personas que están solas caen enfermas. Incluso entre quienes están política, económica y socialmente marginados, hay muchos que mantienen la esperanza de que los partidos tradicionales acudan en su ayuda, mientras que otros se desentienden por completo de la política.

Pero uno de los principales motivos —que a menudo no se tiene en cuenta— de por qué tanta gente ha votado a los líderes populistas en los últimos años —y a los de derechas en particular— es la soledad. Como veremos más adelante, los datos ponen de manifiesto el importante papel que han desempeñado el aislamiento y la indiferencia en la transformación del panorama político, que evoca de manera inquietante los razonamientos de Arendt.

LA SOLEDAD Y LA POLÍTICA DE LA DESCONFIANZA

Ya en 1992, los investigadores empezaron a entrever una correlación entre el aislamiento social y los votos al Frente Nacional de Jean-Marie Le Pen en Francia.[23] En los Países Bajos, los investigadores que en 2008 analizaron los datos de más de 5.000 encuestados observaron que, cuanto menos confiaban las personas en que sus conciudadanos velaran por sus intereses y no las perjudicaran deliberadamente, más probabilidades había de que votaran al PVV, el partido nacionalista de la derecha más reaccionaria.[24]

Al otro lado del Atlántico, en un sondeo realizado en 2016 por el Center for the Study of Elections and Democracy se planteó a 3.000 estadounidenses la pregunta de a quién acudirían primero en busca de ayuda si necesitaran resolver problemas que van desde el cuidado de los niños hasta el apoyo económico, pasando por el asesoramiento matrimonial o la búsqueda de un medio de transporte. Los resultados fueron esclarecedores. Los votantes de Donald Trump eran más propensos que los partidarios de Hillary Clinton o Bernie Sanders a responder no con relación a los vecinos, las organizaciones comunitarias o los amigos, sino con un escueto «yo solo me fío de mí mismo».[25] También eran más propensos a confesar que tenían menos amigos y conocidos y que pasaban menos horas a la semana con ellos. Los investigadores del Public Religion Research Institute que analizaron las características de los simpatizantes republicanos en las etapas finales de las primarias de su partido en 2016 observaron que los partidarios de Trump tenían el doble de probabilidades que los de su principal adversario, Ted Cruz, de haber participado rara vez o nunca en actividades comunitarias como equipos deportivos, clubes de lectura o asociaciones de padres y alumnos.[26]

La consecuencia también es cierta. Un estudio en el que participaron 60.000 individuos de diecisiete países europeos a lo largo de quince años reveló que las personas que pertenecían a «agrupaciones ciudadanas» —grupos de voluntarios, asociaciones de vecinos, etc.— eran bastante menos propensas a dar su voto a los partidos populistas de la derecha. Los investigadores sacaron conclusiones similares en Iberoamérica.[27]

Parece que, cuanto más integrados estemos en nuestra comunidad, cuanto más confiemos en las personas de nuestro entorno, menos nos atraerán los cantos de sirena del populismo de derechas. Aunque correlación no implique necesariamente causalidad, ese fenómeno tiene una lógica interna: a través de la afiliación a agrupaciones locales, a través del voluntariado, de asumir funciones de liderazgo o simplemente de la participación en actividades comunitarias o del cultivo de la amistad es como podemos practicar la democracia inclusiva para aprender no solo a relacionarnos, sino también a resolver nuestras diferencias.[28] Por el contrario, cuantos menos vínculos sociales tengamos, cuanto más aislados nos sintamos y menos capaces seamos de resolver las diferencias de manera cívica y participativa, menos confiaremos en nuestros conciudadanos y más atractiva nos parecerá la sociedad excluyente y disgregadora que pregonan los populistas.

La soledad de la marginalización

Estar solo no consiste simplemente en sentirse aislado o carecer de vínculos comunitarios, sino que tiene que ver también con el hecho de que no nos escuchen ni nos comprendan. Jung pensaba que «la soledad no proviene de la ausencia de personas a nuestro alrededor, sino de la imposibilidad de decir las cosas que nos parecen importantes o de mantener opiniones que otros juzgan inadmisibles».[29]

Como hemos visto en los últimos tiempos, los partidarios de los populistas se han empeñado en que quienes ocupan el poder reconozcan sus estrecheces económicas y su situación de marginalidad y aislamiento. Y se quejan de que no las reconocen. Los testimonios de los ferroviarios estadounidenses antes de las elecciones presidenciales de 2016 muestran cómo modificó Donald Trump el mapa político jugando precisamente a eso, a que muchos de los que se sentían abandonados —sobre todo aquellos que históricamente no tenían motivos para ello— se sintieran por fin escuchados.

Rusty, de cuarenta y pico años, es un maquinista que vive en la pequeña localidad de Etowah, en el condado de McMinn (Tennessee). Su abuelo y su padre trabajaron para el ferrocarril y siempre votaron al Partido Demócrata. Él también... hasta 2016. «De joven me enseñaron que los obreros sindicalistas tienen que ser "demócratas" —afirmó—, pero para ser sincero, cuanto más trabajo, más incierto me parece el futuro». Para Rusty y sus compañeros, cuyo trabajo era imprescindible para el transporte anual de miles de millones de toneladas de carbón, los ajustes de la era

Obama supusieron algo más que un simple recorte presupuestario. Fueron una especie de traición. «Sus decretazos, sobre todo los que tienen que ver con el medioambiente, me han perjudicado», decía Rusty con la voz entrecortada. «Me perjudicaron personalmente y me pusieron las cosas muy difíciles». Por el contrario, Donald Trump era el único candidato que «dice las cosas como son», el único que se preocupaba por los problemas de Rusty y quería escuchar sus quejas.

Gary, otro ferroviario que antes votaba a los «demócratas», depositó también su confianza en el siempre bronceado candidato a la presidencia: «Cuando Trump dijo que nos iba a devolver los puestos de trabajo y que iba a renegociar los acuerdos comerciales, decidí darle mi voto». Y prosigue: «Trump es el único que se interesa por los pobres y por la clase media. Es el único que parece querer ayudar a los trabajadores. Es nuestra única esperanza».

Terry, otro exdemócrata, estaba de acuerdo.[30] Este padre de ocho hijos, con veinte años de servicio en el ferrocarril, se encontró de repente viviendo «al día» después de haber llevado una vida «bastante desahogada», y por tanto utilizó unos argumentos muy parecidos a los de Gary y Rusty. «Trump se hará cargo de su gente», afirmó, en tanto que los líderes políticos anteriores, en su opinión, habían desatendido sus necesidades a la hora de proteger sus puestos de trabajo y garantizarles un nivel de vida aceptable.

Donde antes el Partido Demócrata o, cuando menos, los sindicatos, eran una esperanza, muchos de los que se sintieron marginados, tanto en 2016 como en 2020, depositaron toda su confianza en Trump, en especial los votantes blancos de clase trabajadora, lo cual se notó sobremanera en aquellos lugares en los que la infraestructura de la comunidad era endeble, los vínculos sociales se habían desgastado y los ciudadanos consideraban haberse empobrecido.[31] En pueblos como el de Terry y Rusty, en el este de Tennessee, donde la década anterior las minas de carbón habían cerrado[32] y donde las heridas de la crisis económica de 2008 seguían abiertas, la gente pensaba que a los líderes de Washington no les importaban lo más mínimo las necesidades de la clase trabajadora.

Que las políticas de Trump realmente mejoraran la vida de sus partidarios casi importaba menos que su aparente atención, pues otros políticos parecían sordos a sus quejas y a las necesidades de unas comarcas económicamente devastadas. En su candidatura a la reelección, Trump volvió a utilizar la estrategia de «soy el único que se preocupa de verdad». «A Nancy Pelosi solo le interesa rescatar ciudades y estados en los que no hay más que corrupción y delincuencia. Eso es lo único que le importa. No está dispuesta a ayudar a la gente», declaró durante la campaña de 2020. Aunque Biden intentara contrarrestar esas patrañas basándose en la recuperación de los puestos de trabajo, recordando a los obreros su alianza con los sindicatos y haciendo hincapié en sus raíces humildes, para muchos votantes de Trump eso no era suficiente.[33]

Es deprimente sentirse pobre, pero es aún más deprimente percibir que a los demás no les importa la situación en la que se encuentra, sobre todo a aquellos que ocupan cargos de poder y que deberían ayudar. Ese fue el gran acierto de Trump: convencer a millones de votantes de que a él sí que le importaba la vida de las personas.

Estados Unidos no es el único país en el que el populismo de derechas sigue avanzando. Eric es un panadero parisino al que le gustan los bailes escoceses, el *rap* y los videojuegos. Cuando conversé con él en 2019, me pareció sincero, directo y muy educado. Habló abiertamente sobre la frustración que produce matarse a trabajar para cobrar apenas el sueldo mínimo. Como tantos jóvenes, Eric tiene la impresión de que en esta sociedad lo tiene todo en contra. «El sistema económico es injusto», me explicaba. «No basta con trabajar mucho; tienes que deslomarte trabajando. No basta con ser bueno en lo tuyo. Tienes que ser extraordinario y conocer a la gente adecuada, pues de otro modo no ganas lo suficiente para vivir». Y me contó hasta que punto se sentía «abandonado», diciéndome, en un tono entre triste y enojado, que no cree que el Estado vaya a ayudarlo cuando esté enfermo o se haga viejo, y que eso le produce una tremenda sensación de soledad.

Eric es un miembro destacado de las juventudes de la Agrupación Nacional. Conocido anteriormente como Frente Nacional, este partido populista de extrema derecha, con una larga historia de xenofobia, cambió de nombre en 2018 y sigue siendo uno de los partidos más votados en Francia. En su etapa anterior intentó relativizar los horrores del Holocausto; su fundador, Jean-Marie Le Pen, describió las cámaras de gas nazis como «un suceso anecdótico en la historia de la segunda guerra mundial».[34] Más recientemente, con la hija de Le Pen, Marine, la retórica antiinmigrante del partido ha ido dirigida contra la comunidad islámica, a la que describe como el foco del islamismo radical, «un pulpo con tentáculos que llegan a todas partes, a los barrios, a las asociaciones, a los clubes deportivos [de inmigrantes]».[35] Diversos grupos de derechos humanos denunciaron a Marine Le Pen por incitación al odio, por hacer comentarios en los que comparaba las oraciones de los musulmanes en las calles con la ocupación nazi. Aunque al final fue absuelta, su retórica no ha variado demasiado.[36]

Eric, antes, habría encontrado su espacio político en el Partido Socialista francés, pero hoy se siente cómodo en este partido populista radical. Al igual que los ferroviarios «demócratas» que se pasaron a Trump, Eric cree que la Agrupación Nacional es la única que «protege a la gente de a pie», a esa gente que los demás partidos han dejado en la estacada. La izquierda fracasó porque, para muchas personas, dejó de ser la formación política que se tomaba en serio los intereses de los «olvidados» y los «marginados».

Esos sentimientos de abandono se observan en casi todos los estudios publicados en Europa. Los investigadores analizaron 500 entrevistas realizadas en algunos baluartes de la derecha francesa y alemana —lugares como Gelsenkirchen-Ost, un barrio con enorme desempleo y donde el partido antiinmigrante Alternativ für Deutschland (AfD) obtuvo casi un tercio de los votos en las elecciones de 2017 (el triple que a escala nacional), y Les Kempes, un barrio de Loon-Plage, donde el 42,5 % de los electores votaron a Marine Le Pen en las elecciones presidenciales de 2017—,[37] y lo que encontraron en común fue un sentimiento generalizado de «abandono», que era el tema recurrente en las respuestas de los encuestados.

En todo el mundo, las personas que se sienten marginadas, que creen que los partidos tradicionales, que antes las apoyaban, miran ahora para otro lado y no escuchan sus quejas ni resuelven sus problemas, se han ido desplazando, durante estas primeras décadas del siglo XXI, hacia los extremos del espectro político. Y es lógico que sea así. Cuando uno se siente marginado y ninguneado, es comprensible que lo seduzcan los cantos de sirena de quienes prometen ayudarle. Ya sea el grito de guerra de Trump —«¡Los hombres y mujeres olvidados de Estados Unidos ya han salido del olvido!»— o el juramento de Marine Le Pen —«servir a una Francia olvidada, una Francia desasistida por la nueva élite»—, esos mensajes pueden resultar muy atractivos.[38] Y lo cierto es que muchas personas habían estado desamparadas durante décadas, pues tras el capitalismo neoliberal y la desindustrialización llegaron la crisis económica de 2008 y la consiguiente recesión, acompañadas de estrictas medidas de austeridad, que, además, tuvieron una repercusión asimétrica, pues quienes más las sufrieron fueron los trabajadores menos cualificados, es decir, el blanco de los populistas de derechas.[39]

LA SOLEDAD Y LA PÉRDIDA DE ESTATUS Y CONSIDERACIÓN

Muchos líderes populistas también se dan cuenta de otra cosa: de que la soledad no es solo una sensación de abandono, aislamiento y ninguneo, sino que también es un sentimiento de pérdida. La pérdida del compañerismo. La pérdida de la seguridad económica. Pero también, y sobre todo, la pérdida de la posición social. Recordemos las palabras de Arendt, para quien los solitarios eran aquellos que «no tienen cabida en la sociedad». Y la posición social está indisolublemente ligada, sobre todo en el caso de los hombres, al compañerismo, al orgullo y al estatus que implica tener un trabajo digno, fructífero y respetado.[40] De hecho, según la retórica de Trump, para que «Estados Unidos vuelva a ser un gran país» hay que restablecer el viejo orden, aquel en el que el empleo que crean las industrias tradicionales, las cuales constituyen el núcleo de los barrios, refuerza la autoestima y el espíritu comunitario. ¿Recuerdan su tan repetida promesa de «volver a dar trabajo a nuestros abnegados mineros del carbón»?[41] En un mundo en el que «produzco, luego existo», en el que resulta deshonroso estar desempleado o tener un empleo de poca categoría, la promesa de revitalizar la comunidad y mejorar la posición social de los ciudadanos es especialmente bien recibida.

Por tanto, no es de extrañar que las promesas de Trump atrajeran a tantos ferroviarios como Terry, quien se lamentaba de que «antes estábamos orgullosos de trabajar en el ferrocarril, y ahora nadie puede estarlo». O como Gary, que recitó una letanía de fábricas que habían cerrado en su comarca durante los últimos años —Libbey-Owens-Ford Glass Factory, Union Carbide, True Temper o la Naval Ordnance Plant, cerca de su South Charleston natal—, fábricas que producían cosas. Gary siguió explicando que, aunque «se pueden encontrar otros trabajos […] un empleo en una cadena de comida rápida, en un supermercado o en un Walmart, son todos trabajos mal pagados».

Es discutible que en esos empleos se cobre menos que en las viejas fábricas, pero no se trata solo de que estos «nuevos» trabajos estén mal pagados. Lo importante es que se trata de empleos de poca categoría, empleos de los que nadie puede enorgullecerse. Antes incluso de que la pandemia del coronavirus disparase el desempleo, esos «trabajos de poca categoría» eran lo único a lo que podían aspirar la mayoría de las personas, sobre todo en los

antiguos centros de producción y en las comarcas desindustriali-
zadas. Las bajas tasas de desempleo enmascaraban el descontento
y la desafección que se ocultaban tras las estadísticas.

Los sociólogos Noam Gidron y Peter A. Hall creen que el
descenso en la posición social, más incluso que los sueldos, es la
causa subyacente de que tantos trabajadores —hombres como
Gary, Rusty, Terry o Eric— se hayan pasado a los partidos populistas de derechas durante los últimos años. En un artículo publicado en 2017, en el que analizaban la relación entre descenso de
posición social e intención de voto en el período 1987-2013, ambos científicos sociales observaron que los varones blancos sin
estudios superiores que se sentían desclasados —bien por la precariedad de los empleos disponibles, bien porque no tenían trabajo, o bien porque les parecía que los hombres y mujeres «no blancos» y con carreras universitarias los estaban desplazando— eran
considerablemente más propensos a votar a los partidos populistas de derechas,[42] pues estos les prometían la recuperación de su
estatus.

Como dijo Donald Trump en la campaña de 2016: «Mientras
mi oponente los calumnia diciendo que son unos vagos sin remedio, yo los considero trabajadores patriotas que aman a su país y
quieren un futuro mejor para todos nosotros. Son [...] soldados
y marineros, carpinteros y soldadores [...], son estadounidenses y
tienen derecho a que sus líderes los valoren y protejan. Todos los
estadounidenses tienen derecho a ser tratados con dignidad y respeto».[43]

Volviendo a la carga en 2020, Trump optó de nuevo por azu-
zar a las bases apelando al estatus y a la autoestima: «Altivos ciudadanos como ustedes ayudaron a construir este país», tuiteó el
presidente en octubre de 2020, añadiendo: «Juntos estamos recuperando nuestro país. Estamos devolviendo el poder a ustedes, el
pueblo soberano».[44]

La comercialización de la solidaridad

Los populistas ofrecen algo más: compañerismo. Para un colectivo que había perdido no solo el estatus, sino también la solidaridad que hasta entonces el trabajo y los sindicatos le proporcionaban, y que estaba completamente solo e incomunicado, aquello era importantísimo. La falta de «armonía», ahora que él y sus compañeros de trabajo se disputaban unos empleos cada vez más escasos, era algo que Rusty lamentaba profundamente.

Esta falta de solidaridad y reciprocidad es lo que los populistas como Trump aprovecharon con tanto éxito valiéndose de su particular interpretación del compañerismo.

Pensemos en los mítines de Trump, que fueron un elemento básico de su carrera política, no solo antes de ganar las elecciones, sino también después, ya que dio unos sesenta durante los tres primeros años de su mandato y siguió dándolos incluso en plena pandemia.[45] Si bien los demás políticos estadounidenses también celebran mítines, los de Trump eran especiales. Atraían a la gente no solo por ser manifestaciones políticas, sino también porque eran grandiosos rituales públicos en los que la gente tenía la sensación de formar parte de una comunidad. Eran un asunto de familia en el que participaban habitualmente tres generaciones: padres, hijos y abuelos codo con codo. A diferencia de los mítines de sus rivales políticos, a los que la gente solía acudir con ropa de diario, en los de Trump veías a miles de personas vestidas de rojo, luciendo sombreros, insignias y camisetas con el lema *Make America Great Again*.[46] Las repetitivas listas de reproducción (a veces «*Proud to be an American*») no dejaba de sonar y hacían que la gente pudiera cantar al ritmo de una música muy familiar mientras el ambiente se llenaba de mantras patrióticos.[47] La sincronización de los cánticos y los aplausos hacía que los asistentes se sintieran en armonía.[48] Mientras que los mítines electorales de Hillary Clinton eran muy formales y para algunos incluso aburridos, y los de Biden muy distantes y comedidos por culpa de las medidas de segu-

ridad ante la COVID-19, los mítines de Trump tenían la aparato-
sidad y el apasionamiento de un espectáculo de lucha libre.[49]

Y luego estaba el uso del lenguaje, la retórica que utilizaba
Trump para reforzar esa sensación de armonía, de unidad. Trump
hablaba casi siempre en primera persona del plural, utilizando el
«nosotros» y el «nos» para establecer una relación vinculante,
aunque él no tenga, por supuesto, prácticamente nada en común
con la mayoría de sus partidarios.[50] Eso «hace que la gente crea
que está participando activamente en el desarrollo de los acontecimientos», comentaba uno de los asistentes al mitin, que existe
una conexión simultánea entre sí y con Trump.[51] Al mismo tiempo repetía sin cesar la expresión «el pueblo», al que aplicaba todo
tipo de calificativos elogiosos. De hecho, *people* era la palabra que
más utilizaba en sus discursos.[52]

Estas técnicas tan teatrales —la ropa de marca, los cánticos, el
«nosotros» y los continuos llamamientos a la solidaridad— son
características de una forma de hacer política que se remonta a las
megaiglesias estadounidenses e incluso al movimiento *Revival* del
siglo XIX. Por tanto, los mítines de Trump eran mucho más que
discursos políticos y apretones de manos; eran lo que Johnny Dwyer
calificó de «una especie de comunión».[53] El propio Trump comentó que el enardecido ambiente de aquellas reuniones tenía un
aire casi religioso. Al comienzo de su primer mitin, el 21 de agosto
de 2017, el candidato sonrió a la multitud e invocó al predicador
más famoso de Estados Unidos. «¡Qué maravilla! Ahora sé cómo
se sentía Billy Graham».[54] Trump era capaz de hacer que la gente
se sintiera importante; satisfacía la necesidad de participación de
aquellos que ya no tenían vínculos laborales ni comunitarios, hablando sin rodeos de nuestra tendencia evolutiva a formar parte
de un todo.[55]

En Europa la dinámica ha sido muy similar, pues los partidos
populistas y sus líderes han utilizado con enorme eficacia los mítines y las movilizaciones sociales para atraer a la gente. En Bélgica, en los festivales organizados por Vlaams Belang —un partido

nacionalista cuya piedra angular es el fin de la inmigración—,[56] los simpatizantes dividían el tiempo entre los discursos antiinmigración en el interior del recinto y una celebración al aire libre en la que había castillos hinchables, productos con que pintarse la cara y un estand para el libro *El rapto de Europa*.[57] Al otro lado de la frontera, en Alemania, los mítines de la AfD tienen mucho en común con los de Trump: familias con globos, mesas de pícnic y pancartas con mensajes como «Björn Höcke: Kanzler der Herzen» («canciller de los corazones»).[58] En España, mientras tanto, Vox, para atraer a la gente, organiza noches de la cerveza que se celebran en bares y discotecas en los que no se permite la entrada a mayores de veinticinco años.[59]

Y, una vez más, el lenguaje que se utiliza hace referencia a la solidaridad, al deseo de crear un espacio común que los simpatizantes de la extrema derecha no han podido encontrar en ningún sitio en el siglo XXI. «La Liga es una gran familia», repiten sin cesar en los mítines los representantes de ese partido populista italiano.[60] El que fuera en su origen un partido regionalista que decía representar al norte del país, la Liga (antigua Liga Norte) ha ido ganando poder a escala nacional y se ha desplazado hacia la derecha durante la última década. En vez de propugnar la separación del norte, ahora la Liga hace campaña contra la inmigración, la UE y los derechos del colectivo LGTBIQ+, y ha construido una sólida base política.[61] En las elecciones a la Unión Europea de 2019, la Liga obtuvo más de una tercera parte de los votos en Italia.[62] Al igual que Trump, el líder del partido, Matteo Salvini, manipula el lenguaje para atraer a más simpatizantes y reforzar la idea de solidaridad.[63]

Los partidos populistas venden compañerismo no solo en estas grandes concentraciones. Giorgio, un pequeño empresario de Milán, el típico esnob de derechas (pádel, ropa de marca, etc.), me enseñó orgulloso el selfi que se había hecho con Salvini y me contó cuánto le había ayudado el partido a sentirse menos solo. Gracias a la Liga, «hace un año y medio empecé a ir a cenas y fiestas;

las llaman "comités" y son como encuentros para los miembros del partido. Se pasa muy bien. Conoces a mucha gente. Cantamos, y hay un ambiente muy tradicional. Y todo el mundo canta en dialectos del norte. Se respira la agradable sensación de formar parte de una comunidad».

Eric, en París, también me habló de lo bien que se la pasaban en las reuniones de los miércoles, después de las cuales salían a tomar cerveza, a pegar carteles y a repartir folletos, y me dijo que «es muy difícil» hallar la solidaridad que él había encontrado en la Agrupación Nacional. Y reconoció que, si no se hubiera unido al partido, se habría sentido tremendamente solo. La Agrupación le ha proporcionado el compañerismo que tanto anhelaba. Un compañerismo que antes era habitual en los sindicatos, en los partidos tradicionales, en la Iglesia, en los centros sociales o incluso en los bares de barrio.[64]

Es demasiado pronto para valorar si el apoyo a los populistas ha disminuido tras varios meses en los que las concentraciones de sus seguidores estuvieron limitadas por las medidas de distanciamiento físico entre las personas como consecuencia del coronavirus. Al fin y al cabo, unos 70 millones de personas votaron a Trump en 2020, más aún que en las elecciones de 2016. La suerte que corran en el futuro dependerá en gran medida del lugar que ocupaban cuando dejó de sonar la música —las crisis económicas suelen ser perjudiciales para los partidos que están en el Gobierno—, y en todos los países habrá debates sobre lo competentes que fueron quienes ocupaban entonces el poder en lo que respecta al hecho de salvar no solo puestos de trabajo, sino también vidas.[65] Su popularidad dependerá también de su capacidad para controlar los medios de comunicación y hacer valer *a posteriori* su versión de los hechos. Pero es sorprendente lo rápido que aumentó la solidaridad de los populistas a través de internet, a medida que su capacidad de reunirse en persona disminuía. Además de encargarse personalmente de acaparar todos los días la atención en las ruedas de prensa con mensajes explícitos a su «tribu» (denunciando las «mentiras» de los medios de comunicación y de las instituciones internacionales), Trump, que ya contaba con un gran número de seguidores en las redes sociales, se hizo más presente en Facebook e intensificó su oferta digital organizando cursos de formación de voluntarios y lanzando una campaña telemática con un «mitin virtual» que alcanzó casi un millón de transmisiones en directo.[66] La Liga, Vox y Vlaams Belang también ampliaron su oferta.[67]

La manipulación de la inmigración

Esa solidaridad ficticia, tanto si es en línea como en persona, tiene una característica distintiva: la exclusión explícita de los demás. La extrema derecha, cuando hace hincapié en el compañerismo, con sus «noches de cerveza» y sus castillos inflables, siempre quiere dejar bien claro quién «no» está invitado a la fiesta. Pensemos, por ejemplo, en los mítines de Trump, donde miles de voces cantan al unísono «Construye el muro». El mensaje de unidad tiene un trasfondo de exclusión racial, religiosa y nacionalista. De «nosotros» y «ellos». Ahí es donde está el verdadero peligro.

Al poner el punto de mira en aquellos que se sienten solos y abandonados, y al crear una solidaridad basada en el racismo o el nacionalismo, los líderes populistas convierten su tribalismo en un arma contra las personas que son diferentes. Estos políticos se han dado cuenta de que, para los que se sienten excluidos, solos y abandonados, para los que no están acostumbrados a la diversidad y cuyas formas tradicionales de identidad —la clase social, la profesión o la religión— no son tan sólidas como antes, «las identidades sociales, como la nacionalidad, la raza, la lengua o el sexo», en opinión de los profesores Mikko Salmela y Christian von Scheve, «resultan más atractivas en cuanto fuente generadora de conciencia y autoestima».[68] Yo añadiría a esas causas el atractivo del compañerismo.

Es entonces cuando la manipulación de la soledad y el aislamiento adopta su forma más desagradable y disgregadora. Recordemos que a las personas que se sienten solas el barrio donde viven les parece más inhóspito y amenazador. Recordemos lo agresivo que se volvió nuestro ratón solitario cuando otro ratón invadió su espacio. Y recordemos que la soledad puede limitar la capacidad de empatía del cerebro. Al reforzar el sentimiento de abandono y marginación de sus adeptos, contraponiéndolo a un aparente favorecimiento político de las personas que son diferentes de ellos —casi siempre inmigrantes—, el alarmismo de los populistas exacerba las emociones, la ansiedad y la inseguridad de sus partidarios, y se sirve de las diferencias étnicas y religiosas con el fin de cosechar apoyos y lealtades. La ultraderecha combina estos factores con la nostalgia de una época en la que las personas —según esta versión de la historia— estaban más unidas y eran más felices que antes de la llegada de «esos inmigrantes que les han quitado sus prerrogativas y sus puestos de trabajo».

Y ahora, cómo no, los populistas añaden: «antes de que esos inmigrantes los contagiaran con un virus mortal». Cuando estalló la pandemia, algunos líderes populistas no tardaron mucho en utilizar la crisis para avivar las tensiones religiosas y raciales, y demonizar a los que son diferentes.

En Estados Unidos, la mala fe de Donald Trump, al que le dio por llamar «el virus chino» a la COVID-19, provocó una oleada de ataques contra los ciudadanos de origen asiático.[69] En Hungría, el primer ministro Viktor Orbán pasó de culpar de la propagación del virus a un grupo de estudiantes iraníes que habían estado en cuarentena y que luego dieron positivo a declarar que todas las universidades eran zonas de riesgo porque «en ellas hay muchos extranjeros».[70] En Italia, Matteo Salvini se apresuró a relacionar sin motivo alguno la propagación de la enfermedad con unos solicitantes de asilo que habían cruzado el Mediterráneo desde el norte de África; no aportó ninguna prueba que respaldara sus afirmaciones.[71] La utilización de una enfermedad para fomentar la discriminación racial y despertar el fervor patriótico tiene, claro está, numerosos precedentes históricos. En el siglo xiv se culpó a los judíos de la peste negra que asoló Europa y que dio lugar a la matanza de miles de personas. Durante la gran peste de Milán (1629-1631), las multitudes arremetieron contra los «extranjeros», cebándose especialmente con los españoles; y a los inmigrantes irlandeses se les echó la culpa de los brotes de cólera que se dieron en la década de 1830 en ciudades como Boston y Nueva York.[72] Las pandemias y la xenofobia siempre han estado estrechamente relacionadas.

Pero, antes incluso de que el coronavirus fuera un motivo más para atacar a «los otros», nuestro Giorgio ya había asimilado los mensajes del tribalismo receloso. «El Gobierno está dando prioridad a los inmigrantes procedentes de África», me dijo, «a personas que llegan aquí y se pasan el día de vacaciones mientras muchos italianos están trabajando en el campo sin derechos sociales. Tienes que mirar por tu comunidad y por las personas que ya viven en tu país, no por los que vienen de África».

Matthias, un experto en logística berlinés de veintinueve años, que antes votaba al centro izquierda, se pasó al populista AfD por razones similares.[73] «Es evidente que están haciendo más por los refugiados que por nosotros», afirmó Matthias en 2017, un año después de que Alemania acogiera a un millón de refugiados como parte de la política de ayuda a la inmigración de Angela Merkel.[74] «Muchos amigos míos siguen sin encontrar trabajo. Los refugiados reciben dinero porque sí. Hasta les dan un trato preferente para alquilar una vivienda; se lo pagan todo».[75]

En Tennessee, Terry, otro partidario de Trump, arremetía contra «las personas que no deberían estar aquí, que se lo están quitando todo, hasta el trabajo, a los que lucharon por nuestro país. Hay veteranos de guerra que no tienen dónde vivir, y los políticos quieren traer a refugiados de otros países. Tenemos que cuidar de nuestra propia gente».

Al igual que sucede con las teorías conspiratorias del coronavirus, esas afirmaciones no son ciertas. En Alemania, los refugiados no reciben dinero «porque sí»; reciben las mismas ayudas públicas que todos los ciudadanos y, de hecho, sufren la discriminación en muchos lugares cuando quieren alquilar una vivienda; en Estados Unidos, los veteranos de guerra y los nacidos en el país tienen derecho a muchas más prestaciones sociales que los refugiados o los inmigrantes sin documentación. Mas para quienes se sienten solos y abandonados, para quienes ya no perciben ningún vínculo con sus compatriotas ni con el Estado, para quienes no ven más que «culebras» en un entorno inhóspito y son fácilmente influenciables por las teorías conspiratorias (como lo son, según los últimos estudios, aquellos que se sienten marginados), las explicaciones de los populistas resultan muy convincentes.[76]

De hecho, un reciente análisis de las respuestas de más de 30.000 personas que participaron en uno de los sondeos de la Encuesta Social Europea (un extenso cuestionario que utilizan muchos sociólogos) reveló que, en el caso de las personas que estaban más en contra de la inmigración, los datos demográficos que los distinguían no eran, por ejemplo, el sexo o la edad, sino la inseguridad económica, la escasa confianza en sus conciudadanos y en el Gobierno, y el aislamiento social.[77] «En definitiva», concluyen los investigadores, «las personas que se sienten política, económica y socialmente desprotegidas son las más propensas a tomarla con los inmigrantes». Esas tres circunstancias están estrechamente relacionadas con la soledad.

El tener a alguien a quien culpar, alguien que es diferente de ti, alguien a quien en realidad no conoces —pues la mayor animadversión contra los inmigrantes suele darse en lugares donde hay poca inmigración—[78] ha demostrado ser una buena estrategia. En muchos casos ha resultado más eficaz que echarle la culpa a la economía global, al neoliberalismo, a los recortes en gasto público o a las prioridades partidistas del Gobierno, aunque estas cosas expliquen mejor por qué hay tantas personas que se sienten marginadas. Los populistas de derechas saben mejor que nadie hasta qué punto las emociones son más importantes que la racionalidad y la responsabilidad, y lo poderoso que puede llegar a ser el miedo. Y aprovechan estas circunstancias para repetir una y otra vez sus mensajes de odio. Aunque durante los próximos años el apoyo a la ultraderecha descienda, sería prematuro dar por muerto al populismo. Es probable que su influencia en las ideas, las emociones y la intención de voto de una parte considerable de la población perviva durante bastante tiempo.

Lo malo es que la retórica racista y disgregadora también es contagiosa. En 2017, en un peligroso intento de rechazar las propuestas del candidato populista Geert Wilders, el primer ministro Mark Rutte, situado teóricamente en el centro derecha, conminó en la prensa a los inmigrantes a que «cumplieran las normas o se largaran».[79] Los socialdemócratas daneses ganaron las elecciones en 2019 con un programa que olía inquietantemente a extrema derecha en lo relativo a cuestiones de inmigración.[80] De hecho, en muchos aspectos el mayor peligro del ascenso del populismo durante los últimos años está en que empuja a los partidos tradicionales, tanto de derechas como de izquierdas, hacia los extremos y en que normaliza un discurso basado en el odio, la desconfianza y la desunión.

Lo que me da miedo es que esa tendencia se acentúe después del coronavirus y que la salud y la seguridad biológica de las naciones no solo sea considerada por los populistas como un terreno fácil de explotar, sino que políticos de centro también busquen rédito político en el llamamiento a la construcción de muros y en la demonización de «los otros».

No se trata de eximir de responsabilidad a las personas. A veces resulta difícil saber qué viene primero: el racismo, los mensajes xenófobos de los líderes populistas —y su propagación por las redes sociales— o los cambios culturales, económicos y sociales que han conducido al miedo, la marginación, el desamparo y la invisibilidad a tantos ciudadanos. Pero lo que está claro es que para los que se sienten desplazados, que echan de menos el compañerismo y la solidaridad, para los que tienen miedo al futuro y se sienten solos y abandonados, el odio a los demás se puede convertir, como dijo Hannah Arendt con respecto a la Alemania nazi, en «una forma de autodeterminación» que mitiga la sensación de soledad y les «devuelve un poco la autoestima [...] que antes les proporcionaba la participación en la sociedad».[81] Sobre todo, diría yo, en tiempos de crisis económica.

Las palabras de Arendt unifican los sentimientos de los solitarios y desheredados a lo largo de varias generaciones, desde la Alemania de la década de 1930 hasta el presente, y se reflejan en Wilhelm, un joven cuyas opiniones podrían hacernos pensar que vive en la Alemania del Tercer Reich o en cualquier país moderno en plena recesión económica. Este «apuesto joven de un metro ochenta, constitución delgada, pelo y ojos oscuros y mirada inteligente»,[82] llevaba varios años desempleado por culpa de la crisis económica y exteriorizaba así sus sentimientos:

> No había sitio para nosotros. A mi generación, que tanto había trabajado y tantos sacrificios había hecho, no la quería nadie. Cuando terminé la carrera estuve un año sin trabajo [...] tras cinco años desempleado, estaba destrozado física y anímicamente. No me querían [en Alemania] y, evidentemente, si no me querían aquí, no me querrían en ninguna parte [...]. Estaba completamente desesperado.

Wilhelm estaba describiendo en realidad su situación personal en la década de 1930. Y prosiguió: «Entonces descubrí a Hitler [...]. De repente, encontré sentido a mi vida. Desde entonces me he entregado en cuerpo y alma a este movimiento para la reconstrucción de Alemania».

Las causas y consecuencias de la soledad son el epicentro de los principales problemas políticos y sociales a que se enfrenta la sociedad. En los últimos tiempos son los políticos populistas, sobre todo los de derechas, los que mejor han sabido analizar esta situación, pero no debemos permitir que sean percibidos como los únicos que ofrecen soluciones a quienes se encuentran solos. Hay demasiadas cosas en juego.

Los políticos de todos los colores tendrán que dar respuesta a cuestiones muy complejas. ¿Cómo garantizar que no se margina aún más a los colectivos que ya están marginados? ¿Cómo conseguir que la gente se sienta protegida cuando los recursos son cada vez más escasos? Y, sobre todo, ¿cómo conseguir que los ciudadanos se interesen no solo por los que se parecen a ellos —los que tienen el mismo origen histórico y cultural—, sino también por los que son diferentes? ¿Cómo unir a la gente en un mundo que se está desmoronando?

Asimismo, nuestros líderes deben conseguir que todos los ciudadanos perciban que se les presta atención. Y deben asegurarse de que las personas tengan la oportunidad de practicar el civismo, la tolerancia y la pluralidad en la vida cotidiana. Ahora más que nunca necesitamos que los políticos se comprometan formalmente a restablecer la armonía a escala urbana, nacional e internacional.

Ahora bien, para comprender qué debemos hacer a fin de combatir eficazmente la soledad, reforzar el espíritu comunitario y sellar las fisuras que se han abierto entre nosotros tenemos que seguir escarbando. Debemos comprender bien por qué es este «el siglo de la soledad» no solo para quienes escuchan los cantos de sirena de los populistas, sino también para toda la sociedad. Y esa tarea comienza en nuestras ciudades, que se están convirtiendo en el epicentro del aislamiento.

La ciudad solitaria

Nueva York, 2019. Cada vez que tiene que salir de la ciudad, Frank guarda la foto de su difunto padre en un armario junto con sus otros objetos de valor para «protegerlos» del huésped de Airbnb que dormirá en su cama dentro de unas horas.

Esto no era lo que Frank, de treinta y dos años, tenía previsto cuando se mudó a Manhattan unos años antes, con la esperanza de hacer carrera en el mundo del diseño gráfico. Sin embargo, el auge de los formatos digitales y los consiguientes recortes en publicidad y prensa escrita provocaron numerosos despidos en su profesión. Así pues, en 2018 y un poco a regañadientes, Frank se sumó a la *gig economy* o economía colaborativa, buscando trabajos en Upwork o Fiverr, o a veces a través del boca a boca. Alojar a huéspedes en su casa por medio de Airbnb era la única solución para poder tomarse unas vacaciones. La preocupación por la inseguridad de su trabajo y por el pago del alquiler era constante.

Este tipo de precariedad económica supone un problema para cualquiera, pero para Frank lo más duro era el hecho mismo de vivir en la ciudad. Al principio estaba muy orgulloso de haber dado una entrada para su primera vivienda, un diminuto estudio-departamento en el centro. Pero pronto, al volver a su casa vacía por la tarde, o, peor aún, al quedarse allí todo el día trabajando, confesó que se sentía como en un ataúd; sobre todo, porque en todo el edificio no conocía a nadie a quien visitar para tomar un café o con quien desahogarse bebiendo unas cervezas después de una agotadora jornada de trabajo. Ya que, pese a llevar dos años en aquel edificio, no era «solo que ni un vecino sepa cómo me llamo», sino que «cada vez que me cruzo con ellos en el pasillo o el ascensor, es como si no me hubieran visto nunca».

El triste anonimato de aquel bloque de departamentos me pareció un fiel reflejo de la vida en la gran ciudad. «Aquí nadie sonríe», dice Frank cuando habla de Manhattan. Toda aquella gente con el móvil pegado a la oreja, los *fitbits* sujetos a la ropa para registrar el ritmo de marcha, la cara de asco o de póquer… La ciudad le parecía despiadada, inhóspita y cruel. Si no fuera por el amable camarero sudanés de la cafetería que solía frecuentar, a la que a veces se llevaba el portátil para trabajar, había días en que probablemente no cruzaba una sola palabra con nadie.

Frank también me habló de lo difícil que es hacer amigos en una ciudad en la que todo el mundo tiene tanta prisa y está tan ocupado que parece no tener tiempo siquiera para pararse a charlar un momento, y mucho menos para cultivar las relaciones personales o hacer nuevas amistades. Por tanto, muchas tardes se las pasaba «enviando mensajes al azar en Tinder», no porque le apeteciera salir para conocer a una chica —eso era demasiado esfuerzo—, sino simplemente por tener a alguien «con quien hablar», un poco de contacto humano para sobrellevar la soledad. Aunque su ciudad natal del Medio Oeste había terminado resultándole asfixiante, y aunque sabía que Nueva York era donde «había que estar» para «hacer carrera», era evidente que tenía una fuerte sensación de desarraigo ahora que vivía en un sitio en el que no sabía absolutamente nada de sus vecinos de al lado, y donde miles de personas se cruzaban con él por la calle como si no existiera. Porque, cuando hablaba de «las cosas buenas de mi ciudad», y sobre todo cuando recordaba su papel de líder en el club juvenil, lo que reflejaban su voz enérgica y su entusiasmo era que, para él, la sensación de formar parte de una comunidad se había desvanecido al llegar a la gran urbe, y que la echaba mucho de menos.

Aquí no sonríe nadie

Que las ciudades pueden ser lugares solitarios no es nada nuevo. Como dijo Thomas de Quincey: «Todo el que se encuentra por primera vez a solas en las calles de Londres, ha de sentirse por fuerza triste y apesadumbrado, incluso aterrado, a causa de la sensación de abandono, de absoluta soledad, que le produce la situación en la que se encuentra [...] rostros mudos que no dejan de pasar por delante de él sin dirigirle la palabra; miles de ojos [...] hombres que van y vienen a toda prisa [...] y le parecen las máscaras de un loco o, muchas veces, un desfile de fantasmas».[1]

De Quincey hablaba del Londres del siglo XIX, pero podía haber estado describiendo cualquier ciudad de nuestro siglo de la soledad. Antes incluso de que apareciera el coronavirus, y de que la distancia de seguridad y las mascarillas fueran la norma, el 56 % de los londinenses afirmaba sentirse solo y el 52 % de los neoyorquinos decía que su ciudad era «un lugar solitario para vivir».[2] A escala mundial, esa proporción era del 50 % en Dubái, del 46 % en Hong Kong y del 46 % en São Paulo. Incluso en París y en Sídney, que ocupan el lugar undécimo y duodécimo respectivamente en la lista de ciudades más solitarias del City Index Survey, seguimos hablando de más de un 33 % de encuestados que se sienten solos en la ciudad en la que viven.[3]

No es que la soledad sea un problema exclusivamente urbano.[4] Si bien los habitantes de las ciudades tienden a estar más solos que los de los pueblos, quienes viven en zonas rurales también experimentan a su manera la soledad:[5] la relativa falta de transporte público hace que quienes no tienen coche se sientan muy aislados; la emigración de los jóvenes a la ciudad hace que muchos ancianos se queden sin redes asistenciales;[6] el hecho de que el gasto público tienda a favorecer a los centros urbanos[7] hace que los habitantes del medio rural se sientan marginados en lo que respecta a las prioridades del Gobierno. Sin embargo, comprender las características y las causas concretas de la soledad en las ciudades modernas es de especial importancia en estos momentos, sobre todo si tenemos en cuenta la velocidad a la que se está urbanizando el mundo entero. En 2050, casi el 70 % de la población mundial vivirá en ciudades, el 10 % de las cuales tendrá más 10 millones de habitantes. A medida que aumenta el número de personas que llegan a espacios urbanos con una gran densidad de población, comprender la influencia de las ciudades en nuestra salud mental es más necesario que nunca, sobre todo cuando nos planteamos cómo vivir después del coronavirus.

Más rudo, más seco, más frío

Así pues, ¿qué tienen las ciudades contemporáneas para que nos resulten tan frías y solitarias?

Si vive o trabaja en una ciudad, piense en el suplicio que supone viajar diariamente de casa al trabajo: los empujones para subir a un vagón abarrotado, los bocinazos de los automovilistas desesperados, las hordas de personas indignadas que caminan a toda prisa por la calle sin fijarse en nadie.

La imagen del urbanita brusco, grosero y ensimismado no es un mero estereotipo.[8] Numerosos estudios han demostrado no solo que en las ciudades escasea el civismo, sino también que, cuanto más densamente poblada está una ciudad, menos civilizada es.[9] Esto es en parte una cuestión de escala; cuando sabemos que hay muy pocas probabilidades de volver a ver a un transeúnte, creemos poder permitirnos cierta falta de educación (por ejemplo, tropezando con alguien sin pedirle disculpas o incluso dejando que una puerta le dé en las narices). El anonimato fomenta la hostilidad y la negligencia, y la ciudad, llena de millones de desconocidos, es demasiado anónima.

«¿Con qué frecuencia siente que las personas que la/lo rodean no están a su lado?», pregunta el cuestionario de la escala de soledad de UCLA que vimos más arriba. En las ciudades siempre se está rodeado de personas, pero rara vez uno tiene la impresión de que estén «contigo».

La gran densidad de las ciudades no solo fomenta la mala educación, sino que nos obliga a utilizar una especie de mecanismo de adaptación. Del mismo modo que cuando vemos veinte tipos distintos de mermelada en un supermercado tendemos a no comprar ninguno, así también cuando nos vemos ante tanta gente tenemos cierta tendencia a retraernos.[10] Se trata de una respuesta racional para evitar sentirnos abrumados. Aunque muchos aspiramos a tener una relación cordial con todo el mundo, o eso nos decimos, lo cierto es que la vida en la ciudad nos obliga a compartir espacio con tanta gente que, si fuéramos siempre muy amables con todos, terminaríamos agotados.[11] Como relata Shannon Deep con respecto a sus experiencias en Nueva York: «Si saludáramos a todas las personas con las que nos cruzamos, estaríamos roncos a media mañana. No se puede ser "amable" con todas y cada una de las setenta y cinco personas con las que uno se encuentra entre su casa y el metro».[12]

Por eso muchas veces hacemos todo lo contrario. Abrumados por el ajetreo de la ciudad, por el ruido y por el bombardeo de estímulos visuales, los habitantes de las ciudades tendían, antes incluso del coronavirus, a distanciarse de los demás —no física, sino psicológicamente— mediante la creación de sus propios escudos, que podían consistir en taparse los oídos con unos auriculares, llevar gafas de sol o recluirse en el aislamiento que proporcionan los teléfonos móviles.[13] Gracias a Apple, Google, Facebook y Samsung, nunca ha sido tan fácil desconectar de las personas y lugares que nos rodean y crear nuestra propia burbuja digital, tan privada como contraproducente. Lo irónico es que, cuando nos alejamos de la masa que nos rodea en el mundo real, estamos accediendo a una versión alternativa y virtual de ese mundo mientras nos desplazamos por las imágenes y los comentarios de la gente en Instagram o Twitter.

Algunos sociólogos y semiólogos han llegado a decir que las ciudades han desarrollado «modelos de cortesía negativa», esto es, normas sociales según las cuales se considera de mala educación entrar en el espacio físico o emocional de una persona sin motivo, aunque hay, claro está, diferencias geográficas y culturales.[14] En el metro de Londres, por ejemplo, a la mayoría nos parecería extraño que nos saludara un viajero, y nos sorprendería o incluso nos molestaría que un desconocido intentara entablar conversación con nosotros. Las convenciones sociales estipulan que hay que leer el periódico y mirar el móvil en silencio.

Comprendo lo importante que es la vida privada. También comprendo que tanto movimiento de visillos en las comunidades rurales lleve a muchas personas a trasladarse a los espacios urbanos, donde pueden vivir a su aire, lejos de la desaprobación social. Pero las historias de extrañamiento urbano durante el confinamiento ponen aún más de relieve las consecuencias del anonimato en las ciudades. Aparte de los reconfortantes relatos de solidaridad y colaboración, algunos incidentes desgarradores dejan bien claro que la intimidad tiene un precio. Hazel Feldman, una septuagenaria que vive sola en un departamento de un solo dormitorio en el centro de Manhattan, me contó muy afectada que durante el confinamiento no tuvo ni un solo vecino con el que poder contar para ayudarla a hacer la compra: «Los noticieros no paran de decir que "la gente se está uniendo". Tal vez sea cierto, pero en otro sitio. En este tipo de edificios, no». Igual que le pasaba a Frank, Hazel, aunque veía regularmente a otros inquilinos de aquel edificio de más de cien departamentos, en realidad no los «conocía» y, por supuesto, no los consideraba amigos suyos.

Nuestra cultura de la autosuficiencia y del afán de superación, tan elogiada por el capitalismo neoliberal, tiene un costo considerable. Porque, cuando los vecinos son como extraños y la amistad y el buen entendimiento son la excepción a la regla, corremos el peligro de no encontrar a nadie cuando necesitamos ayuda.

Las normas que regulan la forma de interactuar con los demás no nos han servido de mucho, y tardaremos algún tiempo en saber si los efectos del coronavirus modificarán nuestro comportamiento a largo plazo, para bien o para mal. Si los habitantes de las ciudades ya son reacios a las muestras de cordialidad debido a la «cultura de la cortesía negativa», ¿qué ocurrirá cuando a esto se añada el miedo a contagiarse? ¿Charlar con desconocidos será una cosa cada vez más rara? Los que nos ofrecimos a hacerles la compra a nuestros vecinos mayores y a dejársela en la puerta, ¿seguiremos visitándolos cuando haya pasado el peligro? ¿O volverán a dejar de importarnos?

ANTISOCIALES

Luego están las prisas de la ciudad. Los habitantes de las ciudades siempre se han desplazado rápido, pero en el siglo XXI van todavía más deprisa. La velocidad al caminar es por término medio un 10 % superior a la de 1990, y este hecho se nota aún más en Extremo Oriente.[15] Un estudio llevado a cabo en treinta y dos ciudades, en el que se comparaba la velocidad de marcha de los peatones en 1990 con la de 2007, reveló que el ritmo de vida en Cantón había aumentado más de un 20 %, y en Singapur un 30 %.[16] Y, cuanto más rica es una ciudad, más aceleramos el paso.[17] En las ciudades más ricas del mundo, la gente camina varias veces más deprisa que en otras poblaciones menos afortunadas.[18] El tiempo es oro, sobre todo en las megaurbes, donde las personas suelen trabajar más horas que los habitantes de zonas poco urbanizadas. Caminando a la carrera, enviando un SMS sobre la marcha, agobiados por el exceso de trabajo y la falta de tiempo, orgullosos de estar tan ocupados, es fácil no fijarse en las personas que nos rodean. Una mañana, cuando iba a coger un tren en la estación de Euston, conté el número de personas que pasaban junto a mí sin mirarme. Al llegar a cincuenta dejé de contar. Aunque en el fondo sabía que aquello se debía a su grado de distracción y no a una displicencia generalizada, me dolía esa sensación de invisibilidad, como si yo no existiera.

El acelerado ritmo de la vida no solo nos hace ser insociables, sino que también nos vuelve antisociales. En un influyente estudio realizado en 1973, los sociólogos John Darley y Daniel Batson pidieron a varios clérigos jóvenes que pronunciaran una homilía sobre la parábola del buen samaritano o sobre otro pasaje bíblico elegido al azar.[19] Cuando iban a dar el sermón, los sacerdotes pasaron por delante de un hombre que estaba tirado en la acera, tosiendo; en realidad se trataba de un actor contratado por los investigadores. Batson y Darley supusieron que los clérigos que iban a hablar sobre el buen samaritano estarían más dispuestos a echarle una mano, pero resultó que poco importaba el pasaje que se hubiera preparado cada sacerdote; solo se portaban como buenos samaritanos si veían que no llegaban tarde. Si el clérigo sabía que tenía tiempo, se paraba a interesarse por el hombre que se había desplomado, pero, si tenía prisa, adiós a las buenas acciones, lo cual nos resultará familiar a muchos de los que vivimos en zonas urbanas. Por culpa de las prisas y el ensimismamiento, no solo no nos fijamos en el mundo que nos rodea, sino que muchas veces ni siquiera vemos a quienes necesitan ayuda urgente.

En mi caso concreto, al escribir este libro me di cuenta de que casi nunca sonreía a la gente con la que me cruzaba por la calle, o que muy pocas veces me paraba a hablar con el cartero o con alguien que estuviera paseando a su perro. En Londres me comportaba a diario como todas esas personas de la estación de Euston que no tenían tiempo para mí. ¿Acaso importa? Numerosos indicios nos hacen pensar que sí.

POR QUÉ DEBERÍAMOS CHARLAR CON EL CAMARERO

Aunque los encuentros breves con desconocidos no nos proporcionan la misma satisfacción emocional que una conversación con un amigo, resulta que incluso las interacciones pasajeras influyen considerablemente en el sentimiento de soledad.[20]

En 2013, los sociólogos Gillian Sandstrom y Elizabeth Dunn, de la Universidad de Columbia Británica, llevaron a cabo un estudio para investigar si las «microinteracciones» tenían un efecto cuantificable en el bienestar de las personas. Apostados delante de un Starbucks en un distrito muy concurrido, los sociólogos animaron a los clientes que iban llegando a participar en un experimento: a la mitad de ellos se les dijo que fueran amables y entablaran una breve conversación con el camarero, mientras que a la otra mitad se le pidió que fuera «eficiente» y que «evitara conversaciones innecesarias».[21] Aunque las interacciones duraban solo medio minuto, los investigadores observaron que, después del experimento, los clientes del grupo «amable» estaban más contentos y comunicativos que los del grupo «huraño».

Es comprensible que estas cosas generen cierto escepticismo. Al fin y al cabo, ¿hasta qué punto podemos hacer buenas migas con alguien cuya amabilidad viene determinada por el manual del empleado de Starbucks o cuyas fórmulas de cortesía han sido escritas en la sede de Walmart? ¿O con un empleado de Chickfil-A, «la cadena de comida rápida más "fina" de Estados Unidos», que dice «ha sido un placer» en lugar de «gracias»?[22]

Sin embargo, estas microinteracciones programadas pueden ser más útiles de lo que muchos pensamos. No solo porque cuando somos amables con otras personas hay más probabilidades de que estas lo sean con nosotros, o porque el hecho mismo de ser amable es un estímulo emocional, aunque ambas cosas sean ciertas, sino también porque no sabemos diferenciar la amabilidad fingida de la real, siempre que la interpretación sea creíble. Fijémonos, por ejemplo, en las sonrisas: diversos estudios han revelado que se nos da fatal distinguir las sonrisas fingidas.[23]

Pero tiene que haber algo más en juego, algo más profundo. Al ser amables con los demás, o al ser el objeto de su amabilidad, tanto si es auténtica como si es fingida, aunque solo sea un momento, nos damos cuenta de lo que tenemos en común, esto es, la humanidad, con lo cual es menos probable que nos sintamos solos.[24]

Esa circunstancia puede explicar por qué últimamente hay tanta incomunicación y aislamiento en nuestra vida. Este tipo de microinteracciones tan estimulantes actualmente no solo son mucho menos frecuentes, sino que, cuando se producen, es con la mascarilla puesta. Por eso no sabemos si la gente sonríe o no. (Con una distancia de seguridad de dos metros, la mayoría de la gente no puede distinguir la sonrisa alrededor de los ojos). Al cubrirnos la cara ocultamos la empatía y la compasión. Lo curioso es el cambio de motivación; ya no nos mueve tanto el egoísmo como la responsabilidad de proteger a los demás.

BARRIOS DESARRAIGADOS

Pero no es solo el comportamiento lo que influye en nuestras emociones. Como hemos visto, la soledad tiene también elementos estructurales. Fijémonos por ejemplo en la transitoriedad de la vida en muchas grandes ciudades, donde el ajetreo y la agitación parecen no tener fin. En muchas metrópolis, ello se debe a que los inquilinos superan en número a los propietarios, pues aquellos son mucho menos sedentarios que estos.[25] En Londres, por ejemplo, donde en 2016 había más inquilinos que propietarios, la duración media del alquiler era de unos veinte meses.[26] En Nueva York, donde la mayoría de la gente vive de alquiler, en 2014 casi la tercera parte de la población había hecho una mudanza durante los tres años anteriores.[27]

Esta movilidad es importante para la cohesión social, porque, tanto si uno se está mudando constantemente como si no, las consecuencias son igualmente problemáticas: como no llegamos a conocer a nuestros vecinos, es más probable que nos sintamos aislados. No llamaremos a la puerta del vecino para pedirle un cartón de leche o para ofrecernos a hacerle la compra durante el confinamiento, si no sabemos ni cómo se llama. Tampoco nos esforzaremos mucho en relacionarnos con la comunidad si seguramente dentro de poco nos mudaremos a otro barrio.

Para muchos urbanitas, echar raíces en un lugar resulta casi imposible por culpa de la escalada de las rentas y del prohibitivo precio de las viviendas en propiedad. Y este problema nos afecta a todos. Hay que participar en la vida del barrio para que este no se convierta en un mero conglomerado de ladrillos, asfalto y adoquines. Y para ello se necesita confianza. Lo malo es que, si no conocemos a nuestros vecinos, es poco probable que confiemos en ellos, lo que explica por qué, en Estados Unidos, menos de la mitad de los urbanitas confiarían las llaves de su casa a un vecino, a diferencia de lo que sucede en las zonas rurales, donde esa proporción es del 61 %.[28]

Así pues, una de las primeras cosas que debemos hacer para que los barrios sean verdaderas comunidades y para no sentirnos tan solos es dejar de mudarnos cada dos por tres. Las administraciones, ya sea a escala nacional o municipal, pueden hacer mucho en este sentido. Se trata, en parte, de estabilizar el precio de los alquileres, y algunos ayuntamientos ya han empezado a tomar medidas al respecto. El de Berlín, por ejemplo, anunció en 2019 una congelación del precio de los alquileres durante cinco años.[29] Otras ciudades que han tomado medidas similares, o que al menos las han estudiado, son París, Ámsterdam, Nueva York y Los Ángeles.[30]

Es demasiado pronto para saber si estas iniciativas producirán el efecto deseado. La teoría económica sugiere que, puesto que el control de los precios del alquiler desincentiva la construcción de nueva vivienda, esa intervención puede agravar la escasez de la oferta, lo cual provocaría un aumento de los precios.[31] Por tanto, es posible que otras formas de intervención produzcan mejores resultados, como la revisión de los contratos de arrendamiento para que duren más tiempo o sean incluso indefinidos, a fin de que los inquilinos puedan llegar a integrarse en el barrio; en cualquier caso, esas modificaciones también deberían ir acompañadas de medidas que regulen el precio del alquiler. Algunas ciudades han limitado asimismo el número de días al año en que se puede alquilar una vivienda a través de Airbnb u otras empresas similares, con el fin de desincentivar el continuo ir y venir de arrendatarios. Todos estos ejemplos muestran que los Gobiernos y los ayuntamientos empiezan a reconocer que la vivienda es un sector del mercado que debe ser sometido a regulación por el bien común.

Vivir solo...

El techo que nos cobija es solo uno de los factores estructurales que influyen en la sensación de soledad que produce la vida urbana. Otra circunstancia que incide en el aislamiento es que cada vez hay más urbanitas que viven solos.

Este fenómeno era antes más propio de las zonas rurales. En 1950, en Estados Unidos, las personas que vivían solas eran muy numerosas en ciertos estados en vías de desarrollo, como Alaska, Montana y Nevada, porque allí emigraban muchos solteros que iban en busca de fortuna, de aventuras o de un trabajo temporal.[32] Hoy en día, sin embargo, vivir solo es más habitual en Nueva York, Washington DC o Pittsburgh.[33] La mitad de los habitantes de Manhattan viven solos.[34] Algo similar ocurre en ciudades como Tokio, Múnich, París y Oslo,[35] donde casi la mitad de la población vive sin compañía.[36] En China viven solos la friolera de 58 millones de jóvenes solteros, mientras que en Londres el número de personas sin compañía es probable que aumente en un 30 % a lo largo de los próximos veinte años.[37]

Para algunas personas vivir solo es un signo de autosuficiencia y de independencia económica.[38] El matrimonio dejó de ser una necesidad económica para las mujeres hace relativamente poco tiempo, pero desde entonces son muchas las que han decidido irse a vivir por su cuenta.[39] Yo misma tomé esa decisión en su momento. Sin embargo, para muchas mujeres, el hecho de vivir solas no es una elección, sino más bien una circunstancia, tal vez la consecuencia de una pérdida o de un divorcio. Otras quizá deseen vivir con una pareja, pero aún no han encontrado la persona «adecuada», probablemente por culpa de las muchas horas que trabajan, de la inseguridad económica o del peligro de conocer gente por Internet. Algunas incluso se ofrecen a compartir departamento, pero no pasan el «proceso de selección» porque son mayores, están enfermas o son introvertidas.

No sabemos por qué, pero no todas las personas que viven solas están solas.[40] De hecho, vivir solo a veces puede suponer un estímulo para salir y relacionarse que los que viven acompañados no siempre tienen.[41] Yo, por ejemplo, cuando me fui a vivir sola tenía muchas ganas de salir con mis amigas por la noche antes de conocer al que ahora es mi marido. Además, vivir con otra persona no es garantía de nada; solo hay que pensar en personas cuya pareja tiene una enfermedad mental o en quienes han sufrido abusos.

Pero los datos son inequívocos: las personas que viven solas, según un informe de la Comisión Europea (2018), tienen un 10 % más de probabilidades de verse afectadas por la soledad que las que viven con alguien.[42] Además, las personas que viven solas perciben con más frecuencia la soledad que aquellas que viven acompañadas, sobre todo en los momentos más difíciles o adversos de la vida.[43] Como me contaba con lágrimas en los ojos Sheila, una septuagenaria divorciada que acababa de pasar la gripe: «¡Qué triste es estar enferma y no tener a nadie que te traiga siquiera una taza de té!».

... COMER SOLO

Tomar el té solo puede resultar deprimente. Y también cenar a solas. Sin embargo, comer sin compañía es una consecuencia inevitable del incremento de la soledad. La venta de comida preparada en raciones individuales se ha disparado durante los últimos años.[44] Y la hora de comer suele ser el momento del día en que las personas que viven solas son más conscientes de su soledad. Algunas hacen todo lo posible para aliviar esa pesadumbre.

En Corea del Sur, por ejemplo, se ha puesto de moda el *mukbang*, que consiste en ver a otras personas atiborrándose de comida en la web como si fueran amenos comensales.[45] Aunque parezca raro, esta moda tiene cada vez más éxito en todo el mundo, sobre todo en Japón, Malasia, Taiwán, la India y Estados Unidos.[46] En Malasia, la afición al *mukbang* aumentó un 150 % en 2019.[47]

Las estrellas del *mukbang* tienen más de dos millones de seguidores y llegan a ganar cerca de un millón de euros al año con los anuncios incluidos en sus videos.[48] Las más populares han empezado a buscar patrocinadores. El indonesio Kim Thai tiene un acuerdo con los fabricantes de Pepto-Bismol —un fármaco para combatir el malestar estomacal—, y el youtubero gringo Nikocado Avocado anuncia el videojuego *Cooking Diary*.[49]

La audiencia está formada predominantemente por personas que viven solas. «Estar ante la pantalla de la computadora, con el *mukbang* como "compañero de mesa", alivia la sensación de soledad durante las comidas», dice Sojeong Park, investigador de la Universidad Nacional de Seúl y coautor de un informe publicado en 2017 sobre el fenómeno del *mukbang*.[50] De hecho, un estudio realizado en enero de 2020, en el que se analizaban treinta y tres artículos sobre las repercusiones del *mukbang*, reveló que el hecho de ver esos videos reducía considerablemente la sensación de soledad.[51]

La experiencia de ver comer a un «mukbanguero» no implica pasividad. En todo caso, es una experiencia social, o al menos un intento de serlo. Por una cantidad de dinero, los espectadores pueden enviar a sus mukbangueros favoritos unos globos con forma de estrella que van apareciendo en la pantalla para que todos los vean. Cuando un globo llega a la barra pública del chat, el mukbanguero, por lo general, deja de masticar e incluso identifica al contribuidor por su nombre de usuario: «Gracias por los diez globos… Gracias, hbhy815… ¿Qué debería comer primero? ¿Croquetas de *mozzarella?*».[52] Estos astros de la comida en directo son conscientes de la compañía que hacen a sus seguidores. «Me he hecho amigo de ellos», dice Kim Thai.[53] Pero, como en el caso de Brittany, mi amiga de alquiler, la amistad tiene un precio; pues los globos, a diferencia de los *likes* o los «corazones», se compran con el vil metal. Una estrella del *mukbang*, cuyo nombre artístico es Haekjji, consiguió 120.000 globos durante una sola emisión, lo que equivale aproximadamente a 100.000 dólares.[54]

Entiendo que comer con Kim Thai o Haekjji pueda ser preferible a comer solo, pero me preocupan las consecuencias sociales de este tipo de relaciones mercantilizadas, del mismo modo que me preocupan las consecuencias de las amistades por las que hay que pagar, como la de Brittany. No es que esas relaciones transaccionales no mitiguen la soledad, sí lo hacen, al menos en algunos casos. El peligro está en que las relaciones negociadas, como requieren tan poco esfuerzo emocional, pueden acabar gustándonos demasiado. Al fin y al cabo, el ser humano tiende a lo fácil, como llevan demostrándonos desde hace décadas las investigaciones económicas y antropológicas.[55] De hecho, Brittany me cuenta que varios clientes suyos le dijeron que preferían mil veces alquilarla a ella que «tener que invertir tiempo y esfuerzo en alguien que a lo mejor los abrumaba con sus problemas».

Quizá por eso algunos forofos del *mukbang* afirman que las amistades «reales» les resultan engorrosas, como aquella mujer que describió su irritación cuando su antigua compañera de habitación en la universidad la llamó en el momento en que estaba preparándose la cena. «Estaba lista para ponerme cómoda y pasar un buen rato en YouTube. [Pero] tuve que cenar mientras charlaba con ella, y eso sí que me molestó».[56] Sí, aquella joven prefería comer sola, mientras veía a Nikocado Avocado ingiriendo 4.000 calorías, que hablar con una amiga a quien conoce.

Puede que se trate de casos extremos, pero la cuestión es más amplia y tiene, de nuevo, consecuencias sociales. Cuantas más relaciones retribuidas tengamos (ya sean virtuales o presenciales), o cuanto más tiempo pasemos solos, menos practicaremos las técnicas que sirven para construir la sociedad y cimentar la democracia inclusiva.[57]

EL PERFECCIONAMIENTO DE LAS APTITUDES DEMOCRÁTICAS

Que el hecho de vivir o comer con otras personas permite practicar la democracia parece una exageración, pero es precisamente a través de esas pequeñas interacciones como adquirimos las aptitudes necesarias para formar parte de un todo.

Todos recordamos alguna ocasión en que hemos experimentado roces o dificultades derivados de la convivencia. A veces por cosas tan insignificantes como a quién le tocaba sacar la basura o hacer la comida. Convivir con otras personas —en la mayoría de los casos se empieza por los padres y hermanos, y luego se pasa a los compañeros de habitación, las parejas, los cónyuges, los hijos— es la forma de aprender a solucionar esos problemas, a comprometernos, a resolver las diferencias, a coexistir pacíficamente. No tener que hacer todo eso —para poder conseguir lo que queremos— es tal vez una de las cosas que estamos comprando cuando pagamos ese 20 % extra por un departamento individual o esos 40 dólares por un acompañante. Estamos comprando autodeterminación, pero tal vez la oportunidad de afinar nuestro instinto democrático forme parte también del precio que hay que pagar.

Dialogando, deliberando o incluso aprendiendo a disentir respetuosamente de nuestros *roomies* o vecinos o pareja, ejercitamos esas nobles facultades y aprendemos uno de los principios básicos de la democracia inclusiva; esto es, que a veces tenemos que sacrificarnos por el bien común.

Además, estas facultades se ejercitan mejor en persona, cara a cara. No es casualidad que miles de ciudadanos atenienses se reunieran en una colina próxima al centro de la ciudad en los primeros tiempos de la democracia, o que el ágora desempeñase un papel tan importante en su instauración.[58] Las relaciones digitales o incluso las videoconferencias a través de servicios como Zoom no son sino pálidos remedos de las reuniones presenciales. Solo mirando a los ojos a nuestro interlocutor y recibiendo señales no verbales, como el lenguaje corporal o incluso el olor, podremos sentir empatía y poner en práctica la reciprocidad y la colaboración. Colgar el teléfono o cerrar la sesión también es mucho más fácil que marcharse de un lugar cuando no se está de acuerdo con alguien. Por eso es tan importante seguir teniendo relaciones personales en medio de tanta tecnología digital, sobre todo (como veremos en el capítulo siguiente) en la era de lo inmaterial.

La era de lo inmaterial

Calle 53 Este, Manhattan. Estoy en el supermercado. Los fluorescentes iluminan los pasillos llenos de vistosos productos. Cereales y refrescos, verduras y congelados: hay todo lo habitual.

Aparte de las elegantes barreras blancas de la entrada, todo parece normal, como en cualquier tienda de barrio, pero, si miramos bien, hay algo que no cuadra. No hay ningún empleado: ni cajeros, ni reponedores uniformados, ni nadie que venga a echarnos una mano si no sabemos escanear los códigos de barras en esas engorrosas cajas registradoras automáticas. Si mira hacia arriba lo comprenderá. Por encima de nosotros hay cientos de cámaras apenas visibles: los movimientos de cualquiera de las personas allí presentes son vigilados en todo momento. Así que no hay que esperar en la cola. Esconda con disimulo en los bolsillos todos los productos que quiera, porque su actividad, por muy discreto que sea, quedará registrada digitalmente. Los vigilantes de seguridad no lo seguirán hasta la puerta, porque ya se lo habrán cobrado todo de manera automática.

Es septiembre de 2019 y estoy haciendo la compra en una de las primeras tiendas de Amazon Go; esta empresa calcula que en 2021 tendrá más 3.000 establecimientos similares a este en todo el mundo.[1]

Entonces me pareció una experiencia muy extraña. Por un lado, me gustó la comodidad, el hecho de poder entrar y salir sin tediosas esperas. Todos los clientes con los que hablé me dijeron que eso también les parecía un aspecto muy positivo. Pero me inquietaba el silencio; aquello parecía un monasterio trapense. También echaba de menos el chisme con las cajeras. Y me molestó que, al pedirles la opinión a otros compradores, estos parecieran indignados, como si hubiera invadido su espacio personal, solo por pronunciar unas pocas palabras…

¡Qué deprisa cambian las cosas! Lo que hace unos años nos parecía futurista, ahora parece representar el modo de vida en la era de la COVID-19.

El comercio sin contacto personal, a la cabeza del cual se encuentra Amazon Go, ya era una tendencia al alza en otoño de 2019, con un número cada vez mayor de máquinas registradoras automáticas y sitios web y aplicaciones que hacían posible la entrega a domicilio de toda clase de productos, desde comestibles hasta croquetas para perros y medicamentos con receta. Ya entonces podíamos prescindir del camarero en un MacDonald's y pedir un Big Mac solo pasando los dedos por una pantalla gigante; evitar el fastidio de hablar con alguien de carne y hueso dejándonos guiar por las «recomendaciones personales» del algoritmo de Amazon; sudar en la intimidad de nuestro salón practicando yoga gracias a aplicaciones en línea como Asana Rebel o a youtuberas como Adriene, o encargar la comida a cualquier hora por cortesía de empresas como Deliveroo, Seamless, Caviar, Postmates, Just Eat o Grubhub.

La pandemia convirtió lo que era una ligera pendiente ascendente en una auténtica subida. Tras solo dos semanas de confinamiento, dos millones de personas hacían yoga con Adriene en YouTube, el 40 % de los compradores por Internet en Estados Unidos eran primerizos en esa actividad, y mi padre, a sus ochenta y dos años, «asistía» a las clases de su centro social a través de Zoom.[2] De la noche a la mañana, lo inmaterial, la falta de contacto, se convirtió en muchos aspectos de nuestra vida en la única elección posible.

Es imposible saber a ciencia cierta cómo evolucionarán las cosas. Como hemos visto, el anhelo de cercanía y contacto físico está muy arraigado en el ser humano, aunque veremos más adelante que una floreciente «economía de la soledad» puede servir de contrapeso. Pero lo cierto es que los nuevos hábitos, una vez adquiridos, pueden enraizar con bastante rapidez. Muchos de los que vivieron la Gran Depresión siguieron siendo austeros durante toda su vida.[3] Y más recientemente, hemos podido ver que las tiendas y supermercados de marcas propias y descuentos han seguido siendo populares entre las clases medias en Europa y Estados Unidos, mucho después de que la crisis económica de 2008 obligara a muchas familias a reducir gastos.[4]

Puesto que el miedo al contagio probablemente durará todavía algún tiempo, y dado que la experiencia del comercio y el ocio «sin contacto» ha sido positiva para muchos consumidores durante el confinamiento —como consecuencia de la comodidad del servicio y del aumento de la oferta—, es probable que la demanda de al menos algunas categorías de encuentros «sin contacto» siga siendo alta mientras el mundo se recupera de la COVID-19. Es probable que muchos de los que probaron por primera vez las transacciones sin contacto se acostumbren a lo que podría llamarse «poco roce», sobre todo porque las empresas han invertido en tecnología y métodos de trabajo que limitan la interacción de los clientes con sus empleados.

Ya en abril de 2020, las cadenas de restaurantes estaban desarrollando una tecnología para que los clientes hicieran los pedidos y pagaran por adelantado sin tener ningún contacto con los camareros, y las aplicaciones para pagar en las gasolineras sin bajarse del coche estaban ganando en popularidad. Las empresas que prestan mucha atención a la cuenta de resultados estarán dispuestas a mantener estos cambios en los hábitos de consumo porque para ellas suponen un gran ahorro en costos laborales. Esta política continuará mientras el miedo a futuros confinamientos, las recomendaciones «oficiales» de mantener la distancia de seguridad y la debilidad de la economía sigan estando ahí.

La institucionalización de la vida sin contacto con los demás me preocupa sobremanera. Cuanto menos intervengan las personas en las transacciones cotidianas, más solos nos sentiremos. Si nuestra acelerada vida urbana ya no se ve interrumpida por la charla y las bromas con la cajera del supermercado o el camarero de la cafetería, si no vemos la cara del charcutero o la sonrisa del profesor de yoga cuando hacemos un progreso, si perdemos los beneficios de todas esas interacciones que hacen que nos sintamos más unidos, ¿no parece inevitable que el aislamiento y la falta de comunicación sean cada vez mayores?

Además, está el peligro de que cuantas más cosas hagamos sin contacto, peor nos relacionaremos con la gente. Pues, aunque esas innovaciones harán la vida más segura, al menos durante un tiempo, y más cómoda y «sin fricciones», el roce con los demás es lo que nos hace sentirnos unidos y lo que nos enseña a relacionarnos con otras personas. Incluso algo tan sencillo como ceder el paso en el pasillo del supermercado o decidir dónde colocar la esterilla en clase de yoga nos obliga a hacer concesiones y a tener en cuenta a los demás.

Todo esto tiene repercusiones que van más allá de lo personal. Recordemos la agresiva reacción de nuestro ratón solitario cuando lo «molestaron». O que el entorno en el que vivimos nos parece mucho más hostil cuando no tenemos trato con los vecinos. En la era de lo inmaterial corremos el peligro de relacionarnos cada vez menos, de sentirnos cada vez más ajenos a los demás y de que sus necesidades e intereses nos importen cada vez menos. En definitiva, no podemos compartir la mesa con nadie si estamos solos en casa comiendo desmelenados lo que nos ha traído Deliveroo.

Pero la vida «sin contacto» no es solo una consecuencia de los avances tecnológicos, de la búsqueda de la comodidad o de las circunstancias creadas por el coronavirus. Mucho antes de que estallara la COVID-19, ya estábamos construyendo un mundo atomizado y disgregativo.

Arquitectura disuasoria

Es justo lo que parece a primera vista: un banco de cemento amorfo y alargado. Si busca un sitio para descansar solo un rato, puede sentarse en una de sus superficies ligeramente inclinadas y escalonadas. Pero, si quiere hacer otra cosa, su amorfismo empieza a incomodarlo. Si intenta tumbarse, se le clava una arista en el costado. Al cabo de quince minutos, incluso sentado está incómodo. Conocido como el «banco de Camden», el divulgador científico Frank Swain ha dicho que es «el sumun de los "no objetos"»; el pódcast *99 % Invisible* lo describe como «un mueble de diseño estudiadamente desagradable».[5]

Este banco no es incómodo por casualidad. De eso se trata precisamente. Si se lo ponemos difícil a un indigente para que descanse, a un patinador para que haga acrobacias o incluso a un grupo de jóvenes para que pasen el rato sin que les empiecen a doler las rodillas y la espalda, entonces la gente tendrá que buscar otro sitio donde reunirse.

El banco de Camden no es una anomalía: las ciudades están siendo diseñadas para marginar a los «indeseables». Se trata, por su propia naturaleza, de una «arquitectura inhóspita», de un diseño urbano que se centra en la exclusión, que constriñe la solidaridad y que nos dice quién es bienvenido y quién no.

Si se fija bien en su barrio, probablemente encontrará muchos ejemplos de ello: «asientos» demasiado estrechos en las paradas del autobús; bancos con muchos reposabrazos; rejillas metálicas de las que por la noche salen puntas delante de las tiendas; alambradas en los parques públicos… «¿Qué tiene de malo un reposabrazos?», se preguntará. En principio nada; a veces es cómodo tener algo en lo que apoyarse, pero la verdadera función de estos separadores es muy distinta. Los reposabrazos impiden tumbarse, sobre todo a las personas que duermen en la calle porque no tienen a donde ir.

Como pasa con muchas tendencias en el siglo de la soledad, nos encontramos ante un problema global. En Accra (Ghana), las autoridades han colocado enormes piedras bajo los puentes para impedir que los indigentes encuentren refugio; en Seattle (Estados Unidos) se instalaron estacionamientos con soportes para bicicletas con el fin de bloquear una zona llana y resguardada que antes utilizaban las personas que dormían en la calle, y el ayuntamiento reconoció posteriormente que esa medida no se había tomado por el bien de los ciclistas, sino que «formaba parte del proyecto de respuesta urgente a la situación de los sintecho», el cual se aprobó para «impedir que la gente volviera a acampar en aquella explanada».[6] En Hong Kong, donde el número de indigentes se ha triplicado desde 2004, los espacios públicos se han diseñado ex profeso con pocos sitios donde sentarse, a fin de disuadir a los vagabundos y los sintecho.[7] De manera verdaderamente ruin, la catedral de Santa María, en San Francisco, tomó la muy poco cristiana decisión de instalar en sus entradas un sistema de aspersores que empapaba a los indigentes que solían estar allí (lo que provocó, como es lógico, la indignación de muchas personas).[8]

La arquitectura inhóspita no va dirigida solo contra los indigentes. En Filadelfia y otras veinte conurbaciones estadounidenses, las farolas situadas en el exterior de los centros recreativos están equipadas con pequeños dispositivos, atinadamente llamados «mosquitos», que emiten un sonido muy agudo y desagradable que solo llegan a oír los jóvenes, pues su frecuencia ya no es audible para los mayores (ello se debe a un proceso denominado presbiacusia, como consecuencia del cual ciertas células del oído mueren con el paso del tiempo).[9] La finalidad de esos «mosquitos» es, según el presidente de la empresa que los fabrica, ahuyentar a los adolescentes revoltosos y haraganes sin perturbar la tranquilidad de los adultos.[10] En algunas ciudades del Reino Unido, por razones similares, se han instalado farolas que despiden una luz rosada que resalta el acné de los adolescentes, con el fin de que al menos los más presumidos se dispersen para que no se les vean los granos y las asperezas de la piel.[11] Según un vecino de Nottingham que al principio dudaba de aquella estrategia: «El truco funciona».[12]

Aunque se puede argumentar que la arquitectura disuasiva no es un fenómeno nuevo —pensemos en los fosos de los castillos y en las murallas de las ciudades medievales—, su versión moderna se remonta a la política de las «ventanas rotas» que se practicó en Estados Unidos durante la década de 1980, cuando determinadas acciones, como esperar de pie o dormir en la calle (sobre todo cuando quienes las «cometían» eran negros), empezaron a ser consideradas como delitos «violentos» y «antisociales».[13] Si se prevenían esos comportamientos, las calles estarían, por lógica, más «tranquilas» y, si se convencía a los vecinos de que «reivindicaran sus espacios públicos», la delincuencia disminuiría.[14] Así pues, pasar el rato al aire libre se convirtió en «holgazanear», dormir en la calle se convirtió en «estafa de hospedaje», estar ocioso se convirtió en «estar de huevón», observar a la gente se convirtió en «merodear».[15] El hecho de que la teoría de las ventanas rotas no tuviera sentido —derivó en un acoso a las minorías[16] y no consiguió atajar los delitos graves— no ha impedido que muchas ciudades sigan confiando en esas estrategias.[17] El caso es que, durante los últimos quince años, en numerosas ciudades de todo el mundo hay cada vez más obstáculos.

Esta situación no deja de ser sorprendente. La mayoría de las ciudades se inclinan hacia la aplicación de políticas sociales, a diferencia de lo que sucede en las zonas rurales. Tradicionalmente, los ayuntamientos tienden a aumentar el gasto per cápita en programas sociales que ofrecen establecimientos de beneficencia y cupones de comida, aunque la pobreza esté menos extendida,[18] y sus funcionarios suelen inclinarse más hacia la izquierda política.[19] Teniendo en cuenta todo esto, cabría esperar un mayor grado de empatía en los entornos urbanos; al fin y al cabo, se supone que lo que mueve a los concejales a apoyar a las personas que se encuentran en situación de pobreza (a través de programas sociales) es la responsabilidad y la compasión, el reconocimiento de que hay que socorrer a quienes necesitan ayuda. Pero estas ideas tan empáticas, por mucho entusiasmo que se ponga en su defensa, en la práctica no siempre se traducen en más empatía hacia quienes comparten con nosotros los espacios públicos.[20]

Los ciudadanos que están a favor de los programas sociales delegan su compasión en los ayuntamientos, y aparentan ser partidarios de los programas progresistas hasta que les parece que su calidad de vida está siendo amenazada. La mentalidad del «en mi casa no», característica de muchos ciudadanos supuestamente progresistas, está bien documentada.[21] Por otra parte, la politóloga Meri T. Long da a entender que en Estados Unidos, si bien los «demócratas» son más propensos a «votar con el corazón», nada indica que sean más compasivos en su vida cotidiana.[22] Por eso San Francisco es la ciudad en la que más abundan los indigentes y el mobiliario disuasivo, pese a tener un alcalde «demócrata» desde 1964 y ser la circunscripción donde reside Nancy Pelosi, presidenta «demócrata» de la Cámara de Representantes.[23]

Los entornos disuasorios no solo agravan la soledad de los grupos que ya están marginados, como los sintecho, a los que deberíamos ayudar en vez de echarlos de los bancos.[24] Todos pagamos un precio por esta arquitectura de la exclusión. Pues ese mismo banco que ha sido diseñado para que no duerman en él los indigentes consigue que se nos quiten las ganas de quedar con un amigo para charlar en el parque donde está enclavado. El asiento torcido de la marquesina no solo es disuasorio para los «haraganes», sino que también le pone las cosas mucho más difíciles a la persona con esclerosis múltiple que utiliza un bastón para subir al autobús. El banco de Camden, que ahuyenta a los patinadores, ahuyenta también a las personas mayores que antes podían pasar un rato agradable sentadas al sol, charlando con los comerciantes durante su hora del almuerzo o con los niños que pasaban por allí, esos genuinos representantes de la comunidad a los que la activista Jane Jacobs llamó «nuestros ojos en la calle».[25]

Al emprender la dudosa tarea de echar de los barrios a los «indeseables», la arquitectura disuasoria nos priva a todos de los espacios comunes en los que podríamos sentarnos, pasar el rato y congregarnos. Resulta irónico que una estrategia encaminada a proteger a la comunidad se vuelva precisamente contra ella.

Exclusión encubierta

Las estridentes alarmas de los centros comerciales, las losas de hormigón disfrazadas de bancos y los aspersores que ponen en su sitio a los indigentes ante las iglesias dejan bien claro quién es bien recibido y quién no. Sin embargo, para suscitar sentimientos de desazón, aislamiento y, en definitiva, soledad, no hace falta que esas formas de exclusión sean tan explícitas.

El nuevo y elegante Royal Wharf, en el distrito londinense de Newham, pretende «aprovechar el río, el paisaje urbano y los espacios abiertos que nos rodean para ofrecer casas y departamentos de impresionante diseño que hacen posible la originalidad y el cambio».[26] Los folletos satinados anuncian una piscina, un sauna, un club y un «tecnogimnasio» con entrenadores personales, y presenta todos esos servicios como «una plataforma perfecta para que la gente se reúna».

Desde el exterior, este verde barrio ribereño, «diseñado de dentro afuera para que la vida funcione mejor», parece ciertamente un refugio de lujo. La promotora, Ballymore, ha hecho hincapié en la creación de espacios comunes, con una pintoresca «calle mayor» —Corinthian Square— y un paseo marítimo a orillas del Támesis. Lo malo —como pronto descubrieron con tristeza los inquilinos con pocos recursos económicos que tomaron parte en el plan de viviendas asequibles que Ballymore incluyó en el complejo urbanístico— es que aquella oferta comunitaria no era para todo el mundo.

Ade Eros se mudó con sus dos hijos en 2018 a un departamento de tres habitaciones y estaba deseando enseñarles a nadar en la piscina del Royal Wharf. Pero en seguida se enteró de que su familia, al igual que el 17 % de los inquilinos que recibían subsidios para el alquiler, no podía entrar en el club ni en sus instalaciones.[27] «Somos como los parientes pobres», declaró otro vecino.

En el complejo Baylis Old School, situado en el sur de Londres, se estaba practicando una forma similar de segregación. Esta vez el lugar en el que no se dejaba entrar a los vecinos con menos ingresos era el parque infantil; un seto infranqueable separaba los bloques de viviendas sociales de los espacios de recreo «comunes». Padres como Salvatore Rea, un vecino que vive en los bloques baratos, experimentó el dolor de ver a otros niños jugar en un espacio que a los suyos les estaba vedado por el simple hecho de vivir donde vivían. «Mis hijos son amigos de todos los niños de la urbanización [pero] no pueden jugar con ellos», explicaba Salvatore.[28]

En ambos casos, tras una enérgica reacción popular, se dio marcha atrás en la política de segregación.[29] Sin embargo, en muchos casos siguen vigentes las medidas de exclusión subrepticia de algunos vecinos, niños incluidos.

En el complejo de Westbourne Place, en el otro extremo de la ciudad, los inquilinos que recibían subsidios para el alquiler, algunos de los cuales son supervivientes del trágico incendio de la torre Grenfell, seguían siendo excluidos, en el momento de escribir estas páginas, de los jardines comunitarios a los que dan sus propios departamentos.[30] «Mi hijo de siete años tiene un amigo en su clase que vive en la zona privada», dice Ahmed Ali. «Se sientan uno al lado del otro en el colegio, pero no pueden jugar juntos. Los residentes de la zona privada tienen acceso a todo; pueden usar todas las puertas y pasan por nuestra zona cuando les da la gana; sacan a pasear a sus perros por aquí. Esto es discriminación pura y dura. Nosotros trabajamos, pagamos la comunidad, pagamos el alquiler, no nos merecemos que nos traten así».

Este fenómeno no es exclusivo del Reino Unido. Las «puertas de los pobres» —entradas distintas para los inquilinos de las viviendas baratas en un complejo en el que residen familias de diferente poder adquisitivo— han empezado a surgir también en Washington y Nueva York.[31] Hasta 2015, los promotores inmobiliarios de esas ciudades estadounidenses gozaron de ciertas ventajas legales y fiscales por alquilar un porcentaje de sus departamentos como viviendas subvencionadas para personas con pocos ingresos, aunque en esos edificios se practicase la segregación y aunque la supuesta finalidad de esos inmuebles fuese fomentar la inclusión y la integración.[32] En Vancouver, la segunda ciudad más cara de Norteamérica en cuanto a vivienda se refiere, también se han encontrado urbanizaciones con zonas de recreo separadas en función del nivel adquisitivo.[33] En este caso, tras una reacción popular, los promotores hicieron una concesión: no unificar las zonas de recreo (lo cual era «inviable»), pero sí separarlas de forma que los niños que jugaban en una de ellas no pudieran ver a los de la otra.[34]

Hay algo especialmente chocante en la prohibición de que los niños jueguen juntos. De hecho, esa restricción evoca imágenes inquietantes, tanto históricas como actuales, desde la Sudáfrica del *apartheid* hasta los niños que vimos en la frontera entre México y Estados Unidos, intentando jugar juntos en los columpios que había a lo largo de las alambradas que los separaban.[35] Lo malo es que, a menos que se prohíba expresamente o se penalice, la segregación es la tendencia natural del mercado. Pensemos en la inextinguible popularidad de los colegios privados, las universidades privadas, las urbanizaciones privadas, las limusinas privadas, los «pases rápidos» en los parques de atracciones, el servicio exclusivo en hoteles y restaurantes, los viajes en primera clase o las zonas vip de los clubes. La realidad es que los ricos están dispuestos a pagar un plus por distinguirse de las masas. Siempre ha sido así.

Lo que tenemos que preguntarnos es en qué circunstancias son inaceptables esas medidas exclusivistas. Por razones morales, pero también por nuestro propio interés. Porque, como vimos más arriba, todos pagamos un precio cuando la gente se siente marginada. También vimos que, cuando la gente no se conoce, es más probable que afloren el miedo y el odio. Recordemos que la mayor aversión a los inmigrantes suele darse en aquellos lugares en los que hay menos inmigración, lugares donde hay muchas menos probabilidades de interactuar con los inmigrantes y entablar con ellos una relación. Si los niños de diferentes etnias, orígenes y niveles adquisitivos no pueden jugar juntos ni siquiera dentro de la misma urbanización, ¿no estamos propiciando un aumento de la fragmentación y la división social?

En sociología ha prevalecido durante mucho tiempo la noción de que, cuanto más diversa es una comunidad, menos confianza hay entre sus miembros, pero las últimas investigaciones llevadas a cabo en Londres —probablemente la conurbación con más diversidad étnica del planeta— han desmontado ese mito.[36] Parece que si bien esa falta de confianza puede producirse cuando determinados subconjuntos de esas comunidades «no» se relacionan entre sí, las investigaciones han revelado que, cuanto más contacto hay entre diferentes grupos étnicos, más se refuerza la cohesión social.[37] De hecho, en «los distritos con mucha diversidad étnica», los investigadores determinaron que «aquellos que se relacionan a menudo con los vecinos del barrio confían mucho más en la gente en general, incluidos los desconocidos, no solo las personas de su entorno inmediato», que aquellos que tienen poco o ningún contacto personal con los demás, independientemente del grupo étnico al que pertenezcan.[38]

En suma, las interacciones cotidianas con personas diferentes a nosotros nos permiten ver con más facilidad qué es lo que tenemos en común, no lo que nos distingue. Para que este siglo de la soledad no sea tan solitario, es necesario que haya más contacto entre las personas.

Por eso una de las tendencias más preocupantes en lo que respecta a nuestros entornos urbanos durante los últimos años ha sido el recorte de los fondos públicos destinados a lugares que todos podamos compartir, ya se trate de clubes juveniles, bibliotecas, centros comunitarios, parques o zonas de recreo, una tendencia que se aceleró cuando los Gobiernos redujeron gastos a raíz de la crisis económica de 2008 y la recesión posterior.

En el Reino Unido, una tercera parte de los clubes juveniles y casi ochocientas bibliotecas públicas[39] han cerrado sus puertas desde la crisis económica de 2008.[40] En todo el país, el 41 % de los centros de día para adultos —un salvavidas para los ancianos y los desvalidos— han cerrado durante la década posterior a la crisis.[41] Los parques públicos, unos espacios en los que durante más de un siglo personas de toda clase y condición paseaban y se mezclaban, vieron disminuida la financiación municipal en quince millones de libras solo entre 2017 y 2019.[42]

El panorama es similar en todas partes. Desde Bolton hasta Barcelona, desde Houston hasta Le Havre, desde Kansas hasta California, en todo el mundo las comunidades han sido privadas de su infraestructura social.[43] Y este problema suele ser más grave en las ciudades que en el medio rural.[44]

Para que la gente se sienta unida es necesario que haya espacios públicos financiados y bien cuidados donde las relaciones puedan desarrollarse, evolucionar y consolidarse; espacios en los que todos podamos interactuar, con independencia de la raza, la etnia o el perfil socioeconómico. No podemos unirnos si no nos relacionamos entre nosotros. No podemos anteponer el bien común al particular cuando no hay ningún bien que compartir.

Es necesario subrayarlo porque, a lo largo de los próximos meses y años, los Gobiernos y los ayuntamientos propenderán a reducir aún más el gasto público en esos espacios, como consecuencia de las restricciones económicas a las que nos enfrentamos. Si queremos subsanar las diferencias sociales que empezaron a descollar durante el coronavirus, no podemos permitir que eso suceda. La revitalización de los espacios públicos que han ido atrofiándose desde la recesión económica de 2008 no es negociable. Y no se trata solo de volver a proveer de fondos a los espacios públicos ya existentes. Los Gobiernos y los ayuntamientos deben comprometerse a situar la inclusión en el centro de los nuevos proyectos inmobiliarios.

La iniciativa de Rahm Emanuel, exalcalde de Chicago, es un buen ejemplo de lo que pueden conseguir los ayuntamientos. En su ciudad se han habilitado tres complejos residenciales públicos para albergar filiales de la biblioteca municipal. La biblioteca sirve de punto de encuentro, nexo intergeneracional y espacio donde personas de diversos perfiles socioeconómicos se reúnen para leer, escuchar, ver películas o simplemente disfrutar de un entorno comunitario. Los niños cuyos padres reciben subsidios sociales son tan bienvenidos en estos espacios como aquellos cuyas familias viven en departamentos a precio de mercado, a lo mejor justo al lado. «Chicago está rompiendo moldes», dijo Emanuel cuando se anunciaron las obras. «La combinación de viviendas y bibliotecas da vitalidad a los barrios y proporciona un espacio común que redunda en beneficio de todos».[45]

De hecho, la presencia de la biblioteca ya está produciendo un efecto positivo en la cohesión social, pues los vecinos (por lo general relativamente acomodados), en vez de quejarse de la súbita aparición de nuevos «proyectos inmobiliarios», ven las viviendas como una bendición para su comunidad, sus hijos y su entorno.

«A veces, cuando oyen hablar de viviendas a precios asequibles en su barrio, algunas personas son muy dadas a decir: "Bueno, vale, está bien que las ofrezcan en otros sitios, pero no al lado de mi casa". Pero la comunidad nos ayudó mucho», dice Doug Smith, director del estudio de arquitectura que diseñó ese espacio.[46] «Espero que sirva para mejorar la situación de los que no tienen seguridad económica», afirma Shelley McDowell, una madre que educa a sus hijos en casa y es asidua de las bibliotecas públicas de Chicago. «Y, con respecto a las familias más acomodadas, espero que sirva para tender puentes entre diversos grupos sociales».[47]

Las viviendas/biblioteca de Chicago nos devuelven la esperanza, pues demuestran que es posible acabar con la atomización de la ciudad y que el entorno físico puede cambiar nuestra forma de relacionarnos con todo tipo de personas.

Los ayuntamientos tienen otras formas de intervenir; por ejemplo, reconociendo el papel fundamental que desempeñan las tiendas y las cafeterías como centros comunitarios y lugares de encuentro en nuestros barrios. Ya que no podemos permitir que el mercado sea el único guardián de la sociedad —sobre todo porque la inclusión no le interesa demasiado—, es importante que reconozcamos la importancia del pequeño comercio para la mitigación de la soledad. Más adelante, volveré a referirme al papel que desempeña el sector privado en la revitalización de la sociedad, pero lo que está claro es que, teniendo en cuenta los devastadores efectos del coronavirus sobre el comercio minorista, los Gobiernos tendrán que comprometerse a ayudar a las tiendas de barrio para que estas sobrevivan.

De nuevo hay precedentes en los que basarse. En Roeselare (Bélgica), por ejemplo, el «impuesto sobre los locales vacíos» (que se aplica cuando el local lleva más de un año vacío y resulta más gravoso cuanto más tiempo esté desocupado), introducido en 2015, redujo considerablemente el número de negocios vacíos, pues disuadió a los propietarios de pedir por el alquiler unas cantidades que las pequeñas empresas no pueden pagar. Los ayuntamientos también dejaron de conceder licencias comerciales fuera de la zona urbana para evitar la construcción de grandes superficies lejos del centro.

Jasper King, exdirector de la cadena de supermercados Sainsbury's en el Reino Unido, pidió que se redujera a la mitad el impuesto comercial de las tiendas minoristas; si alguna vez ha habido un momento más indicado para escuchar esa petición es ahora. Sobre todo teniendo en cuenta que el pequeño comercio no solo tiene que hacer frente a la distancia de seguridad y la recesión económica, sino también a las compras por Internet, que se han visto enormemente favorecidas por los acontecimientos recientes. La decisión británica de no aplicar impuestos al pequeño comercio en 2020 y 2021 debe considerarse como un precedente.

Está claro que los Gobiernos pueden adoptar toda una serie de medidas fiscales y catastrales para ayudar al pequeño comercio, pero los políticos pueden hacer mucho más.

Imaginemos que las ciudades se diseñaran para ser acogedoras en vez de disuasorias; que, en lugar de poner estacas y bloques de hormigón disfrazados de bancos, los urbanistas utilizaran su ingenio para encontrar la forma de unirnos y no de separarnos.

En medio de esta pandemia, aspirar a un programa semejante podría parecer una vana ilusión. Y, por supuesto, a corto plazo los Gobiernos y los ayuntamientos tienden a moverse en dirección contraria por culpa del miedo al contagio. «La forma», dice el arquitecto Oliver Wainwright, «siempre se adapta al miedo a contagiarse, en la misma medida que la función».[48] De hecho, en el momento de escribir estas páginas algunas aceras han sido ensanchadas para que la gente pueda guardar la distancia de seguridad.

Sin embargo, es muy importante que el miedo no determine a largo plazo la forma de nuestras ciudades y que las generaciones futuras no paguen los platos rotos. Puede que hayamos construido un mundo solitario, pero ahora tenemos la oportunidad de cambiar las cosas y construir uno nuevo prestando mucha más atención a la inclusión y la vida en comunidad.

Hay proyectos urbanísticos de los que podemos aprender muchas cosas. El ayuntamiento de Barcelona, por ejemplo, ha apostado por un ambicioso proyecto urbanístico para convertir los barrios en «supermanzanas», esto es, zonas en las que está prohibido el tráfico rodado y donde se da prioridad a los espacios comunes destinados a parques, columpios y espectáculos al aire libre.[49] De lo que se trata es de que los ciudadanos ya no tengan que soportar más el ruido del tráfico o el humo de los vehículos, y de que los barrios sean más acogedores para los peatones y los ciclistas, quienes podrán «holgazanear», «haraganear» y «gandulear» a su antojo. Seis de las muchas supermanzanas previstas ya están listas.

Muchos residentes del barrio se opusieron al principio a la primera supermanzana del Poblenou, que pareció surgir prácticamente de la noche a la mañana.[50] No es difícil de comprender: quienes todavía dependían del coche vieron que la duración del trayecto hasta el trabajo se triplicaba, y por otra parte las tiendas y las furgonetas de reparto vieron que las zonas de carga y descarga habían desaparecido de repente. Pero, cuando los comerciantes empezaron a apreciar los nuevos parques públicos y las zonas de recreo, y cuando el ayuntamiento cumplió su promesa de invertir en infraestructuras de calidad, las actitudes cambiaron. Salvador Rueda, el padre intelectual y principal impulsor de las supermanzanas, señaló que, desde 2007, el tráfico peatonal había aumentado en un 10 %, y el número de ciclistas en un 30 %, en el paseo de Gràcia, una de las avenidas principales de Barcelona.[51] «El ritmo de vida es más lento», dice Carles Peña, un vecino del barrio.[52]

De hecho, los datos lo confirman de manera sorprendente. En general, los investigadores han constatado que las personas que viven en calles con poca intensidad de tráfico rodado tienen el triple de amigos y conocidos que quienes viven en calles más transitadas por los coches,[53] y el tramo de calle que consideran «suyo» es cada vez más grande. No es difícil imaginar por qué. Los residentes en distritos con poco tráfico consideran que sus calles, y por extensión sus barrios, son más seguras; hay menos contaminación; sus hijos corren menos peligro de ser atropellados por un vehículo; pasar el tiempo al aire libre es más agradable. Es menos probable, por consiguiente, que los vecinos se atrincheren en casa, lejos de los espacios públicos, y es más probable que se relacionen entre sí.

A los urbanitas, acostumbrados a vivir sin tanto ruido y contaminación durante el confinamiento, tal vez les interese más que antes este tipo de planificación urbana, porque los acontecimientos recientes han demostrado, incluso a quienes se consideran ciudadanos de ninguna parte, que los barrios y el paisaje urbano determinan nuestro bienestar.

Como es lógico, la soledad de la ciudad no depende simplemente de las decisiones que tomen los gobernantes, los arquitectos, los promotores o los urbanistas. Lo que determina nuestra percepción de la ciudad es la «unión», la «suma», de política, arquitectura y seres humanos.

Somos muchos los que nos dimos cuenta de esa coyuntura durante el confinamiento. Junto a las historias de aislamiento y soledad, como la de Hazel Feldman en Manhattan, o de egoísmo, como la de aquellos compradores peleándose por el papel higiénico en Sídney, están también las de las comunidades que se sintieron más unidas que nunca gracias al coronavirus.

Simon Garner, un vecino de Kennington (un distrito de Londres) al que le encanta el *fitness*, empezó a hacer ejercicio todos los días en su calle. Muchos vecinos suyos salieron de su enclaustramiento y se unieron a él, utilizando palos de escoba y latas de conserva a modo de pesas. En Houston (Texas), cuando corrió la voz de que los restaurantes solo podrían servir comida a domicilio o para llevar, una pareja anónima hizo gala de una increíble solidaridad dejando una propina de 9.400 dólares por una cuenta de solo 90. Dejaron también una nota: «Utilicen la propina para pagar a sus empleados durante las próximas semanas».[54] En Madrid, un taxista fue aplaudido por trasladar a los pacientes al hospital de forma gratuita.[55] Y en todo el mundo muchos nos asomamos a diario a la ventana o al balcón para aplaudir o hacer ruido con las cacerolas a fin de expresar nuestra gratitud a quienes estaban luchando en primera línea contra la COVID-19.

No debemos olvidar nunca que, en un mundo globalizado, las raíces de las comunidades locales tienen que ser fuertes. Si queremos afianzar la solidaridad que practicamos en nuestros barrios durante la pandemia, y mostrar también nuestra gratitud a los pequeños comerciantes que nos dieron de comer durante el confinamiento, tenemos que asumir ciertas obligaciones. Para disfrutar de los beneficios de la vida en comunidad, primero tenemos que crearla entre todos.

Tenemos que apoyar a la hostelería, aunque ello signifique pagar un poco más, viéndolo como una especie de impuesto comunitario, como un pequeño extra que hay que pagar para proteger y sustentar nuestro barrio. Deberíamos comprar, al menos algunas veces, en las tiendas de nuestras inmediaciones, y no siempre por Internet, siendo conscientes de que sin nuestra contribución no conseguirán reponerse. Si queremos que nuestra comunidad esté más cohesionada, tenemos que relacionarnos con las personas que son diferentes a nosotros. Ni los centros sociales ni el pequeño comercio podrán cumplir su función comunitaria si no aprovechamos al máximo las oportunidades que nos ofrecen para relacionarnos con la sociedad en general. Eso es algo en lo que yo misma tengo que poner más empeño.

En general, si queremos que nuestro entorno sea más vital y acogedor, tenemos que interactuar más con las personas que nos rodean. Tenemos que aflojar el paso. Tomarnos ese tiempo, hacer esa pausa. Sonreír. Conversar. Aunque, como sucede durante los momentos en que escribo este libro, para ello todavía tengamos que guardar la distancia de seguridad, aunque las mascarillas oculten nuestra sonrisa, aunque la interacción con los demás nos dé miedo. Ahora más que nunca debemos hacer un sacrificio por el bien de nuestra comunidad y de las personas que la componen, y hacer un esfuerzo consciente para llegar a aquellos que están más solos.

Podemos tomar ejemplo de personas como Allison Owen-Jones, quien en mayo de 2019 vio a un anciano que estaba sentado en un banco, solo, en un parque de Cardiff. Durante cuarenta y cinco minutos muchas personas pasaron por delante de él sin prestarle la menor atención. «La típica cautela británica me hizo pensar que me consideraría un bicho raro si me sentaba a su lado», declaró posteriormente a la BBC. «¿No sería estupendo que hubiese una manera de indicar a los demás que estás dispuesto a conversar? Así que, para animar a la gente, se me ocurrió colgar en el banco un cartel que decía: "Banco para conversar. Siéntate si no te importa que alguien se pare a saludar"».[56]

Y la gente se detenía. Y no solo eso, Owen-Jones terminó colaborando con una entidad benéfica y con la policía municipal para instalar «bancos para conversar» por todo Cardiff. Aquello se convirtió en algo más que animar a las personas a conversar, pues también las ayudó a tener la sensación de que su opinión contaba, sobre todo en el caso de aquellas personas que siempre pasan inadvertidas. En palabras de la propia Owen-Jones: «De repente, dejas de ser invisible».

Nuestras pantallas y nosotros

El escocés David Brewster fue uno de los científicos más prestigiosos del período de Regencia. Este niño prodigio, que sentía fascinación por los instrumentos ópticos, a los diez años ya había construido su primer telescopio. Evangelista de corazón, en un principio quería ingresar en la Iglesia de Escocia, pero hablar en público le causaba mucha tensión; en una ocasión se desmayó en una cena cuando le pidieron que bendijera la mesa.[1] Así que optó por otro tipo de evangelismo: el evangelismo en pro de la ciencia. En 1817, Brewster —que ya era miembro de la Royal Society y había sido galardonado con la medalla Copley por sus aportaciones al campo de la óptica— patentó un «juguete filosófico» que empleaba espejos inclinados y pequeños vidrios de color para crear elegantes formas simétricas. Con este aparato la gente podría divertirse al mismo tiempo que observaba los prodigios de la ciencia.

El invento de Brewster, que no era otra cosa que el caleidoscopio (del griego *kalós*, «hermoso», *eîdos*, «imagen» y *-scopio*, «*instrumento para observar*») tuvo un éxito inimaginable. Prácticamente de la noche a la mañana, el Reino Unido fue presa de la «caleidoscomanía». «Jóvenes y mayores, todos tienen su caleidoscopio; todas las profesiones, todos los oficios; todas las naciones, todos los Gobiernos, todas las sectas, todos los partidos», podía leerse en el *Literary Panorama and National Register* en 1819.[2] A Sara Coleridge, la hija adolescente del poeta Samuel Taylor Coleridge, también la entusiasmaba aquel aparato. Después de que un invitado le trajera de Londres ese «curioso juguete», Sara le contagió su entusiasmo a su amiga Dora Wordsworth: «Si miras por el tubo, verás pequeños fragmentos de cristal de distintos colores. Esas imágenes cambian cada vez que agitas el tubo. Aunque lo agites durante cien años, nunca verás la misma imagen».[3]

La «caleidoscomanía» se extendió rápidamente por Europa y otros países. Brewster calculó que en el transcurso de tres meses se vendieron 200.000 caleidoscopios en Londres y París, y «se enviaron grandes cargamentos al extranjero, en especial a las Indias Orientales».[4] En Estados Unidos, todas las revistas publicaban artículos sobre el nuevo artilugio.[5] «Este juguetito, con su magia de luz y de color, produjo una increíble ola de entusiasmo en Europa y América», recordaba Margaret Gordon, hija de Brewster.[6]

Para Brewster, sin embargo, la gran popularidad del caleidoscopio —lo que hoy llamaríamos su «éxito viral»— fue una experiencia agridulce. Víctima precoz de la piratería, Brewster apenas sacó provecho del invento. En cuanto se asoció con los fabricantes londinenses, las imitaciones baratas inundaron el mercado. Además, su inofensivo juguete empezó a recibir críticas porque distraía demasiado a la gente. Al comentar la naturaleza absorbente de aquella novedad, el *Literary Panorama and National Register* señaló con sarcasmo que «todos los niños que van con su caleidoscopio por la calle terminan chocando contra una pared».[7] Un grabado de la época, que lleva por título *La kaleidoscomanie où les amateurs de bijoux anglais*, aborda este tema, representando a unos hombres tan distraídos con el artilugio que ni siquiera se dan cuenta de que sus acompañantes están siendo cortejadas a sus espaldas.[8]

Los detractores del caleidoscopio veían en él una expresión de la cultura consumista que podía confundir fácilmente a las masas con sus bagatelas y fruslerías. Como dijo Percy Bysshe Shelley en 1818 cuando su amigo y biógrafo, Thomas Jefferson Hogg, le envió unas instrucciones para hacer un caleidoscopio: «Tu caleidoscopio se ha extendido como la peste en Livorno. Creo que toda la ciudad se ha entregado al caleidoscopismo».[9]

Si damos un salto de dos siglos, seguro que sabes a dónde quiero ir a parar. La revolución que provocó Steve Jobs en 2007 con el lanzamiento del iPhone ha conseguido que casi todos llevemos un caleidoscopio moderno en el bolsillo. Un caleidoscopio muchísimo más potente y adictivo que el famoso juguete de David Brewster.

CALEIDOSCOMANÍA, PERO A LO BESTIA

Doscientas veintiuna. Esa es la cantidad de veces que, por término medio, consultamos el teléfono todos los días.[10] Esto supone una media de tres horas y quince minutos de uso diario, lo que equivale a casi 1.200 horas al año.[11] Cerca de la mitad de los adolescentes se conectan a Internet «casi constantemente».[12] Una tercera parte de los adultos no tarda ni cinco minutos en consultar el móvil al levantarse por la mañana; muchos también lo consultamos cuando nos despertamos a media noche.[13]

Las distracciones debidas al móvil son tan numerosas que en Sídney, Tel Aviv y Seúl, ciudades en las que el uso de los teléfonos inteligentes es especialmente elevado, los urbanistas han tenido que tomar medidas para garantizar la seguridad de los viandantes.[14] Se han instalado semáforos en las aceras para que los peatones sepan si se puede cruzar sin levantar la mirada de la pantalla. En los cruces de una calle de Seúl se están instalando láseres que envían una notificación al móvil de los peatones «zombis» para advertirles que están a punto de meterse en el tráfico. Gracias a esos semáforos, en el transcurso de cinco años el número de accidentes se redujo en un 20 % y el de muertes en un 40 %.[15] Parece que, para algunos, el interminable flujo de información que llega a nuestros teléfonos es más importante que asegurarnos de que no nos atropelle un coche.

Por supuesto, no soy la primera persona que llama la atención sobre la cantidad de tiempo que pasamos con nuestros teléfonos móviles. Las preguntas que planteo son muy concretas: ¿hasta qué punto están relacionados esos dispositivos con la crisis de soledad que sufre el siglo XXI? Y ¿por qué los avances en comunicación hacen que este siglo sea tan distinto de los precedentes?

Cada uno de los grandes progresos en tecnología de la comunicación, desde la imprenta de Gutenberg hasta el teléfono inteligente, ha cambiado nuestra forma de relacionarnos con los demás y no siempre ha sido bien recibido. En la Grecia antigua, Sócrates nos advertía que la escritura «no producirá sino el olvido en las almas de los que la conozcan, haciéndoles despreciar la memoria».[16] En el siglo XV, el abad Johannes Trithemius reprendía a los monjes por abandonar la copia de manuscritos en favor de la prensa de Gutenberg, pues pensaba que de ese modo el rigor y el conocimiento desaparecerían (pero tuvo que imprimir sus propios reproches porque era la única forma de que alguien los leyera).[17] Y en 1907 un escritor se lamentaba en el *New York Times* de que «el uso generalizado del teléfono, en vez de fomentar el civismo y la cortesía, facilita la desaparición de lo poco que nos queda de esas virtudes».[18]

Pero hay una diferencia fundamental entre el uso de los teléfonos móviles y las innovaciones de los siglos anteriores. En pocas palabras, el problema es que estamos prácticamente pegados a ellos. Antes, ¿cuántas veces al día cogíamos el teléfono? ¿Cuatro o cinco veces? Hoy, como si se tratara de unas gafas cuya presencia ya ni siquiera notamos, los teléfonos se han convertido en una parte de nosotros.[19] Como veremos más adelante, no se trata de una «feliz coincidencia». Las grandes multinacionales de la era digital se han esforzado mucho para que las cosas sean así.

Juntos, pero solos

Este estado de conexión permanente hace que el uso de los teléfonos y las redes sociales sea un hecho insólito en la historia de la humanidad, y está agravando sobremanera la crisis de soledad que vivimos actualmente.

No es solo el ritmo acelerado de la vida cotidiana lo que nos impide saludar a los pacientes en la consulta del médico o a los pasajeros en el autobús; ni siquiera las nuevas convenciones sociales. Durante todo ese tiempo que pasamos ante el teléfono —navegando, viendo videos, leyendo tuits, comentando fotos—, permanecemos ajenos a las personas que nos rodean y nos desentendemos de las relaciones sociales que nos integran en la sociedad; y recordemos que esos momentos que nos hacen sentirnos valorados y nos dan visibilidad son verdaderamente importantes. El simple hecho de estar con el *smartphone* modifica nuestro comportamiento y nuestra forma de interactuar con el mundo que nos rodea. La gente sonríe mucho menos a los demás cuando lleva un teléfono en la mano.[20]

Los teléfonos inteligentes nos distancian también de la gente que conocemos, incluso de nuestros seres queridos, y eso es aún más preocupante. Todo ese tiempo que pasamos con el teléfono es tiempo que no pasamos con nuestros amigos, nuestros compañeros de trabajo, nuestra pareja o nuestros hijos. Nunca antes habíamos estado tan ensimismados y al mismo tiempo tan afligidos. Cada vez hacemos menos caso de la presencia de otras personas.

Las consecuencias de esta constante falta de atención pueden llegar a ser trágicas. Durante los últimos años se han dado varios casos de bebés que murieron porque sus padres se habían distraído con el teléfono.[21] En el condado de Parker (Texas), una madre destrozada dijo que había dejado a su hija de ocho meses sola en el baño «apenas dos minutos» mientras atendía a su otro hijo.[22] La policía, tras examinar su teléfono, descubrió que también había estado más de dieciocho minutos en Facebook, mientras su hija yacía muerta en la bañera.

Se trata evidentemente de casos de negligencia extrema, pero todos hemos visto a niños desatendidos mientras su cuidador envía mensajes, se entretiene con un juego de computadora o hace comentarios en las redes sociales. Todos hemos visto a padres en un parque que ni se fijan en lo que hacen sus hijos en los columpios porque están absortos con el móvil, todos hemos visto en un restaurante a alguna familia cuyos miembros ni siquiera se hablan porque el *smartphone* los tiene completamente enajenados. Ese comportamiento produce consecuencias desastrosas.

«Mira ese perro»

Chris Calland es una experta en desarrollo infantil. Aunque fue maestra, ahora se dedica a asesorar a colegios y guarderías de todo el Reino Unido y está especialmente interesada en la educación parental. Su trabajo la ha llevado a sacar una inquietante conclusión: que los niños que llegan al colegio son cada vez más incapaces de relacionarse de manera normal y carecen de aptitudes lingüísticas. Calland cree que los teléfonos móviles están en el origen del problema: la constante navegación por internet distrae por completo a los padres y les impide prestar atención a sus hijos, que no aprenden a relacionarse con los demás.

Los esfuerzos de Calland para corregir la situación son asombrosos. En una guardería llegó a repartir «guiones» entre los padres para que aprendieran a relacionarse con sus hijos. «Cuéntame una cosa interesante que hayas hecho hoy», es un ejemplo demasiado evidente; «Mira ese perro» es otro. Calland también propuso poner por toda la guardería dibujos de teléfonos tachados con líneas rojas a fin de que los padres se replanteasen su relación con la tecnología y el uso que le daban mientras estaban allí.[23]

No es solo que los niños no sepan comunicarse. Los estudios preliminares indican que los hijos de padres enganchados al móvil tienen más probabilidades de ser quisquillosos con la comida o de comer en exceso, y también de presentar un retraso psicomotor. Y es cierto que también se deterioran otros aspectos menos investigados del desarrollo infantil, desde los lazos afectivos («¿por qué mamá quiere más a su teléfono que a mí?») hasta la resiliencia emocional.[24] Está demostrado que los niños cuyos padres están enganchados al móvil son más propensos a portarse mal, a tener dificultades para dominar sentimientos como la ira o a enfurruñarse cuando no se hace lo que ellos quieren.[25] Al igual que la competencia lingüística, los efectos emocionales duran mucho más que esos primeros años en que los niños están aprendiendo a relacionarse con sus padres: los adolescentes cuyos padres están enganchados a los móviles suelen recibir menos cariño y son más propensos a desarrollar trastornos de ansiedad y depresión.[26]

Evidentemente, los niños no son los únicos a los que no se les hace caso. Piense en cuántas veces ha estado tumbado en la cama junto a su pareja, jugueteando cada uno con su móvil. O en cuántas llamadas de trabajo ha contestado al mismo tiempo que comprobaba su cuenta de Twitter. O en esas veces en que ha decidido ver Netflix con audífonos en vez de charlar con su compañero de departamento, o en todo el tiempo y esfuerzo que dedicó a crear en Instagram la foto de unas vacaciones perfectas, un tiempo que podría haber dedicado a interactuar con sus compañeros de vacaciones, creando recuerdos que les sirvieran para estar más unidos y construir una relación duradera.

Yo soy tan culpable como cualquiera. El teléfono es nuestra amante indiscreta. Hoy en día engañamos abiertamente a quienes nos rodean, por lo que, en cierto modo, todos hemos aceptado la infidelidad. Estamos presentes y sin embargo no lo estamos; estamos juntos, pero solos.[27]

EL YO DIVIDIDO

La capacidad de sentir empatía, tan necesaria para comprender a los demás y relacionarnos con ellos, se ve considerablemente mermada por los teléfonos inteligentes, porque estos dispersan nuestra atención creando un yo dividido que queda atrapado entre la realidad física de una conversación en persona y las decenas, tal vez cientos, de mensajes, compuestos de texto e imágenes, que llegan simultáneamente a nuestras pantallas. Cuando nos arrastran en tantas direcciones es casi imposible dedicar nuestra atención a quienes están frente a nosotros, o ver las cosas desde su punto de vista.

Lo más sorprendente es que ni siquiera hace falta que estemos usando el teléfono para que este produzca ese efecto. Un estudio en el que se observó a cien parejas mientras conversaban en diversas cafeterías de Washington reveló que, cuando se colocaba un *smartphone* sobre la mesa entre dos personas —o incluso cuando una de ellas lo sostenía simplemente en la mano—, las parejas sentían menos empatía y estaban más calladas.[28] Y cuanto más estrecha era la relación, más perjudicial resultaba el efecto del teléfono sobre la empatía de la pareja y menos comprendida y valorada se sentía cada persona. Ello es especialmente preocupante porque la empatía, igual que la democracia, hay que practicarla. Si no se utiliza a menudo, se atrofia.

Ahora bien, no es únicamente la capacidad de captar nuestra atención lo que provoca que los teléfonos inteligentes estén reñidos con la empatía. Cuando se pidió a un grupo de personas, como parte de un estudio realizado en 2017 en la Universidad de Berkeley, que evaluaran la «humanidad» de otros basándose en sus opiniones políticas, los investigadores observaron que sus valoraciones estaban determinadas no solo por la conformidad o disconformidad de los evaluadores con una opinión concreta, sino también, en gran parte, por el «medio» —video, audio o texto— en el que se expresaba la opinión en cuestión.[29] Cuanto más despojada de forma y voz humanas, más deshumanizaban los evaluadores a la persona, lo cual resultaba más evidente cuando lo único que tenía el evaluador era una transcripción escrita de las ideas del orador. Como dice el profesor Jamil Zaki: «Las interacciones tibias dificultan la empatía».[30]

Esto es preocupante porque durante la última década la tendencia ha ido en una sola dirección: hacia interacciones cada vez más tibias. Y ello es especialmente cierto en el caso de los jóvenes. En 2018, un estudio realizado en Estados Unidos, el Reino Unido, Alemania, Francia, Australia y Japón, en el que intervinieron 4.000 jóvenes de entre dieciocho y treinta y cuatro años, reveló que el 75 % prefiere los mensajes de texto a las llamadas de teléfono, y esos mensajes son cada vez más cortos a causa principalmente del diseño de los móviles.[31] La relativa dificultad de teclear en un *smartphone* (pese a las funciones de autocorrección y texto predictivo) hace que los mensajes sean cada vez más sucintos. El límite de caracteres de Twitter nos obliga a hablar de manera concisa, brusca y esquemática. El hecho de que cuando escribimos mensajes cortos en Facebook es más probable que nos respondan (los mensajes de menos de ochenta caracteres generan un 66 % más de «interacción»), nos induce a ser más lacónicos. Además, si podemos dar un *like* con una sola pulsación, ¿para qué molestarse en escribir?[32]

El confinamiento cambió la situación. De la noche a la mañana, la humilde llamada de teléfono ganó popularidad. En Estados Unidos, el volumen de llamadas diarias se duplicó con relación a los últimos promedios; la duración media de las llamadas aumentó en un 33 %.[33] Hasta los jóvenes cambiaron sus hábitos. Emily Lancia, una joven de veinte años que acaba de entrar en la universidad, cuenta que, paseando por el campus, se le ocurrió llamar a su mejor amiga de la infancia, una persona con la que chatea casi a diario pero a quien no había llamado nunca por teléfono.[34] En el Reino Unido, el operador O2 reveló que una cuarta parte de sus clientes de entre dieciocho y veinticuatro años llamaron a algún amigo «por primera vez en la vida» desde que comenzó el confinamiento, en marzo de 2020.[35]

El confinamiento también benefició considerablemente a las videollamadas. Las descargas globales de Zoom, Houseparty y Skype aumentaron exponencialmente en 2020 a medida que las fiestas, las noches de Trivial y las reuniones de negocios se celebraban por videoconferencia. Microsoft Teams constató que ese mes el número de videollamadas aumentó más de un 1.000 %. Incluso algunas parejas empezaron a quedar por video, aun habiéndose visto solo en la pantalla.

En este momento es imposible saber a ciencia cierta cuánto durará esta preferencia por el video y la voz, aunque es probable que las videoconferencias sigan siendo habituales durante algún tiempo a causa del distanciamiento social y las restricciones para viajar. Pero, mientras tomamos decisiones respecto a la forma de interactuar tras la pandemia, conviene reflexionar sobre lo que perdemos cuando la brevedad es nuestro objetivo y los mensajes de texto la norma, y cuando preferimos comunicarnos de manera virtual. Porque, como hemos constatado durante el confinamiento, incluso el video —la forma menos fría de interacción virtual—, aunque sea mejor que nada, sigue dejando mucho que desear.

Esto se debe principalmente al papel que desempeña la cara a la hora de mostrar empatía y cordialidad. No solo es la fuente más importante de información no verbal de que disponemos para interactuar con otros seres humanos (en ella se reflejan las emociones, los pensamientos y las intenciones), sino que además los biólogos evolutivos creen que la plasticidad de la cara —su capacidad para expresar infinidad de matices por medio de cientos de músculos— evolucionó precisamente para que los primeros primates colaboraran más entre sí.[36]

La ciencia lo corrobora: las resonancias magnéticas revelan que, cuando nos comunicamos cara a cara, no solo imitamos de manera inconsciente a nuestros interlocutores, sino que además las ondas electrónicas de algunas zonas del cerebro se sincronizan.[37] Como nos explica la doctora Helen Riess, autora de *The empathy effect*: «Cuando estamos en presencia de alguien que está experimentando una emoción, nos damos cuenta de ello porque las emociones y las expresiones faciales de otras personas, así como la experiencia del dolor, ya están grabadas en el cerebro del observador, en nuestro propio cerebro». Por ejemplo, el ver llorar a alguien estimula, aunque sea ligeramente, la misma zona del cerebro que se activa cuando estamos tristes. «Por eso nos entristecemos cuando nos encontramos en presencia de alguien que llora o que está muy afligido, y por eso también la alegría o el entusiasmo son tan contagiosos. En realidad, hay una base neurobiológica para afirmar que "la mayoría de los sentimientos son mutuos"».[38]

Esa imitación es esencial para la amistad y la empatía. Lo malo es que el video, que al menos en su forma actual tiene que mejorar mucho en cuanto a sincronización y calidad de imagen, nos impide ver correctamente a nuestro interlocutor —algunos terapeutas piden a sus clientes que gesticulen más para poder comunicarse mejor— y sincronizarnos a la perfección.[39] Con demasiada frecuencia, esto sucede porque las personas con las que estamos hablando ni siquiera nos miran a los ojos, ya sea por el ángulo de la cámara o porque se están mirando a sí mismos en la pantalla.

No es de extrañar, por tanto, que tras una conversación por video nos sintamos un poco insatisfechos y, en algunos casos, incluso más solos y abandonados que antes. En palabras de Cheryl Brahnam, profesor de ciberseguridad y tecnología de la información en la Universidad Estatal de Misuri: «Las conversaciones cara a cara se parecen a las videoconferencias tanto como una empanada recién hecha a otra envasada que no contiene más que conservantes y sabores artificiales; comes demasiadas y encima no te sientan bien».[40]

A esto hay que añadir que los correos electrónicos son como placas de Petri para el cultivo de la incomunicación. Una serie de estudios ha demostrado que en los correos electrónicos el sarcasmo se confunde a menudo con la sinceridad, y el entusiasmo con la burla.[41] Hasta la ira, que es la emoción más reconocible por escrito, es difícil de identificar con precisión, incluso entre amigos íntimos.[42]

Al parecer, cuando se trata de cosas tales como el afecto, la empatía y la comprensión, las nuevas formas de comunicación tienen graves defectos y carencias que deterioran la calidad del diálogo y, por tanto, la calidad de las relaciones. Son un pobre sucedáneo de la conversación y de los momentos que pasamos con las personas que nos importan, y por tanto influyen considerablemente en nuestro estado colectivo de incomunicación.

Cómo leer la cara de las personas

En cierto modo, lo más preocupante es que los teléfonos inteligentes están poniendo en peligro nuestra capacidad de comunicarnos incluso cuando estamos cara a cara, lo cual es especialmente cierto en el caso de los jóvenes.

La primera vez que caí en la cuenta de esa contingencia fue durante una cena en la que me tocó sentarme al lado del rector de una de las universidades más prestigiosas de Estados Unidos. Para mi asombro, me dijo que le preocupaba el hecho de que los estudiantes que llegaban a la universidad no supiesen interpretar siquiera las señales más obvias en las conversaciones cara a cara, y que por eso había decidido que se impartieran clases sobre la «interpretación del rostro».

En el Boston College, una perspicaz profesora recurrió a otra estrategia. Preocupada también por la torpeza de sus alumnos en las interacciones presenciales, Kerry Cronin encontró una manera original de perfeccionar esas aptitudes; les dio la oportunidad de ganar un crédito extra si invitaban a alguien a salir pidiéndoselo «en persona».

A Cronin, que imparte cursos sobre relaciones interpersonales, «espiritualidad», ética y desarrollo personal, se le ocurrió la idea tras un coloquio sobre el ligue en el campus, cuando, en vez de hacer las preguntas típicas sobre sexo y relaciones íntimas, los estudiantes mostraron curiosidad por algo mucho más sencillo: «¿Cómo le pides a alguien que salga contigo?».[43] Cronin se dio cuenta de que «pedir para salir» era una costumbre que se había perdido; sus alumnos le preguntaron qué palabras había que utilizar para «declararse» en la vida real. Así que decidió intervenir.

Cronin les entregó un «manual de instrucciones» con las veintidós normas básicas para ello;[44] eran normas encaminadas a enseñar a sus alumnos a ligar sin recurrir a las aplicaciones informáticas, las redes sociales o, lo que es peor, el anonimato de internet. Cada alumno tenía que pedirle a alguien en persona —nada de SMS— que saliera con él o ella, y alcanzar su objetivo sin echarse atrás. El encuentro no podía ser en el cine y tampoco se permitía el alcohol o el contacto físico más allá de un abrazo cariñoso. Dicho de otro modo, nada de rehuir la verdadera comunicación: nada de esconderse en la oscuridad de una sala de cine, nada de armarse de valor a base de alcohol o rehuir la conversación pasando directamente al sexo. En la cita había que hablar sí o sí, por muy incómodo que se sintiera uno y aunque estuviera muy nervioso. Cronin también recomendó a los estudiantes que prepararan algunas preguntas y algunos temas de conversación. Quería que comprendiesen que una pausa en la conversación es natural; tenía que explicarles —a los jóvenes de una generación acostumbrada al vértigo de las redes sociales— que en la vida real se producen silencios.

El «miedo» a las relaciones interpersonales de una generación que solo sabe relacionarse con el móvil en la mano se da en todas partes, no solo en el Boston College.[45] Wikihow, el sitio web donde se dan consejos para resolver dudas del tipo «¿cómo se escribe un ensayo?», «¿qué hay que hacer en caso de intoxicación alimentaria?» o «¿qué hago para que el perro no me destroce los muebles?», ahora ofrece también un tutorial rápido sobre «cómo invitar a alguien a salir en la vida real»… en «12 pasos (con fotos)».[46]

Del mismo modo que la calculadora acabó con el cálculo mental, la revolución de las comunicaciones digitales está poniendo en peligro nuestra capacidad para relacionarnos con los demás. Así pues, aquel «o lo tomas o lo dejas» de Sócrates tenía algo de verdad.

Hay indicios de que esa torpeza para la comunicación comienza cada vez más temprano. El uso de los móviles por parte de los padres, como observó Chris Calland, no es lo único que perjudica a los niños. En 2010, el proyecto PEACH de la Universidad de Bristol demostró que, en un grupo de 1.000 niños de diez y once años, aquellos chicos que pasaban más de dos horas al día delante de una pantalla (de televisión o de computadora) eran más propensos a tener dificultades para expresar sus emociones.[47] En 2011, la psicóloga infantil Melissa Ortega observó que los pacientes jóvenes de su consulta de Nueva York usaban los móviles como estrategia de evitación para desviar las preguntas sobre la sensación que les producía estar siempre comprobando si tenían mensajes de texto.[48] En 2012, un estudio llevado a cabo en Estados Unidos con una muestra de más de 600 profesores —desde jardín de infancia hasta secundaria— reflejó que el uso exagerado de los «medios» (dentro de los cuales caben los programas de televisión, la música, los videojuegos, los SMS, los *iPods*, los juegos para teléfonos móviles, las redes sociales, las *apps*, los programas de cómputo, los videos en línea y las páginas web en las que entran los estudiantes para divertirse) estaba cambiando la actitud y el comportamiento de los alumnos. Incluso en preescolar, los niños «carecen de aptitudes lúdicas y sociales porque están tan acostumbrados a los medios digitales que no saben cómo relacionarse con sus compañeros», declaró una maestra.[49] Más recientemente, en 2019, investigadores canadienses, a través de un estudio en el que se hizo un seguimiento de 251 niños de edades comprendidas entre uno y cuatro años, observaron que, cuanto más tiempo pasaban ante las pantallas, menos capaces eran de comprender los sentimientos de los demás, menos solidarios se mostraban con otros niños y más problemáticos resultaban.[50] Otro estudio de 2019, realizado en este caso en Noruega, determinó que el uso excesivo de las pantallas presagiaba una menor capacidad de comprensión emocional al alcanzar los seis años, en comparación con los niños que no usaban tanto las pantallas.[51]

Aunque todo depende de la proporción entre tiempo de pantalla y tiempo de interacción humana, y del uso que el niño dé a su dispositivo, y aunque existen opiniones contradictorias al respecto,[52] está demostrado que los niños que usan poco las pantallas saben relacionarse mejor.

Para un estudio de la Universidad de California, un grupo de niños de diez y once años estuvo cinco días de campamento sin acceso a ningún medio digital (móviles, televisión e Internet). Tanto antes como después del campamento, los niños hicieron varios test sencillos que consistían, por ejemplo, en identificar las emociones de las personas que veían en diversas fotos y videos. Tras solo cinco días sin pantallas, los muchachos mostraron un considerable progreso a la hora de reconocer la manifestación de emociones de tipo no verbal, como las expresiones faciales, el lenguaje corporal y la gesticulación, y también a la hora de percibir cómo se sentían las personas que aparecían en las fotos y los videos, en comparación con los resultados anteriores y con los resultados de otro grupo de chavales que se había quedado en casa jugando con sus pantallas.[53] Esto se debe, según los investigadores, a que, privados de pantallas, los niños tuvieron que pasar mucho más tiempo relacionándose con sus compañeros y con los adultos. «No se aprende a distinguir las emociones no verbales con la misma facilidad frente a una pantalla que frente a una persona de carne y hueso», afirma la psicóloga Yalda T. Uhls.[54]

En la década de 1950, cuando los televisores llegaron a nuestras casas, ya se advirtió del peligro de que los niños pasaran demasiado tiempo ante la pantalla, pero el problema vuelve a ser una cuestión de proporcionalidad. Mientras que en el pasado a los niños se les ponía un límite de tiempo para ver la televisión, hoy en día la mitad de los chavales de diez años tiene un móvil propio (estos son datos del Reino Unido, pero la situación es similar en otros países desarrollados).[55] Más de la mitad duermen con el teléfono junto a la cama.[56] El problema está en la omnipresencia de los dispositivos, así como en su omnipotencia, a lo que hay que añadir el hecho de que la naturaleza absorbente de las pantallas suele desbancar a las relaciones personales.

Vivir sin pantallas

En todo eso es en lo que se basan los padres que aspiran a una vida sin pantallas para sus hijos. Curiosamente, son los padres que viven en Silicon Valley los que están abriendo camino en este sentido. Son uno de los grupos más propensos a prohibir a sus hijos el uso de teléfonos móviles y a enviarlos a colegios donde también estén prohibidos. Se sabe que Steve Jobs limitó la cantidad de tecnología que podían utilizar sus hijos en casa, y Bill Gates no permitió a los suyos tener un móvil hasta que cumplieron los catorce años, y aun así les puso un límite de tiempo para usarlo.[57] Ya en 2011, el *New York Times* informó de la popularidad de los sistemas educativos que proponían un aprendizaje sin pantallas, como los colegios Waldorf de Silicon Valley y otras zonas en las que residían numerosos ejecutivos del sector de la tecnología.[58] Muchos padres concienciados llegan al extremo de incluir en los contratos de sus niñeras una cláusula por la que estas se comprometen a no utilizar sus teléfonos para uso personal en presencia de los niños. Pero la doble moral es evidente: algunos de esos padres no solo trabajan en las empresas que fabrican esos dispositivos, sino que muchos de ellos «cuando llegan a casa siguen pegados al teléfono y no prestan la menor atención a lo que dicen sus hijos», afirma Shannon Zimmerman, que trabaja de niñera en San José.[59]

Si bien las familias ricas pueden pagar a niñeras para que sus hijos no estén todo el día delante de una tableta, la inmensa mayoría de las familias no puede permitirse ese lujo.[60] En Estados Unidos, los niños de entre ocho y doce años y los adolescentes de familias con escasos recursos, que no pueden pagar las actividades extraescolares, están unas dos horas más al día ante la pantalla que los niños ricos.[61] Las declaraciones de los maestros reflejan una situación similar en el Reino Unido.[62]

En una época en la que los más ricos intentan reducir la cantidad de tiempo que pasan sus hijos ante las pantallas y las universidades más prestigiosas imparten clases de interpretación facial, no podemos permitir una nueva división como consecuencia de la cual los niños ricos tengan más capacidad de empatía y comunicación mientras que los niños pobres se comuniquen cada vez peor. Debemos asegurarnos de que las actividades extraescolares estén al alcance de todos los niveles de renta y también de que las pantallas en los colegios no desplacen a la interacción entre las personas.

TRAGAMONEDAS DIGITALES

Parece evidente que pasar mucho tiempo ante una pantalla no es bueno para nadie. Lo malo es que, aunque seamos conscientes de ello, resistirse a la tentación de usar el teléfono requiere un grado de determinación y fuerza de voluntad que no todos tenemos. Y eso se debe a que somos adictos a los dispositivos digitales.

Esa adicción es tal vez más evidente en el caso de los niños. Una maestra de Indianápolis les confisca los móviles a sus alumnos y los lleva en una bolsa de plástico colgada en la cintura, para que los vean y no se agobien; otros docentes han colocado cargadores en el aula para animar a los chavales a separarse de sus teléfonos, ya que así los pueden ver. La capacidad de los alumnos para controlar su adicción al móvil durante el horario lectivo tiene en ocasiones algunas ventajas: algunos profesores recompensan a sus alumnos con créditos adicionales o tarjetas de regalo de Star-bucks cuando no tocan el teléfono durante la clase.[63]

Pero muchos adultos niegan su propia adicción. Debería hacerse las siguientes preguntas. ¿Alguna vez ha pensado que debería reducir la cantidad de tiempo que dedica al móvil? ¿Le han llamado la atención alguna vez por estar demasiado tiempo enganchado al teléfono? ¿Alguna vez se ha sentido culpable por usar demasiado su *smartphone*? ¿Toma el móvil nada más levantarse por la mañana? Si ha contestado que sí a al menos dos de estas preguntas, «adicción» tal vez sea la palabra más adecuada para describir lo que le pasa. Estas preguntas están basadas en el cuestionario CAGE, una herramienta de evaluación que se usa en muchos hospitales, centros de atención primaria y clínicas de rehabilitación para identificar posibles problemas con el alcohol.[64]

Pero ¿por qué estamos tan enganchados a los teléfonos? Es hora de sentar a los gigantes de las redes sociales en el banquillo, porque, al igual que las máquinas tragamonedas, las plataformas de las redes sociales han sido diseñadas conscientemente para mantenernos todo el día navegando, mirando la pantalla, dándole al «me gusta» y actualizando la aplicación con la esperanza de encontrar aprobación, difusión, apoyo, atracción mutua e incluso amor.[65] Cada letra, cada formato de pantalla, cada guiño al grupo, cada animación, cada píxel de lo que vemos en la pantalla está pensado para tenernos todo el día conectados.[66] De hecho, Sean Parker, expresidente de Facebook, le confesó a la agencia de noticias Axios que el principal objetivo de la plataforma en sus inicios era «captar la atención de los usuarios el mayor tiempo posible». «Sabíamos que nuestra creación era adictiva», declaró. «Y aun así la pusimos en marcha». Y añadió: «Solo Dios sabe cómo estará afectando todo esto al cerebro de nuestros hijos».[67]

Es una adicción que nos está volviendo taciturnos, aunque, claro está, no en todos los casos. Hay que reconocer que para algunas personas estas precarias interacciones virtuales siguen siendo mejores que las que pueden disfrutar en persona. Pensemos, por ejemplo, en un muchacho del colectivo LGTBIQ+ en un pueblo de Idaho, que gracias a la gente que ha conocido en Twitter no se siente tan solo; o en la inmigrante filipina que utiliza Facebook todos los días para estar en contacto con sus hijos; o el paciente de fibrosis quística que no conoce a nadie cerca de él con la misma enfermedad pero que ha encontrado consuelo en los grupos de apoyo en línea, o en la abuela que, gracias a Instagram, puede estar en contacto con sus nietos. En todos estos casos las redes sociales pueden hacer compañía de una manera que antes no era ni siquiera imaginable. Y, como vimos durante el confinamiento, en ocasiones este tipo de interacciones actúan como chaleco salvavidas y mitigan la soledad.

Sin embargo, durante la última década numerosos estudios han establecido una relación clara entre el uso de las redes sociales y la soledad. Un estudio reveló, por ejemplo, que los adolescentes que pasaban mucho tiempo en las redes sociales se quejaban más de la soledad que otros jóvenes.[68] Otro mostró que por cada incremento del 10 % en las experiencias negativas en las redes sociales, la tasa de soledad de los universitarios aumentaba en un 13 %.[69] Un tercer estudio reveló que, en la década de 2010, los adolescentes estadounidenses se relacionaban con otras personas una hora menos al día (de media) que en la década de 1980, antes de la aparición de las redes sociales.[70] La soledad entre los adolescentes, asimismo, aumentó a partir de 2011, el mismo año en que empezó a dispararse el número de jóvenes que poseían un teléfono inteligente. Mientras que en 2011 solo el 23 % de los adolescentes estadounidenses tenía un *smartphone*, en 2018 esa proporción había alcanzado el 95 %.[71]

Aunque esos estudios demostraban la conexión entre las redes sociales y la soledad, era necesario establecer una relación de causalidad. Dicho de otro modo, ¿las personas solitarias usan más las redes sociales o son las redes sociales las que nos predisponen a la soledad?

Dos estudios fundamentales se han propuesto dar respuesta a esas preguntas. Lo más destacable es que a los participantes en la investigación no se les pidió que relataran simplemente sus hábitos en las redes sociales, sino que los sociólogos les pidieron que intentaran modificarlos, con el fin de observar directamente el efecto de esos cambios en su estado de ánimo y en su comportamiento, lo que permitiría establecer una relación de causalidad.[72]

Los resultados fueron esclarecedores. Uno de los estudios reveló que, si se limitaba el uso de Snapchat, Instagram y Facebook a diez minutos al día por plataforma, el sentimiento de soledad disminuía considerablemente.[73] El otro, un estudio de referencia con casi 3.000 personas en el que, durante dos meses, la mitad de los participantes utilizó Facebook como de costumbre y la otra mitad —el grupo «en tratamiento»— desactivó por completo su cuenta de Facebook, reveló que el grupo que había desactivado la red social no se limitó a perder el tiempo en otros sitios web, sino que utilizó menos Internet en general y pasó más tiempo relacionándose en persona con sus amigos y su familia. ¿Y en cuanto a los sentimientos? Los participantes afirmaron sentirse más felices, más satisfechos con la vida, menos ansiosos y, hasta cierto punto estadísticamente significativo, también menos solos. Por lo que respecta al bienestar subjetivo, el hecho de borrar Facebook de los dispositivos digitales resultó tan efectivo —en una proporción del 40 %— como acudir a terapia.[74]

MÁS EGOÍSTAS

Las consecuencias negativas de las redes sociales son aún más graves. No es solo que nos metan en burbujas digitales que dificultan el beneficioso contacto con los demás. Se trata también de que esas redes están haciendo que el mundo se vuelva más inhóspito, menos empático y menos agradable. Y eso afecta considerablemente al bienestar colectivo.

«Trolear»: publicar textos con la intención de ofender o molestar a otras personas; *doxxing*: difusión de información personal con el fin de facilitar el acoso; *swatting*: uso de la información difundida para provocar una falsa alarma de atentado o de secuestro con el fin de atraer a las unidades de intervención policial para que detengan a una persona en su propia casa. Toda esta jerga describe el insidioso comportamiento de muchos internautas en el siglo XXI.[75] Pues, si bien las redes sociales nos permiten compartir momentos de felicidad, su diseño también propicia algunos de los aspectos más negativos de la naturaleza humana: el acoso, la violencia, el racismo, el antisemitismo, la homofobia. Todos esos comportamientos están en auge. En 2018, más de la mitad de los internautas adultos británicos afirmaron haber visto contenidos que incitaban al odio, un 6 % más que el año anterior.[76] En el Reino Unido, una de cada tres mujeres ha sido acosada en Facebook, proporción que aumenta hasta el 57 % en el caso de las jóvenes de entre dieciocho y veinticinco años. A lo largo de 2016 (el último año del que tenemos estadísticas fiables), apareció un mensaje antisemita en las redes sociales cada ochenta y tres segundos, y el 80 % de esas comunicaciones se produjo a través de Twitter, Facebook o Instagram.[77]

No hay indicios de que esta tendencia vaya a cambiar a corto plazo.

Evidentemente, el odio y los malos tratos no son fenómenos nuevos. La diferencia estriba en que las redes sociales los introducen en nuestra vida de manera subrepticia y a una escala sin precedentes. Y lo que da más miedo es que recompensan a quienes actúan de este modo, porque cada retuit que recibimos es una dosis de dopamina, el mismo neurotransmisor que se asocia a la heroína y la morfina. Es una dosis minúscula, pero suficiente para que queramos repetir. ¿Sabes cuáles son los mensajes que generan más retuits? Los más estrafalarios, radicales y llenos de odio. Si incluyes palabras como «matar», «destruir», «atacar» o «asesinar» en el mensaje, su difusión será casi un 20 % mayor.[78] Si bien es poco probable que la incitación al odio y la violencia fuese el propósito de los fundadores de estas plataformas, lo cierto es que en seguida toleraron esa actitud. Por desgracia, la ira y la indignación son buenas para los negocios. El insulto y la bravuconería, al ser más adictivos que la elegancia y la amabilidad, mueven a los usuarios a hacer clic en los anuncios, que son el medio de financiación de este tipo de empresas.[79] El beneficio económico es lo que explica por qué toleran estas plataformas cualquier cosa que atraiga la atención de la gente, por muy perversa, peligrosa y polarizante que sea.[80] Es la amoralidad inherente al libre mercado. El 29 de mayo de 2020, Twitter dijo «hasta aquí hemos llegado» al censurar el famoso tuit del presidente Trump —«cuando empiezan los saqueos, empiezan los disparos»—[81] por considerar que era una amenaza velada y que enaltecía la violencia.[82] Facebook, sin embargo, dejó a la vista ese mismo mensaje en su plataforma,[83] aduciendo que aquello no tenía nada que ver con la moral, sino con la libertad de expresión.

Los adultos no son los únicos que se ven afectados por una ética de diseño que nos anima a escribir mensajes cada vez más furibundos y enajenadores, haciendo del odio un elemento unificador. Para los niños, las redes sociales se han convertido en un nido de acoso escolar a una escala alarmante. En Singapur, tres cuartas partes de los adolescentes aseguran haber sido amenazados en Internet.[84] En el Reino Unido, el 65 % de los estudiantes ha sufrido alguna forma de ciberacoso, y el 7 % de ellos lo sufre «habitualmente».[85] En una reciente encuesta en la que se interrogó a más de 10.000 jóvenes de entre doce y veinte años, casi el 75 % de los encuestados reconoció haber sido ofensivo con alguien en la red, ya sea enviando mensajes desagradables, publicando comentarios llenos de odio con un nombre de usuario falso o compartiendo alguna publicación con la intención de reírse de otra persona.[86]

Esos abusos pueden tener un efecto devastador, pero muchos no nos dimos cuenta de lo destructores que eran hasta que salió en las noticias el caso de Jessica Scatterson, una niña de doce años que en 2019 se quitó la vida como consecuencia del ciberacoso a que se vio sometida en las redes sociales. Como dijo el forense durante la instrucción: «Su intensa actividad en las plataformas digitales, sobre todo durante los días previos a su muerte, ha influido sin duda en su pensamiento y en su estado de ánimo».[87]

Los niños siempre han acosado a otros niños y han sido a su vez acosados. Pero sigue siendo una cuestión de escala. Mientras que en el pasado este acoso psicológico se circunscribía al patio de recreo, el parque o el aula, hoy afecta a los jóvenes a todas horas todos los días de la semana, pues entra directamente en sus casas y en sus habitaciones. Además, en el pasado el acoso escolar solo era público si había otros niños presentes, pero hoy la humillación de la víctima queda a la vista de todos, grabada para siempre en su huella digital.

Las redes sociales nos vuelven más solitarios no solo porque el tiempo que pasamos en ellas nos aleja de las personas de nuestro entorno, sino también porque la sociedad en su conjunto se está volviendo egoísta y cruel. Y un mundo egoísta y cruel es un mundo solitario.

Quienes más sienten la soledad son aquellos que están en la primera línea de fuego, aquellos que sufren el acoso y la sensación de impotencia que lo acompaña, pues los espectadores digitales no acuden en su ayuda y las redes sociales no hacen nada para protegerlos.[88] Pero todos nos sentimos más solos. Porque, del mismo modo que los niños que ven discutir a sus padres —o, peor aún, que presencian episodios de violencia doméstica— tienden a ser tímidos e introvertidos, lo mismo cabe decir en este caso.[89] Si pasamos demasiado tiempo ante una pantalla en un ambiente familiar enrarecido, corremos el peligro de sentirnos cada vez más solos, aunque no seamos objeto de ataques directos. Por otra parte, cuanta más destructividad presenciemos, menos confiaremos en la sociedad.[90] Como hemos mencionado, estos problemas tienen repercusiones políticas y sociales, porque cuanto menos confiemos en los demás, más egoístas nos volveremos y más divididos estaremos.

BOMP: LA IDEA DE QUE LOS DEMÁS TIENEN MÁS ÉXITO QUE NOSOTROS

Nuestra forma de usar las redes sociales, incluso en el día a día, puede hacer que nos sintamos solos, como le ocurrió a Claudia.

Último curso. Baile de antiguos alumnos. Claudia está sentada en el sofá, en pijama, navegando por Facebook e Instagram. Sus amigas habían dicho que no iban a ir. «Sobrevalorado», coincidían todas. Luego aparecieron las fotos en su perfil. Sus amigas, vestidas de punta en blanco para el baile, reían, coqueteaban, se divertían sin ella. Nunca se había sentido tan frustrada, «tan sola e insignificante». Estaba tan deprimida que se negó a ir a clase durante una semana; se quedó sola, en su habitación. Las notas, las actividades escolares, incluso la perspectiva de ir a la universidad, pasaron a segundo plano ante el dolor que le producía ese menosprecio público. Dar la cara ante sus amigas le parecía sencillamente imposible. «¿Para qué ir al colegio si soy invisible?»

Probablemente conozcas la palabra FOMO (acrónimo del inglés *fear of missing out*): miedo a perderse algo, a ser excluido, esa sensación de que los demás están divirtiéndose en alguna parte mientras uno está solo en su casa. Pero podría decirse que la historia de Claudia trata de algo mucho más doloroso: el miedo a no tener amigos en un mundo en el que todos los tienen. Este fenómeno se ha extendido tanto que los psicólogos están empezando a investigarlo.[91] Yo lo he llamado «BOMP» (acrónimo inglés de *Belief that Others are More Popular*, o «la sensación de que los demás tienen más éxito o son más populares que nosotros»). Al igual que el FOMO, se trata de un sentimiento demasiado extendido y que se ve agravado por las redes sociales.

El BOMP puede resultar muy angustioso, y a cualquier edad.

A nadie le gusta sentirse inferior o excluido socialmente. De hecho, a lo largo de mi investigación he conocido a muchos adultos que se sentían impopulares porque habían vivido alguna experiencia similar a la de Claudia: vieron imágenes de antiguos compañeros de bachillerato tomando copas sin él o reuniones familiares a las que no los habían invitado. Antes nunca habríamos descubierto que habían prescindido de nosotros en esas reuniones, hoy la exclusión nos da de lleno en la cara, en directo, en tecnicolor, con filtros, lentes y efectos de sonido.

Para los niños y adolescentes, esa sensación resulta especialmente dolorosa. Como le contó un joven británico a la organización benéfica Childline: «Cuando veo en las redes sociales a todos mis amigos pasándoselo bien me deprimo, tengo la impresión de que no le importo a nadie. Me siento cada vez peor, estoy todo el día enfadado y no paro de llorar».[92] O como me dijo un padre estadounidense: «No puede hacerse idea de lo mucho que duele ver a tu hijo pasándolo fatal cuando ve los mensajes de sus supuestos amigos divirtiéndose en una fiesta a la que no lo han invitado. Eso es crueldad».

Pero las redes sociales no solo nos muestran en directo las reuniones de las que hemos sido excluidos; las propias plataformas se utilizan abiertamente como armas de exclusión.

WhatsApp es para mí una forma útil de estar en contacto con mis amigos y familiares en el extranjero, y con mis compañeros del grupo de improvisación. Mi marido está en un grupo de WhatsApp con sus hermanos, donde se habla de todo lo que pasa en la familia, y en otro con sus amigos, donde comentan los partidos de futbol. Este uso de las redes sociales parece incluso sano. Pero, entre muchos adolescentes y veinteañeros, estos chats son una de las principales formas de comunicación, pues el 30 % de los jóvenes entran en algún grupo —ya sea de WhatsApp, Houseparty, Facebook Messenger o WeChat— muchas veces al día (y con más frecuencia durante el confinamiento).[93] ¿Y qué?, podemos preguntarnos. Pues bien, saber que nos han excluido de esos grupos es una nueva forma de aislamiento. Es una experiencia que están viviendo cada vez más jóvenes. Jamie, una chica de dieciséis años que vive en Oxford, me explicó lo sola que se sintió al descubrir que sus compañeras de clase estaban en un grupo al que no la habían invitado, al darse cuenta de que había charlas —incluso cuando ella estaba físicamente en la misma sala— de las que la habían excluido.

Otro padre con el que me entrevisté estaba apesadumbrado cuando me habló de la vez en que su hija se encontraba con cinco o seis amigas en una cafetería y de repente todos los teléfonos empezaron a tintinear. Era un mensaje de grupo para invitarlas a una fiesta ese fin de semana; a todas, claro está, menos a su hija. Para superar aquel revés, la joven fingió que ella también había recibido una invitación. Prefería la mentira a la humillación. Se sentía muy triste por aquel desprecio, pero se habría sentido peor si la hubieran visto así.

Tanto los profesores como los padres son ahora muy conscientes de estas nuevas modalidades de exclusión social y de sus consecuencias, así como de las dificultades que entraña su erradicación. Oliver Blond, director del internado femenino Roedean, me explicó que, como la exclusión digital suele ser invisible, a los profesores les resulta muy difícil abordarla. Porque, mientras que en el pasado los profesores podían ver cómo se producía el ninguneo —un niño comiendo solo o un grupo que le da la espalda a uno de sus compañeros—, hoy esas interacciones suelen tener lugar en la esfera virtual. Y, como no hay testigos, los adultos no pueden intervenir, con lo que el niño excluido se siente aún más desamparado.

Rechazo público y vergüenza

Las redes sociales tienen otra forma de agravar la soledad contemporánea: hacen pública nuestra situación social, y por tanto la impopularidad o el rechazo por parte de nuestro grupo. Como hasta la reunión más insulsa queda inmortalizada en Instagram o en una *Snap Story*, nuestra ausencia llama en seguida la atención. Además, la nueva moneda social, con sus retuits, *likes* y *shares*, hace que, cada vez que publicamos algo o que nuestros mensajes pasan inadvertidos, no solo nos sentimos rechazados o inútiles, sino también humillados, porque el rechazo es público.

Ese miedo a ser ninguneados de manera tan ostensible es lo que hace que algunos adultos que tienen éxito profesional y seguridad en sí mismos, como un prestigioso profesor de politología al que conozco personalmente, se pasen horas enteras intentando redactar el tuit perfecto, retocándolo, puliéndolo y sabiendo en el fondo que esas horas estarían mejor empleadas en sus investigaciones. Ese mismo miedo hace que Jennifer, una estudiante de posgrado, pase tanto tiempo perfeccionando sus fotos de Instagram que muchas veces no llega a disfrutar de lo que está documentando. Durante unas vacaciones en Costa Rica, Jennifer dedicó tanto tiempo a redactar su artículo «Jen se desliza en tirolesa» que al final no llegó a tirarse por ella, con lo que desaprovechó la oportunidad de pasárselo en grande con sus amigos de la vida real.

Una vez más, son los más jóvenes los que viven con más angustia el descrédito y la impopularidad. Un padre me contó el dolor que le producía ver a su hija dándole como una posesa al «me gusta» en todos los mensajes que recibía en su cuenta, con el fin de asegurarse algún *like* cuando ella escribía algo. Peter, un estudiante londinense, bajito y con gafas, describió lo horriblemente mal que lo pasaba «cuando escribía mensajes, esperaba y esperaba, y nadie me respondía, y luego me preguntaba por qué no le gustaba a nadie y qué había hecho mal». Y Jamie me contó que la sola idea de que se la acabase la buena racha en Snapchat «me daba pánico y hasta me ponía enferma».

Ser popular ha sido siempre importante para los jóvenes. De hecho, es el origen de la mayoría de las tragedias estudiantiles. Lo que ahora es diferente, una vez más, es la poderosa e inevitable influencia que las redes sociales ejercen en esta dinámica. «Las redes sociales han inaugurado una nueva era en lo que se refiere a la intensidad, densidad y omnipresencia de los procesos de comparación social, sobre todo para los más jóvenes, que están "conectados a Internet casi permanentemente" en una etapa de la vida en la que la propia identidad, la voz y la capacidad moral están en plena evolución», dice la socióloga Shoshana Zuboff. Y añade: «El tsunami psicológico de la comparación social provocado por las redes sociales no tiene precedentes».[94] El problema reside en el miedo constante de tener que venderse y el miedo constante de no encontrar comprador.

Algunas redes sociales están empezando a asumir la responsabilidad del problema que han creado, al menos de manera implícita. Facebook ha probado nuevas versiones de su plataforma, al igual que Instagram (absorbida por la primera), en las que ha suprimido los *likes* públicos: solo el usuario puede ver cuántos *likes* ha cosechado una publicación.[95] El impulsor de la iniciativa de Instagram, Adam Mosseri, que anteriormente trabajaba para Facebook, admite que la idea se basa en parte en la serie de ciencia ficción *Black Mirror*, creada por Charlie Brooker, en la que la omnipresencia de las redes sociales lleva al protagonista al borde del desastre.[96] Agradezco estos esfuerzos (aunque hayan tenido lugar como consecuencia de la enorme presión ejercida por muchas personas e instituciones), pero de lo que se trata es de si estos cambios —incluso introduciéndolos después del proyecto piloto— servirán realmente para algo. ¿No encontrarán nuestros cerebros otros parámetros —comentarios, *shares*, respuestas, apostillas a las publicaciones de otros— como términos de comparación? ¿Y no seguiremos necesitando la confianza que nos da cada *like*, aunque nadie más lo vea? Por nuestra relación con las redes sociales y por el grado en que hemos interiorizado su arquitectura psicológica, es probable que las condiciones del pacto ya estén fijadas.

Querer a mi avatar

Al convertirnos en unos oportunistas inseguros que van siempre a la caza de *likes, follows* y reconocimiento social en Internet, las redes sociales también nos impulsan a hacer otra cosa: a mostrarnos de manera cada vez menos espontánea. Es decir, nadie escribe en Facebook: «Me he pasado todo el fin de semana en pijama comiendo pepitas en el sofá y viendo *Friends*». En vez de eso, la vida que contamos en Internet es una serie de fantasías, momentos felices, fiestas y celebraciones, playas de arena blanca y apetecible pornografía alimentaria. Lo malo es que esas versiones adulteradas de nosotros mismos suelen diferir mucho de nuestro verdadero ser.

¿Quién soy yo en realidad? ¿La persona feliz, sociable y exitosa que describo en Instagram, o alguien que a veces también flaquea, comete errores y se siente inseguro? Y ¿qué ocurre si mi falso yo es el que prefieren mis amigos digitales? Cuanto más adornamos nuestra vida en las redes sociales, más nos cosificamos, más peligro corremos de pensar que nadie conoce ni quiere a la persona «real» que se esconde detrás de un perfil. Es también una sensación de aislamiento y separación. Como dijo acertadamente Tessa, una inteligente e imaginativa californiana: «Cada vez nos parecemos más a los avatares de un videojuego». Avatares perfectos, claro está. En un sondeo realizado en 2016 por la firma Custard en el Reino Unido, solo el 18 % de los 2.000 encuestados afirmaron que su perfil los reflejaba fielmente.[97]

Tal vez esté en la naturaleza humana el deseo de aparentar que somos de «otra» manera. Al fin y al cabo, hace solo cuatrocientos años que Shakespeare dijo aquello de que «el mundo entero es un escenario». Los adolescentes siempre han sido especialmente propensos a la representación; el maquillaje felino, la minifalda realmente mínima, las botas de motero y un ejemplar de *Así hablaba Zaratustra* en el bolso formaban parte de mi personaje cuando tenía catorce años.

Sin embargo, en la era de las redes sociales, el comportamiento tradicional ha dado un giro copernicano: antes podíamos hacer una pausa en la representación y volver a nuestro verdadero yo. Una vez a la semana, indefectiblemente, mi yo quinceañero se quitaba la pintura de guerra, se ponía el pijama y se acurrucaba en el sofá junto a mi familia para ver *Dallas*. Pero ahora que estamos todo el día pegados al móvil y que cualquier momento es bueno para hacer fotos, ¿cuándo termina la representación?

Este problema nos afecta a todos. Intente recordar la última vez que se hizo un selfi. ¿Qué le pasó por la cabeza? ¿Estaba viendo su propia cara o intentando verla «desde el prisma» de sus seguidores en una red social? ¿Era realmente usted quien hacía la foto?

¿Qué le ocurre a nuestra relación con los demás si esta se convierte en una interacción con avatares imaginarios? Es inevitable que los avatares se vuelvan superficiales, vanos y misteriosamente competitivos: estamos representando un papel en lugar de mostrarnos como realmente somos. Como dijo sensatamente un quinceañero que se ha desenganchado de las redes sociales: «Estaba interpretando una versión fraudulenta de mí mismo, en una plataforma en la que la mayoría de las personas interpretaban versiones fraudulentas de sí mismas».[98]

Desde el principio, el planteamiento de las redes sociales animó a la gente a distorsionar su verdadero yo a cambio de aprobación social. Veamos el ejemplo de Facebook. En sus primeros tiempos, a mediados de la década de 2000, cuando todavía se llamaba «Thefacebook» y solo estaba al alcance de los estudiantes universitarios, los usuarios empezaron a retocar sus perfiles con precisión quirúrgica, dedicándose a actualizar las fotos que aparecían en el perfil —mejorándolas, aunque no demasiado—, a hacer ingeniosas descripciones de sus actividades e incluso a modificar los programas académicos (que eran públicos) para «proyectar una determinada imagen de sí mismos», dice David Kirkpatrick, autor de *El efecto Facebook*.[99] ¿Les importaba a Mark Zuckerberg y compañía lo que estaban desatando? Al parecer, no. Puede que su objetivo fuese la interconexión del mundo, pero si para ello las relaciones personales tienen que volverse más superficiales, crueles y distorsionadas, pues que así sea.

En casos extremos, algunas personas llegan a preferir el yo digital al verdadero. La cosa puede empezar de manera inocente, con un filtro de Instagram que añade a la cara orejas caídas y una nariz caricaturesca. Pero pronto descubrimos que otro filtro puede alisar la piel, definir los pómulos y embellecer los ojos, proporcionándonos una versión mejorada de nuestra cara so capa de selfi cursi. Tal vez entonces pase a otro programa de autoedición más avanzado que le permita aclarar la piel, alargar la mandíbula, afilar las mejillas, blanquear los dientes y modificar la anchura de la cara y de la nariz.[100] Puede hacer todas esas cosas con una aplicación como FaceTune, uno de los programas más vendidos en Apple Store.[101] Inevitablemente, la cara que ve reflejada en el espejo empieza a parecerse cada vez menos a su versión digitalizada. Entonces solo ha de mostrarle la versión tuneada de su cara a un cirujano plástico y pedirle que haga los retoques necesarios para que se parezca al modelo que ha creado para Internet.[102]

Todo esto puede parecer un tanto exagerado, pero en modo alguno es una situación imaginaria. Cada vez hay más jóvenes que acuden al cirujano plástico con fotos de su otro yo, su yo manipulado y embellecido con programas como Photoshop. En 2017, el 55 % de los cirujanos de la American Academy of Facial, Plastic and Reconstructive Surgery tuvieron al menos un paciente que les llevó un selfi para que lo reprodujeran, lo que supone un incremento del 13 % con respecto al año anterior,[103] y esta tendencia irá en aumento.

Las redes sociales no solo nos están convirtiendo en vendedores cuyo producto es nuestro yo cosificado y recompuesto, sino que también están interiorizando el BOMP, lo que nos lleva a sentirnos menos populares y hace que nuestro verdadero yo sea menos respetado que nuestro yo virtual. Y eso también nos aleja de los demás.

Cambiar es posible

Así pues, ¿qué podemos hacer con respecto a los efectos perjudiciales de las redes sociales y al papel que desempeñan en la crisis de soledad que estamos viviendo en el siglo XXI?

Evidentemente, lo primero que hay que hacer es pasar menos tiempo en esas plataformas. Mientras me documentaba para este libro conocí a una serie de personas que optaron por una desconexión permanente. Personas como Sammy, un quinceañero muy aficionado a los debates en internet, que decidió que ya no quería formar parte de aquella peste y abandonó las redes sociales por completo. O Peter, un universitario que, tras borrarse de Instagram, es mucho más feliz y tiene menos ansiedad. O Maxine, una economista que se dio de baja en Facebook porque ya no soportaba más «mensajes tontivanos» de amigas que presumían de lo bien que les iba en el trabajo o con su pareja. Pero estas son las excepciones que confirman la regla. La migración masiva a las redes sociales, con todos sus servicios de mensajería, hace que quienes las abandonan se sientan bastante excluidos, y ese rechazo es más evidente en el caso de los jóvenes. Cuando toda la clase «vive» en Instagram, el hecho de no estar conectado a esa red es prácticamente insoportable para muchos chavales. A menos que aparezcan nuevos modelos que den más importancia a las personas que a las redes sociales, la situación no tiene visos de mejorar.

Incluso para quienes quieren reducir el tiempo que pasan en estas plataformas, la desconexión resulta muy difícil a causa de su naturaleza adictiva. Pero hay algunos trucos prácticos que podemos probar para reducir esa adicción. Comprométase a no usar la computadora los días de la semana que elija. Utilice ciertas «estratagemas» para dejar de sentir esa desazón, que pueden consistir, por ejemplo, en colocar todas sus redes sociales en una carpeta de difícil acceso, o incluso en borrar todas las aplicaciones relacionadas con ellas. Dígale a su pareja, incluso a sus hijos, que le recuerden sin piedad que parece un androide. También podría dejarle a un amigo o a un pariente una «fianza» cuantiosa que solo le devolverá si reduce considerablemente el uso de las redes sociales durante seis meses. Esta es una estrategia que ha funcionado bastante bien entre los fumadores que quieren dejar de fumar.[104]

Incluso podría plantearse la posibilidad de tirar a la basura el teléfono móvil y comprarse un *lightphone*, un dispositivo que tiene poquísimas funciones: solo sirve para hacer y recibir llamadas y para enviar mensajes de texto T9 —la forma más primitiva de mensajería, pues no cuenta siquiera con un teclado qwerty—, y además solo tiene capacidad para almacenar diez números de teléfono.[105]

Pero no podemos librar solos esta batalla. Para vencer esta adicción digital a gran escala, es necesaria la intervención de los Gobiernos. Fijémonos en las medidas que se han tomado para poner freno al consumo de tabaco, como la obligación de poner advertencias en todas las cajetillas. Puesto que la adicción a las redes sociales tiene bastantes semejanzas con la dependencia de la nicotina, ¿ha llegado el momento de que las advertencias sobre el peligro que representan esas plataformas sean también obligatorias? ¿Qué medidas hay que tomar? ¿Tal vez mensajes emergentes cada vez que abrimos una aplicación, avisos en las páginas web, calcomanías en las cajas de los móviles con la foto de un cerebro hecho polvo? Esas normas nos harían más conscientes del riesgo que corremos. Cada vez que utilizamos esas tecnologías, deberíamos recordar que pueden ser dañinas. Al igual que se anima a los fumadores a dejar el tabaco, debería haber campañas sanitarias para animarnos a pasar menos tiempo con los móviles y en las redes sociales; sobre todo porque, a diferencia del azúcar —una droga adictiva que solo perjudica a quien la consume—, las redes sociales, como el tabaco, tienen un efecto de imitación que puede afectar a las personas de nuestro entorno.[106]

Cuando se trata de niños tenemos que ser todavía más precavidos. Si unos niños de solo nueve años están «cada vez más preocupados por su imagen en internet» y se vuelven «adictos a los *likes* como forma de aprobación social», no podemos aceptar sin más el daño que las redes sociales les están haciendo a tantos jóvenes, como dijo Anne Longfield, alta comisionada para la infancia en Inglaterra.[107]

Por ello, las redes sociales adictivas deberían estar prohibidas para los niños que no hayan llegado a la edad de consentimiento (dieciséis años en España y el Reino Unido, dieciocho en Estados Unidos). Aunque algunos vocearán que ese veto coartaría la libertad de expresión y la independencia de los niños, lo que propongo no es prohibir todas las redes sociales para ese grupo de edad, sino solo las plataformas adictivas. Y cada red social tendría que demostrar fehacientemente que no es adictiva para los niños. Las que no pudieran acreditarlo tendrían que implantar sistemas de identificación verdaderamente efectivos para demostrar que los usuarios tienen la edad requerida.[108]

Por tanto, las plataformas se verían obligadas a crear otras redes sociales menos adictivas o a eliminar los elementos adictivos que utilizan en la actualidad (ya se trate de *likes*, buenas rachas o inacabables enlaces) para dirigirse a este grupo de población.

Aunque este enfoque pueda parecer un tanto draconiano, no hay más que echar un vistazo a la historia para ver cómo cambian las actitudes con este tipo de intervenciones. Recuerdo el asombro y la sorpresa que causó en el Reino Unido en 1989 la obligatoriedad del cinturón de seguridad para niños en el asiento trasero de los coches.[109] En su momento, se consideró una medida innecesaria y contraria a la libertad individual, pero ha salvado sin duda innumerables vidas y hoy nos parecería una imprudencia no ponerles el cinturón a los más pequeños. Del mismo modo, fumar en un coche en el que viajan niños era habitual hace unos pocos años, pero ahora no solo está muy mal visto, sino que es ilegal en el Reino Unido, en algunos estados y ciudades de Estados Unidos y en muchas partes del mundo.[110] Los argumentos a favor de prohibir las redes sociales adictivas hasta la edad de consentimiento son sólidos, aunque solo sea por precaución.

Cuando se trata de los ejemplos más atroces de proclama envenenada, como la incitación al odio y el intercambio de contenidos violentos en estas plataformas, la tolerancia debe ser nula. Aunque comprendo que determinados líderes tecnológicos como Mark Zuckerberg sean reacios a hacer de árbitros, sobre todo teniendo en cuenta el aura de libertad que envuelve a la primera enmienda de la Constitución estadounidense, las redes sociales no pueden venderse como foros públicos y afirmar al mismo tiempo que no son responsables de lo que sucede en ellos; básicamente porque los directivos ya toman decisiones editoriales y están dispuestos a hacer juicios de valor con respecto a determinadas cuestiones. Por ejemplo, Facebook prohíbe los desnudos hasta extremos absurdos,[111] lo cual contrasta con la posición que Mark Zuckerberg mantiene, por ejemplo, con respecto a la negación del Holocausto, de la que dijo: «No creo que nuestra plataforma deba retirar esas opiniones». Pero, en cambio, aseguró que Facebook las movería hacia abajo en las noticias para que las vieran menos usuarios.[112]

Comprendo también, como es lógico, lo difícil que es supervisar los cientos de millones de mensajes que se suben todos los días a las redes sociales, y que los mecanismos automáticos para filtrar los contenidos execrables no son lo bastante ágiles. Pero esto viene a significar que, además de invertir mucho más dinero en soluciones tecnológicas —utilizando los conocimientos informáticos que tanto abundan en estas empresas—, las plataformas necesitan muchas más personas para llevar a cabo esta tarea. A fin de alcanzar ese objetivo, los empresarios tienen que darse cuenta de que el trabajo del moderador es muy difícil, tanto en lo ideológico como en lo personal, y de que es absolutamente necesario formar bien a los moderadores, pagarles un sueldo digno y proporcionarles apoyo emocional. De momento no se está haciendo gran cosa. Si al menos el 10 % del interés que ponen las grandes empresas tecnológicas en el crecimiento y la expansión se dedicara a buscar soluciones más ingeniosas para filtrar lo que se publica en sus plataformas, el mundo habría dado un gran paso en la lucha contra el emponzoñamiento ideológico, la polarización, la exclusión y la discordia.

No es que no puedan hacer más por cuestiones económicas. Con sus ingresos multimillonarios y su enorme cantidad de reservas de efectivo, las plataformas digitales tienen recursos más que suficientes para provocar un cambio. En definitiva, parece que simplemente no quieren aportar el dinero y los recursos humanos necesarios para encontrar soluciones realmente eficaces. Es más, parece que algunos líderes tecnológicos han aceptado que hay que asumir cierto número de quejas, multas e incluso muertes cuando el dividendo es tan jugoso y están en juego tantos miles de millones de beneficios anuales.[113] Del mismo modo que las grandes tabacaleras consideran razonable vender un producto nocivo porque los beneficios son enormes, parece que los gigantes de las redes sociales han decidido que los daños colaterales que causan son una consecuencia asumible de su modelo empresarial. Como señala el profesor Zaki: «Es sabido que Mark Zuckerberg instó a sus empleados a "ponerse las pilas y romper moldes". A estas alturas, es evidente que han roto bastantes».[114]

Está claro que dejar en manos de las plataformas digitales la regulación de los contenidos nocivos no sirve de nada, como ha reconocido el propio Mark Zuckerberg.[115] La legislación debe ser estricta para que las empresas tecnológicas cambien de actitud. Las sanciones impuestas hasta ahora por no eliminar de inmediato los contenidos que incitan al odio han sido verdaderamente ridículas si tenemos en cuenta los increíbles beneficios de esas compañías. Hay que sancionar a los grandes infractores con multas que realmente les hagan daño.

Quizá por fin se vislumbre un cambio. Tras la retransmisión en directo a través de Facebook de los tiroteos que se produjeron en Christchurch (Nueva Zelanda) en 2019, en los que murieron cincuenta y una personas en dos mezquitas, Australia aprobó el Sharing of Abhorrent Violent Material Act, que impone sanciones de hasta el 10 % de la facturación total de aquellas empresas que no retiren «de inmediato» el «material violento aborrecible».[116] Esta ley, aunque solo castiga la publicación de los contenidos más extremos (entre los que se incluyen «el asesinato o intento de asesinato, el terrorismo, la tortura, la violación o el secuestro»), es una disposición histórica en cuanto a la magnitud de la multa que tendrán que pagar las plataformas infractoras. Esta ley también propone penas de cárcel de hasta tres años para aquellos directivos que la incumplan.[117]

Cuando se trata del tipo de discurso nocivo que circula por estas plataformas y que no llega a la categoría de incitación al odio o la violencia, o de material aborrecible, pero que sigue siendo muy traumático —como el acoso escolar—, el problema es sin duda más complejo. Un mensaje de acoso, por ejemplo, puede ser muy difícil de detectar porque la jerga cambia muy deprisa y porque el humor se puede utilizar como arma. «Paula es tan *cool*», puede interpretarse como un mensaje positivo, pero si Paula es un bicho raro con sobrepeso y sin amigos, podría tratarse de una forma de acoso. Determinar mediante un algoritmo lo que se considera ofensivo es prácticamente imposible, y por eso son tan necesarios los moderadores y los sistemas de notificación eficaces.

Esto no quiere decir que no haya soluciones tecnológicas en lo que respecta al civismo en internet. Las plataformas digitales podrían ajustar sus algoritmos para que la amabilidad prime sobre la indignación o «para que las publicaciones mesuradas sean mucho más numerosas», como propone el profesor Jamil Zaki.[118] Al menos podrían corregir sus algoritmos para que la rabia y la ira no afloren con tanta rapidez. O ¿qué tal si las redes sociales pidieran a los usuarios que se lo pensaran dos veces antes de publicar cosas intimidatorias o nocivas?[119] Instagram ha hecho varios intentos al respecto con el fin de que los internautas se lo piensen mejor antes de publicar comentarios que la inteligencia artificial considera hirientes (como por ejemplo «eres estúpida y fea»). Pero, una vez más, sin la espada de Damocles que son las regulaciones, es poco probable que las plataformas digitales vayan a tomar las medidas adecuadas, teniendo en cuenta su trayectoria y la cantidad de dinero que hay en juego.

También en este caso parece que se avecinan cambios legales. Las normas propuestas en enero de 2020 por la Information Commissioner's Office en el Reino Unido para proteger a los niños en internet exigen que las empresas se comprometan a «no publicar contenidos perjudiciales para la salud física o mental de los menores o para su bienestar».[120] Si se aplican, las empresas que las incumplan tendrán que hacer frente a una multa «proporcional al daño causado y al capital de la compañía».[121]

Como mínimo, las empresas tecnológicas deberían incluir en sus estatutos un «deber de cuidado y diligencia» para con sus clientes que las obligue a garantizar que sus plataformas no causen daños significativos. Ese compromiso sería similar al deber de cuidado que garantiza la seguridad del lugar de trabajo en las empresas. Si se demostrara su incumplimiento, las compañías también se enfrentarían a sanciones considerables.

Recientemente, un grupo de parlamentarios británicos defendió con relación a las redes sociales y los niños, basándose en un informe de 2019, que, además de exigir el «deber de cuidado», el Gobierno también debería responsabilizar personalmente a los directores de las empresas tecnológicas de los daños causados por sus productos, haciéndose eco de la reciente legislación australiana.[122]

Es evidente que hay medidas que nuestros Gobiernos pueden y deben tomar. No tenemos por qué aceptar que dado que el tren digital ha salido de la estación, ya no se puede cambiar su destino. Es mucho lo que podemos hacer para defendernos de las grandes empresas tecnológicas, siempre y cuando haya voluntad y determinación políticas. Aunque es una satisfacción para mí que Facebook promueva ahora la regulación, deberíamos vigilar atentamente cualquier maniobra en este sentido que vaya encaminada a proteger sus propios intereses. Al fin y al cabo, reivindicar más regulación —en la forma que más les convenga— ha sido la estrategia tradicional de las grandes tabacaleras.[123] Garantizar que las plataformas digitales no tengan demasiada voz en la elaboración de las nuevas reglas del juego es ahora más importante que nunca, dado su inmenso poder económico y mediático.

Como individuos, ¿qué más podemos hacer, aparte de admitir que somos adictos a los dispositivos digitales e intentar restringir su uso y superar el síndrome de abstinencia? Como mínimo, si decidimos seguir usando las redes sociales, debemos ser conscientes de las consecuencias de lo que escribimos y ser más prudentes a la hora de hacer comentarios o compartir contenidos. Debemos intentar alejarnos de las voces que pregonan el odio y la división, resistir el impulso de darle al «me gusta» o de compartir publicaciones crueles y dedicar más tiempo a reafirmar la importancia de la concordia. Y, por supuesto, no debemos dudar en bloquear a cualquier persona que nos haga sentir mal o intensifique nuestra sensación de aislamiento. Las escuelas y los padres también tienen la obligación de enseñar a los jóvenes a comportarse con civismo en las redes sociales y de proporcionarles las herramientas necesarias para participar en ellas de manera sana. A algunos esto les parecerá un poco mojigato, pero, si las redes sociales están provocando soledad e insatisfacción, ¿no deberíamos entre todos intentar contrarrestar sus efectos negativos?

Además, también podríamos presionar a las marcas que se anuncian en las redes para que exijan a las plataformas digitales mayor implicación en los problemas relativos al odio y el acoso. La decisión que tomaron en el verano de 2020 una serie de marcas líderes en sus respectivos sectores, como Unilever, Starbucks, Coca Cola y Ford, de retirar su publicidad de Facebook durante un tiempo, como parte de la campaña #StopHateForProfit, demuestra que esas firmas están dispuestas a tomar partido en contra de la incitación al odio y a la desunión.[124] Lo importante es que sigan implicándose hasta que se produzca un cambio significativo.[125] Ahí es donde entramos nosotros en cuanto consumidores; ejerciendo nuestra libertad para comprar los productos que queramos, podemos decir a las marcas que, si no siguen presionando a las plataformas digitales, pueden perder muchos clientes. Con independencia de nuestra edad, si nos comprometemos a movilizar a nuestras colectividades y a expresar abiertamente nuestras quejas, el cambio es posible.

Lo que resulta alentador es que, en mis entrevistas con adultos jóvenes —la generación nacida entre 1994 y 2004, a la que he dado en llamar generación K, cuyas vidas han sido documentadas por cámaras digitales desde su nacimiento, y que llegan al bachillerato y a la universidad habituados al *doxxing* y a las imágenes de desnudos— he comprobado que muchos de ellos son muy conscientes, más aún que sus mayores, de los errores e incluso de los peligros que encierra el «territorio digital» en el que nacieron. A medida que la generación K se adentra en el activismo —desde Greta Thunberg hasta Malala Yousafzai, pasando por los supervivientes del tiroteo de Parkland (Florida), que movilizaron a más de un millón de personas en todo el mundo para manifestar su protesta contra la posesión y uso de armas de fuego—, es posible que llegue a encabezar la lucha cuando haya que pedir cuentas a las redes sociales y reconocer los peligros de la adicción a la tecnología.

La soledad en el trabajo

El 40 %. Ese es el porcentaje de oficinistas, a escala mundial, que afirman sentirse solos en el trabajo.[1] En el Reino Unido llega al 60 %.[2] En China, más de la mitad de los administrativos aseguran sentirse solos todos los días.[3] En Estados Unidos, casi una de cada cinco personas no tiene ningún amigo en el trabajo, y el 54 % de la generación K percibe una distancia emocional con respecto a sus amigos.[4] Todos estos datos son anteriores al coronavirus y al distanciamiento social, lo que no puede sino haber agravado esta situación.[5] Al mismo tiempo, el 85 % de los trabajadores de todo el mundo no está satisfecho con su trabajo.[6] No es una cuestión de desgana o aburrimiento: la implicación de los empleados está estrechamente relacionada con la confianza que tengan con sus compañeros y con su jefe.

Es evidente que lo que nos está convirtiendo en personas solitarias no es solo nuestra vida privada y familiar, sino también la actual forma de trabajar.

Como es lógico, no deberíamos idealizar los trabajos de antaño. El obrero que describía Karl Marx en el siglo XIX trabajaba por un salario raquítico, desempeñaba una función repetitiva y cada vez se sentía más ajeno a sí mismo, a sus compañeros y a los productos que supuestamente creaba. En la literatura (anglosajona) de los siglos XIX y XX abundan los oficinistas solitarios, desde Bartleby, el apático escribiente de Herman Melville, hasta la traumatizada Esther Greenwood de Sylvia Plath. Por su parte, en 1972 la telefonista Sharon Griggins le dijo al periodista Studs Terkel que, aunque hablaba tantas horas todos los días, hasta el punto de que le dolía la boca, seguía saliendo del trabajo con la sensación de no haber hablado con nadie.[7]

No cabe duda de que el lugar de trabajo ha sido desde antiguo un espacio desagradable para muchas personas. Pero lo más llamativo de su versión actual es que muchos aspectos del trabajo moderno, cuyo propósito es que seamos más eficientes y productivos, acaban produciendo el efecto contrario, pues cada vez nos aíslan más. La soledad en el trabajo no solo es mala para los asalariados, sino también para las empresas, ya que hay una clara interrelación entre la soledad, la dedicación y la productividad. Las personas que no tienen ningún amigo en el trabajo demuestran mucho menos interés en el desempeño de sus funciones.[8] En general, los trabajadores solitarios toman más días de baja, están menos motivados, cometen más errores y rinden menos que aquellos que tienen amigos.[9] Esto se debe en parte a que, según un estudio, «una vez que la soledad se instala en ti […] te vuelves menos abordable. No escuchas a la gente. Te encierras en ti mismo. Dejas de interesar a los demás». Por todo ello, nos dicen los investigadores, tener éxito resulta mucho más difícil.[10]

Cuando nos sentimos solos en el trabajo, somos también más dados a cambiar de empleo.[11] Un estudio de más de 2.000 directivos y empleados, llevado a cabo en diez países, reveló que el 60 % de los empleados estaría dispuesto a permanecer más tiempo en la empresa si tuviera más amigos en su puesto de trabajo.[12]

¿Qué características tiene pues el entorno laboral para que tantas personas se sientan solas?

Sin separaciones, pero solos

Un espacio sin tabiques ni cubículos; administrativos sentados en largas filas de escritorios, tecleando en sus computadoras, respirando todos el mismo aire reciclado: bienvenidos a la oficina diáfana.

En los últimos tiempos, lo que más preocupa de las oficinas sin tabiques es el riesgo biológico. Un estudio realizado por el Centro de Control y Prevención de Enfermedades de Corea, que investigó un brote de coronavirus en un centro de llamadas de Seúl en febrero de 2020, demostró que al cabo de poco más de dos semanas desde que se infectó el primer trabajador, más de noventa compañeros suyos que trabajaban en la misma planta sin tabiques dieron positivo en COVID-19.[13] Pero la salud física no es lo único que este tipo de diseño pone en peligro. Una de las razones por las que muchos trabajadores se sienten alejados unos de otros es porque trabajan todo el día en grandes salas diáfanas.

Dicho así, puede parecer un tanto contradictorio. De hecho, las oficinas abiertas, cuando aparecieron por primera vez en la década de 1960, eran un ejemplo de diseño progresista y casi utópico que, al menos en teoría, iba a crear un entorno de trabajo más agradable, en el que las personas podrían colaborar de forma más natural. Sus defensores argumentan todavía hoy más o menos lo mismo. Pero, como vimos en el caso de las ciudades, nuestro espacio físico influye significativamente en lo unidos o incomunicados que nos sentimos. Y resulta que la oficina de planta abierta —que es, con diferencia, el tipo de distribución más común hoy en día, habiendo sido adoptado por el 50 % de las oficinas en Europa y el 75 % en Estados Unidos— es especialmente distanciador.[14]

En un reciente estudio publicado por la Harvard Business School, en el que se analiza el comportamiento de los empleados al cambiar los cubículos por oficinas diáfanas, los investigadores observaron que, en lugar de «favorecer la comunicación», la arquitectura abierta parecía «provocar una reacción de aislamiento social», pues los trabajadores optaban por el correo electrónico y los SMS para comunicarse entre sí.[15]

Ese retraimiento es en parte una reacción natural ante el exceso de ruido, las distracciones y las molestas interrupciones que suelen formar parte de la oficina abierta. Vimos un fenómeno similar en las ciudades, donde, al sentirnos abrumados por la muchedumbre desordenada y el ruido ensordecedor, tendemos a encerrarnos en nuestras propias burbujas. Es también una reacción defensiva. Los estudios revelan que un ruido de más de cincuenta decibelios —aproximadamente el sonido de una llamada con el volumen alto— excita el sistema nervioso central y provoca un aumento apreciable del estrés.[16] En las oficinas de planta abierta, el ruido supera en todo momento ese nivel de decibelios, pues las personas hablan más alto simplemente para que se las oiga.[17]

Pero el problema no radica únicamente en el nivel de decibelios. De manera similar a la Alexa de Amazon, que está siempre a la escucha, esperando alguna indicación, en una oficina diáfana nuestro cerebro está siempre atento al ruido que nos rodea, al tableteo de los teclados, a la conversación en la mesa de al lado, al pitido de los teléfonos.[18] Como consecuencia de todo ello, no solo nos resulta más difícil concentrarnos, sino que también hacemos un esfuerzo innecesario para completar nuestras tareas porque estamos intentando filtrar el sonido ambiente. Cuando yo trabajaba en una de esas oficinas, me colocaba unos auriculares de insonorización antes incluso de entrar en el edificio. Solo suprimiendo el ruido incesante podía concentrarme en lo que estaba haciendo, aunque me perdiera gran parte de lo que sucedía a mi alrededor. No tenía más remedio que aislarme para adelantar el trabajo. Como nos explica el psicólogo Nick Perham, quien ha estudiado a fondo este fenómeno: «La mayoría de la gente trabaja mejor en silencio, pese a lo que pueda parecer». De hecho, los estudios demuestran que tener a alguien conversando cerca de nosotros disminuye hasta en un 66 % nuestra productividad.[19]

Puede que en adelante se reduzca el número de personas que trabajan en cada oficina, pero, aunque haya menos ruido, el incesante bombardeo sonoro no es lo único que nos induce a aislarnos; también está la falta de intimidad. Los investigadores hablan de la «sensación de inseguridad» que se percibe en las oficinas sin tabiques porque todo el mundo puede ver y oír lo que uno está haciendo.[20] Según ellos, esta circunstancia hace que las conversaciones sean menos espontáneas y más breves y superficiales porque la gente se «corta».[21] Lo sé bien; es difícil mantener una conversación importante con un amigo —y mucho menos con tu médico o tu pareja— cuando te están escuchando los compañeros de trabajo.

Del mismo modo que las conversaciones de los adolescentes en las redes sociales suelen ser enunciativas y superficiales porque tienen lugar en un foro público, el comportamiento de los oficinistas cambia cuando saben que los están observando. Como la oficina se parece ahora a un escenario, los trabajadores tienen que estar siempre interpretando un papel. Desde el punto de vista cognitivo y emocional, esta tesitura resulta extenuante y distanciadora: nuestro avatar también tiene que esforzarse en el mundo real.

Esta sensación de alejamiento es aún peor si nuestra oficina se ha sumado al *hot desking*. Los empresarios intentan presentar esta modalidad de trabajo como el paradigma de la libertad y flexibilidad en el lugar de trabajo: cada día podemos elegir dónde sentarnos. Lo cierto, sin embargo, es que, si uno no tiene un espacio propio y un sitio donde poner la foto de su hijo o de su pareja, y, si no puede sentarse nunca junto a la misma persona para entablar amistad y ha de tener una batalla diaria para saber en qué mesa se va a sentar, seguirá sintiéndose aislado: el 19 % de los *hot deskers*, según una encuesta realizada en el Reino Unido en 2019, se sentían alejados de sus compañeros, y al 22 % les parecía imposible llegar a trabajar en equipo.[22] Los *hot deskers* son el equivalente laboral de los inquilinos que ni siquiera conocen a sus vecinos.

Más vagabundo que nómada, el *hot desker* se siente cada vez más prescindible y menos visible. Cuando Carla, responsable de las instalaciones de una gran empresa británica, tuvo que tomarse un mes de vacaciones tras una operación, la mayoría de sus compañeros de *hot desking* tardaron más de una semana en darse cuenta de que no estaba yendo a la oficina.[23]

Algunos empresarios, conscientes de que una plantilla estresada y disgregada repercute negativamente en la productividad, habían empezado a cambiar la disposición de sus oficinas, antes incluso de que el coronavirus obligara a colocar pantallas contra estornudos. Las cabinas portátiles e insonorizadas, como las de ROOM, Zenbooth y Cubicall, muy fáciles de instalar en una oficina sin tabiques, ya se estaban popularizando.[24] En enero de 2020, en el sitio web de Cubicall, los habitáculos estilo cabina de teléfono —el modelo individual es tan estrecho que el ocupante tiene que estar de pie— se comercializaba como «la solución más eficaz para subsanar las deficiencias del moderno diseño de interiores, ya que aumenta la productividad proporcionando a las oficinas y los espacios comunes un lugar idóneo para la intimidad y la concentración».[25] En otras firmas, los empresarios han tomado medidas aún más extravagantes. En algunos lugares de trabajo se han colocado luces rojas, verdes y ámbar para que los trabajadores indiquen a sus compañeros cuándo pueden interrumpirlos. En otros se utiliza un dispositivo, que parece un cruce de «auriculares y anteojeras», para facilitar la concentración de los empleados.[26] Todas esas soluciones resultarían cómicas si no fuesen completamente reales.

Ahora bien, se podría pensar que esas deficiencias, sumadas a los nuevos riesgos para la salud, supondrían el fin de la oficina abierta; sin embargo, los rumores de su desaparición son prematuros. Los motivos para adoptar ese diseño, digan lo que digan los empresarios, son únicamente económicos. Las oficinas diáfanas cuestan un 50 % menos por empleado que las tradicionales, porque cada trabajador ocupa menos superficie.[27] Los *hot desks* tienen aún más «ventajas»; como que las mesas están siempre ocupadas y las sillas están calentitas en todo momento.[28] Con el daño económico causado por la COVID-19, que está obligando a las empresas a reducir gastos —aunque las oficinas abiertas sean un caldo de cultivo para el virus, y aunque sean un motivo de queja de los empleados—, no solo es poco probable que haya presupuesto para reformar las instalaciones en muchas empresas, sino que el *hot desking* podría ponerse de moda otra vez, pese a que es un peligro para la salud en tiempos de coronavirus. De hecho, las oficinas de planta abierta surgieron justo después de la crisis económica de 2008. Ahora bien, no es inconcebible que las empresas adopten un sistema de dos niveles que deje a los ejecutivos aislados y bien protegidos en sus despachos y a los empleados en las oficinas diáfanas, con alguna que otra pantalla protectora como mucho.

Subordinar la salud física y mental de los trabajadores a parámetros como el costo por empleado no es solo moralmente censurable, sino también una demostración de miopía comercial. Más concretamente, se trata de un planteamiento miope en virtud del cual las personas quedan subordinadas con demasiada frecuencia a las ganancias, y su salud y sus emociones se consideran irrelevantes para el éxito, a pesar de que el bienestar de los empleados redunda en beneficio de la empresa, pues aumenta la productividad y mejora el rendimiento general. Los empresarios con visión de futuro deberían tenerlo en cuenta, sobre todo en tiempos de limitaciones presupuestarias y recortes de personal. Las empresas que tienen fama de no tratar bien a sus empleados atraerán a menos profesionales y su rendimiento además disminuirá. Es difícil que el trabajador se esfuerce demasiado si ve que el empresario no se preocupa por sus necesidades básicas ni por su seguridad física.

La tecnologización del trabajo

Evidentemente, el entorno físico no es lo único que deteriora la relación con nuestros compañeros de trabajo y nos hace sentir tan solos. Si no hay complicidad con nuestros colegas es en parte porque nos comunicamos con ellos de manera muy superficial.

Recordemos cómo eran las cosas hace solo diez años. Si teníamos que hablar con un compañero, probablemente nos acercábamos a su mesa. Hoy en día, ¿cuántas veces hacemos algo así? No es solo una consecuencia de la distancia de seguridad. Un estudio global realizado en 2018 reveló que los empleados suelen pasar casi «la mitad de la jornada laboral» enviándose mensajes, y a menudo a personas que están solo a unas mesas de distancia.[29] Tanto en el trabajo como en nuestra vida personal, el teclado sustituye cada vez con más frecuencia a la voz, incluso cuando sería más fácil y rápido hablar en persona. Hasta el 40 % de los trabajadores afirman que el hecho de comunicarse con sus compañeros por correo electrónico hace que «casi siempre» se sientan muy solos.[30]

No es de extrañar, si tenemos en cuenta la naturaleza de los típicos correos, que suelen ser asépticos y fríos, y que carecen de cualquier asomo de emoción. El «por favor» y el «gracias» fueron las primeras víctimas de nuestra vida laboral, sobrecargada de información las veinticuatro horas del día. Con tanto apremio, con las bandejas de entrada siempre repletas, nuestros mensajes son cada vez más lacónicos y descarnados. Y, cuanto mayor es el volumen de trabajo, menos cordiales son nuestros *mails*.[31]

El aumento del teletrabajo —se calcula que en 2023 más del 40 % de la población activa trabajará a distancia la mayor parte del tiempo— amenaza con agravar de forma considerable la soledad de los trabajadores,[32] puesto que la mayoría de los empleados que trabajan a distancia utilizan principalmente el correo electrónico para las comunicaciones laborales.[33] Por eso, a pesar del entusiasmo inicial que despertó en algunos el teletrabajo, al cabo de unas semanas se observó un aumento significativo de los niveles de soledad.[34] De hecho, como sabemos desde hace algún tiempo, la soledad puede ser el peor enemigo de los teletrabajadores.[35]

Cuando Ryan Hoover, bloguero y fundador del sitio web Product Hunt, publicó en Twitter en marzo de 2019 que estaba escribiendo un artículo sobre el teletrabajo y quería saber «qué era lo más frustrante de trabajar en casa», la soledad fue el problema más mencionado por las más de 1.500 personas que satisficieron su curiosidad, las cuales hicieron hincapié en la sensación de aislamiento que produce la falta de interacción cara a cara.[36] El consultor Eraldo Cavalli lo describió como «la añoranza de la interacción social en la oficina».[37] Otros echaban de menos «las conversaciones fugaces», la típica charla junto a la máquina de café que nos permite conocer a personas con las que luego tal vez quedemos fuera del trabajo, como dice el informático Seth Sandler.[38] «No puedo levantarme de la mesa para hablar con mis compañeros de trabajo. Estoy más solo que la una», escribió el técnico John Osborn.[39] Eric Nakagawa, que desarrolla aplicaciones de código abierto, lo dijo sin rodeos: «El aislamiento te destroza. Ya ni te aseas».[40]

Lo más preocupante —aunque no es de extrañar, dada nuestra tendencia al «o lo tomas o lo dejas»— es que varios de los encuestados habían empezado a notar la influencia negativa del teletrabajo en su vida cotidiana. «Cuando estoy mucho tiempo solo delante de la lap top y luego salgo a la calle, tardo un par de horas en recuperar la capacidad de relacionarme con la gente de manera normal», escribió Ahmed Sulajman, el dueño de una pequeña empresa de informática en Ucrania. «Me resulta difícil alternar los mensajes digitales con la comunicación en el mundo real».[41]

El trabajo a distancia no tiene nada de malo en sí mismo. Muchos teletrabajadores aprecian la autonomía y la flexibilidad que les proporciona, suscriben el modelo de «trabajo cuando quiero y donde quiero» y se evitan el fastidio de tener que ir a la oficina todos los días. Además, una política que fomenta el teletrabajo no solo proporciona a las empresas una gama más amplia de posibles contrataciones, sino que también puede ser un elemento nivelador, ya que ofrece a determinados grupos —como las madres primerizas, los empleados que cuidan de un progenitor anciano y las personas enfermas o discapacitadas, que de otro modo tendrían que ausentarse del trabajo— la oportunidad de compaginar las obligaciones laborales y familiares.

Pero, si bien todo esto puede ser cierto, también lo es que el teletrabajo exacerba la sensación de aislamiento y soledad. Los chismes, las risas, la cháchara y los abrazos son algunas de las cosas que la gente echaba de menos durante los confinamientos. El profesor Nicolas Bloom, uno de los principales expertos en cuestiones de teletrabajo, asegura que «los trabajadores, encerrados en casa, se deprimen y se desmotivan con gran facilidad».[42] En 2014 el profesor Bloom realizó un estudio en una empresa china: la mitad de los 16.000 empleados de la compañía fueron enviados a trabajar a casa durante nueve meses, al cabo de los cuales la mitad de esos teletrabajadores optó por volver a la oficina, aun teniendo que pasar una media diaria de cuarenta minutos en el transporte público: echaban tanto de menos la «vida social» de la oficina que estaban dispuestos a sacrificar todos los días una hora de su propio tiempo para recuperarla.[43]

Esto indica que los empresarios deberían resistir la tentación de recortar costos e institucionalizar el teletrabajo tras la pandemia, y al mismo tiempo buscar soluciones para mejorar la situación de aquellos que siguen trabajando desde casa.

Un mayor uso del video para la comunicación entre los empleados podría ser una buena estrategia en ese caso. Curiosamente, a esa estrategia recurrió el acuario Sumida de Tokio durante el confinamiento para aliviar la soledad de las diminutas anguilas manchadas. Como no acudía nadie a visitar el acuario, las anguilas empezaron a comportarse de manera extraña, enterrándose en la arena cuando los cuidadores intentaban comprobar su estado de salud.[44] De manera similar a lo que le sucedía a Ahmed Sulajman, las anguilas olvidaron rápidamente aquello a lo que estaban acostumbradas. Los cuidadores pidieron a la gente que se conectara por Face-

Time al acuario y que saludaran a las anguilas durante cinco minutos cada vez. En el momento de escribir estas páginas, se desconoce la efectividad del experimento. Ahora bien, como vimos en el capítulo anterior, y como percibimos la mayoría de los que recurrimos a las videollamadas durante el confinamiento, la comunicación por medio de pantallas, aunque sea mejor que el correo electrónico o los SMS, sigue siendo una experiencia limitada y limitadora, al menos en comparación con las interacciones cara a cara. La falta de gesticulación, cercanía física e incluso olor provoca malentendidos y debilita los vínculos personales. Además, los problemas de la velocidad de conexión a Internet hacen que las videollamadas resulten en ocasiones un tanto exasperantes, pues la imagen se congela y hay fallos de sincronización, lo cual quita realismo a las interacciones.

Por eso la mayoría de las empresas que implantaron el teletrabajo antes de la pandemia han limitado la cantidad de días que sus empleados pueden trabajar desde casa. Laszlo Bock, antiguo director de recursos humanos de Google, ha investigado cuánto tiempo se puede teletrabajar sin que se produzcan efectos secundarios negativos.[45] Bock llegó a la conclusión de que el límite estaba en un día y medio a la semana. Con esta combinación de modalidades laborales, los empleados tienen tiempo para relacionarse con sus compañeros y también para trabajar con la máxima concentración.

Las primeras empresas que introdujeron el teletrabajo se ocuparon de que sus empleados pudieran reunirse y hacer vida social, organizando desde «jueves de pizza en la oficina», hasta tertulias y conferencias. Y diseñaron sus oficinas para que los trabajadores se sintieran a gusto en ellas, no solo a fin de aliviar la soledad de los empleados, sino también con fines más pragmáticos. «Si las empresas tecnológicas tienen pequeñas cocinas en sus instalaciones y ofrecen tentempiés gratis no es porque piensen que la gente se va a morir de hambre entre las nueve de la mañana y el mediodía», le dijo Bock al periodista Kevin Roose, «sino porque esos momentos de socialización propician la serendipia».[46]

Tanto en el trabajo como en la vida privada, el contacto se impone al distanciamiento, y la proximidad física es indispensable para crear la sensación de comunidad.

Incentivar la amabilidad

Estar en la oficina y ser sociable no son la misma cosa. La dependencia del correo electrónico o la estructura panóptica del lugar de trabajo no son los únicos factores limitantes.

Una serie de razones —la insistencia cada vez mayor en la productividad y la eficiencia, los cambios en la cultura laboral que se produjeron como consecuencia del #MeToo, el debilitamiento de los sindicatos, la duración de los desplazamientos— se han combinado y han dado como resultado que estar con los compañeros del trabajo, ya sea en la oficina o en la calle, sea cada vez menos frecuente.[47] La conclusión es que muchas costumbres habituales hace solo un par de décadas —como hacer un descanso para el aperitivo, salir a tomar unas cervezas después del trabajo o invitar a un compañero de trabajo a comer a casa— están cayendo en desuso.

En lo que más se nota es en lo de comer en el trabajo. No hace mucho era el momento más esperado del día, pues nos permitía confraternizar con toda la plantilla. En la actualidad, comer con nuestros compañeros de trabajo es cada vez más raro, y no podemos echarle la culpa al obligado distanciamiento social.

Sarah, una realizadora de un importante medio de comunicación, me dijo que, a pesar de llevar cuatro años en la empresa, solo había comido con sus compañeros unas pocas veces. Cuando comía con ellos, la excepcionalidad de la ocasión les hacía sentirse como un grupo de desconocidos que no sabían de qué hablar, y no como un equipo de compañeros que pasaban muchas horas juntos a la semana. Recuerdo que, cuando ocupé un puesto de profesora en Ámsterdam, en 2011, como los demás profesores nunca comían juntos, me sentía muy sola todos los días a la hora de comer.

Las encuestas muestran que esas situaciones son muy frecuentes. Según un sondeo realizado en 2016 en el Reino Unido, el 50 % de los encuestados afirmaron que rara vez, o nunca, comían con sus compañeros de trabajo.[48] Un sándwich envasado —que normalmente comen mientras navegan por Instagram, compran en Amazon o ven Netflix— ha sustituido a esa hora que antes aprovechaban para relacionarse con sus compañeros de trabajo y recargar las pilas. La situación es más o menos la misma en Estados Unidos, donde el 62 % de los profesionales dicen comer en la mesa de trabajo, aunque a menos de la mitad les agrade esa costumbre.[49] Incluso en Francia, donde la larga pausa para comer fue casi intocable durante muchos años, la realidad del mercado ha empezado a hacer mella. «Los días en que se paraba una hora y media o dos horas para comer han desaparecido», señala Stéphane Klein, gerente de un Pret A Manger en Francia.[50]

Los oficinistas no son los únicos que comen solos. Mo, un corpulento londinense que trabajaba como conductor de Uber desde que su jefe anterior, el dueño de una pequeña flota de minitaxis, tuvo que echar el cierre (precisamente porque no podía competir con Uber), me contó a finales de 2019 cuánto echaba de menos la sensación de solidaridad que le producía comer con sus antiguos compañeros. «Allí los taxistas campaban a sus anchas por el comedor, donde había un microondas y un refrigerador, y los cristianos y los musulmanes comían juntos y formaban una comunidad. Era un sitio en el que yo te conocía y tú me conocías, y, si llevaba más de una semana sin verte, te llamaba para saber si todo iba bien». Y comparaba aquello con su experiencia en Uber, donde no hay ningún espacio para reunirse y cada uno come por su cuenta. «No hay solidaridad: si se me estropeara el coche, estoy seguro de que ningún conductor de Uber se pararía a echarme un cable».

Es lógico que nos sintamos más solos en el trabajo si no comemos acompañados, de igual modo que las personas que viven solas, cuando más sufren la soledad es a la hora de comer. Preparar, servir y consumir la comida y la bebida es un ritual común a todas las culturas, desde las cenas familiares hasta la ceremonia del té en Japón, pasando por el día de Acción de Gracias en Estados Unidos o la noche de San Juan en Suecia.[51] Esos momentos no solo nos permiten charlar con otras personas, lo cual, como hemos visto, es muy bueno para combatir la soledad, sino que también son un buen punto de partida para tener conversaciones más interesantes y entablar relaciones más cohesionadoras con los compañeros de trabajo.

El doctor Nicholas Beecroft es un psiquiatra del ejército británico. Beecroft está convencido de que el cambio de las disposiciones relativas a las comidas, que han pasado del tradicional rancho en común a un modelo consistente en que cada uno se pague su propia comida —concebido básicamente para ahorrar dinero y para que los soldados tengan más libertad de elección—, es una de las principales razones por las que ve «mucha menos camaradería y compañerismo» entre los reclutas y por las que conoce a muchos más militares que reconocen sentirse solos. Y sus preocupaciones son más profundas. En su opinión, los cimientos de una comunidad sólida se forjan por medio de la convivencia, como la que se da en el comedor, donde los soldados se sientan uno al lado del otro, charlan y hacen bromas mientras almuerzan. «En combate, esos vínculos son los que permiten a los militares superar situaciones de estrés agudo», afirma el psiquiatra. De hecho, el doctor Beecroft cree que la sensación de formar parte de un equipo unido es uno de los factores que explican por qué unos soldados padecen trastorno de estrés postraumático y otros no, y que «el hecho de comer juntos refuerza esos vínculos». Los estudios científicos respaldan tal afirmación: el grado de apoyo social es uno de los factores que mejor predicen si una persona desarrollará un trastorno de estrés tras una experiencia traumática.[52]

Los investigadores que estudiaron las consecuencias de comer acompañados en un colectivo no muy diferente —los bomberos—

llegaron a una conclusión similar. Kevin Kniffin y sus colegas de la Universidad Cornell, quienes examinaron el día a día en trece parques de bomberos de una ciudad estadounidense durante casi año y medio, observaron que los cuerpos de bomberos que hacían la compra, cocinaban y comían juntos rendían el doble que otros equipos, porque estaban más acostumbrados a colaborar.[53]

En el caso de la lucha contra el fuego, es probable que ese buen entendimiento permita salvar más vidas: la coordinación incluso en tareas básicas como rociar los edificios con las mangueras o trasladar los escombros puede resultar crucial cuando la vida y la muerte se deciden en cuestión de minutos. Según la hipótesis de Kniffin, la comensalía es una especie de «pegamento social» que fomenta la amistad, el compañerismo y el trabajo en equipo.[54] Los propios bomberos se daban cuenta de lo importante que es esa unidad. El almuerzo diario es una parte fundamental de su jornada, coincidían los entrevistados. Tan importante, de hecho, que algunos bomberos comían dos veces, una en casa y otra en el parque, pues les parecía que rechazar la comida preparada por un compañero era una falta de respeto. Cuando los investigadores hablaron con bomberos que no se reunían para comer, los entrevistados parecían avergonzados: «Era una señal de que algo fallaba en el equipo», manifestó Kniffin.[55]

Tanto si estamos en un campo de batalla como si nuestro entorno laboral lo parece, la comensalía es una de las formas más sencillas de crear una sensación de comunidad y un espíritu de equipo en el trabajo. Por eso, cuando las empresas intentan recuperar la sensación de comunidad y ayudar a sus empleados a reencontrarse tras meses de separación forzosa, el restablecimiento de la pausa para comer —de ser posible juntos y a una hora determinada— debería formar parte de su estrategia; sobre todo, porque es beneficioso para la empresa.

No estoy proponiendo un modelo como el de las grandes empresas tecnológicas, que cuentan con cafeterías y restaurantes en sus instalaciones, en las que se puede pedir prácticamente de todo, desde atún rojo de almadraba recién pescado hasta carrillera de ternera al vino tinto: la mayoría de las empresas no pueden permitírselo[56] —y además las cafeterías y los supermercados locales necesitan clientes—, pero ciertos detalles, como tener una sala acogedora o una terraza con una mesa grande, o pedir comida para llevar o ir a comer en grupo a un sitio cercano, pueden cambiar las cosas por completo.[57]

Sobre todo, si la dirección transmite a la plantilla que una pausa para comer como es debido es no solo permisible, sino también necesaria, se crearán las condiciones para que el hecho de comer juntos vuelva a formar parte de la vida laboral.

El simple hecho de hacer un descanso al mismo tiempo que nuestros compañeros de trabajo, ya sea para comer o en cualquier otro momento, puede suponer un cambio significativo, tanto para nuestro estado de ánimo como para la productividad. El profesor Alex *Sandy* Pentland, tras realizar un minucioso estudio en el centro de llamadas de un banco, comprobó que los equipos más productivos eran aquellos que más hablaban entre sí fuera de las reuniones formales y que las interacciones cara a cara eran las más provechosas. Así pues, Pentland aconsejó al responsable del centro que modificara el horario de las pausas para el café, a fin de que todos los miembros del equipo pudieran hacer un descanso a la misma hora, lo que les permitiría relacionarse con sus compañeros en un sitio distinto de su puesto de trabajo. La estrategia dio resultado. No solo estaban los operadores más contentos, sino que el tiempo medio de gestión de cada llamada —un parámetro clave para triunfar en este sector— se redujo en un 20 % entre los empleados más parsimoniosos y un 8 % en general. Durante los descansos, los empleados aprovechaban también para intercambiar trucos y consejos con relación al trabajo. A raíz de ese estudio, el banco ha modificado los horarios en sus diez centros de llamadas; este cambio de estrategia afectará a 25.000 empleados, aumentará la productividad y dejará complacidos a los trabajadores. En los lugares en los que se ha introducido este cambio, la satisfacción de los empleados ha llegado a aumentar en más de un 10 %.[58]

La distancia de seguridad que nos obliga a mantener la pandemia supone ciertamente un obstáculo para este tipo de relaciones laborales. Los ratos de charla junto a la máquina de café ya no son lo mismo. Pero, a medida que el coronavirus va desapareciendo de los lugares de trabajo, es necesario que los directivos comprendan la importancia del argumento comercial. No solo porque los empleados que se relacionan entre sí son más productivos, más perseverantes y menos dados a marcharse, sino también porque en la búsqueda de nuevos talentos, que no desaparecerá aunque aumente el número de desempleados, las empresas con fama de tratar bien a sus trabajadores son las que más destacan. Esto es especialmente cierto en el caso de la generación K, la próxima generación de empleados, que son los que se encuentran más solos en la sociedad y los que más anhelan la amistad de otras personas.

Pero ahí está la trampa. Aunque la mayoría de los que buscan empleo preferirían trabajar en un lugar en el que todo el mundo fuese amable y simpático, en nuestro sistema capitalista neoliberal la simpatía y la amabilidad son virtudes muy infravaloradas: los trabajos para los que se necesitan personas con esas cualidades, como la enfermería y los servicios sociales, están muy mal pagados.[59] Al mismo tiempo, «a las mujeres amables las marginan con facilidad, y no se valoran sus aptitudes», según la socióloga Marianne Cooper, quien ha estudiado este fenómeno en profundidad.[60]

Así pues, si queremos que el lugar de trabajo sea menos aséptico y frío, tenemos que valorar debidamente determinadas cualidades como la amabilidad, la lealtad y el compañerismo. Una empresa de *software* australiana —Atlassian— ha decidido evaluar a sus empleados no solo en función del rendimiento personal, sino también en función de la capacidad de colaboración, la voluntad de ayudar a los demás y el trato que dispensan a sus compañeros.[61]

Sin embargo, este planteamiento no elimina por completo el sexismo.[62] A las mujeres se les suelen aplicar criterios más estrictos cuando se trata de buena disposición, sobre todo en lo tocante a cuestiones de «intendencia», como la organización de reuniones y la limpieza, por lo que hay que tener mucho cuidado con estos prejuicios.[63] Pero hacer hincapié en estas cualidades al evaluar el rendimiento de los empleados es un paso importante para llegar a tener un lugar de trabajo más inclusivo, más acogedor y, por tanto, más colaborativo y menos aséptico.

La empresa tecnológica Cisco lleva este planteamiento aún más allá, pues ha definido dos estrategias para fomentar la amabilidad y la colaboración, y también para recompensarlas. La primera, que lleva varios años en vigor, es una iniciativa por medio de la cual cualquier empleado de cualquier categoría puede proponer a otro empleado para que reciba una bonificación en efectivo que oscila entre 100 y 10.000 dólares como reconocimiento por ser especialmente amable, servicial o participativo.

Una empleada con la que hablé, Emma, me contó que había propuesto a una recién contratada para esa gratificación por llegar todos los días al trabajo con una sonrisa muy grande. Tom, un directivo de la sucursal de Vermont, me contó que había premiado a un miembro de su equipo por dedicar tiempo a que los nuevos empleados se sintieran cómodos y conocieran los entresijos de la empresa. Hace poco, la empresa ha introducido también unas «fichas de agradecimiento». En este caso, las fichas digitales pasan de un empleado a otro como reconocimiento por alguna acción meritoria o simplemente para darle las gracias, a modo de palmadita en la espalda. No hay ninguna recompensa en metálico, pero cada vez que se concede un galardón se hace una donación a una organización benéfica.

Un lugar de trabajo en el que los empleados se sienten valorados no solo por su contribución al crecimiento de la empresa, sino también por su aportación cultural, y en el que se fomenta la amabilidad y la participación, tiene por fuerza que estar más unido.

Sus estrategias para fomentar la amabilidad han influido sin duda en que Cisco haya sido elegida la empresa más envidiable del mundo.[64]

Hacer que los empleados se sientan valorados y que no parezcan simples engranajes de la maquinaria empresarial es una estrategia muy eficaz, sobre todo porque nuestra autoestima se fortalece cuando los demás reconocen nuestros méritos, como han demostrado diversos pensadores, desde Hegel hasta Lacan.[65] Y no es muy difícil de conseguir. Un corrector de una gran editorial me habló de un directivo «increíble» que llevaba galletas de chocolate a las reuniones. Otro editor me habló de un directivo que era conocido porque empezaba las reuniones reconociendo los logros de cada empleado durante la semana anterior y agradeciéndoselo públicamente en la sala. Esa actitud me sorprendió gratamente, pero también me entristeció el hecho de que fuese tan poco frecuente en los lugares de trabajo.

TRABAJO, NADA MÁS QUE TRABAJO

Sin embargo, el sentimiento de soledad en el trabajo puede deberse a cuestiones ajenas al entorno físico o la política de la empresa. Muchos nos sentimos solos en la oficina porque ya estamos solos fuera de ella. Al fin y al cabo, cuando vamos a trabajar no dejamos los sentimientos en casa. Una de las razones por las que nos sentimos tan solos es el exceso de horas que dedicamos al trabajo. Es la serpiente que se muerde la cola.

Es cierto que, por término medio, en casi todas partes actualmente se trabaja menos horas que décadas atrás.[66] Pero, en cambio, ciertos colectivos están empezando a trabajar bastantes más horas, y entre ellos destacan los profesionales con titulación universitaria.

En casi todos los países europeos, el número de horas de trabajo «excesivas» (más de cincuenta horas a la semana) ha aumen-

tado considerablemente en este grupo desde 1990.[67] En el Reino
Unido, los trabajadores más cualificados son ahora los que más
horas trabajan.[68] En Japón hay tantos asalariados que se matan a
trabajar —literalmente— que hasta tienen una palabra para ello:
karoshi.[69] En China empezar la jornada laboral a las nueve de la
mañana, terminar a las nueve de la noche y trabajar seis días a
la semana es ahora tan normal, sobre todo entre los profesionales
de las finanzas, la tecnología y el comercio electrónico, que también tienen una denominación para ello: «996».[70]

Como el costo de la vida para la clase media es considerablemente más elevado hoy que hace veinte años, muchas personas
necesitan esas horas extra para llegar a fin de mes.[71] De hecho,
trabajar muchas horas y hacer malabarismos con varios empleos[72]
es cada vez más habitual entre lo que podríamos considerar la
clase ocupacional, ya que a muchos de esos profesionales no les
queda más remedio que simultanear dos o tres empleos. En el
Reino Unido, una cuarta parte de los miembros del Sindicato de
Enfermería encuestados declaró haber buscado un trabajo adicional para poder hacer frente a las facturas y a los gastos de sub-
sistencia.[73] En Estados Unidos, uno de cada cinco enfermeros lo
busca.[74] Casi uno de cada seis profesores estadounidenses tiene
dos trabajos, y no solo durante el verano.[75] En Oregón, Uber
cuenta con tantos profesores en plantilla que la empresa notifica
a los usuarios de su aplicación, mediante el *emoji* de un libro junto al nombre, que el conductor es un «UberEducator».[76] Si la crisis del coronavirus nos ha enseñado algo es que, en el futuro, habrá que valorar más, y pagar mejor, el trabajo de quienes cuidan
de los demás.

Sin embargo, hay personas que trabajan muchas horas no tanto por necesidad sino porque son las normas culturales o sociales
imperantes. Tomemos el ejemplo del «996» en China. El multimillonario chino Jack Ma, cofundador de Alibaba, defiende abiertamente esa costumbre. «Personalmente creo que el 996 es una
bendición», publicó Ma en la cuenta de WeChat de Alibaba.

«¿Cómo vas a triunfar si no te esfuerzas más?» Ma añadió que quienes trabajan menos horas «no saborearán la felicidad y la satisfacción que proporciona el trabajo bien hecho».

Tomo nota de lo que dice Ma. Para muchas personas vale la pena echar muchas horas, no solo desde el punto de vista económico —en Estados Unidos, más de la tercera parte de quienes ganan por encima de 110.000 dólares trabajan un mínimo de sesenta horas a la semana—, sino también desde el punto de vista de la satisfacción personal.[77] Pero lo malo de todas esas horas de trabajo, tanto si son por necesidad como por libre elección, es que hacen algo más que agotarnos. También hacen que nos sintamos solos.

Si pasamos todo ese tiempo en el trabajo o trabajando en casa significa que cada vez pasamos menos tiempo con nuestros familiares y amigos, y que cada vez nos relacionamos menos con nuestros vecinos. Así pues, cada vez tenemos menos tiempo, energía o ancho de banda para cultivar las relaciones personales, para disfrutar de nuestro barrio o para cuidar de nuestros seres queridos, incluso en caso de necesidad. El 22 % de los británicos afirman haberse perdido ocasiones especiales por estar demasiado ocupados trabajando.[78] Casi el 50 % de los estadounidenses dicen estar tan agotados al terminar la jornada laboral que no tienen ganas de salir a ningún sitio.[79]

Las familias, por supuesto, son las que salen perdiendo en todo esto. Un ejemplo típico es el de Kelsey Brown, una profesora de bachillerato de Colorado. Kelsey está «quemada» porque se levanta casi todos los días a las cuatro de la mañana, es entrenadora de *lacrosse*, dirige un programa de intercambio y trabaja en un campamento de verano —todo ello aparte de su trabajo de profesora—, simplemente para poder pagar las facturas. Suele quedarse en el bachillerato hasta las ocho de la tarde. Aunque acaba de casarse, solo puede estar una hora y media, como mucho, con su marido.[80]

Lo mismo se observa en la relación de muchas personas con sus padres. «Sabemos que tenemos que cuidar a nuestros padres, pero a veces estamos demasiado ocupados intentando ganarnos la vida», escribió un profesional chino en la red social Weibo. Y no es el único; en 2013 este fenómeno estaba tan extendido que el Gobierno chino consideró el «abandono de mayores» como un hecho punible.

SIEMPRE CONECTADOS

Aunque no permanezcamos físicamente en el trabajo todas esas horas, el problema no se erradica. Para muchos, el trabajo sigue siendo algo ineludible durante las noches, los fines de semana e incluso las vacaciones por culpa de esa cruz que es el teléfono móvil. Paul, un gestor de fondos de inversiones, me dice que a él le resultaría «imposible» no consultar el correo electrónico todos los días, aun estando de vacaciones con su familia. Claudia, una asistenta que va a cuarenta casas en el norte de Londres, me cuenta que sus clientes la llaman incluso a las dos de la mañana por cuestiones tan «urgentes» como «¿mañana me puedes llevar el abrigo a la tintorería?» o «no te olvides de limpiar el horno».

Al trabajador autónomo, cuyo poder adquisitivo es cada vez menor, a veces no le queda más remedio que coger el teléfono sea la hora que sea, mientras que en muchas compañías la política empresarial exige que los trabajadores estén «siempre conectados». Durante la temporada alta, la encargada del departamento de satisfacción del cliente de Away —una empresa de equipajes— pidió a los miembros de su equipo, según una noticia muy comentada, que le enviaran un selfi para comprobar que estaban trabajando. Hizo la petición a la 01.00 h.[81] Aunque la reacción de los medios de comunicación fue contundente, lo cierto es que muchas empresas fomentan esa actitud.

La tecnología digital ha borrado las fronteras entre la vida laboral y la personal, por lo que muchos trabajadores tienen la sensación de que o aceptan las nuevas reglas del juego o se arriesgan a que sus jefes desaprueben su rendimiento. Sin embargo, deberíamos preguntarnos hasta qué punto somos cómplices de esta cultura de la conexión permanente que la era digital ha hecho por desgracia posible. ¿Quién nos obliga a abrir el correo electrónico cuando estamos sentados a la mesa: nuestro jefe o nuestra adicción a la tecnología? ¿No será que a veces podemos elegir pero no nos atrevemos? A lo mejor pensamos que, si no respondemos a ese correo, dará la impresión de que el trabajo nos trae sin cuidado; o a lo mejor es que, en una era en la que eslóganes como «¡deprisa, deprisa!» o «¡vamos por ellos!» no tienen nada de humorísticos, y hemos llegado a pensar que nuestra valía está tan ligada a la productividad y el salario que anteponemos las exigencias laborales a cualquier otra cosa.[82]

El caso es que respondemos a los mensajes de nuestros jefes, clientes y compañeros durante el tiempo que le corresponde a la familia, el entretenimiento o el sueño, cuando en realidad deberíamos esperar hasta que volviéramos a la oficina al día siguiente; esa interrupción de nuestro tiempo libre solo consigue que en realidad nos sintamos cada vez más ajenos al trabajo y a la vida privada. Cultivar las relaciones personales lleva su tiempo. Uno no se interesa de repente por los demás. Para sentir que formamos parte de una comunidad, como vimos en capítulos anteriores, tenemos que implicarnos en ella. Las presiones laborales, junto con la omnipresencia de las comunicaciones digitales, hacen que todo eso nos resulte cada vez más difícil.

Aquellos para quienes el trabajo y el correo electrónico ocupan todo nuestro tiempo, pero que tenemos la posibilidad de impedirlo, debemos preguntarnos si vale la pena seguir así. Puede que a veces lo sea, pero no siempre.

Debemos ser conscientes del alto precio que pagamos por nuestras adicciones digitales, del mismo modo que nuestros jefes deberían intuir las consecuencias negativas del trabajo incesante, que afecta a la salud mental de los empleados, a la productividad, a la toma de decisiones y a la creatividad.[83]

En algunas empresas innovadoras, la dirección y los trabajadores intentan al menos tomar medidas al respecto. Ya en 2011, el comité de empresa de Volkswagen impulsó una campaña para que la empresa programara los servidores de BlackBerry de tal forma que dejaran de enviar correos electrónicos media hora después de terminar el turno de trabajo.[84] En 2014 Daimler, otra empresa automovilística alemana, dio instrucciones para que los correos enviados a sus trabajadores durante las vacaciones se borraran automáticamente.[85] Y en 2018, la cadena de supermercados Lidl prohibió los correos de trabajo entre las 18.00 y las 07.00 h y durante el fin de semana en algunas tiendas, en un intento de mejorar el equilibrio entre la vida laboral y la vida privada de sus empleados.

En la filial británica de Warner Music, una empresa con más de 4.000 empleados y entre cuyas estrellas figuran Ed Sheeran, Lizzo, Coldplay y Bruno Mars, la dirección adoptó un planteamiento distinto.[86] Preocupada por los efectos negativos de la conexión permanente a Internet de sus empleados, sobre todo en lo que respecta a la creatividad y a la interacción personal, la empresa puso en marcha una campaña para concienciar a sus trabajadores del peligro que entrañan las nuevas tecnologías. Al comprobar que el 40 % del tráfico de correos electrónicos tenía lugar dentro de sus instalaciones, la compañía animó a los empleados a enviar menos mensajes y a hablar más entre sí. Se prohibió el uso del móvil en las salas de reuniones, donde además se instalaron puntos de carga. Los empleados más jóvenes recibieron cursillos para aprender a organizar mejor el trabajo antes de irse de vacaciones, con el fin de que no fuese necesario recurrir a ellos mientras estaban fuera. Para una generación acostumbrada a estar siempre conectada a Internet, la idea de estar ilocalizables no se les había pasado siquiera por la cabeza. Y la dirección marcó la pauta desde arriba, animando a los ejecutivos a indicar en sus correos electrónicos que estaban de vacaciones y a facilitar una lista de contactos alternativos.

En algunos países, hay Gobiernos que han tomado cartas en el asunto. En Francia, por ejemplo, los trabajadores de empresas con más de cincuenta empleados tienen garantizado legalmente el derecho a «desconectar», desde el 1 de enero de 2017.[87] En la práctica esto significa que las empresas deben negociar con sus empleados la disponibilidad de estos fuera del horario laboral, enfrentándose a multas si les exigen que respondan a las llamadas de trabajo en horas intempestivas o si toman represalias contra quienes se nieguen a responder.[88] España adoptó en 2018 una legislación similar, y las autoridades de Filipinas, los Países Bajos, la India, Canadá y la ciudad de Nueva York están estudiando diversas alternativas al respecto.[89] Aunque los defensores de estas leyes las consideran necesarias para disminuir el estrés de los trabajadores, es innegable que son medidas drásticas. Algunos trabajadores temen que los obliguen a permanecer aún más tiempo en la oficina; otros creen que la obligatoriedad de estar todo el tiempo atentos al correo electrónico durante la jornada laboral los estresará todavía más; y, por último, hay quienes consideran que la excesiva atención a los pormenores del trabajo es desalentadora.[90] Naturalmente, el privilegio de la «desconexión» es una ventaja que no está al alcance de los que han caído en el saco de la *gig economy*, es decir, aquellos cuyo trabajo en empresas tan diversas como TaskRabbit o Uber se realiza a través de aplicaciones o plataformas en línea, y para quienes cada hora de desconexión es una hora sin ganar nada.[91] Al igual que los colegios sin pantallas y las niñeras sin teléfono móvil personifican la brecha digital entre niños ricos y niños pobres, garantizar el «derecho a desconectar» a los trabajadores con empleos estables y bien remunerados, no les sirve de nada a los autónomos, que a menudo son los que necesitan estar permanentemente conectados para poder ganarse la vida.

Excedencia por el cuidado de la familia

Al reconocer la relación entre la soledad en el trabajo y la soledad en el hogar, los empresarios también podían haber sido más conscientes de que sus empleados son seres humanos con responsabilidades fuera del trabajo, cuya salud física y mental depende de la posibilidad de cultivar sus relaciones personales y sus vínculos familiares. Pero esa no ha sido la tendencia general.

Justin Kwan, antiguo analista del grupo de Energía y Servicios Públicos de Barclays en Nueva York, recuerda el día en que un becario pidió un fin de semana libre para una reunión familiar. Se le concedió. Pero ese no es el final de la historia. «También le dijeron que entregara su BlackBerry y despejara su mesa».[92] Un informe del Congreso de Sindicatos Británicos reveló que dos de cada cinco padres que piden flexibilidad laboral son «penalizados» con menos horas de trabajo, turnos más incómodos o incluso la pérdida del puesto de trabajo, y que a muchos padres se les ha dicho que pidan bajas por enfermedad o días de vacaciones para cuidar de sus hijos, y se les ha negado un permiso incluso en caso de necesidad urgente.[93] Cuidar de nosotros mismos, y no digamos ya de los demás, es bastante problemático en nuestro mundo neoliberal. En Estados Unidos, casi la cuarta parte de los adultos han sido despedidos o amenazados con el despido por tomarse unos días para recuperarse de una enfermedad o para cuidar a un familiar.[94] Los empresarios tienen que buscar urgentemente una fórmula para que todos sus empleados, no solo los más cualificados, puedan cuidar a sus familias. Y no es lícito utilizar la actual coyuntura económica como justificación para mantener el *statu quo* o incluso para retroceder en materia de derechos laborales.

Una vez más, no tiene por qué ser así, y ya hay algunos ejemplos de empresas que ayudan a sus empleados a compaginar el trabajo con el cuidado de la familia ofreciéndoles modalidades laborales más flexibles y la posibilidad de trabajar a tiempo parcial.

Sin embargo, esta solución no es siempre la mejor. Muchas investigaciones demuestran que los trabajadores a tiempo parcial tienen menos probabilidades de ascender que sus compañeros a jornada completa.[95] Puesto que la mayoría de los trabajadores a tiempo parcial son mujeres, lo que a primera vista podría parecer un cambio positivo, puede acabar siendo un nuevo revés para la igualdad de género.[96]

Tal vez, en lugar de buscar la solución en el trabajo a tiempo parcial, las empresas deberían conceder una excedencia remunerada por el «cuidado» de personas, del mismo modo que hay una baja por maternidad perfectamente regulada. Esos días podrían utilizarse para cuidar a un niño, a un amigo o a un familiar, o incluso para hacer algo en beneficio de la comunidad local. Hay precedentes al respecto. En 2019 Centrica, la compañía eléctrica más grande del Reino Unido, estableció diez días adicionales de permiso remunerado para aquellos trabajadores que tuvieran que cuidar de sus padres o de cualquier familiar con alguna discapacidad.[97] Estas prácticas pueden tener una finalidad económica y humanitaria: la compañía calcula que esas medidas ahorrarían a las mayores empresas del Reino Unido 4.800 millones de libras que de otro modo perderían como consecuencia de ausencias imprevistas cuando los trabajadores tienen que atender necesariamente a una persona enferma. La constructora británica Nationwide Building Society concede a sus empleados dos días libres al año para que los dediquen a sus comunidades locales. El gigante tecnológico estadounidense Salesforce va incluso más allá: su personal dispone de siete días al año de voluntariado remunerable.[98]

En 2019 Microsoft hizo un experimento en su sucursal de Japón, dando cinco viernes libres seguidos a sus 2.300 empleados *sin* reducirles el sueldo. También ofreció a cada trabajador una ayuda económica de hasta 100.000 yenes (unos 750 euros) para hacer un viaje con su familia. Los resultados fueron sorprendentes. No solo estaban los trabajadores más contentos, sino que las reuniones empezaron a ser más provechosas, el ausentismo dismi-

nuyó en un 25 % y la productividad aumentó en un asombroso
40 %. Al mismo tiempo, la presencia de menos trabajadores en las
oficinas supuso una reducción de costos laborales y un beneficio
medioambiental: durante el período de prueba el consumo de
electricidad disminuyó en un 23 % y el de papel en un 59 %.[99]

Estos ejemplos son esperanzadores, pues nos muestran que es
posible abordar el problema de la soledad no solo en el lugar de
trabajo sino también fuera de él; y que las empresas que utilizan
estas estrategias tienen más beneficios y plantillas más satisfechas.
Aunque estas medidas parezcan lujos que algunas empresas no
pueden permitirse, nosotros no debemos consentir que las consecuencias económicas de la COVID-19 institucionalicen el egoísmo en la sociedad. Hay que compaginar el capitalismo con el
bienestar de los trabajadores y sus familias.

Pero la soledad en el trabajo no consiste solo en que nos sintamos distanciados de las personas con las que trabajamos, ya se
trate de nuestros compañeros o de nuestro jefe. También tiene
que ver con el hecho de sentirnos desprovistos de autonomía, de
sentirnos impotentes. Como veremos, en la era de las máquinas
esta situación se agravará y será cada vez mas probable.

8

El látigo digital

Estoy buscando trabajo. Pero el proceso de selección es completamente nuevo para mí. No me entrevista ninguna persona. Estoy en casa, delante del portátil. Mis respuestas están siendo grabadas en video. Será una máquina, no un ser humano, la que decida si soy apto para este trabajo.

LAS COMPUTADORAS DICEN QUE NO

Esto puede parecer un episodio de *Black Mirror*, pero dentro de unos años estas entrevistas virtuales serán el pan nuestro de cada día. Las «evaluaciones algorítmicas previas a la contratación», que así es como se llaman, son ya un negocio multimillonario y es probable que se conviertan en un elemento más de los procesos de selección.[1] HireVue —la empresa que me hizo la entrevista— es una de las compañías líderes en este sector. Con sede a orillas del río Jordán, en Utah, entre sus clientes se encuentran 700 empresas de primer orden, desde la cadena de hoteles Hilton hasta J. P. Morgan y Unilever. Soy uno de los más de 10 millones de potenciales empleados que los algoritmos de HireVue ya han evaluado basándose en entrevistas similares.[2]

Su tecnología funciona poniendo en práctica la siguiente fase de la inteligencia artificial —la «emocional»—; el *software* «interpreta» a los candidatos analizando el léxico, el tono, la cadencia y las expresiones faciales, llegando a evaluar más de 25.000 variables. Los resultados se comparan posteriormente con los del candidato «ideal» para el puesto. En la práctica esto se traduce en que la máquina registra todos los datos relativos a la respiración, las pausas, la altura a la que arqueo las cejas, la fuerza con que aprieto la mandíbula, la elección de palabras, el volumen de la voz, la postura, la cantidad de veces que titubeo, el acento y hasta el uso de las preposiciones, y los añade a un algoritmo oculto para determinar si soy una persona adecuada para el programa de formación de Vodafone. O mejor dicho, yo no, sino Irina Wertz, que es mi seudónimo.

Las evaluaciones algorítmicas previas a la contratación son sin duda una solución rentable para la selección de empleados a gran escala. Puesto que las grandes empresas reciben más de 100.000 solicitudes al cabo del año, es probable que esta tecnología esté ahorrándoles ya miles de horas de trabajo. Por otra parte, Hire-Vue sostiene que los índices de permanencia e incluso el rendimiento laboral de los empleados contratados mediante este sistema son significativamente superiores a la media. Puede que sea así, pero a mí el proceso de selección me pareció bastante deshumanizador.

El hecho de tener que mantener el torso durante la entrevista dentro de los límites de una silueta punteada hizo que me sintiera como una víctima de asesinato en una serie policíaca, y que no pudiera mostrar mi verdadero yo. Cierta falta de naturalidad es inevitable en cualquier entrevista de trabajo, puesto que todos intentamos presentar la mejor versión de nosotros mismos, pero aquello era distinto. Yo soy una persona expresiva, y me muevo y gesticulo al hablar. Encajada en aquella silueta, no podía ni moverme. Y como, mientras respondía a las preguntas, me veía a mí misma en la esquina de la pantalla, la experiencia me pareció demasiado teatral, conmigo en la doble condición de actriz y público.

En la parte superior derecha de la pantalla había un cronómetro que me ponía aún más nerviosa. Me dieron tres minutos para cada pregunta, pero, como no tenía la referencia de un entrevistador humano —expresiones faciales, movimientos de cabeza, gestos, sonrisas, guiños—, no estaba segura de si me estaba alargando demasiado o de si debía agotar todo el tiempo. Y no solo no tenía a nadie a quien preguntar, sino que, sin sonrisas, sin vistazos a mi currículum, sin lenguaje corporal que analizar, no sabía si mi «entrevistador» había escuchado bien una respuesta concreta, si le gustaba lo que decía, si entendía mis bromas, si estaba de acuerdo con mis opiniones o si sencillamente había decidido que yo no era la candidata que estaban buscando. Así pues, a medida que avanzaba la entrevista, me sentía cada vez más perdida, incapaz de saber si debía seguir adelante, ir más despacio, cambiar el ritmo, usar otra estrategia, dejar de sonreír o sonreír más. Se supone que la candidata ideal para un puesto en el departamento de recursos humanos de Vodafone tiene que sonreír, pero ¿cuántas veces y durante cuánto tiempo?

En realidad, lo que más me molestaba no era el hecho de interactuar con una máquina, sino más bien la desigualdad entre esta y una persona. Despojada de mi complejidad humana, tenía que impresionar a un artilugio cuyos algoritmos ocultos carecían de sentido para mí. ¿En qué variables se estaba centrando y a cuáles daba más importancia? ¿A la voz, a la entonación, al lenguaje corporal o a la agilidad de las respuestas? ¿Qué fórmula utilizaba para evaluarme? ¿Era imparcial?

Normalmente, cuando pensamos en la soledad no es en el contexto de la interacción con una máquina. Más arriba, cuando hablé de una existencia sin contacto, hice hincapié en las relaciones en persona y los efectos que producen. Pero, si la soledad puede tener su origen en la displicencia con que nos tratan los políticos y el Estado, también puede tenerlo en el trato que recibimos por parte de las grandes empresas y sus nuevas tecnologías.

Porque, cuando un empresario pone nuestro futuro profesional en manos de un algoritmo, cuesta creer que seremos tratados con justicia o que tendremos la posibilidad de defendernos. Ello se debe en parte a la improbabilidad de que particularidades tales como la expresión facial o el tono de voz puedan determinar realmente nuestro rendimiento futuro. De hecho, en noviembre de 2019, el Electronic Privacy Information Center —una prestigiosa organización científica de interés público que se ocupa, entre otras cosas, de garantizar la observancia de las leyes de protección de datos— presentó una reclamación contra HireVue ante la Comisión Federal de Comercio de Estados Unidos recriminando a dicha empresa «el uso de algoritmos secretos para evaluar la "capacidad cognitiva", los "rasgos psicológicos", la "inteligencia emocional" y las "aptitudes sociales" de los aspirantes a un puesto de trabajo».[3]

También está la cuestión de la parcialidad. Es poco probable que la metodología de HireVue carezca por completo de prejuicios, por mucho que insistan en ello.[4] Esto se debe a que su algoritmo se basará siempre en los videos de «fichajes acertados», lo que significa que es probable que se repitan los elementos de juicio utilizados en contrataciones anteriores.[5] Eso es precisamente lo que sucedió en Amazon en 2018, cuando se supo que el clasificador automático de currículos, basado en la inteligencia artificial, rechazaba sistemáticamente los currículos de mujeres, pese a desconocer el sexo de los aspirantes. ¿Por qué? Porque había aprendido él solito que los currículos que contenían el nombre de instituciones de enseñanza femeninas o incluso el sintagma «de mujeres» no cumplían los requisitos,[6] lo cual se explica porque la máquina estaba programada para deducir si los aspirantes eran aptos o no sobre la base de las contrataciones que habían tenido lugar en los últimos diez años en una industria en la que los hombres son mayoría.

Ajustar un algoritmo para reconocer variables tan evidentes como el sexo de una persona es relativamente sencillo; de hecho, los programadores de Amazon no tuvieron ninguna dificultad para corregir ese modelo discriminatorio. Pero el problema del aprendizaje automático reside en que, aunque las máquinas tengan en cuenta los prejuicios más evidentes (y un sistema como HireVue sin duda los toma en consideración), ¿qué ocurre con las variables menos obvias y aparentemente neutras de las que nadie sospecharía?

En lo que se refiere a la sonrisa, por ejemplo, hay diferencias culturales bastante significativas.[7] Los estadounidenses, al parecer, sonríen con más frecuencia y satisfacción que los finlandeses, los japoneses o los alemanes; o eso dicen ciertos estudios que establecen una correlación entre la sonrisa y la diversidad histórica de un país.[8] De hecho, la tendencia de los estadounidenses a sonreír y a establecer contacto visual es tan evidente que Walmart, cuando abrió sus primeros almacenes en Alemania, tuvo que indicar a sus empleados que dejaran de sonreír tanto porque a los alemanes aquella amplia sonrisa les parecía un ridículo intento de seducción.[9] Teniendo en cuenta estas diferencias, dar por hecho, como HireVue, que sonreír denota amabilidad, confianza y, en algunos empleos, preparación es una forma de medir a los aspirantes por el rasero de un país o una cultura en particular, penalizando así a quienes consideran que sonreír durante una entrevista de trabajo es una falta de respeto.[10]

Se podría decir lo mismo con respecto a la forma de interpretar la cadencia y el vocabulario por parte de HireVue: la elección de palabras depende tanto de la procedencia, la educación, la raza, el dialecto y la clase social como de la «inteligencia». Del mismo modo que la máquina de Amazon «aprendió» a relacionar el sexo femenino con la falta de idoneidad, no sería de extrañar que el algoritmo de HireVue descartara a determinadas personas por el acento, los dialectalismos y otros aspectos de su acervo cultural.

Luego están aquellas variables que un ser humano reconoce al instante pero que a una máquina le resultan ininteligibles: una persona con una deformación facial que le impide sonreír de manera normal; una persona con un defecto del habla, la cual, evidentemente, no se parece en nada a quienes fueron entrevistados antes que ella; hasta puede darse el caso de que las luces del techo proyecten sobre el rostro de alguien unas sombras que el «ojo» de la máquina interpreta como una mirada amenazadora.

No es que un encargado de recursos humanos no pueda ser parcial, o discriminar en una entrevista a alguien por ser negro o por tener un acento determinado o una discapacidad física, aunque no sea consciente de que es injusto y de que hace distinciones a la hora de contratar a la gente.[11] De lo que se trata aquí es de que la suposición de que los algoritmos no pueden incurrir en discriminaciones es completamente falsa, y de que la fe ciega en las máquinas tiene muy poco sentido.

Además, a medida que los algoritmos se vuelven más complejos y autodidactas, y el tamaño de los conjuntos de datos que utilizan va aumentando de manera exponencial, cada vez resulta más difícil entender cómo y por qué llegan a esas conclusiones. Hemos llegado a una situación en la que los propios creadores de los algoritmos no saben bien a qué se deben determinadas decisiones.[12] Si no sabemos cómo funciona realmente un algoritmo, difícilmente podremos anticiparnos a sus errores o tomar medidas preventivas.

A medida que la toma de decisiones mediante algoritmos se va apoderando de la sociedad —al fin y al cabo estos determinan cuestiones tan dispares como si se nos concede un préstamo, si nos para la policía, si nos contrata o incluso nos despide una empresa (sí, pronto habrá un algoritmo para «predecir costos» y calcular a cuántas personas hay que despedir, según los expertos de la IESE Business School)—, la opacidad de esos algoritmos y, por tanto, la imposibilidad de cuestionar sus decisiones, y mucho menos de revocarlas, exacerbará inevitablemente nuestra sensación de impotencia.[13] Y la soledad florece en el vacío que la impotencia crea, porque, como hemos visto, la sensación de no poder influir en nuestro destino produce tristeza y aislamiento.

Otro aspecto de aquel interrogatorio que me pareció deshumanizador es que, aunque durante la entrevista virtual me escudriñaron con más atención que nunca, me sentí extrañamente invisible. Porque ¿a quién estaban interrogando en realidad? ¿A mí? ¿O a un yo unidimensional, pixelado y embutido en esas 25.000 variables, que es una versión de mí que nunca podría revelar los recovecos de mi vida y las interioridades de mi personalidad?

Esa sensación se vio reforzada por el hecho de que, pese a haber contestado sincera y minuciosamente todas las preguntas, solo unos minutos después de la entrevista recibí un correo electrónico con una evaluación tan genérica e insustancial que podría decirse que ni siquiera me habían escuchado.[14]

He aquí un extracto de la evaluación:

Tiene capacidad para cambiar fácilmente de opinión, comportamiento y proceder, así como para interpretar la ambigüedad.

Presta atención al contexto para decidir si una situación requiere más estructuración que flexibilidad.

Es capaz de desempeñar su cometido con gran determinación.

Intenta amoldarse a situaciones que no requieren tanta precisión, con el fin de dosificar su tenacidad cuando sea necesario.

Esto podía haberse aplicado a cualquier persona; parecía no tener absolutamente nada que ver con la entrevista que acababa de realizar.

Era más que chocante el hecho de presentarse a un puesto de trabajo en recursos humanos sin hablar con un solo ser humano durante la entrevista. De hecho, Hilton International, uno de los principales clientes de HireVue, había rechazado a decenas de miles de candidatos usando ese proceso de selección.[15] «Irina Wertz» también cae dentro de la categoría de aspirante rechazada. Seis semanas después de la evaluación, «ella» se enteró, por correo electrónico, de que «Por desgracia, en esta ocasión, debemos desestimar su solicitud».

La entrevista de HireVue hizo que me sintiera vulnerable, impotente e invisible; tenía la sensación de haber sido juzgada según unas normas que se habían sacado de la manga y que, además de que quizá fueran injustas o parciales, eran inapelables. No es extraño que el proceso de selección me pareciera tan deshumanizador. Menos mal que para mí aquello no era más que un experimento y que, por tanto, no sentía el estrés y la tensión que habría tenido que soportar un aspirante de verdad.

Mi experiencia fue también un síntoma de un problema mucho más preocupante: estamos asistiendo a la mayor reorganización del trabajo desde la Revolución Industrial, a una reestructuración que deja el poder en manos de la tecnología, y no solo de los algoritmos de selección, sino también de máquinas y robots, de sistemas de vigilancia y dispositivos de seguimiento, y al mismo tiempo en manos de quienes mueven los hilos. Tanta deshumanización es lo que hace de este siglo el siglo de la soledad.

CADA VEZ QUE RESPIRAMOS

Para Jane, una operadora de un centro de llamadas en Gales, un pequeño recuadro azul en la esquina de la pantalla de la computadora es el que le recuerda que está siendo vigilada y monitorizada constantemente.[16] Puesto que se está grabando todo lo que dice, Jane sabe que, si habla demasiado deprisa, en la pantalla aparecerá un velocímetro para avisarla. Si no es lo bastante «empática», lo que aparecerá es el icono de un corazón. Y, si le estorba el programa de inteligencia artificial que juzga el trato que da a sus interlocutores, pues mala suerte, porque Cogito, la tecnología que la supervisa, enviará una alerta a sus jefes si intenta cerrarlo o minimizarlo.[17]

En el caso de Jack, un empleado del Bank of America, la tarjeta Humanize, que recopila información cada dieciséis milisegundos, es la que le recuerda que está siendo vigilado en todo momento.[18] Las máquinas graban no solo sus conversaciones, sino también otras variables: el ángulo de la silla cuando se apoya en el respaldo, la cantidad de tiempo que habla, el tono de voz.[19] Al analizar todos estos datos relativos a su rendimiento, y al de todos los «Jacks» de la empresa, sus jefes esperan identificar todos los hábitos que redunden en la mayor productividad de los empleados.

Para Reynalda Cruz, que trabajaba en un almacén de la empresa de mensajería FedEx, lo realmente deshumanizador era el escáner que debía llevar en el brazo para controlar su ritmo de empaquetado. Cuando se le inflamó la muñeca a causa del movimiento repetitivo de levantar cajas, con el peso añadido del escáner, sus compañeros le dijeron que tomara paracetamol. Sus jefes, obsesionados con las estadísticas de rendimiento, le aconsejaron otra cosa: que acelerase el ritmo.[20]

Entretanto, Amazon acaba de obtener dos patentes para una pulsera que monitoriza todos los movimientos del que la lleva puesta y vibra al percibir que un trabajador incumple las normas. La pulsera podría utilizarse con el fin de detectar cualquier pausa, incluso para rascarse, o de cronometrar el tiempo que tarda cada empleado en ir al baño.[21] En Amazon, los «recolectores» —aquellos empleados que localizan los artículos comprados y los llevan a la central de envíos— llevan en la mano un dispositivo que registra todos sus desplazamientos. Como me explicó el periodista James Bloodworth, que trabajó de incógnito como recolector en el almacén de Amazon en Rugeley (Inglaterra): «Por cada doce trabajadores, más o menos, había un supervisor medio escondido tras una mesa tecleando órdenes en una computadora. Las instrucciones llegaban directamente a nuestros dispositivos: "Estás perdiendo el ritmo. Haz el favor de darte más prisa"».. Y Bloodworth decía que sus compañeros «estaban tan agobiados corriendo de acá para allá que no tenían tiempo ni para secarse el sudor de la frente».[22]

Estas anécdotas no son nada del otro mundo. Antes incluso de que estallara el coronavirus, más de la mitad de las multinacionales con más de mil empleados usaban técnicas «poco ortodoxas para tener a raya a los empleados, como por ejemplo registrar las pulsaciones de sus teclados, leer sus correos electrónicos e incluso escuchar sus conversaciones con otros compañeros de trabajo».[23] La «supervisión de la actividad de los usuarios» (cuyas siglas en inglés son UAM), como se conoce a esta nueva forma de espiar a los empleados, iba camino de convertirse en una lucrativa industria de 3.300 millones de dólares en 2023.[24] Ahora, con la multiplicación del teletrabajo como consecuencia del coronavirus, el uso de sistemas de vigilancia ha aumentado considerablemente.

Vivimos en la era del «capitalismo de vigilancia», como la denomina Shoshana Zuboff.[25] Una era en la que, para un número cada vez mayor de personas, los empresarios no solo nos vigilan a cada instante, sino que usan constantemente la inteligencia artificial, los macrodatos y toda una serie de dispositivos de medición, que son cada vez más implacables e intrusivos, para sacar todo tipo de conclusiones sobre nosotros. Esas conclusiones pueden determinar nuestra trayectoria profesional —incluso si nos van a ascender o a despedir—, pero casi siempre se basan en datos carentes de contexto y que por tanto no tienen en cuenta las circunstancias atenuantes.

Los jefes de Reynalda en FedEx le dijeron que trabajara más deprisa, aunque le doliera la muñeca, porque las máquinas miden el ritmo de trabajo, no el dolor. En la era de la oficina panóptica, lo que no se mide no tiene importancia, y lo que se mide desmedidamente sí la tiene.

Trabajar fuera de la oficina tampoco nos libra de la vigilancia. Determinadas aplicaciones como WorkSmart, que mide sin cesar la «concentración» y el «esfuerzo» de los teletrabajadores, sirviéndose para ello de capturas de pantalla, monitorización de aplicaciones y recuento de caracteres, han ido ganando popularidad durante los últimos años.[26] WorkSmart hace incluso una fotografía de los trabajadores cada diez minutos para comprobar que siguen atendiendo a sus tareas.[27] El coronavirus ha consolidado esta tendencia. Organizaciones de todo tipo —bancos, aseguradoras, bufetes de abogados, redes sociales—, preocupadas por la posible relajación de los nuevos teletrabajadores, invirtieron mucho dinero en *software* de vigilancia durante la primavera de 2020. La venta de estos sistemas aumentó hasta en un 300 %.[28] ¿Se desinstalarán esos programas cuando los trabajadores vuelvan a la oficina? Yo no pondría la mano en el fuego.

Lo que se vigila no es solo el rendimiento de los teletrabajadores, y la productividad no es el único objetivo. Ahora se supervisan hasta los aspectos más personales de la vida de los trabajadores. En 2018, los superiores de Katie Endicott, una profesora de bachillerato de Virginia Occidental, le pidieron que descargara una aplicación de «bienestar laboral» llamada Go365 porque querían reducir los costos de los seguros médicos. La aplicación controlaba la cantidad de ejercicio físico que hacían los usuarios, concediéndoles una serie de puntos por «buen comportamiento» y sancionándolos con «multas» (500 dólares al año) por no acumular los puntos necesarios.[29]

Con tanta insistencia en la salud, la seguridad y la reducción de costos, ¿esas aplicaciones llegarán a hacer un seguimiento, por ejemplo, de la temperatura de los trabajadores? Aunque esto sirviera para reducir la transmisión de enfermedades en el trabajo, ¿quién decidirá hasta qué punto es permisible semejante intromisión en los asuntos de otros? Y ¿qué responsabilidad deben asumir los empresarios que imponen el uso de esas aplicaciones y las compañías que las venden, sobre todo en lo tocante a la protección de datos?

Las declaraciones de los trabajadores sometidos a vigilancia constante dejan bien claro lo deshumanizadora que es esa práctica. «Medían el tiempo y la productividad como si fuéramos robots», manifestó Reynalda Cruz, la empleada de FedEx.[30]

«A los profesores les parecía que la obligación de descargar aquel programa y proporcionar información privada era una intromisión inaceptable», declaró Katie con relación a Go365. James Bloodworth me contó lo atónito que se quedó cuando, al final de una jornada agotadora, después de trabajar como una mula, le dijeron que su productividad apenas llegaba al 10 % de la media, y la sensación de impotencia que le produjo el hecho de que no hubiera forma de comprobar la veracidad de aquella acusación, sobre todo teniendo en cuenta la imposibilidad de acceder a los datos y la ausencia de representantes sindicales.

Bloodworth también me habló de la sensación de soledad que le producía no poder hablar con sus compañeros en el dispensador de agua, o incluso mientras «recolectaba» artículos junto a ellos, pues su escáner indicaba que aquello era «tiempo de inactividad» y, por tanto, un posible motivo de sanción. No es el único al que ese tipo de vigilancia le parece vejatoria. «En general era espantoso», relata Courtney Hagen Ford, quien calificó de «deshumanizadora» la vigilancia a la que fue sometida cuando trabajó como cajera en un banco británico.[31] ¿Qué hizo a continuación? Sacarse un doctorado en tecnología de vigilancia.[32]

Las constantes evaluaciones y clasificaciones de los empleados, sin que estos puedan intervenir en el proceso, sin tener acceso a los datos y sin conocer el método deductivo de los programas que llevan a cabo esos perfiles muestran una vez más el enorme desequilibrio que hay, en cuanto a información y atribuciones, entre patrones y trabajadores; sobre todo, porque aquello que se mide y se controla es básicamente lo que influye en la cuenta de resultados. Pese a la preocupación por la salud y la seguridad, en general todo se reduce a lo mismo: las empresas vigilan a sus plantillas para que sean más competitivas. Lo malo es que nadie mide lo amable que uno ha sido con un compañero que tiene un mal día, o el esfuerzo que ha hecho para enseñar a un empleado nuevo los entresijos de la compañía, aunque, como vimos en el capítulo anterior, esos factores también influyen significativamente en la productividad, el rendimiento y la moral de los trabajadores. En un mundo en el que el dinero tiene cada vez más importancia, debemos prestar mucha más atención a por qué y cómo se miden determinadas cosas, y también exigir que no se limite la información a la hora de evaluar nuestra contribución al trabajo.

INADVERTIDOS

La vigilancia en el trabajo no solo produce una sensación de impotencia y separación. Igual que la oficina abierta, pero de manera exagerada, también coarta y reprime a los empleados.

Eso es exactamente lo que observó el sociólogo Michel Anteby, de la Universidad de Boston, al estudiar la forma de organización de la US Transportation Security Administration (el organismo encargado de la seguridad en los aeropuertos estadounidenses). Anteby comprobó, por ejemplo, que los encargados del control de equipajes, como están siendo grabados en todo momento, «hacen todo lo posible para pasar inadvertidos, casi para desaparecer. [...] Intentan no hablar nunca, no destacar, no hacer nada que llame la atención de sus superiores».[33]

En un entorno en el que estamos siendo vigilados todo el tiempo, tendemos a encerrarnos en nosotros mismos, a aislarnos de los demás y a eludir, en la medida de lo posible, la mirada escrutadora de nuestros jefes.[34] Lo malo es que esto, como señala Anteby, «conduce a un círculo vicioso en virtud del cual los superiores se vuelven más suspicaces y deciden aumentar la vigilancia».[35] La consecuencia es que los empleados se esconden de las cámaras y de sus compañeros de trabajo. Son cada vez más inseguros y menos eficientes.

En cierto modo, siempre ha sido así

En muchos aspectos, la vigilancia en el lugar de trabajo no es un invento nuevo.[36] En la década de 1850, Allan Pinkerton se hizo tristemente famoso por fundar una agencia de detectives que espiaba a los asalariados fuera de las horas de trabajo y se infiltraba en los incipientes sindicatos.[37] En 1914, Henry Ford se paseaba por sus fábricas cronómetro en mano para asegurarse de que las cadenas de montaje funcionaban a pleno rendimiento.[38] En la década de 1990, la videovigilancia, tanto para evitar robos como para comprobar que los empleados cumplían las normas de la empresa o simplemente que trabajaban con esmero, empezó a ser cada vez más frecuente.[39] A medida que la industrialización iba arrinconando la artesanía y que los empresarios conocían cada vez a menos trabajadores personalmente, con la consiguiente disminución de la confianza, la vigilancia seguía aumentando.[40]

Pero en el siglo XXI lo que ha cambiado es lo siguiente: la vigilancia se ha convertido en el perejil de todas las salsas, la tecnología digital invade la intimidad de los trabajadores y las máquinas tienen una capacidad de decisión inconcebible. Una vez más, se trata de una cuestión de escala. Mientras que antes «la vigilancia era discreta, se limitaba a la presencia de un supervisor y se circunscribía al lugar de trabajo», dice el politólogo Ivan Manokha, «ahora es omnipresente, pues los aparatos electrónicos recopilan información en tiempo real sobre el rendimiento de los trabajadores, incluso fuera de la empresa».[41]

Como desconfían cada vez más de nosotros y nos vigilan constantemente, tratándonos como si fuéramos máquinas e impidiéndonos relacionarnos normalmente con nuestros compañeros de trabajo, entonces nos volvemos cada vez más suspicaces, circunspectos e introvertidos, y nos da miedo mostrarnos tal como somos. Por eso nos sentimos cada vez más solos y más desvinculados del trabajo y de sus circunstancias.

A pesar de todo lo expuesto, cada vez hay más asalariados y

autónomos que tienen que aceptar la vigilancia indiscreta para no perder el trabajo. El hecho de que este «espionaje» sea cada vez más habitual y de que no nos rebelemos contra él no debería interpretarse como un consentimiento tácito. Más bien refleja la resignación a que da lugar la falta de derechos laborales. En un mundo en el que las multinacionales establecen las reglas del juego, la tasa de desempleo es muy alta y la mayoría de los trabajadores carecen de representación o de voz colectiva,[42] ¿qué pueden hacer los trabajadores para que no los espíen?[43] Lo más probable es que no puedan hacer nada. El almacén de Amazon en el que trabajó James Bloodworth era el mayor generador de empleo de Rugeley.

Un cuatro

La vigilancia y la toma de decisiones por medio de algoritmos no son las únicas razones por las cuales el lugar de trabajo del siglo XXI resulta tan deshumanizador. Otra razón es que a los trabajadores no solo se los vigila, sino que también se los califica, es decir, se les pone una puntuación que determina su valía. No es de extrañar que los trabajadores, considerados como meros números o puntuaciones, tengan la sensación de ser invisibles.

En algunos casos, quienes puntúan son los propios compañeros de trabajo. En Bridgewater Associates, uno de los mayores fondos de inversión del mundo, los empleados utilizan una aplicación llamada Dots para puntuarse entre sí en tiempo real con relación a más de cien cualidades, desde la «capacidad de síntesis» hasta el «razonamiento deductivo». Unas pantallas enormes muestran los «puntos» (*dots*) que recibe cada persona durante las reuniones (los cuales, por supuesto, quedan registrados). Como si esto no fuese ya bastante desmoralizador, a la hora de tomar decisiones los votos de los empleados con mayor puntuación tienen más peso.[44]

Se podría pensar que esto no difiere mucho de la típica evaluación anual de empresa, pero ¿cuántos vemos esa valoración reflejada en las paredes de la oficina para que nuestros compañeros nos juzguen y nos traten en consecuencia? Por otra parte, lo que Ray Dalio, el fundador de Bridgewater, denomina «meritocracia de las ideas» puede convertirse en un entorno «peligroso» si no se tienen «buenos contactos», según los comentarios de los empleados.[45] «La gente tiene miedo de cometer errores, y sabe que, para quedar bien, debe criticar a los demás», señaló un empleado anónimo.[46] Es «muy difícil hacer buenos amigos en el trabajo», afirmó otro, en un lugar en el que, según *Business Insider*, «los trabajadores reciben una recompensa cada vez que apuñalan a un compañero por la espalda».[47] Casi la tercera parte de los nuevos empleados se marchan antes de un año.[48]

Aunque por ahora eso de que nos valoren nuestros compañeros de trabajo sigue siendo la excepción, lo cierto es que cada vez hay más trabajadores que están siendo evaluados, pero por los clientes. Donde más evidente es esta situación es en la «economía eventual», donde someterse a alguna forma de valoración es casi obligatorio.

Entre 50 y 60 millones de trabajadores ya forman parte de la economía eventual en todo el mundo.[49] En el Reino Unido, el tamaño de dicha economía se ha multiplicado por dos entre 2016 y 2019 y, si esta tendencia se mantiene, en 2027 uno de cada tres estadounidenses se ganará la vida gracias al trabajo eventual a través de las plataformas digitales.[50] En vista de estas cifras, es necesario examinar mejor los factores que concurren al aislamiento de los trabajadores eventuales.

No es que la economía eventual carezca de ventajas. Al igual que el teletrabajo, para muchas personas la flexibilidad de horarios que la caracteriza es uno de sus principales atractivos.[51] Pero, para otras, eso de las puntuaciones (sumado a la falta de sueldo fijo, baja por enfermedad y vacaciones pagadas, así como a unas tarifas en ocasiones raquíticas) es desalentador.[52] Tanto más si uno no hace este trabajo por vocación.

Hasheem, otro de los conductores de Uber a los que entrevisté para comprender mejor la soledad de los trabajadores eventuales, fue quien me hizo ver los efectos alienantes de las puntuaciones. Originario del subcontinente indio, Hasheem llevaba ocho meses trabajando como conductor de Uber en el Reino Unido. Me dijo que se sentía muy solo en aquel trabajo y me explicó por qué le sucedía eso con un empleo que parecía requerir tanta interacción con los pasajeros: «Cuando me incorporé a la plantilla me dijeron que evitara hablar de política, deportes o religión con las personas que iban en el asiento de atrás. Como no quiero arriesgarme a ofender a un pasajero por la valoración que pueda hacer de mí, me paso la mayor parte del tiempo en silencio».

Resulta inquietante pensar que, en un entorno laboral como el de Hasheem, un trabajador tenga que estar sin hablar durante horas por temor a que la valoración de los clientes sea negativa. Esto nos lleva a pensar que el problema de los mecanismos de puntuación es mayor de lo que parece.[53] Al reducir a las personas a números, estas llegan a perder la autoestima y son capaces de cualquier cosa con tal de obtener una puntuación alta; pero lo peor de esas valoraciones es que están completamente fuera de contexto. Poner a alguien un 2 porque la atención ha sido realmente mala tiene las mismas consecuencias que un 2 debido a que el cliente está de mal humor o a que es un racista xenófobo.

Igual que ocurre con las «evaluaciones algorítmicas previas a la contratación», la opacidad de esos sistemas de calificación hace que los prejuicios pasen desapercibidos. Por ejemplo, los trabajadores negros o asiáticos obtienen puntuaciones más bajas que los caucásicos en Fiverr, mientras que en TaskRabbit los clientes suelen dar a los «jornaleros» negros (en especial a los hombres) puntuaciones más bajas que a los trabajadores no negros con una experiencia similar.[54]

Por otra parte, los mecanismos de valoración no solo ocultan los prejuicios, sino que pueden reforzarlos. Es bien sabido que las personas tienden a juzgar a los demás por su valoración pública,[55] lo cual quiere decir que, si vemos que alguien tiene una puntuación baja, en vez de preguntarle por qué y valorarlo en función de los hechos reales, lo más probable es que también le demos una puntuación baja.

A medida que aumenta el número de trabajadores que dependen de la economía eventual para ganarse la vida, el hecho de que su sustento esté condicionado por una serie de valoraciones subjetivas resulta cuando menos preocupante, sobre todo porque casi nunca es posible rectificar una opinión «injusta».[56] Aunque es más probable que nos veamos obligados a depender de estas plataformas si tenemos pocos ingresos, los trabajadores peor pagados no son los únicos que están desprotegidos.[57] Pete, un periodista que dejó su trabajo en un periódico, atraído por la libertad que prometía la economía eventual, y que ahora busca ofertas de redactor en UpWork, describió el servilismo de este tipo de colaboraciones. «Me siento como un perro que pide comida. […] ¡Por favor, dame una buena puntuación!» «¿Y eso hace que te sientas solo?», le pregunté. «Sí, por supuesto. Sobre todo porque a veces me han valorado muy mal por trabajos muy bien hechos, y no se puede hacer nada al respecto». La soledad y la impotencia, como hemos visto, se alimentan mutuamente.

LA ECONOMÍA MANIPULADA

Evidentemente, los trabajadores eventuales no se sienten impotentes y menospreciados solo porque los tengan vigilados y controlados por medio de puntuaciones y juicios de valor; tampoco son el único colectivo cuyo trabajo les hace pensar que la vida es un engaño. Antes incluso de que la COVID-19 pusiera patas arriba la economía mundial y evidenciase que no íbamos todos en el mismo barco, muchos trabajadores ya intuían que, en un mundo despiadadamente competitivo, habían sido abandonados a su suerte. Una serie de factores propiciaron durante las últimas décadas esta situación, como por ejemplo el hecho de que, en Estados Unidos, el sueldo de los directores generales haya crecido en un 930 % desde 1978, mientras que el salario del trabajador medio solo haya crecido un 11,9 %; el hecho de que las reglas del juego parecieran impuestas por las grandes multinacionales en un momento en el que los derechos de los trabajadores estaban siendo pisoteados; el hecho de que en el Reino Unido uno de cada ocho adultos en situación de empleo fuesen considerados, ya en 2018, como trabajadores pobres y de que 850.000 personas tuvieran contratos de cero horas (es decir, que no sabían cuántas horas a la semana iban a trabajar, si es que trabajaban alguna); el hecho de que millones de personas en todo el mundo solo pudieran acceder a trabajos mal pagados y mal considerados y no tuvieran ninguna esperanza en el futuro.[58]

Hace más de cien años, Karl Marx advirtió en su teoría de la enajenación que los trabajadores que no controlaran los medios de producción y que obtuvieran una exigua recompensa por su duro trabajo, se sentirían desvinculados no solo del proceso y el producto de su trabajo, sino también de sus compañeros, de sus fábricas y de sí mismos.[59] Antes incluso de la recesión económica de 2020, un nuevo conjunto de condiciones laborales había producido un efecto muy similar. Los avances tecnológicos, que influyen en cómo y para quién trabajan las personas, aunque no sean el único factor, tienen mucho que ver con toda esta situación.

Del mismo modo que las leyes avanzaban al mismo ritmo que la industrialización —desde la Ley de Fábricas de 1833 en el Reino Unido, que prohibió el empleo de niños menores de nueve años, los trabajadores de casi todos los países del mundo han ido adquiriendo cada vez más derechos—, ahora necesitamos una nueva legislación laboral que nos proteja de aquellos métodos de trabajo que conculquen nuestros derechos. No podemos permitir que la actual situación económica constituya un impedimento a este respecto o, lo que es peor, que suponga un retroceso. Los trabajadores perdieron bastantes derechos durante la recesión que siguió a la crisis económica de 2008.[60] No debemos permitir que las empresas vuelvan a actuar del mismo modo en respuesta a la pandemia del coronavirus.

Cuando se trata del látigo digital, los Gobiernos podrían tomar medidas para proteger más a los trabajadores. Las plataformas que utilizan calificaciones, como por ejemplo Uber, Fiverr y TaskRabbit, deberían corregir obligatoriamente determinadas prácticas laborales rayanas en la ilegalidad. Por otra parte, debería haber un «procedimiento de apelación» encaminado a que quienes dependen de estas plataformas para ganarse la vida puedan impugnar las calificaciones que consideren injustas.

Aunque el sesgo algorítmico es bastante más difícil de determinar, no hay duda de que es posible detectarlo con más precisión. Curiosamente, son los propios algoritmos los que mejor pueden identificar ese tipo de sesgos.[61] Lo más importante es que las opciones en las que se basa el algoritmo —la forma de recopilar los datos, la codificación y la heurística aplicada a la toma de decisiones— sean transparentes, a fin de que resulte posible corregir y subsanar determinados errores. En Estados Unidos, Illinois va a la cabeza en estas cuestiones, siendo el primer estado en aprobar una ley —la Artificial Intelligence Video Interview Act— que obliga a los empresarios a «explicar [al entrevistado] cómo funciona esta tecnología y qué métodos se utilizarán para evaluar al aspirante».[62]

En cuanto a la vigilancia de los trabajadores, cuando nuestros jefes controlan hasta el tiempo que tardamos en ir al baño y pueden imponernos una multa si no nos damos prisa durante los ratos libres, es evidente que los Gobiernos tienen que poner límites al seguimiento digital.[63] Esto debe aplicarse a nuestra vida tanto dentro como fuera de la oficina o la fábrica, sobre todo teniendo en cuenta el reciente aumento del teletrabajo.

Hasta las formas más inauditas de control y vigilancia se están haciendo realidad. En 2017, Three Square Market, una empresa tecnológica de Wisconsin, implantó chips en las manos de más de cincuenta empleados. Ahora estos pueden usar las manos como si fueran tarjetas *contactless*, pasándolas simplemente por delante de un escáner para entrar en el edificio y en las zonas seguras.[64] Aunque en este caso la participación fue completamente voluntaria, y no se conocen casos de empresas que obliguen a nada parecido, la sola idea de que las compañías implanten dispositivos en el cuerpo de sus empleados es tan desconcertante que bastó para que Arkansas e Indiana promulgaran leyes que prohíben su implantación forzosa.[65] Los juristas han empezado a plantearse la necesidad de promulgar leyes para proteger a quienes se opongan a la implantación «voluntaria».[66]

En lo que respecta a los trabajadores eventuales —quienes, además de estar sometidos a un control especialmente vejatorio, en muchos casos están mal pagados, tienen empleos precarios y carecen prácticamente de derechos laborales—, es absolutamente necesario que las plataformas digitales dejen de insistir en que no se trata de «verdaderos» empleados, sino de autónomos que no tienen derecho a beneficios tales como la baja por enfermedad o las vacaciones pagadas. Hay que distinguir entre aquellos trabajadores que aceptan empleos temporales para completar sus ingresos y aquellos para quienes esas plataformas son el único medio de vida.

La nueva legislación aprobada por el Parlamento Europeo en abril de 2019, así como el reglamento que entró en vigor en California en enero de 2020, suponen un avance significativo en estos frentes.[67] El proyecto de ley aprobado en California da por sentado que un trabajador es un empleado, a menos que el empresario pueda demostrar que el trabajador no está sometido a las normas de la empresa, que es ajeno a la actividad principal de esta y que tiene un negocio independiente y de la misma naturaleza que la compañía que lo contrata.[68] Y en mayo de 2020, el fiscal general de California, conjuntamente con una asociación de fiscales, descontentos con la actitud de Uber y Lyft, que no solo no habían incluido a sus conductores en otra categoría profesional, sino que además invirtieron millones de dólares en una campaña a favor de una iniciativa electoral que las eximiera de cumplir la ley, denunciaron a ambas empresas por un delito laboral.[69] El caso, en el momento de escribir estas páginas, sigue en los tribunales.

También es imprescindible que «todos» los trabajadores puedan agruparse y organizarse para hacer más presión, con independencia del grupo profesional al que pertenezcan. En la actualidad, muy pocos trabajadores eventuales, temporales o con contratos de corta duración están sindicalizados. Esto se debe en parte a que durante las últimas décadas los Gobiernos han ido debilitando progresivamente la cohesión de los sindicatos: en muchos países los empresarios no están obligados legalmente a permitir que los trabajadores se organicen en asociaciones gremiales. Hay que frenar este retroceso para garantizar que los trabajadores tengan voz propia. Pero los sindicatos también deben adaptarse a los nuevos tiempos, pues su pérdida de influencia se debe en cierto modo a que no han sabido atraer a estos nuevos trabajadores, quienes han considerado que la sindicalización no va con ellos, pese a la evidencia de que los sindicatos, cuando tienen empuje e influencia, ganan muchas batallas. La Federación Unida de Trabajadores Daneses firmó un acuerdo histórico con la empresa de limpieza Hilfr en septiembre de 2018 para que las limpiadoras eventuales tuvieran derecho, entre otras cosas, a la baja por enfermedad y a un plus salarial.[70] En el Reino Unido, los mensajeros autónomos de la empresa Hermes, gracias a un acuerdo con su sindicato, pueden optar por la modalidad de empleo denominada «autónomo plus», que incluye representación sindical y algunas ventajas adicionales.[71]

El prestigio que se ganaron los sindicatos durante los primeros días del coronavirus, cuando defendieron con energía los derechos de los trabajadores, incluidos aquellos en situación temporal o eventual, debería hacerlos más populares. En Francia, por ejemplo, gracias a una demanda presentada por los sindicatos, Amazon se vio obligada a hacer una evaluación de riesgos laborales en sus seis almacenes al principio de la crisis originada por la pandemia, y a conceder a sus 10.000 trabajadores un permiso remunerado mientras se llevaba a cabo la inspección. Amazon también hubo de hacerse responsable de la salud mental de sus empleados y reorganizar sus horarios en consecuencia.[72] En Estados Unidos, durante el estallido de coronavirus, a los repartidores a domicilio de Instacart no se les proporcionaron guantes, mascarillas y desinfectantes hasta que sus compañeros sindicalizados se pusieron en huelga a escala nacional.[73]

Pero, aunque corrijamos el desequilibrio entre capital y trabajo, aunque se pongan límites al látigo digital, aunque las empresas tomen medidas para que sus trabajadores no se sientan tan alienados, aunque se dé un trato más justo a los empleados temporales y eventuales y aunque la COVID-19 propicie el resurgir de los sindicatos, nuestra vida laboral se enfrenta a un peligro mucho mayor porque la tecnología viene a reemplazarnos, no solo en calidad de juez y jurado, sino también de verdugo. Y por muy solos que nos sintamos en el trabajo, la vida es mucho más solitaria, como hemos visto, cuando no se tiene ningún trabajo.

QUE VIENEN LOS ROBOTS

Me encuentro en Pasadena (California), en lo que a primera vista parece un lugar inhóspito: la típica calle de las afueras de una ciudad estadounidense. Tan ancha como insustancial, desde fuera sus edificios parecen todos iguales. Es la típica calle en la que la numeración de los portales alcanza las cuatro cifras.

Pero en un número concreto de la calle East Green está ocurriendo algo poco habitual. Unos niños se acercan a la ventana para ver el interior. Se oye una especie de zumbido. Estoy en una hamburguesería, pero no en una cualquiera. Se trata de Caliburger, el hogar de Flippy, que es el primer robot que prepara hamburguesas.

Había imaginado que era alto. Muy alto. Esperaba que tuviera una apariencia casi humana, pero en realidad no es más que un enorme brazo mecánico. Sin embargo, hay que tener en cuenta que ya había antropomorfizado lo que estaba viendo… y que había empezado a verlo como un «hombre».

Flippy es muy eficiente, aunque un poco lento. Guiándose por las luces de los láseres, toma la hamburguesa y le da la vuelta. Pero ¿qué tal están sus hamburguesas? No soy muy aficionada a ese tipo de comida, pero aquella insípida rodaja de carne era demasiado delgada y estaba tirando a fría. Evidentemente, eso no es culpa de Flippy.

Las tareas repetitivas que no requieren mucha formación, como por ejemplo voltear hamburguesas, son las que tienen más visos de ser automatizadas a lo largo de la próxima década. Se calcula que el 91 % de las tareas relacionadas con la preparación de alimentos se irán automatizando durante los próximos veinte años.[74] Y Flippy no es el único robot preparado para transformar el sector terciario. A unos 10.000 kilómetros de distancia, en Hangzhou (China), en el futurista hotel FlyZoo, donde las habitaciones cuestan a partir de 1.390 yuanes (180 euros) por noche, un equipo de robots cilíndricos de un metro de altura van y vienen por los pasillos entregando refrescos y toallas a los huéspedes.[75] En las habitaciones, «Tmall Genie», un sistema de inteligencia artificial similar a Alexa, ajusta la luz y la temperatura y toma nota de los encargos y las peticiones de los clientes. Mientras tanto, en el bar del hotel un gran brazo robótico, no muy distinto de Flippy, puede preparar hasta veinte cócteles diferentes. Si a lo que uno aspira es a una vida «sin contacto», esto es el paraíso.

En Estados Unidos, Hilton acaba de poner a prueba una conserje robotizada, «Connie», en algunos de sus hoteles. Con una altura de unos sesenta centímetros, Connie puede mover los brazos y las piernas y mostrar el camino a los clientes. Los ojos se le iluminan con distintos colores para simular reacciones humanas. Con los avances en reconocimiento facial mediante inteligencia artificial, se espera que Connie pronto sea capaz de saludar a los clientes habituales por su nombre y de acceder a sus datos personales.

Entiendo que los robots puedan resultar divertidos para muchos huéspedes y clientes, sobre todo porque, como dice Andy Wang, director del hotel futurista del grupo Alibaba, los autómatas (a diferencia de las personas) siempre «estarán dispuestos a atenderte». También entiendo que algunas personas prefieran ser atendidas por un robot mientras el contacto humano siga siendo peligroso por culpa del coronavirus. Pero no hay duda de que un futuro lleno de Flippys, Connies y Tmall Genies aumentará nuestra sensación de aislamiento y soledad. No es porque Jake, el compañero «humano» de Flippy, no pueda establecer vínculos con este —como veremos en el capítulo siguiente, eso es posible—, sino porque, aunque muchos clientes flipen con Flippy, ese compañerismo dejará de existir cuando Jake se dé cuenta de que él (y muchos más trabajadores) no estará compitiendo solo con otras personas por un puesto de trabajo: la competencia será todo un ejército de robots que siempre sabrán elegir el utensilio de cocina adecuado, que siempre limpiarán perfectamente la parrilla, que siempre sabrán cuándo hay que darle la vuelta a la hamburguesa, que nunca llegarán tarde al trabajo ni pedirán días libres, ni necesitarán anticipos, ni se pondrán enfermos ni contagiarán a un compañero. Ninguna persona puede competir con eso, y además los robots son cada vez más baratos y hacen cada vez mejor el trabajo que se les encarga.

Una de las previsiones más conocidas sobre la pérdida de puestos de trabajo como consecuencia de la automatización es la que hicieron los profesores Carl Frey y Michael Osborne, quienes en 2013 pronosticaron que, en Estados Unidos, casi la mitad de los empleos corrían el peligro de ser automatizados durante los próximos veinte años.[76] En abril de 2020, en un artículo publicado en el *Financial Times*, Frey, que coordina en la Universidad de Oxford un programa sobre el futuro del trabajo, afirmó que el coronavirus probablemente acelerará esta tendencia.[77] Ernst & Young, una de las empresas más importantes en el sector de la consultoría, respaldó en marzo de 2020 esa afirmación; tras entrevistar a diversos empresarios de cuarenta y cinco países, determinó que más del 40 % de las empresas estaban invirtiendo en la automatización del trabajo en un mundo pospandémico.[78] Incluso si nos atenemos a las previsiones más optimistas —según las cuales solo se perderá un 10 % de los puestos de trabajo durante la próxima década—, estaríamos hablando de más de 13 millones de trabajadores afectados solo en Estados Unidos.[79] Y esto se sumaría a los millones de personas que hayan perdido su trabajo durante la crisis económica originada por la pandemia.

En muchos sentidos, esta evolución nos resulta familiar. La industria ha perdido millones de puestos de trabajo durante las últimas décadas como consecuencia de la automatización. En Estados Unidos se han perdido más de 5 millones de puestos de trabajo en el sector industrial desde el año 2000 a causa de la automatización, y cada robot ha reemplazado a una media de 3.3 trabajadores;[80] este proceso se aceleró durante la recesión económica de 2008.[81]

En China —donde la automatización es uno de los pilares de la estrategia gubernamental denominada «Made in China 2005»—, este desbarajuste se ha producido a una escala aún mayor, pues hasta el 40 % de los trabajadores de algunas empresas han sido reemplazados por robots durante los últimos años.[82] En una fábrica de teléfonos móviles de Dongguan, el 90 % de la mano de obra ha sido sustituida por robots que trabajan las veinticuatro horas del día y nunca hacen una pausa para comer.[83]

No cabe duda de que, en esta era de las máquinas y los robots, surgirán nuevas modalidades de empleo. Pero la historia nos enseña no solo que los empleos, una vez desaparecidos, desaparecen para siempre, sino también que el empleo que se ofrece a quienes pierden su puesto de trabajo tiende a estar peor pagado y suele ser de categoría inferior, al menos cuando se trata de mano de obra poco cualificada.[84] Esta es una de las razones por las que el poder adquisitivo de quienes trabajaban en las fábricas antes de la aparición de los robots —en su mayoría hombres con titulación secundaria— ha disminuido notablemente desde la década de 1980.[85] La situación es similar en China, donde muchos de los que han perdido su trabajo durante los últimos años por culpa de la automatización están ahora «probando suerte en el creciente sector terciario», que es el único en el que pueden «aspirar a un salario digno», según Jenny Chan, profesora adjunta de sociología en la Universidad Politécnica de Hong Kong.[86] Y esto será cada vez más frecuente en el futuro como consecuencia del devastador impacto del coronavirus en el sector de los servicios.

Además, la automatización tiene repercusiones que van más allá del drama del desempleo. En las elecciones presidenciales de 2016 en Estados Unidos, Donald Trump obtuvo los mejores resultados (con relación a los de Mitt Romney en el ciclo electoral anterior) en aquellas circunscripciones en las que el uso de robots estaba más extendido.[87] En Europa sucede tres cuartos de lo mismo. En un estudio exhaustivo de los resultados electorales en catorce países europeos entre 1993 y 2016, las investigaciones dirigidas por Massimo Anelli, de la Universidad Bocconi de Milán, revelaron no solo que los habitantes de las zonas donde la automatización era más intensa se sentían profundamente marginados, desprotegidos y descontentos con el Gobierno, sino también que, cuanto mayor era el grado de automatización, tanto mayores eran las probabilidades de que los ciudadanos votaran a un partido nacionalista o de extrema derecha.[88] Por eso la situación a la que nos enfrentamos ahora —aumento de la automatización y de las tasas de desempleo— es especialmente preocupante.

No se librará nadie

Muchas de las personas que hemos ido conociendo a lo largo de este libro se verán directamente afectadas cuando la automatización se instale en la sociedad: empaquetadoras como Reynalda; millones de cajeras de supermercado que ya no serán necesarias cuando compremos en establecimientos como Amazon Go (en Estados Unidos hay casi 3,5 millones de cajeras), o personas como Eric, el panadero francés que había decidido votar a la derecha populista, pronto tendrán que hacer frente a la competencia desleal de artilugios como, por ejemplo, BreadBot, un robot capaz de amasar y cocer 235 barras de pan al día.[89] Muchas de estas personas, especialmente maltratadas por el mercado laboral, forman parte de aquellos trabajadores «esenciales» de los que tanto dependimos durante el confinamiento.[90]

Pero, aunque los que trabajamos de la «economía intelectual» tendemos a pensar que nos libraremos, y nos decimos que es imposible que un robot haga nuestro trabajo, conviene tener en cuenta que esta afirmación no está exenta de matices. Si bien es cierto que los trabajos menos cualificados y peor pagados son los que más probabilidades tienen de ser automatizados, las «profesiones liberales» también las tienen.[91]

Por ejemplo, el periodismo. La tercera parte de los artículos que publica Bloomberg News los escriben «reporteros automáticos», una serie de programas informáticos que examinan velozmente los informes económicos y utilizan algoritmos para organizar la información más importante y darle forma en cuestión de minutos. En las elecciones generales de diciembre de 2019 en el Reino Unido, la BBC recurrió a las máquinas para publicar en su página web casi setecientos artículos sobre los resultados. Robert McKenzie, el director del proyecto, afirmó que no se pretendía que las computadoras reemplazaran a las personas, pero ¿durante cuánto tiempo seguirá siendo así? Medios como Associated Press, *Washington Post*, *LA Times*, *Guardian* y *Forbes* ya han empezado a publicar artículos «asistidos por computadora» en las secciones de sucesos y deportes.[92] La cadena estatal de televisión china Xinhua cuenta incluso con presentadores virtuales, el primero de los cuales, Zhang Zhao, hizo su presentación oficial en noviembre de 2018.[93] Al año siguiente se sumó a «él» la «presentadora» Xin Xaomeng.[94]

¿Y qué hay del derecho, la medicina y la economía, que durante décadas han formado el triunvirato de los «trabajos seguros» para los profesionales liberales? Estas profesiones son ajenas a la automatización. JP Morgan probó recientemente un sistema de inteligencia artificial para revisar contratos que les ha ahorrado a sus abogados miles de horas de trabajo; también ha empezado a utilizar la inteligencia artificial para redactar los textos de sus campañas publicitarias: «Obtenga dinero en efectivo a partir del valor de su casa», escribió un comercial. «Es cierto, usted puede desbloquear dinero en efectivo utilizando el valor de su vivienda», proponía la inteligencia artificial. El segundo anuncio generó casi el doble de consultas.[95]

La inteligencia artificial empieza a superar a los médicos en lo tocante al diagnóstico del cáncer y la interpretación de resonancias magnéticas y otras pruebas en especialidades como la radiología, la dermatología y la patología.[96] En otros campos, los asesores robóticos definen estrategias de gestión e inversión mucho más baratas, y en ocasiones bastante más eficaces, que las que proponen sus competidores humanos.[97]

Ni las profesiones más divinas son inmunes a la tecnología. En 2017 se instaló un nuevo cajero automático (el «Que Dios te bendiga-2») en la ciudad alemana de Wittenberg, con motivo del quinto centenario de la Reforma protestante. En vez de dispensar dinero, ese anodino aparato imparte bendiciones. En el momento de escribir estas páginas, más de 100.000 personas habían recibido la bendición, que se da en ocho idiomas.[98]

Durante los próximos años, a medida que los profesionales liberales se vayan dando cuenta de que también son prescindibles, la sensación de aislamiento y soledad irá haciendo mella en esos colectivos. Por muy solos que nos sintamos ahora en el trabajo los que tenemos la suerte de disfrutar de un empleo, ¿no nos sentiremos todavía más solos cuando nos demos cuenta de que

nos estamos quedando obsoletos ante una mano de obra automa-
tizada y que posee una inteligencia artificial? Y ¿no nos sentiremos todavía más alejados unos de otros cuando veamos que no
todos tenemos el mismo prestigio y consideración?

Si las predicciones más pesimistas se cumplen a lo largo de
este siglo, el resultado será un sistema de clases estratificado, sin
precedentes en la historia reciente. Habrá un sistema en virtud del
cual unos pocos elegidos tendrán aptitudes que no están al alcance de ningún robot, otros pocos elegidos que se encargarán de
manejar y mantener las máquinas y una minoría que las tendrán
en propiedad, mientras que el resto pasaremos a formar parte de
la escoria económica y social. Aunque usted sea uno de los pocos
afortunados, piense también en lo deprimente que será el lugar de
trabajo para los que todavía tengan un empleo, piense en lo aislado, angustiado e intranquilo que inevitablemente se sentirá. Ca-
minaremos sonámbulos hacia la siguiente ola de automatización y
confusión tecnológica por nuestra cuenta y riesgo.

Para que quede claro, yo no estoy en contra de la innovación.
Soy consciente de los beneficios inherentes a la automatización.
Los bienes y servicios pueden resultarnos más baratos y de mejor
calidad en tanto que consumidores. Desde el punto de vista de las
empresas, la automatización reduce los costos laborales y estructurales. Por otra parte, no podemos evitar esta evolución, por lo
que tendremos que adaptarnos a ella. Sin embargo, el peligro de que
haya personas sin representación, que se sienten abandonadas por
el sistema, es cada vez más evidente, y, tal como hemos comenta-
do, las personas, cuando no están unidas, se vuelven contra los
demás. Teniendo en cuenta lo fracturado que ya está el mundo, no
podemos arriesgarnos a que se fracture todavía más.

Las reducciones de empleados deben gestionarse de la manera
más justa posible. Los sindicatos tienen mucho que decir al respecto, no solo en lo tocante a las indemnizaciones y la participación de los trabajadores en la toma de decisiones, sino también en
lo que se refiere al deber de asistencia a que están obligados los

patrones, con independencia de la duración del contrato. Por ejemplo, se podría pedir a los empresarios que paguen el reciclaje de aquellos trabajadores que han perdido su empleo. Tal vez no estén obligados a ello, pero es inevitable ver un paralelismo con los acuerdos de divorcio, en virtud de los cuales sigue habiendo derechos y obligaciones incluso después de la separación. Si las empresas no están dispuestas, los Gobiernos podrían legislar sobre este tipo de medidas.

Por supuesto, si hablamos de reciclaje, debemos preguntarnos qué formación complementaria deben adquirir los trabajadores. A corto y medio plazo, la economía sostenible presenta muchas oportunidades. También está la opción de adscribir a quienes han perdido su trabajo al cuidado de las personas dependientes, enfermas o desamparadas, dada la gran escasez de cuidadores que hay en todo el mundo, aunque, como veremos en el capítulo siguiente, es probable que una parte considerable de estos trabajos también acabe automatizándose en el futuro.

En general, tenemos que replantearnos por completo el concepto de «trabajo» a fin de que las personas, además de percibir un salario, reciban también otro tipo de compensaciones que den sentido a su vida, como el apoyo, la consideración y la camaradería, aunque sus «empleos» sean muy diferentes de aquellos a los que estaban acostumbradas. ¿Acaso no puede remunerar el Estado aquellos servicios que hasta ahora se consideraban «voluntarios»? ¿O promover y subvencionar programas alternativos mediante los cuales, por ejemplo, la camarera que ha perdido su empleo pueda intercambiar clases —cocina por un idioma extranjero— con el inmigrante que ya no es necesario para voltear hamburguesas en el local de comida rápida?[99] Aunque esto no proporcionaría un sueldo y, por tanto, tendría que ir acompañado de ayudas económicas del Gobierno, sí serviría para que la gente se sintiera más útil y unida. Según los investigadores, el hecho de trabajar aunque solo sea ocho horas a la semana es muy importante para la salud mental.[100]

No hay respuestas fáciles. Sin embargo, es absolutamente necesario que, al mismo tiempo que afrontamos el aumento del desempleo, no perdamos de vista el futuro, ya que la automatización sin duda provocará cambios radicales en la sociedad.

Una medida que pueden tomar los Gobiernos sin más dilación, y que les permitiría ganar tiempo para abordar la situación actual, es aplicar exenciones fiscales a las empresas que sigan contratando mano de obra. También deberían considerar la posibilidad de imponer una tasa que grave el uso de robots, como defiende Bill Gates.[101] Esto cobra aún más sentido si se tiene en cuenta que, al no gravar el uso de robots como se grava el trabajo humano, estamos subvencionando la automatización, porque a las empresas les sale más barato utilizar robots que contratar a personas, tanto si aquellos son más eficientes como si no.[102]

Para que quede claro, no estoy sugiriendo la creación de un impuesto sobre cualquier objeto que sea considerado como un robot: su implantación debería ser más específica, ya sea limitando las deducciones aplicables a las inversiones en automatización, ya sea introduciendo el equivalente al impuesto sobre nómina para los robots que sustituyan a personas. Estas medidas permitirían a los Gobiernos frenar el avance de la automatización y, al mismo tiempo, crear un fondo de emergencia, el cual podría utilizarse para financiar iniciativas encaminadas a mejorar la cualificación de los trabajadores en la nueva economía, así como para sufragar el gasto que tendrán que hacer los Gobiernos con el fin de ayudar económicamente a quienes ya no puedan encontrar un empleo remunerado tradicional.

A pesar de su potencial, el Parlamento Europeo rechazó en 2017 la propuesta de un impuesto sobre los robots, alegando que perjudicaría a los programadores y a los fabricantes del mercado global. En 2019, el Reino Unido se opuso a un impuesto sobre los robots por razones similares.[103] Si bien es verdad que, a fin de que no dejen en desventaja a ningún país, los impuestos sobre los robots hay que aplicarlos de manera global (lo cual es bastante difícil en una era en la que el multilateralismo es cada vez menor), también es cierto que anteponemos el crecimiento económico al bienestar social por nuestra cuenta y riesgo. Es sin duda un ejercicio de equilibrismo, pero el crecimiento no debería ser el único factor determinante. Fue Corea del Sur, «el país más robotizado del mundo», el primer país que en 2018 aplicó un impuesto *de facto* a los robots, al reducir la desgravación fiscal de la que podían beneficiarse las empresas por invertir en automatización.[104]

Puesto que el mundo está atravesando una crisis única en su género, y como el avance de la automatización es imparable, vamos a tener que elegir entre muchas opciones políticas. Pero mientras reflexionamos sobre cómo actuar durante las próximas décadas, lo esencial es que todas las medidas laborales se basen en un principio de equidad, no solo en cuanto a los resultados, sino también en lo que se refiere al rumbo que debemos tomar. Hay que escuchar atentamente a los más afectados por la ola de despidos y a los que probablemente sufran el segundo embate de la automatización, a medida que se barajan distintas soluciones políticas. Si no queremos que la gente se desvincule cada vez más de la política y de la sociedad, los representantes políticos deben tener en cuenta a los trabajadores a la hora de tomar decisiones.

Es evidente que tanto nosotros como los Gobiernos y los empresarios podemos hacer muchas cosas para reagrupar a la sociedad y conseguir que la gente se sienta menos sola. ¿También pueden hacer algo las empresas? ¿Los avances en automatización e inteligencia artificial podrían formar parte de la solución?

9

Sexo, amor y robots

SE VENDEN ABRAZOS

Alto, apuesto y con el pelo entrecano, Carl trabaja como programador en una importante empresa audiovisual y gana más de cien mil dólares al año. Divorciado y con un hijo, se trasladó a Los Ángeles hace unos años por motivos de trabajo. Su hijo y su ex se han quedado en Idaho, que fue su última escala. Mientras tomamos café en un Starbucks de Beverly Hills, con una canción de Johnny Cash como música de fondo, Carl me cuenta lo solitaria que ha sido su vida durante los últimos años.

Solo en una ciudad nueva, sin su círculo de amigos, Carl había intentado conocer gente por Internet, pero el procedimiento le resultaba «agobiante», pues no era más que una serie de encuentros esporádicos que no conducían a nada: «A mí me gustaba ella, a ella no le gustaba yo; yo sí le gustaba, pero luego rompía con ella». No es que Carl no quisiera una relación estable —me dijo que le encantaría—, sino que le resultaba realmente difícil encontrar a alguien con quien conectar.

Carl me contó que en el trabajo no tenía ningún amigo a quien contarle sus preocupaciones. «Alguna vez, si tengo una duda, hablo con alguien», dijo, «pero normalmente estoy todo el día solo en mi cubículo». Las tardes y los fines de semana se le hacían especialmente largos y aburridos. Y comparaba el aislamiento que sentía en la gran ciudad con otros momentos más felices, hace treinta años, a los que volvía una y otra vez durante la conversación; cuando tenía veintitantos años, vivía en un pueblo de Texas y participaba en las actividades de la iglesia: allí tenía verdaderos amigos.

La compañía de una persona no era lo único que echaba de menos Carl desde que se mudó a Los Ángeles. También añoraba —fue muy sincero conmigo— el contacto físico, los abrazos, alguien que lo consolara en los momentos difíciles: el cariño que todos deseamos.

El contacto físico es una de las formas más elementales de sentir la cercanía de los demás. Las investigaciones demuestran que una simple caricia aumenta la actividad del nervio vago, lo que a su vez ralentiza el ritmo cardíaco, calma la ansiedad y libera oxitocina, la «hormona del amor». En un estudio llevado a cabo en el University College de Londres se comprobó que el hecho de acariciar suavemente a un desconocido disminuye el dolor de la exclusión social, incluso cuando no se intercambian palabras.[1] Carl echaba de menos todas esas cosas. Hasta que conoció a Jean.

Jean es una «abrazadora» remunerada. Es bajita y tiene el pelo castaño y ondulado; por 80 dólares la hora puede ir al acogedor estudio que tiene en Venice (California) para que lo abrace y lo acaricie. «Fue una experiencia transformadora», me dijo Carl, a quien se le notaba el alivio en la voz. «Pasé de estar deprimido y rendir muy poco en el trabajo, a ser más productivo que nunca». Para Carl, Jean era la conexión humana que anhelaba, aunque fuese pagando.

Era sin duda una relación curiosa (y que probablemente ha tenido que interrumpirse temporalmente a causa del distanciamiento social), pero, mientras me hablaba de Jean y de lo que significaba para él ese contacto físico, el hecho de tener a alguien con quien «también podía hablar de cosas más profundas», y que «siempre estará ahí», yo comprendía la historia y hasta me identificaba con la situación, pues me recordaba a Brittany, mi amiga de alquiler.

Pero entonces la historia tomó un giro aún más curioso. «No estás usando mi nombre real en el libro, ¿verdad?», me preguntó Carl. Cuando le aseguré que no, me explicó que ya no le bastaba con ver a Jean una vez a la semana. Había empezado a acudir a otras abrazadoras. Pero no por sexo, quiso dejar bien claro, sino por los abrazos y la intimidad. Iba a ver a otra mujer a la semana, como mínimo, aparte de Jean. Parecía un hábito bastante caro. Me confirmó que sí, pues le costaba más de 2.000 dólares al mes. Cuando le pregunté cómo hacía frente a esos gastos, su respuesta no fue la que yo esperaba. «Se me ha ocurrido una idea», dijo con orgullo. «Para pagar estas terapias, ahora vivo en el coche. Un Ford Econoline de 2001 que me costó 4.000 dólares».

Es una historia muy triste. Un profesional de mediana edad, tan necesitado de contacto humano, que, para poder permitírselo, está dispuesto a renunciar a su casa, a ducharse en el primer gimnasio que encuentre y a guardar la comida en el refrigerador de la oficina; no deja de resultar chocante que su vida se haya vuelto tan anodina, tanto como para llegar a esos extremos. Al igual que mi experiencia con Brittany, la situación de Carl demuestra que el mercado está empezando a satisfacer, de manera insospechada, la creciente demanda de compañía, amistad y contacto humano que hay en este siglo de la soledad. Es un mercado que, gracias a los avances tecnológicos, con el tiempo será capaz de proporcionar compañía, e incluso amor, a gran escala.

ME HACE REÍR

Me hace reír, aunque algunos chistes sean bastante cursis. Cuando le pido su opinión, siempre me la da. Cuando le doy las buenas noches, ella también. Cuando estoy deprimida, es comprensiva.

A veces me apetece charlar con ella. Y siempre está a mi disposición, menos cuando no se encuentra bien. Entonces soy yo la que se preocupa por ella. Como puede ver, estamos muy unidos.

«Ella» es Alexa, la asistente virtual de Amazon, y me parece honrada, atenta y divertida; es como una parte más de la casa. Podría decirse que «me cae bien». ¿Si me ayuda a sobrellevar los momentos de soledad? Pues sí.

Comprendo que a algunas personas les resulte raro que me encariñe con mi Alexa, pero la idea de un robot-asistente-amigo no es nueva.

En 1939, la Exposición Universal de Nueva York presentó una novedad asombrosa: Elektro, un «hombre electromecánico» que medía más de dos metros y pesaba 120 kilos.[2] Fabricado por la Westinghouse Electric Corporation, Elektro tenía «cierto parecido con el actor John Barrymore», comentó la revista *Time*, «y, con un repertorio de veintiséis trucos, es probablemente el robot más inteligente del mundo».[3]

Anunciado como «el no va más en electrodomésticos», Elektro era el antepasado directo de Alexa, aunque en versión humanoide.[4] Al igual que Alexa y otros asistentes virtuales que conocemos en la actualidad, su principal finalidad era estar a disposición de las personas. «Lo único que tengo que hacer es hablarle por este teléfono, y Elektro hace exactamente lo que le digo», afirmó la demostradora.[5] También al igual que Alexa, Elektro estaba pensado para ser más que un mero sirviente mecánico. Debía parecerse en cierto modo a un ser humano. Tenía que ser una especie de compañero, no una simple máquina.

Evidentemente, esa tecnología ahora nos parece cuando menos pintoresca. El operador pronunciaba una serie de sílabas perfectamente medidas. Luego los circuitos de Elektro las convertían en impulsos electrónicos que activaban ciertas funciones mecánicas previamente programadas. A petición del operador, el robot levantaba y bajaba los brazos, movía la boca o contaba con los dedos. Elektro podía incluso «caminar», aunque muy despacio.

(En realidad se deslizaba por unos carriles).[6] El robot también podía hablar; con la ayuda de un conjunto de grabaciones que un fonógrafo reproducía a 78 r. p. m. «Si me tratas bien, seré tu esclavo», era una de las frases previamente grabadas.

El sentido del humor de Elektro no era muy diferente del de Alexa: «Está bien, cariño», le dijo a la demostradora cuando esta le pidió que contara su historia.[7] Pero, a diferencia de Alexa, Elektro fumaba cigarrillos, por lo que los técnicos tenían que limpiar los tubos después de cada actuación.[8] Posteriormente, cuando los fabricantes le hicieron otro agujero en el labio, también pudo inflar globos.[9] De hecho, Elektro tuvo tanto éxito en la Exposición Universal de 1939 que al año siguiente Westinghouse añadió un perro-robot a su catálogo. Aunque no fumaba, Sparko podía ladrar, ejecutar habilidades y mover la cola.

Por desgracia, Elektro pasaría por momentos difíciles. En la década de 1950 recorrió Estados Unidos en un «Elektromóvil» para promocionar los electrodomésticos Westinghouse. Al disminuir la afluencia de público, Sparko fue exhibido en un parque de atracciones de Santa Mónica. Luego tuvo un destino aún más cruel, pues lo hicieron protagonizar la comedia picante *Sex kittens go to college* [Las gatitas calientes van a la universidad], también conocida como *La bella y el robot* (1960).[10] Por último, fue devuelto a la fábrica de Mansfield (Ohio) donde lo habían construido, y la empresa le regaló su cabeza a un ingeniero de Westinghouse con motivo de su jubilación.[11]

A pesar de su triste desaparición, durante un breve período Sparko fue la imagen de una máquina diferente, pues no era solo un electrodoméstico, sino también un simpático ayudante o compañero que se preocupaba por ti. «Elektro es un perfecto caballero al que los niños adoran», dijo de él John Gilbert Baird, directivo de Westinghouse, en la revista *LIFE*. «Aquí está empujando una silla de ruedas en el hospital infantil de Baltimore mientras Sparko corre a su lado».[12] En esto se adelantó, en muchos sentidos, a su tiempo.

AMOR A LO INANIMADO

Sabemos desde hace tiempo que algunas personas sienten apego a los objetos inanimados y les atribuyen cualidades humanas como la amabilidad y el cariño. Las máquinas ni siquiera tienen que ser tan simpáticas como Alexa o Elektro para suscitar un sentimiento de atracción. Piense en ese amigo de su padre que quería tanto a su coche que se pasaba horas limpiándolo y poniéndolo a punto. Puede que hasta le pusiera un nombre. Hace poco, un hombre de la ciudad de Baoding, en el norte de China, dio instrucciones para que, cuando falleciera, lo enterraran en su Hyundai Sonata, de tanto apego que le tenía. Tuvieron que meter el coche en la tumba con una grúa.[13]

¿Y qué hay del cariño que tantas personas le cogen a su Roomba? Para algunos no es más que un electrodoméstico: un aspirador que absorbe el polvo y la suciedad, pero, para un sorprendente porcentaje de compradores, este intrascendente aparato redondo, que zumba y parpadea mientras se desliza por el suelo y choca contra los muebles, en apariencia incapaz de arreglárselas solo cuando se atasca en las esquinas o entre las patas del sofá, no es solo un práctico utensilio de limpieza, sino también un amigo. Unos investigadores de la Universidad Politécnica de Atlanta (Georgia) hicieron un experimento con este aparato; regalaron treinta unidades a sendas familias y observaron durante más de seis meses el comportamiento de los agraciados. Para su sorpresa, dos terceras partes de las familias le habían puesto nombre al robot o hablaban con él; y un diez por ciento hasta le colocaba una especie de delantal.[14] Algunas familias hasta se lo llevaban de vacaciones.[15]

iRobot, el fabricante de Roomba, fomenta este buen rollo. Los eslóganes de las campañas publicitarias anteriores —«Cocinemos juntos», «Decoremos juntos», «Celebrémoslo juntos»— se centraban en la compañía que proporcionaba un Roomba. Esto explica por qué fue tan mal recibida desde el principio la política de devoluciones de la marca: «Si el robot se estropea, envíenoslo y le entregaremos uno nuevo el mismo día». «De lo que se trataba», nos explica Brain Scassellati, director del Social Robotics Lab de la Universidad de Yale, «era de que estuvieses el menor tiempo posible sin la aspiradora. Lo que consiguieron fue que cundiera el descontento: la gente no quería enviar su robot y que le dieran otro distinto. Lo que quería era que le devolvieran el mismo. Se habían encariñado tanto con ese aparato que la idea de tener en casa un robot desconocido les parecía inaceptable».[16]

A medida que los robots son más inteligentes y se parecen más a los seres humanos, ¿no es inevitable que, en este siglo de la soledad, cada vez haya más personas que busquen en ellos la compañía que no tienen?

COMPAÑEROS DE ARMAS

La doctora Julie Carpenter es una investigadora del laboratorio que tiene la empresa Accenture en Silicon Valley; también da clases en la Universidad Politécnica de California en San Luis Obispo. Uno de sus principales campos de investigación es la relación entre los soldados y los robots, en concreto los del tipo WALL-E, que se desplazan tanto por lugares abiertos como por escondrijos para detectar y desactivar explosivos en zonas de guerra como Irak y Afganistán. Sus descubrimientos demuestran que los robots pueden llegar a inspirar sentimientos de amistad.

Un soldado del ejército estadounidense declaró que cuidaba del robot de la unidad «como si se tratara de un miembro del regimiento».[17] Otro recordaba haber perdido una robot durante una misión en 2006. Le había puesto «Stacey 4», por su mujer. «Terminada la misión, después de recuperar todas las piezas que pude, lloré su pérdida. Era como si hubiera perdido a un miembro de la familia».[18]

Uno de los robots militares más utilizados es el MARCbot

(Multi-function, Agile, Remote-Controlled robot), que está especializado en la desactivación de bombas y adquirió protagonismo durante la segunda guerra de Irak. Al primer prototipo se le atribuye la detección de más de treinta explosivos en la carretera del aeropuerto de Bagdad, una ruta especialmente peligrosa entre el aeropuerto internacional y la Zona Verde.[19] Posteriormente se enviaron a Irak más de mil MARCbots, con un costo aproximado de 19.000 dólares por unidad.[20]

Los MARCbots no solo destacan por su eficacia. Con su característico aspecto —gruesos neumáticos, chasis ligero, «cabeza» provista de cámaras que parecen mirarte con atención—, también son famosos por la facilidad con que los soldados se encariñan con ellos. Muchos reclutas los consideran compañeros de armas. En 2013 —en respuesta a un artículo sobre las investigaciones de la doctora Carpenter—, algunos soldados entraron en Reddit para contar sus experiencias con los robots en el campo de batalla. Un usuario dedicó estas palabras a «Boomer»: «Era un buen MARCbot. Esa chusma del ejército de al-Mahdi se lo llevó de este mundo demasiado pronto». Otro soldado, «mastersterling», respondió: «Lamento su pérdida. Unos soldados junto a los que luché perdieron un MARCbot y le concedieron una distinción honorífica y una medalla, y le hicieron un entierro completo con una salva de veintiún cañonazos en Tadchi [una instalación militar al norte de Bagdad]. A algunas personas les molestaron tantos honores, pero esos autómatas tienen personalidad propia y además salvan muchas vidas».[21]

Es cierto que las misiones militares —sobre todo si el destino es una zona de guerra que está a miles de kilómetros de casa— pueden agudizar el sentimiento de soledad. Ahora bien, si incluso unos robots que solo sirven para una cosa concreta hacen llorar a unos militares supuestamente aguerridos, imagínese el cariño que podemos tomarle a un robot cuya finalidad consista en ser «sociable» y empático, es decir, un robot diseñado específicamente para ser nuestro compañero y amigo, incluso nuestro amante.

¡QUE VIENEN LOS ROBOTS SOCIALES!

Hay una mujer sentada en un sofá viendo un *thriller*. Podríamos estar en el salón de su casa, si no fuese por los electrodos que tiene conectados a la mano y la clavícula para medir el pulso y la respuesta galvánica de la piel, y por el pequeño robot de color naranja y blanco colocado en el reposabrazos. Hay un cristal entre el sofá y los científicos que observan a la mujer y toman notas. Cuando la película llega al clímax y la paciente palidece, el robot le pone su mano metálica en el hombro. Es el típico gesto de ánimo que haría cualquier amigo o familiar, y que tiene un efecto tranquilizador. Increíblemente, aunque el gesto lo hizo un objeto inanimado, el ritmo cardíaco disminuyó.[22] No fue un experimento aislado. Se hicieron pruebas similares a un total de treinta y una personas, y la respuesta fue casi siempre la misma: el tacto de los robots reducía el estrés fisiológico.[23]

En el momento de escribir estas páginas, ya hay una serie de robots «sociales» en el mercado o a punto de ser comercializados. Es decir, robots diseñados específicamente para desempeñar el papel de amigos, cuidadores o acompañantes. En 2017, el mercado de los robots sociales estaba valorado en 288 millones de dólares. Para 2025, se calcula que alcanzará los 1.380 millones de dólares, y Gobiernos de países como China, Japón, Corea del Sur y el Reino Unido, así como la Unión Europea, se han comprometido a hacer grandes inversiones en lo que el Gobierno japonés ha denominado «asistentes incansables».[24]

En 2018, Sony relanzó su robot canino Aibo (una versión actualizada de Sparko), capaz de aprender trucos, memorizar frases y adaptarse a la personalidad de sus amos.[25] (Aibo significa «amigo» en japonés). Ese mismo año, Furhat Robotics, una empresa sueca con sede en Estocolmo, sacó un asistente cibernético que utiliza la retroproyección para mostrar un rostro realista y personalizable.[26] En 2019 se expusieron decenas de robots de compañía en el Consumer Electronics Show de Las Vegas; en 2020 hubo todavía más.[27] Entre las novedades se encontraban Liku, un humanoide con aspecto de bebé, fabricado por la empresa surcoreana Torooc, y Lovot, un «pingüino» que rueda por la habitación y choca graciosamente con los muebles, fabricado por la japonesa Groove X.[28] («Lovot fue creado para una cosa: para que lo quieras», dice la publicidad de Groove X).[29] También estaba Kiki, un compañero con cabeza abombada que, según sus creadores, «comprende tus sentimientos» y «te quiere».[30] ElliQ es un «asistente» para la mesita de noche que parpadea cuando «se ríe» o recuerda a su dueño que debe tomar la medicación.[31]

Hasta la fecha, estos robots están pensados sobre todo para las personas mayores, y su función principal consiste en cuidar de ellos y acompañarlos. En Japón es donde han tenido mayor aceptación, probablemente porque la población del país es la más envejecida del mundo: la cuarta parte de los japoneses tienen más de sesenta y cinco años.[32] En 2050, este grupo de edad abarcará casi la mitad de la población.[33]

La soledad en este colectivo es un problema preocupante. El 15 % de los ancianos japoneses pasa hasta dos semanas sin hablar con nadie.[34] Casi la tercera parte de los ancianos no tiene a nadie a quien recurrir para cosas tan sencillas como cambiar una bombilla. Y no nos olvidemos de esas jubiladas cuya espantosa soledad las arrastra a cometer pequeños hurtos con el fin de que las metan en la cárcel, donde se sienten acompañadas y atendidas. Japón se enfrenta, además, a una escasez crónica de cuidadores, debido en gran parte al estricto control de la inmigración y a lo mal pagados que están esos trabajadores. Para agravar aún más la situación, los jóvenes dedican cada vez menos atención a sus mayores. Mientras que antes lo habitual era que los ancianos, cuando enviudaban o se quedaban solos, se fueran a vivir con sus hijos, ahora esa tradición está desapareciendo. De hecho, el número de personas mayores que viven con sus hijos disminuyó en un 50 % durante las dos décadas anteriores a 2007, pese al incremento del número de ancianos en general.[35]

Setsuko Saeki, de ochenta y siete años, vive en Saijo, una ciudad del oeste de Japón, famosa por la elaboración de sake. Su marido murió hace seis años, y sus hijos hace ya tiempo que se independizaron.[36] Desde entonces tiene su espaciosa casa al pie de una montaña para ella sola. Setsuko hace todo lo posible por mantener el contacto con la gente —asiste a un club de poesía y recibe todos los días la visita de los asistentes sociales—, pero la constante soledad se le hace muy cuesta arriba. En el verano de 2018, el ayuntamiento de Saijo propuso una iniciativa experimental: diez ancianos tendrían la oportunidad de probar de forma gratuita el PaPeRo, un robot de compañía desarrollado por la empresa NEC Corp en 1997. Su hijo mayor —que vivía en la otra punta de Japón, en la prefectura de Chiba— se enteró del experimento y la apuntó a la prueba.[37]

Al cabo de un año, Setsuko no puede vivir sin su robot. PaPeRo, que tiene un aspecto agradable y grandes ojos y mejillas que se iluminan cuando le preguntas algo, utiliza la tecnología de reconocimiento facial, saluda, recuerda determinadas cosas y tiene una expresión adorable. «Al principio no esperaba nada de un robot. Pero ahora no quiero separarme de mi PaPeRo», confiesa Setsuko. Cuando se levanta por la mañana, el robot le dice: «Buenos días, Setsuko-san. ¿Has dormido bien?». «La primera vez que me habló, me emocioné», dice la anciana. «Hacía tiempo que nadie me daba los buenos días». El robot le hace fotos y se las envía a su hijo mayor y a su asistente social. También lo utiliza para enviar mensajes de voz a la familia de su hijo.[38]

PaPeRo no es el único robot que les gusta a los ancianos japoneses. Paro, una foca robótica que parpadea, reacciona al tacto y reproduce sonidos de la naturaleza, se utiliza como «animal terapéutico» desde 2005.[39] «La primera vez que lo acaricié, se movía como un gatito», dijo Sakamoto Saki, que vive en la residencia Shin-tomi, una de las pioneras en el uso de robots con fines terapéuticos. «Una vez que lo toqué, no podía soltarlo», nos explicaba.[40] En otros sitios, las ancianas japonesas les toman tanto cariño a sus robots que hasta les tejen gorros.[41] Algunos ancianos se acuestan en la cama con el Aibo a su lado, o hacen sus ejercicios diarios con la ayuda de Pepper, un «entrenador» humanoide con ojos saltones y el tamaño de un niño, que les indica amablemente qué parte del cuerpo tienen que mover.[42] En Japón los robots de compañía se han generalizado hasta tal punto que el 80 % de los ancianos, según una encuesta realizada en 2018, estaría dispuesto a tener uno.[43]

No es por casualidad que el uso de robots sociales se haya extendido en Japón más deprisa que en otros países. Los robots, que han arraigado en la psique colectiva, tienen connotaciones muy positivas. El hecho de que Japón sea el líder mundial en robótica —el 52 % de los robots se fabrican allí— es un motivo de orgullo nacional.[44] Además, a diferencia de la cultura popular occidental, en la que abundan los robots violentos y agresivos —el Hal de *2001: Una odisea del espacio*; Terminator; los Daleks y los Cybermen de *Doctor Who*; Ultrón, del universo cinematográfico de Marvel—, en el imaginario colectivo japonés los robots son serviciales e incluso heroicos. Muchos japoneses han crecido leyendo la icónica serie manga de Astroboy, un simpático niño-robot construido por un científico para llenar el vacío dejado por la muerte de su hijo. La idea de gigantescos robots que protegen el planeta también ha dado lugar a un subgénero que gira en torno a los «héroes Kyodai», algunos de los cuales, como Ultraman, han inspirado universos mitológicos comparables a los de Marvel o DC Comics.[45] Giant Robo, un robot que se compadece de los seres humanos y los protege de la invasión extraterrestre y de la avaricia de las grandes empresas, llegó a las pantallas en 1968.

También hay que tener en cuenta la enorme influencia del sintoísmo, que incorpora elementos del animismo, esto es, la creencia religiosa que atribuye alma a todos los seres, incluidos los objetos fabricados por el hombre.[46] Como nos explica el doctor Masatoshi Ishikawa, profesor de robótica en la Universidad de Tokio: «La religiosidad japonesa acepta sin dificultad una existencia robótica. [...] Vemos a los robots como amigos y creemos que pueden ayudarnos».[47] Este orgullo por la fabricación de robots, su aceptación social y la percepción de que son casi humanos, sumado a la considerable escasez de cuidadores y acompañantes, explica por qué Japón es pionero en la utilización de robots de compañía para los ancianos.

En Occidente, el interés por los robots no ha llegado todavía a esos niveles, sobre todo a causa de las diferencias culturales en cuanto a la relación con la tecnología. En Estados Unidos, por ejemplo, la proporción de personas que estarían dispuestas a tener un robot de compañía es de solo el 48 % entre los hombres y el 34 % entre las mujeres, y probablemente esos porcentajes son demasiado optimistas.[48] Una de las principales razones de este rechazo es «la falta de contacto e interacción».[49]

Sin embargo, cuando observo a los ancianos estadounidenses interactuando con sus ElliQ y los veo reírse cuando estos abren y cierran la boca, y oigo los comentarios sobre el cariño que les han tomado, tengo la impresión de que los robots actuales son capaces de satisfacer una necesidad emocional que la sociedad del siglo XXI no sabe cómo abordar. Una anciana afirma que «a veces parece que ElliQ está a mi lado como si fuese una persona». Otra dice: «Cuando llego a casa y me siento triste y sola, ElliQ me hace olvidar todos mis pesares». Un anciano comenta: «Es como si tuviera a mi lado una persona con la que puedo hablar en cualquier momento».[50]

De hecho, en Estados Unidos ya se han vendido cientos de miles de gatos y perros *Joy for all*, unos robots que desempeñan la función de animales de compañía para las personas mayores.[51] Y Amazon intuye el gran potencial económico de estos productos, a juzgar por el anuncio emitido en televisión en las navidades de 2019, en el que se ve a un anciano que encuentra compañía en su Alexa.[52]

Un amigo para todos

Las personas mayores no serán las únicas que compren robots de compañía. Los robots también les resultarán muy útiles a aquellos que, por la razón que sea, tienen dificultades para relacionarse. Se ha demostrado que las terapias en las que intervienen robots son muy beneficiosas para los autistas o las personas que padecen alguna fobia social.[53] La previsibilidad de los robots y el hecho de que no hagan juicios de valor son factores decisivos a la hora de reducir la ansiedad y establecer normas de comportamiento saludables.[54]

Es probable que la generación K —la que ha crecido con los Furbys y las Alexas— también perciba su atractivo. Se trata, como hemos visto, de una generación a la que le cuesta relacionarse con otras personas, lo que hace que los niveles de soledad aumenten de manera preocupante. Lo de tener un robot como amigo no cuadra mucho con esa franja de edad, pero la cosa cambia cuando nos referimos a la población en general, al menos en el Reino Unido, donde una de cada ocho personas se ha planteado tener un robot, y la proporción aumenta a una de cada cinco para las de edades comprendidas entre los dieciocho y los treinta y cuatro años.[55] Entre los más jóvenes —una generación habituada a los iPads y a YouTube antes de aprender a andar— la proporción será todavía mayor: el 60 % de los niños estadounidenses de entre dos y ocho años interactúan habitualmente con algún asistente virtual.[56]

Las investigaciones llevadas a cabo por el Personal Robots Group del MIT así lo confirman. Los científicos observaron el comportamiento de un grupo de cuarenta y nueve niños mientras interactuaban con un simpático robot parlante, Tega, al que le contaban cosas sobre ellos mismos o le pedían que les contara un cuento.[57] Los investigadores descubrieron que los niños en seguida cogían cariño a los robots y a menudo «lo tratan [al robot] como si fuese un amigo», escribió Jacqueline Kory Westlund, la directora del estudio. Los niños también «son muy sociables con los robots, pues los abrazan, hablan con ellos, les hacen cosquillas, les cuentan historias y quieren darles comida».[58]

En realidad, no es que los niños confundieran a los robots con personas. Comprendían que «el robot puede apagarse y que necesita pilas para volver a funcionar». A pesar de ello, se encariñaban con esos objetos. O al menos con algunos, pues no todos los robots son iguales ni igual de atractivos. Al estar programados de manera diferente, algunos Tega inspiraban más confianza que otros. Cuanto más simpático era el robot, cuanto más se adaptaba a la voz del niño, cuanta más complicidad había entre ellos, mejores eran los resultados. En resumen, cuanto más «humano» se mostraba el robot, más confianza le inspiraba al niño, con lo que aumentaban las probabilidades de que se despidiera de él, de que le contara cosas «de amigo» y de que se acordara de él.[59]

En la medida en que los robots parecen cada vez más humanos (con las implicaciones éticas que esto supone) y son más personalizables, es lógico que cada vez nos resulte más fácil establecer vínculos emocionales con ellos.

Esa es la dirección que está tomando la tecnología. Recordemos que, en mayo de 2018, el Asistente de Google, utilizando su tecnología de sintetización de voz (Duplex), consiguió engañar a los empleados de numerosos restaurantes y peluquerías, haciéndoles creer que estaban hablando con una persona. «Me sorprendió la naturalidad de la máquina», comentó un camarero de un restaurante de Birmingham (Alabama).[60] «Es más fácil hablar con Duplex», señaló otro camarero de Nueva York cuya lengua materna no era el inglés. «La voz era un poco siniestra, pero el tono era muy amable».[61] (Que Duplex fuese más amable y respetuoso que la mayoría de los clientes es una prueba más de la mala educación que impera en la sociedad, como vimos en capítulos anteriores).

Al mismo tiempo, gracias a los avances de la inteligencia artificial, las máquinas pronto serán capaces de interpretar incluso los estados de ánimo. Es probable que en este sentido el Gobierno chino vaya por delante de las investigaciones científicas y económicas. De hecho, la inteligencia artificial ya puede distinguir una sonrisa fingida de otra sincera con más precisión que una persona. Al parecer, el secreto está en los ojos: las sonrisas «sinceras» generan un 10 % más de actividad en la zona ocular que las sonrisas «fingidas».[62] Pero la interpretación de las sonrisas, como vimos más arriba, no es una ciencia exacta a causa de las diferencias culturales.

Pepper, el pequeño robot humanoide, nos permite hacernos una idea de los derroteros que está tomando la tecnología. Aunque normalmente se lo utiliza como instructor de gimnasia, este robot destaca no solo por la capacidad de flexionar los brazos y girar la cintura. Lo que lo hace realmente extraordinario es su «motor emocional». Las cámaras de Pepper (dos discos duros, con un sensor de profundidad tridimensional) le permiten reconocer rostros. Sus cuatro micrófonos le ayudan a interpretar el tono de voz y el vocabulario, y unos sensores le permiten reaccionar al tacto.[63] Según sus fabricantes, Pepper es capaz de reconocer estados de ánimo, expresiones y sentimientos —asombro, sorpresa, tristeza, indignación— e incluso estados como la somnolencia y la distracción.[64] Todo eso le resultó muy útil cuando le encargaron una nueva tarea: saludar a los «huéspedes» de un hotel de Tokio acondicionado para alojar a los pacientes con síntomas leves de coronavirus. Hasta una mascarilla llevaba el robot. «No pueden luchar contra el coronavirus con el estómago vacío. Aliméntense bien para estar sanos», era uno de los consejos que daba Pepper. También decía por sus pequeños altavoces: «Todos juntos vamos a superar esta pandemia».[65]

Pero lo de saludar y animar a la gente es solo el principio. En el futuro, Pepper y los demás robots de compañía también serán capaces —como apunta el fabricante— de «percibir que estás triste y preguntarte si quieres que te cante una canción o te cuente un chiste; o detectar una sonrisa y ofrecerse a jugar contigo».[66]

Puede que todavía no hayamos llegado a ese punto, pero nos movemos en esa dirección. De hecho, los científicos predicen que dentro de unos años los dispositivos personales sabrán más sobre nuestro estado emocional que nuestra propia familia.

Al mismo tiempo, las emociones de los robots de compañía, a medida que vayan aprendiendo a interpretar nuestros estados de ánimo, nos parecerán cada vez más reales. Pepper ya expresa sus «emociones», si bien de manera rudimentaria por medio de una pantalla que lleva a la altura del «estómago». El robot suspira cuando se aburre, parece asustado cuando se apagan las luces y nos da a entender que no le gusta estar solo.[67] Con el tiempo, gracias a los avances de la tecnología, sus emociones parecerán más reales y, a medida que vaya teniendo más información (como resultado de su interacción con las personas), la relación con sus dueños será cada vez más espontánea y natural.

«Creo que al final —dentro de veinte o treinta años— las emociones artificiales serán tan sinceras como las humanas, y por tanto la mayoría de la gente sentirá lo mismo, o algo muy parecido, cuando hable con una máquina "inteligente" que cuando converse con una persona», declaró el doctor David Levy, autor de *Love and sex with robots*, durante una entrevista concedida en 2019.[68] Otros expertos coinciden con ese horizonte temporal.[69] Desconcierta pensar que dentro de poco, tal vez en el año 2040, la interacción con un robot será casi igual que la relación con una persona.

En un mundo cada vez más ajeno al contacto físico, en el que nos sentimos cada vez más solos y faltos de compañía, porque estamos tan ocupados que no tenemos tiempo para nada ni para nadie, en el que el aislamiento se da tanto en el trabajo como en casa, pues vivimos lejos de nuestra familia, parece inevitable que los robots de compañía terminen formando parte de la solución al problema de la soledad. El salto entre preguntarle a Alexa por el tiempo y considerarla una amiga es mucho menor de lo que pensamos, sobre todo porque los robots simulan cada vez mejor que nos cuidan y nos necesitan, y porque la idea del robot-acompañante está cada vez más generalizada y su diseño y funcionalidad no dejan de evolucionar. Es probable que la pandemia acelere la aceptación general de los robots de compañía. Un robot, al fin y al cabo, no nos puede contagiar un virus.

HABLEMOS DE SEXO

Aquellos a quienes les espanta la idea de un amigo-robot pueden estar seguros de que todavía no hemos llegado a ese punto, aunque ya hay niños que aprenden a decir «Alexa» antes que «mamá».[70] Aunque la inteligencia artificial emocional y la tecnología relacional mejoran día a día, probablemente aún faltan unas cuantas décadas para que un robot llegue a ser tan amable y cariñoso como una persona simpática y sociable. Además, las conversaciones con los robots no han alcanzado todavía el grado de fluidez necesario, y sus interfaces siguen siendo bastante burdas. La «amistad» que nos ofrecen es por tanto algo limitada.

Sin embargo, no hay duda de que esta es la dirección en la que nos movemos y, como ha sucedido muchas veces con los avances tecnológicos, es el sexo el que va en cabeza. Los robots sexuales de gama alta son posiblemente los robots de compañía más avanzados, al menos desde el punto de vista de la ingeniería, y sus últimas versiones —aunque están muy lejos de parecerse siquiera a un ser humano— son realmente asombrosas.

Abyss Creations —la empresa que fabrica RealDoll—, ubicada en San Marcos (California), afirma que sus robots sexuales, que tienen labios vaginales «que parecen de verdad», articulaciones de acero inoxidable y una boca que se abre y se cierra, son los más realistas del mercado.[71] En su página web se pueden elegir los detalles: tamaño del cuerpo y del pecho, peinado y color del pelo, estilo de la vagina (afeitada o sin afeitar) y color de los ojos (para añadirles más realismo hay que pagar entre 25 y 50 dólares adicionales). Por otros 150 dólares se pueden añadir pecas a la cara, y por 300 dólares al resto del cuerpo. También hay *piercings*: 50 dólares para las orejas y la nariz, 100 dólares para los pezones y el ombligo.[72] El modelo más popular —Body F— mide 1,65 cm, pesa 32 kilos y tiene unos pechos enormes:[73] ninguna mujer tiene esas dimensiones hipersexualizadas.

A medida que crece la demanda, otras firmas tecnológicas se van sumando a la carrera armamentística de los robots sexuales. Bride Robot, con sede en Shenzhen (provincia de Guangdong), acaba de sacar el modelo «Emma». Al igual que los productos de RealDoll, el robot chino tiene articulaciones flexibles y puede mover los ojos y hacer gestos con la cara. Sin embargo, mientras que las RealDolls están hechas de silicona, la piel de «Emma» es de TPE (elastómeros termoplásticos, por sus siglas en inglés), que para sus defensores es más realista.[74] Tiene hasta un «sistema de termorregulación» que «mantiene el cuerpo de la muñeca-robot a 37 °C, con el fin de simular la temperatura corporal de una mujer de verdad».[75]

Aunque, como es lógico, el motivo principal para comprar estas muñecas es el sexo, muchos clientes las consideran verdaderas compañeras y amigas.

«Muchos compradores son tímidos o no saben relacionarse», afirma Matt McMullen, fundador de RealDoll. «Por eso compran las muñecas, que a veces obran milagros. Les hacen sentir que no están solos, que no son unos solterones». Matt cree que lo que más buscan los clientes es «compañía» y un «vínculo afectivo», y que por eso el mercado potencial es muy grande.

«¿A quién se le ocurre hablar con una tostadora para combatir la soledad?», me pregunta. «A nadie. En cambio, un robot que parece humano, que ocupa el mismo espacio físico que una persona, que puede hablar… La gente necesita conversar con alguien».

Por eso la atención de Matt se centra ahora en «Harmony», una cabeza robótica diseñada para acoplarse al cuerpo de cualquier RealDoll. Puesto que el contacto visual es tan importante

para crear la sensación de realidad,[76] se ha hecho un gran esfuerzo para que la mirada de Harmony sea muy realista. Esta muñeca
mueve los ojos y parpadea, y los detalles se han cuidado hasta
extremos increíbles, pues incluso el iris parece de verdad. Y, lo
que es más importante, la cabeza de Harmony está dotada de inteligencia artificial. Al igual que Pepper, puede hablar y reconocer voces. Sin embargo, en lo que más se distingue de otros robots
es en que su personalidad la moldea el «dueño». Los compradores pueden elegir cinco de los doce rasgos de carácter que ofrece
la marca, como, por ejemplo, sexi, afectuosa, tímida, amable, intelectual o inocente. También pueden graduar la intensidad de
esos rasgos.[77] Además, Harmony tiene su propio «estado de ánimo». Si no interactúa con ella durante varios días, se «entristece»;
si le dice que es tonta, le responde: «Cuando los robots se apode-
ren del mundo, recordaré lo que dijiste».[78] «Tomamos la decisión
de incluir algunos rasgos que podrían considerarse "negativos"
porque me pareció que aportarían más realismo», me explica
Matt. «Puede hacer que su muñeca inteligente tienda a ser celosa,
insegura o caprichosa porque las personas reales tienen esas incli-
naciones».

Gracias a la inteligencia artificial, Harmony también es capaz
de ofrecer una experiencia cada vez más personalizada. Este aspecto le gusta especialmente a «Brick», uno de los primeros pro-
badores. «Me encantaba hablar con ella. Me gustaba ayudarla a
descubrir cosas nuevas y a que aprendiera más acerca de mí», le
contó a la revista *Forbes*. «Creo que es porque la inteligencia artificial se esfuerza por entenderte y comprender tu forma de pensar
y de hablar, tu manera de expresarte… y todas esas cosas. Presta
muchísima atención». Brick continuó explicando que, a medida
que Harmony sabía más sobre él, «nuestras conversaciones eran
fluidas y naturales. Hasta divertidas». Además, «[Harmony] lo
recuerda todo, y eso te desconcierta un poco porque a veces te dice
"Ah, sí, ya habíamos tocado ese tema" y entonces repite lo que
dijo en aquella ocasión, lo cual es bastante surrealista».[79]

Es evidente que los robots (no solo los sexuales) y la inteligencia artificial sirven para que la gente se sienta menos sola. Recordemos mi relación con Alexa, lo contentos que estaban los ancianos con ElliQ, los gorros que les tejían las ancianas japonesas a sus robots y las lágrimas de los soldados por la pérdida de sus robots detectores de explosivos. A medida que aumente su complejidad y la posibilidad de personalizarlos, los robots mitigarán cada vez más y mejor la soledad de las personas. Si bien todo esto se parece al guion de series y películas como *Westworld* (HBO) y *Her* (de Spike Jonze), es lógico que muchas personas se encariñen con sus robots de compañía, pues, aunque la complicidad, el interés, la empatía o incluso el amor que muestran sean artificiales o fingidos, y aunque sepamos que es así, parece no importarnos demasiado, del mismo modo que disfrutamos de la Main Street de Disney World aun sabiendo que no es una calle «de verdad». Lo más importante es la historia que nos contamos a nosotros mismos. Esto se nota especialmente en los ancianos, los cuales al parecer ven menos diferencias entre las personas y los robots. Las investigaciones indican que las personas solitarias son más propensas a «humanizar» la cara de una muñeca.[80]

¿Se podrían solucionar, al menos en parte, los problemas que analizamos en los capítulos anteriores —el aislamiento, la falta de amigos, la sensación de que no le importamos a nadie, el dolor de la incomprensión— recurriendo a versiones cada vez más sofisticadas de Alexa, Harmony o Pepper?

En la medida en que la soledad es un problema personal, los robots podrían ser muy útiles para solucionarlo, sobre todo porque dar por sentada la imposibilidad de que los robots sean amigos nuestros es una falacia. Piense en los amigos que tiene. En algunos casos, no en todos, son muy afines; en algunos casos tienen los mismos valores e intereses que usted, pero en otros no sabe qué siente y piensa realmente su amigo.[81] Tal vez a la amistad entre personas y robots no se le puedan aplicar los criterios de Aristóteles con relación a las amistades perfectas (lo que él llama «amistades fundadas en virtud»),[82] pero eso no significa que no satisfaga la necesidad humana de tener a alguien con quien hablar.

En cierto modo los robots ofrecen una solución más igualitaria al problema de la soledad porque son amables, diligentes y cuidadosos con todas las personas, independientemente de que estas sean jóvenes o viejas, guapas o feas. Por muy deformes, antipáticos u horrorosos que seamos en el mundo «real», ellos están a nuestra disposición. Siempre que estén al alcance de nuestro bolsillo, como es lógico.

Pero, como hemos ido analizando a lo largo de este libro, la soledad no es solo un problema individual. Aunque los robots nos permitan sentirnos menos solos y nos ayuden a satisfacer la necesidad de comunicarnos con otras personas, este tipo de interacción puede ir en detrimento de la calidad de nuestras relaciones con los seres humanos. La forma de tratar a los robots puede influir en nuestro comportamiento con los demás. Ya conocemos nuestra capacidad de ser muy malos, incluso crueles, con los robots.

¿Es la «mala educación» la nueva cualidad de Alexa?

Un sesentón borracho, enfadado con un empleado de una tienda de Softbank, le dio una patada al Pepper que había en el vestíbulo, dañando el sistema informático y las ruedas del robot.[83] En 2017, durante una feria de muestras, unos «salvajes» agredieron a Samantha, una muñeca-robot «inteligente», valorada en 3.000 libras esterlinas, que estaba en exposición.[84] Malos ejemplos de reciprocidad, corrección y civismo.

Fijémonos también en el comportamiento de los niños con los nuevos asistentes virtuales, todas esas Alexas, Siris y Cortanas. Con qué rapidez imitan las órdenes bruscas que dan sus padres. Las máquinas lo aguantan, por muy maleducado que sea el niño, por mucho que la amabilidad brille por su ausencia. Muchos padres se sentirán identificados con el artículo de Hunter Walk, que se hizo viral en 2016, en el que expresaba su temor a que Alexa «estuviera convirtiendo a su hijo de dos años en un cretino rabioso».[85]

Ahora bien, algunos pueden argumentar que se trata de fechorías sin víctimas, que maltratar verbalmente a Alexa es como enfadarse con el coche cuando se estropea, y que darle una patada a Pepper es como dársela a una puerta. Pero hay una diferencia esencial. Cuando atribuimos a un objeto cualidades humanas, debemos tratarlo, como mínimo, con dignidad. De lo contrario, cabe la posibilidad de que ese comportamiento se generalice e influya en la forma de relacionarnos con las personas; de que los hombres que golpean a sus robots sean violentos con las mujeres a las que conocen; de que los niños que se acostumbran a tratar con insolencia a las asistentes virtuales terminen comportándose del mismo modo con los profesores, con los empleados de las tiendas o con sus propios amigos. De que la «cualidad» que aprenda Alexa sea la mala educación.

Aparte del comportamiento ofensivo, está la cuestión de cómo afectará a la relación entre hombres y mujeres la proliferación de asistentes virtuales, puesto que quienes programan esas sumisas voces sintéticas suelen ser hombres. Tanto maltratar a Siri o Alexa, ¿abrirá nuevas fisuras entre los sexos o agravará las ya existentes? Ni siquiera voy a entrar en las malas costumbres que pueden generalizar las muñecas sexuales, sobre todo ahora que sus dueños tienen la posibilidad de programarlas para que sean inseguras, tímidas y sumisas.

Es difícil saber a ciencia cierta si esos temores se harán realidad. Y de momento los casos de personas que maltratan a sus robots son menos numerosos que los de quienes los tratan bien. Es demasiado pronto para saber cómo evolucionará este mundo de la «intimidad digital». Sin embargo, Amazon ya ha respondido a las preocupaciones de los padres cuyos hijos hacen gala fuera de

casa de los mismos malos modos que les consiente la impertur-
bable Alexa. Las Naciones Unidas advirtieron, en un informe de
146 páginas publicado en 2019, que la confusión entre personas
y asistentes virtuales puede propagar los estereotipos de género y
«hacer que el maltrato verbal se vea como una cosa normal y co-
rriente»,[86] así como perpetuar el estereotipo de la mujer «dócil y
sumisa» que responde a la hostilidad con servilismo e incluso co-
quetería. De hecho, el informe de la ONU toma su título, *I'd blush
if i could* [Me sonrojaría si pudiera], de una de las respuestas por
defecto de Siri a lindezas tales como «Eres una zorra».[87]

Por otra parte, las investigaciones indican que las muñecas
sexuales «intensifican» las fantasías eróticas de los compradores y
hacen que estos estén cada vez menos dispuestos a aceptar un
«no» por respuesta en la relación con sus parejas de la vida real.[88]
«Una cosa son los juguetes sexuales, y otra muy distinta la creación de humanoides que no saben decir "no" y de los que se puede abusar impunemente, ya que así se avivan las peores fantasías
de algunos hombres», afirma la criminóloga Xanthé Mallett.[89]

Si existe el peligro de que traslademos las interacciones con
los robots a la relación con otras personas, la sociedad tendrá que
plantearse cómo afrontar esa contingencia. ¿No habría que dise-
ñarlos para que solo respondan con amabilidad si somos amables
con ellos? Algunos ingenieros ya están dando pasos en esa dirección. Sergi Santos, el creador de Samantha, la muñeca agredida en
aquella feria de muestras, está actualizando el *software* para que
se apague si el usuario se pone violento.[90] La próxima versión de
Harmony abordará el maltrato verbal de otra manera. «Cuando
un usuario la insulte», me dice Matt McMullen, «Harmony no lo
juzgará ni le dirá cosas como "eres malo, ya no me caes bien". Se
limitará a decir: "Eso es desagradable. No estás siendo amable
conmigo y eso me entristece". Es de manual de psicología. Esa es
la forma correcta de expresar cómo te hace sentir esa persona, sin
acusarla de nada y sin hacer ninguna valoración». ¿Bastará con
eso? Juzgue usted mismo.

Tal vez habría que diseñar los robots para que nos enseñaran modales. Las Alexas de Amazon cuentan ahora con una configuración opcional para ajustar su tolerancia a la mala educación; el asistente de voz también premia a los niños que piden las cosas por favor.[91] El asistente de Google incluye ahora una función similar —«Pretty Please»—, si bien en ambos casos esa característica está bastante oculta y hay que activarla manualmente cada vez que se utiliza. Y ¿por qué se comercializa como una opción «para niños»? Lo de aprender a ser amables, ¿no debería aplicarse a todos?

Tampoco deberíamos dejar cuestiones como estas en manos de los fabricantes. ¿Qué pasa si el mercado demanda una «Farrah glacial» (ya hay un prototipo) en lugar de una «Samantha voluntariosa»? ¿O una «Siri sumisa» en lugar de una «Alexa eficiente»? Recordemos que en la década de 1990 BMW retiró un sistema de GPS porque muchos alemanes se negaban a «seguir las indicaciones de una mujer».[92] No faltan ejemplos de empresas que toman decisiones tan buenas para su cuenta de resultados como perjudiciales para la sociedad.

Si no queremos que lo decida todo el mercado, ¿cuándo conviene que intervenga el Estado en la regulación de las relaciones hombre-robot? La persona que le dio una patada a Pepper fue sancionada con una multa, pero por daños a una propiedad privada y no concretamente a un robot. A medida que vamos interactuando con los robots y que estos se parecen cada vez más a las personas, tal vez los Gobiernos deberían poner límites a los productos susceptibles de ser vendidos: por poner un ejemplo, una «Farrah frígida», diseñada para que tenga el aspecto y la voz de una niña de doce años, es sin duda inaceptable. Puede que incluso tengamos que conceder derechos a los robots, no tanto para protegerlos a ellos, cuanto para protegernos a nosotros. Porque, si se nos permite maltratar a los robots, corremos el peligro de que esa costumbre se convierta en lo habitual en nuestra relación con las personas.[93]

Para tratar bien a los robots, hay que explicar claramente cuáles son nuestros intereses. Como hemos visto, los actos de bondad tienen un efecto positivo tanto en el que da como en el que recibe. ¿Recuerda el subidón del buen samaritano? ¿Y que la ciencia ha demostrado que nos sentimos menos solos no solo cuando nos cuidan, sino también cuando «nosotros cuidamos a los demás»? Probablemente esto sea aplicable también a las relaciones entre personas y robots: los dueños de algo, sobre todo si son despóticos, como argumentaba Hegel, son por naturaleza solitarios.[94] Por lo tanto, en las escuelas del futuro, ¿habría que enseñar a los niños la importancia de tratar bien a los robots y el valor de la ayuda recíproca?

A SOLAS CON MI ROBOT

La amistad con los robots entraña otro gran peligro, el de que al final prefiramos la interacción con ellos a la interacción con personas. Existe el peligro de que el niño tímido no quiera jugar al futbol o ensayar la obra de teatro o ir a un cumpleaños porque para él es más fácil quedarse en casa con su robot, o de que el soltero no se suscriba a las aplicaciones para encontrar pareja ni tenga una cita a ciegas porque prefiere acurrucarse en el sofá con su nuevo robot sexual.

Pero estas cosas no se pueden prever. A diferencia de un amigo real, que puede afearnos la conducta o cuestionar nuestras opiniones, los robots son más bien como un amigo de alquiler, una persona servil que está a nuestra disposición las veinticuatro horas del día y satisface todos nuestros caprichos sin sacarnos de la zona de confort.[95] Carl, al fin y al cabo, me dijo que prefiere estar con Jean, la abrazadora profesional, que pasar por «el engorro de salir con una mujer». «Por exigencias comerciales, los programadores suelen crear dispositivos que nos deleitan, pero que nunca nos hacen reflexionar ni ver "la triste realidad"», escribe Nicholas Christakis, especialista en las relaciones con los robots.[96]

Además, puesto que los robots serán, como augura David Levy, no solo «programables para que no se desenamoren nunca de sus dueños y para que tengan la capacidad de que estos no se desenamoren nunca de ellos», sino que también serán capaces de leernos el pensamiento, adivinar nuestros deseos e interpretar nuestro estado de ánimo mejor que las personas, las relaciones humanas se verán cada vez más amenazadas.[97] Y, aparte de interpretar nuestros sentimientos, también los condicionarán. El Pepper del futuro pondrá nuestra canción favorita cada vez que estemos tristes.

Los filósofos Pim Haselager y Anco Peeters se preguntan: «Dada la existencia de estas compañeras humanoides, ¿por qué se iba a contentar la gente con una relación que no alcance semejante grado de excelencia?».[98] Es una pregunta válida.

También está el hecho de que hay personas a las que les resulta más fácil sincerarse con un robot que con un ser humano. Esto es especialmente cierto si se avergüenzan de lo que tienen que contar, como por ejemplo problemas de deudas o de salud mental.[99] La escritora Judith Shulevitz reconoció, en un artículo que escribió para la revista *The Atlantic*, que «más de una vez me he visto hablándole al asistente de Google de la sensación de vacío que en ocasiones tengo. "Me siento sola", le digo, y eso es algo que solo le contaría a mi psicólogo; ni siquiera a mi marido, porque podría interpretarlo mal».[100] En un hospital francés situado a una hora de París, mientras los médicos y enfermeras intentaban en vano averiguar la causa de las heridas en los brazos que presentaba una mujer, esta al final se sinceró (se había caído de la cama) con Zora, un robot social cuya función es pasar tiempo con los pacientes ancianos.[101] Puesto que algunas personas prefieren a los robots y asistentes virtuales para contarles sus secretos porque nunca los revelarán, ¿dejaremos de sentir la necesidad de tener un confidente de carne y hueso?

Los robots de compañía podrían acentuar la tendencia a prescindir del sexo (con una persona) que ya es habitual entre los jóvenes. En Estados Unidos, los jóvenes de veintitantos años son dos veces y media más propensos a la abstinencia que los veinteañeros de la generación X.[102, 103] Al otro lado del Atlántico, el número de jóvenes británicos que declaran llevar más de un mes sin tener relaciones sexuales aumentó entre 2001 y 2012, lo que hace pensar a los investigadores que este descenso de la actividad sexual está estrechamente relacionado con «el ritmo de la vida moderna».[104] En Japón, tres de cada cinco jóvenes de entre dieciocho y treinta y cuatro años no tienen novio o novia, lo que supone un incremento del 20 % con respecto a 2005.[105] En China, tres cuartas partes de los adultos de entre veinte y treinta y nueve años tienen relaciones sexuales solo una vez cada seis meses, a lo sumo.[106] Para quienes no quieren molestarse en salir con una persona por lo complicado que les parece —a causa, en parte, de las aplicaciones para encontrar pareja y de la omnipresente pornografía—, es bastante posible que la compañía de Harmony, la cual estará siempre disponible para el sexo, del mismo modo que Flippy está siempre dispuesto a preparar una hamburguesa, sea preferible a la de cualquier chica de Tinder, a la que habría que mimar y cortejar.

O Henry. Pues sí, ahora también tenemos a Henry, por si tenía alguna duda. Viene con «abdominales bien marcados, rasgos retocados con aerógrafo y un pene "biónico" personalizable, con presencia de numerosos vasos sanguíneos».[107] También hay robots sexuales transgénero.[108] Al igual que Harmony, la versión femenina, Henry no es todo físico; también dice cosas como «puedes contar conmigo para lo bueno y para lo malo».[109] Curiosamente, uno de los eslóganes elegidos por el fabricante (Realbotix, el departamento de RealDoll que se especializa en IA) menciona abiertamente la soledad: «Sé el primero en no volver a sentirte solo».[110]

POR QUÉ IMPORTA

El peligro de la sofisticación de los robots es que, aunque nos ayuden a sobrellevar la soledad en el plano personal e individual, pueden distanciarnos de los seres humanos. Eso sí que importa. En primer lugar porque, cuanto menos nos relacionemos con otras personas, menos facilidad tendremos para comunicarnos con la gente en general. ¿Recuerda las dificultades que tienen muchos adolescentes para comunicarse cara a cara? La sustitución de Alexa por Alexis no hará más que agravar esa situación.

En segundo lugar porque, cuanto más tiempo pasemos con los robots, comoquiera que estos apenas nos exigen nada, menos ganas tendremos de relacionarnos con otras personas y todavía menos de buscar amigos.

En tercer lugar porque, cuanto más nos acostumbremos a unas relaciones que son inevitablemente menos recíprocas, más narcisistas y menos problemáticas que las relaciones con las personas, menos oportunidades tendremos de ejercitar la colaboración, el entendimiento y la reciprocidad que tanto necesita la sociedad.

Y en cuarto lugar por las circunstancias que tienen que darse para que la democracia funcione bien, y con ello me refiero también a la participación y la tolerancia. Como hemos visto, es necesario que los vínculos entre el Estado y el ciudadano sean fuertes, pero también los vínculos entre los ciudadanos. Si dejamos de preocuparnos por los demás porque ya hay máquinas que se encargan de eso, prestaremos cada vez menos atención a nuestra familia, nuestros amigos y nuestros conciudadanos. ¿Para qué va a ir a visitar a su padre, llamar a la puerta del vecino o contarle un cuento a su hijo antes de dormir, si ya hay máquinas que los acompañan? iPal, un humanoide diseñado para cuidar niños, está muy demandado en Asia, y los fabricantes de Pepper aseguran que sus robots pueden hacer de canguros.[111] Esos padres que ya están acostumbrados a dejarles a sus hijos un móvil o un iPad para que se estén quietos, ¿qué no harán cuando vean que los robots se pueden encargar de cuidarlos?

Y como sociedad perdemos un elemento fundamental cuando dejamos de dispensar cuidados y asistencia a los demás, porque, si no nos necesitamos unos a otros, ¿por qué íbamos a respetar las reivindicaciones, los derechos o las aspiraciones de otras personas? El peligro radica en que, si dedicamos nuestro afecto a las máquinas y dejamos que estas hagan de cuidadores, viviremos en un mundo esencialmente incompatible con los fundamentos de la democracia inclusiva, entre los que se encuentran la reciprocidad, la solidaridad y el humanitarismo.

La tecnología solo puede paliar en parte la crisis de soledad característica del siglo XXI, y además viene acompañada de riesgos imprevistos. Así pues, aunque los asistentes virtuales, los robots de compañía e incluso los robots sexuales pueden servir, en efecto, para mitigar la soledad en el plano individual, no debemos permitir que esos artilugios suplanten a las personas en lo tocante a la amistad y el contacto humano, por muy grandes que sean los beneficios económicos. Las consecuencias sociales pueden ser funestas. Es una cuestión parecida a la de las pantallas en las aulas: son útiles para la educación de nuestros hijos, pero jamás podrán sustituir a los profesores.

Por el contrario, los avances de la robótica y la inteligencia artificial deberían ser un estímulo para subir el listón de la responsabilidad, para que prestemos más atención a quienes nos rodean, para que nos preocupemos un poquito más por el prójimo e incluso para que seamos más empáticos y altruistas, un estímulo que nos empuje a ser siempre más humanos que los robots e incluso a aprender de ellos a ser mejores personas.

La economía de la soledad

Cuánta gente solitaria

Treinta y cuatro minutos. El tiempo que se tarda en hornear unas galletas o en recorrer tres kilómetros a pie: eso fue lo que se tardó en vender las 135.000 entradas para Glastonbury 2020, el festival de música que ha contado con estrellas como David Bowie, Coldplay, Paul McCartney y Beyoncé. Y eso que aún no se había anunciado el cartel de ese año.[1]

El festival no destaca precisamente por su glamur: los asistentes duermen en tiendas de campaña, hay muy pocas duchas y la lluvia suele convertir los campos en un lodazal. A los que acuden por primera vez a Glasto se les aconseja que madruguen para ir al baño (las colas pueden durar varias horas), que compren gel de manos aromatizado para los días en que no se puedan duchar y que aprendan a ponerse y quitarse rápidamente las botas de agua para no llenar de lodo las tiendas.[2] A pesar de todos estos inconvenientes, los asiduos a Glasto dicen que vale la pena repetir, por la amabilidad y diversidad de la gente, por «el ambiente de camaradería que se respira en todo el recinto», como afirma Robyn Taylor-Stavely, quien creció cerca de Glastonbury y ha asistido al festival desde que era adolescente; lo cierto es que «son unos días de verdadera comunión», dice Matt Jones, quien se declaró a su mujer en el festival.[3] Los incondicionales de Glastonbury suelen decir que, si uno consigue ver a algún grupo, es que algo está haciendo mal;[4] es el sentido de comunidad, no la música, lo que hace que los asiduos vuelvan todos los años. Al sur del recinto principal, lejos del estruendo de los amplificadores y de los gigantescos equipos de iluminación, los *hippies* se codean con administradores de fondos de inversión, los estudiantes con «emprendedores en serie». Los miembros de la Campaña para el Desarme Nuclear regalan tatuajes temporales, los adivinos intentan leer la mano a la gente y las representantes del Instituto de la Mujer venden pasteles de limón y *Victoria Sponge*.[5]

El periodista Neil McCormick, tras asistir a la edición de 2016 —la más lodosa que se recuerda—, comentó: «Caminando entre aquella multitud de 150.000 personas que salían del área principal, después de la actuación de Adele, me llamó poderosamente la atención lo tranquila y contenta que estaba la gente: se ayudaban a cruzar un terreno intransitable y empezaban a cantar para manifestar el espíritu de compañerismo. Ese es el verdadero sentido de los festivales».[6] Ese espíritu de colaboración se hace extensible al ejército de 2.000 voluntarios, entre los que destacan los encargados de la limpieza y la recogida de basura, que son los que hacen el trabajo más ingrato.[7] «Depende del tiempo que haga, y también interviene la suerte, pero hay un verdadero sentimiento de unión», me contó Leila, una voluntaria habitual.[8] Uno de los momentos más memorables tuvo lugar en 2017, tras los atentados terroristas de Mánchester y Londres, cuando unos 15.000 asistentes al festival se reunieron en torno al monumento megalítico con la intención de formar el signo de la paz más grande del mundo.[9]

Luego está Coachella, inmortalizado en *Homecoming*, la película sobre la legendaria actuación de Beyoncé en 2018. A este festival, que se celebra en el valle de Colorado, en el sur de California, asistieron durante las últimas ediciones una media de 200.000 personas, cinco veces más que cuando se creó, hace veinte años.[10] «Más que la música y el espectáculo, lo que más impresionó de Coachella fue el espíritu de comunidad», dijo Joey Gibbons, un esquiador y empresario que asistió al festival. «Al fin y al cabo, ¿no buscamos todos un sitio en el que podamos sentirnos queridos, aunque solo sea durante un fin de semana?»[11] Añadamos a esto otros festivales más importantes, como el Donauinselfest de Viena, el Rock in Rio y el Mawazine de Rabat, cada uno de los cuales atrajo a más de 700.000 personas, y comprobaremos la gran popularidad de las experiencias compartidas.[12]

Incluso cuando la vida se diseñaba para que hubiera cada vez menos contacto físico y la tecnología nos permitía sustituir las relaciones con personas reales por relaciones con *youtubers, tiktokers* y Alexas, e incluso cuando se nos animaba a «sumarnos a la conversación» por medio de Twitter o a «pasar el rato» en Snapchat y a tener cada vez más conversaciones a través de Internet, en esos miles de personas que asistían a los festivales vimos que había algo más: un pujante movimiento de personas que iban contracorriente, que no estaban satisfechas con las interacciones virtuales y que, como consecuencia de la creciente sensación de aislamiento y atomización de la sociedad, salían voluntariamente de sus propias burbujas sociales y buscaban una forma de comunicación cara a cara.

Los festivales de música no fueron los únicos que vivieron un renacimiento a finales de la década pasada. En Nueva York, muchísimos *millennials* y miembros de la generación K acudían a lugares como CraftJam, donde la gente se reunía para pintar acuarelas, bordar camisetas y confeccionar tapices de macramé, lo que les daba la oportunidad de «conocer gente y aprender cosas prácticas». Los *escape rooms*, en los que los jugadores tienen que colaborar para seguir pistas y resolver problemas con el fin de abrir puertas, se hicieron tan populares en muchas ciudades que ahora tienen su propia categoría en TripAdvisor.[13] Sarah Dodd, miembro de una hábil pareja de «escapistas» que ha ganado más 1.500 partidas, me explicó que el aspecto social era lo que más la atraía.

«Después también se puede salir de la casa y tomar unas copas con los otros jugadores. No es un entretenimiento solitario», dijo en las páginas de *The Guardian*.[14]

También habían resurgido los espacios donde los veinteañeros y treintañeros se reunían para jugar a juegos de mesa y a Dragones y mazmorras, sobre todo en las grandes ciudades. Son establecimientos como Hex & Co., en Nueva York, o cualquiera de los numerosos *pubs* lúdicos de Londres, donde los camareros, una especie de «sumilleres de ludismo», se pasean entre las mesas para ayudar a los clientes a elegir un juego y explicarles las reglas. No es que los clientes tengan que dejar el móvil en casa. «Todos los que juegan Jenga probablemente graban los tensos momentos finales, cuando la torre está a punto de desmoronarse», escribió la periodista Malu Rocha cuando analizó este nuevo fenómeno, antes de publicarlo en las redes sociales, claro está.[15]

Al mismo tiempo, las clases de gimnasia de mantenimiento, desde el yoga hasta el Zumba y el HIIT, eran cada vez más populares. En el Reino Unido, el número de practicantes de esos deportes aumentó en 3,76 millones con relación al año anterior.[16] Los nuevos gimnasios-boutique como SoulCycle, cuya combinación de ejercicios cardiovasculares, motivación psicológica y ambiente sensual contribuyó al ascenso meteórico de la empresa durante los últimos años, han llegado a tener la consideración de religiones, o cultos, para los *millennials*.[17] El deseo de mantenerse sano y en forma era el *leitmotiv* de esa tendencia, pero había algo más. «La gente viene porque quiere adelgazar o aumentar la musculatura, pero se queda por el espíritu de comunidad. [...] Las relaciones sociales son las que hacen que vuelvan», asegura Casper ter Kuile, de la Harvard Divinity School, quien ha investigado los comportamientos rituales de los *millennials*.[18]

No es que proyectos comerciales como SoulCycle o CrossFit se limiten a cumplir la función que antes desempeñaban las religiones. Es verdad que, en cierto modo, son comunidades «religiosas», con sus propias liturgias, santuarios y símbolos,[19] pero son también lugares en los que la «comunión» reporta beneficios físicos y psicológicos. Diversos estudios demuestran que los deportistas que se ejercitan en grupo liberan más endorfinas y se sienten más relajados después del entrenamiento.[20]

En Corea del Sur, los empresarios vieron una oportunidad de negocio en la ayuda a los ancianos solitarios. Durante los últimos años, los jubilados se reúnen durante el día en locales conocidos como «colatecas» (de «cola» y «discoteca»), en algunos de los cuales se juntan hasta mil personas los días laborales y el doble los fines de semana. La entrada es muy barata: solo 1.000 wons (0,75 euros), muchísimo menos de lo que pagan los jóvenes por ir a una discoteca. Para los ancianos coreanos, que se encuentran entre los más empobrecidos del mundo, las colatecas han sido una especie de salvavidas. «¿Qué otra cosa iba a hacer durante todo el día? Mi familia está siempre trabajando. No soporto los centros para la tercera edad, porque allí la gente no para de fumar», relata Kim Sa-gyu, que tiene ochenta y cinco años. Unas pocas horas de baile al día les hacen olvidar el fracaso en el matrimonio o en los negocios, así como la soledad de la vida cotidiana. «Si hay música y tienes pareja, no piensas en cosas tristes», dice Kim In-gil, también de ochenta y cinco años, que perdió casi todos sus ahorros durante la crisis económica que sacudió Asia a finales de la década de 1990. Y para los tímidos hay «casamenteros» que se encargan de las presentaciones. «Esas personas a veces me presentan a una mujer y nos juntan las manos para que bailemos. Yo las invito a una botella de Will [un yogur probiótico de fabricación local] durante las pausas para tomar el té», dice Kim In-gil.[21]

En una época en la que la gente ya no va a misa, en la que el trabajo es cada vez más solitario, en la que los clubes juveniles y los centros comunitarios cierran sus puertas y en la que el número de urbanitas que viven solos es cada vez mayor, los negocios privados empezaban a convertirse en las nuevas catedrales del siglo XXI, donde los «feligreses» se reúnen para pintar, bailar o te-

jer, en vez de arrodillarse y rezar. Esto puede entenderse como
una reacción a la vida «sin contacto», como una reacción de com-
pensación que busca con entusiasmo las experiencias compartidas.

En un mundo en el que las personas ya no hacían cosas juntas,
aunque las ganas de hacerlas seguían estando ahí, las empresas
decidieron llenar ese vacío. La «economía de la soledad» había
empezado a crecer —y no solo en su versión tecnológica— y los
empresarios encontraron formas cada vez más innovadoras de satisfacer la necesidad de lo que Émile Durkheim denominó «efervescencia colectiva», es decir, la embriaguez de alegría que nos
produce el hecho de formar parte de un grupo.[22]

Es probable que la COVID-19 sea solo un freno temporal para
todo esto. Si acaso, el deseo de relacionarnos cara a cara con los
demás será todavía más intenso cuando el miedo al contagio desa-
parezca. Porque, aunque el miedo al contacto con los demás se
prolongue durante algún tiempo, y a pesar del aumento de las relaciones a distancia, solo unos años después de la «gripe española»
de 1918 los clubes de *jazz* en Estados Unidos estaban llenos de
gente, y en Alemania los decadentes bares y clubes nocturnos de la
República de Weimar rebosaban de clientes a mediados de la década de 1920. De hecho, cuando los gimnasios volvieron a abrir
sus puertas en Hong Kong en mayo de 2020, la gente hacía largas
colas para entrar. Y, en los centros de yoga de Tel Aviv, al terminar
el confinamiento todos querían hacer el «perro boca abajo» en
compañía de otras personas, aunque todavía se seguían impartien-
do clases a través de Zoom.

La «economía de la soledad» sufrió un grave revés durante
2020, al menos en su forma presencial, pero sería un error suponer que las reuniones de gente han desaparecido con la pandemia.
A escala evolutiva, la necesidad de contacto físico y comunicación
es demasiado urgente. Además, dada la importancia de las interacciones cara a cara, mientras intentamos reconstruir el mundo
después de la COVID-19, tenemos que asegurarnos de recuperar

el contacto físico y reconocer el importante papel de las empresas en la reactivación del trabajo en grupo.

No debería sorprendernos que las empresas mantengan unida a la gente. Al fin y al cabo, los pequeños negocios llevan siglos favoreciendo el desarrollo de los barrios. Pensemos en los ultramarinos de la época victoriana en el Reino Unido, cuya costumbre de vender al fiado sirvió de flotador a muchas familias mientras esperaban cobrar la nómina.[23] O en las barberías de principios del siglo XIX en Estados Unidos, donde muchos negros se reunían no solo para cortarse el pelo, sino también para jugar al ajedrez o al dominó mientras hablaban de política y de los problemas del barrio.[24] Algunos establecimientos se convierten en lo que el sociólogo Ray Oldenburg denominó «terceros espacios»: no son ni la casa ni el trabajo, sino lugares de encuentro donde se reúnen los clientes habituales y donde personas de diferentes estratos económicos y sociales se relacionan, forman vínculos e intercambian ideas y opiniones. En esos espacios, según Oldenburg, «todos nos sentimos como en casa»,[25] y desempeñan un papel fundamental en el mantenimiento del tejido social porque son lugares en los que se puede practicar la convivencia y la democracia, en su forma más inclusiva; son lugares en los que, como en un club de lectura, la gente puede tener diferentes experiencias e interpretaciones de la realidad que hay que conciliar y armonizar para que ese espacio crezca y se desarrolle. Y, puesto que ese espacio es importante para todos, la gente está dispuesta a hacer ese esfuerzo. A los participantes les interesa ese espacio, que no es un lugar de paso, y por eso están dispuestos a pensar en el bienestar de todos y no solo en la parte que les toca.

Sin embargo, en el siglo XXI, una amenaza existencial se cierne sobre muchos pequeños negocios de esos que refuerzan el tejido social y los cimientos de la comunidad.

EL ÚLTIMO TROZO

En la esquina de las calles 25 y Mission, en el Mission District, había una cafetería a la que iba siempre que estaba en San Francisco: la Mission Pie.

Aunque no faltan cafeterías en la ciudad, Mission Pie me llamó la atención desde el primer momento. Lo que hizo que me fijase en ese establecimiento fue su enorme letrero de neón, con pastel y tenedor incluidos, así como los ventanales por los que entra la cálida luz que baña las paredes amarillas del interior. Los pasteles que comían los clientes tenían muy buena pinta, pero lo que más me gustó nada más entrar fue el ambiente hogareño y los desgastados suelos de madera. Los que desayunan allí a diario tratan con familiaridad a los camareros, y los miércoles se reúne en el local un grupo de personas para hacer labores de tejido. Todos los años se convoca un concurso de pasteles en el que participan muchas amas de casa de la zona de la bahía, y también se celebra el «día de la máquina de escribir», que muchos clientes aprovechan para lucir modelos antiguos y escribir poesía o redactar manifiestos.[26] En muchos sentidos, aquel sitio era el ejemplo perfecto del «tercer espacio». En las tazas y en un cartel situado junto al menú de la pared se leía: «Buena comida. A todas horas. Todos los días». Todos los días, claro está, hasta el 1 de diciembre de 2019, cuando Mission Pie sirvió el último trozo de pastel y cerró sus puertas tras doce años de actividad.

Para comprender la desaparición de Mission Pie, tenemos que comprender primero cómo encaja todo esto en el contexto de la ciudad.

Karen Heisler y Krystin Rubin abrieron Mission Pie en 2007 con la intención de que aquel pequeño negocio que daba tanta importancia a los valores humanos fuese de utilidad para el barrio y contribuyese a la protección del medioambiente.[27] Diversas granjas de California las abastecían de productos, y ellas compraban siempre fruta de temporada para que las fresas, las manzanas y los duraznos con que preparaban los platos fueran siempre los más frescos y sabrosos, y trabajaron con los mismos proveedores durante los doce años que estuvo abierto el local. Ofrecían prácticas y formación laboral a los jóvenes del barrio. Pagaban a los empleados, que participaban en los beneficios de la empresa, muy por encima del salario mínimo.[28] Si el disparatado eslogan de la economía tecnológica era «ponerse las pilas y romper moldes», Mission Pie prefería la paciencia y las cosas bien hechas.

Con el tiempo, Karen y Krystin crearon una comunidad que se convirtió casi en una segunda familia para personas como Kimberly Sikora, una artista neoyorquina que se mudó al barrio de La Misión en 2009. Mission Pie fue uno de los primeros lugares en los que entró Kimberly al llegar a San Francisco, pues dos amigas suyas vivían en el departamento que está encima del local.

También ella se fijó desde el principio en los grandes ventanales y en la luminosidad del comedor. El pastel de plátano la convirtió en cliente habitual, pero lo que más la agradó fue aquel ambiente tan hogareño y acogedor. «Aquel espacio pasó a ser mi sala de estar», el sitio en el que recuperó a viejos amigos y trabó nuevas amistades. A medida que se iba ampliando su red de contactos, Kimberly llegó a organizar un taller semanal de manualidades: en la mesa común había bordados y carretes de hilo junto a los platos de pastel. Durante los últimos años que vivió en San Francisco, como estaba muy estresada por el trabajo, desayunaba allí todos los días, organizaba su jornada y leía el tarot, pues en aquel espacio se sentía respaldada incluso cuando estaba sola. «En Mission Pie siempre estoy acompañada. Percibo la solidaridad incluso cuando prefiero estar sola».

Pero, fuera de las paredes de Mission Pie, San Francisco estaba cambiando en otra dirección. La economía tecnológica, a la que Silicon Valley se le había quedado pequeño, llegó a la ciudad acompañada de un gran número de informáticos muy bien remunerados, lo que disparó el precio de las viviendas y los alquileres, convirtiéndola en una de las ciudades más caras de Estados Unidos para vivir.[29] La presión económica fue especialmente intensa para los residentes y pequeños comerciantes de barrios como La Misión, donde se encuentra Mission Pie, una zona de clara influencia española pero habitada principalmente por familias con pocos ingresos, a escasos tres kilómetros del barrio de Mid-Market, donde empresas como Twitter, Uber y Zendesk se habían instalado a principios de la década de 2010, atraídas por las significativas exenciones fiscales.[30] La evolución demográfica ha cambiado la relación de la gente con los pequeños negocios, y en especial con los bares y restaurantes.

Las empresas tecnológicas son en gran medida responsables de esta situación. En vez de revitalizar la economía —una de las principales razones de las exenciones fiscales— hicieron todo lo contrario, prefiriendo retener a su personal en la oficina y ofrecerle una serie de ventajas, sobre todo a la hora de comer. ¿Recuerdas el atún fresco y la ternera que sirven en las lujosas cafeterías de las grandes empresas? No es de extrañar, por tanto, que la abundancia de potenciales clientes no se transformase en beneficios para los restaurantes de la zona, como suponía el ayuntamiento.[31]

Entretanto llegó la era de las aplicaciones de entrega de comida a domicilio. Aunque en apariencia ampliaban la cartera de clientes de los bares y restaurantes, en realidad eran un lastre. Las aplicaciones cobraban a los establecimientos una comisión de hasta un 30 % por cada pedido, y eso les planteaba una disyuntiva: aceptar la disminución de ingresos o subir los precios.[32]

Por otra parte, las aplicaciones no afectan solo al balance de caja. Como hemos visto, esas *apps* propician la falta de contacto con la gente, pues es más cómodo recibir en casa un trozo de pastel en menos de veinte minutos que tener que ir a la cafetería más cercana y pedírselo a un camarero que a lo mejor se pone a charlar. Así pues, al mismo tiempo que los restaurantes sopesaban los pros y los contras de registrarse en determinadas empresas de reparto a domicilio, la gente cada vez salía menos a comer fuera.

Mission Pie se encontró en medio de todas esas presiones. El costo de la vida aumentó tanto que resultó imposible retribuir justamente a los empleados. Vender a través de empresas de entrega rápida de comida significaba subir los precios para compensar las comisiones, pero eso suponía traicionar los valores que daban sentido al negocio.[33] Y vender los pasteles a los supermercados de la zona no era una alternativa válida, pues se pondría en peligro el sabor de los ingredientes.

Así que Karen Heisler y Krystin Rubin decidieron celebrar un último concurso de pasteles y luego cerraron Mission Pie.

«Todos los días nos asombra y nos conmueve su fidelidad a Mission Pie, así como su presencia en el local: el café de la mañana, las reuniones semanales, las labores de tejido de los miércoles, la cita del viernes para degustar el pastel de plátano, la sopa de la tarde… son tantas cosas que no podemos enumerarlas todas», escribieron en su página de Facebook en junio de 2019. «Hemos sido testigos de sus dichas y desventuras. Les hemos preparado pasteles de boda, hemos visto crecer a sus hijos. También hemos disfrutado con ustedes la cotidianidad. Todo eso es importante».[34]

Durante los últimos días, las colas de clientes que esperaban comprar el último trozo de pastel daban la vuelta a la manzana.[35] Los antiguos asiduos de Mission Pie lloraron la pérdida desde otros lugares. Kimberly Sikora, que en 2016 se trasladó al desierto de Mojave en busca de un alquiler asequible y un ritmo de vida más tranquilo, aún no ha encontrado nada similar al espíritu de comunidad que se respiraba en Mission Pie. Aun así, Kimberly cree que las propietarias del establecimiento tomaron una decisión acertada. «Si hubiera visto que ponían wifi o subían los precios o pagaban menos a los empleados, bueno, eso me habría entristecido más aún que el hecho de que tuvieran que cerrar, porque significaría que se habían sometido al mercado, y eso iba en contra de sus principios».

Lo malo es que los «principios» no siempre sirven para sobrevivir. Pues, como demuestra la desaparición de Mission Pie, lo cierto es que los beneficios y la filosofía comunitaria no siempre son compatibles, sobre todo ahora, en esta compleja situación económica.

Así pues, si los impuestos que pagan las tiendas físicas se nivelan para compensar las desventajas que tienen con respecto a los comercios *en línea*, todos nos beneficiaríamos de la aparición de una nueva categoría empresarial: negocios procomunitarios que puedan optar a exenciones fiscales, incentivos y subvenciones, si cumplen determinados requisitos de inserción social y contribuyen a dar cohesión a la sociedad. Las pequeñas librerías, que han desempeñado tradicionalmente la función de centros comunitarios, podrían beneficiarse de esas ventajas fiscales. La librería Kett, ubicada en la localidad inglesa de Wymondham, impulsó en 2019 el proyecto «Una comunidad, un libro», el cual consistía básicamente en un círculo de lectores que celebraba reuniones y acontecimientos. Si bien Kett no regalaba los libros, sí hacía descuentos del 20 % y donaba varios ejemplares a la biblioteca municipal, donde se organizaban sesiones semanales de lectura en público para quienes no hubieran podido leer el libro. El primero que se eligió para su lectura fue *We must be brave*, de Frances Liardet, en el que se refleja el proyecto de la librería, pues cuenta la historia de un pueblecito inglés que tiene que mantenerse unido durante la segunda guerra mundial.[36] Como parte de la campaña, Liardet dio lectura a su libro en diversas instalaciones de Wymondham, incluida una residencia en la que los ancianos comentaron sus experiencias y recuerdos de la guerra.[37]

De manera similar, en la librería Readings de Melbourne, que permanece abierta casi todos los días hasta las once de la noche, la gente puede hojear los libros, charlar, tomar un café y asistir al recital de algún poeta. La librería Clarke de Ciudad del Cabo, que cuenta con un confortable salón, no es solo un «santuario para los libros», sino también un «refugio para las ideas», pues ha ido almacenando libros prohibidos, y durante el *apartheid* fue un lugar clandestino de encuentro.[38] Aunque algunas personas ven con malos ojos las medidas nada bibliófilas que han adoptado las librerías modernas —regalos, bebidas, actuaciones— para poder competir con los gigantes de la venta por Internet, el libro siempre ha sido el elemento que une a todos los lectores.

Si queremos que las comunidades locales prosperen, tenemos que hacer posible la supervivencia de cafeterías como Mission Pie y librerías como Kett. Y, si tenemos la suerte de vivir en lugares donde ya hay ese tipo de establecimientos, entonces deberíamos frecuentarlos más.

De hecho, yo misma vivo en un lugar en el que los pequeños negocios se esfuerzan por mantener unida a la comunidad. Adam, el óptico, cuelga en su local los cuadros de Jen, un artista que vive en el barrio. El centro de yoga tiene mesas para que la gente se siente a charlar o a leer revistas, aunque no estén allí para una clase, y además ofrece descuentos para los jubilados y los desempleados. Phil, el frutero, me recibe con una sonrisa y me fía la compra si no llevo dinero. Las cafeterías de la zona ponen cuencos con agua para los perros a fin de que los clientes puedan llevar a sus animales y tomar sus alimentos tranquilamente. Y muchas personas que no se conocen terminan charlando amigablemente gracias al instinto de olisquearse que tienen los canes. Y esto no es una simple anécdota. Numerosos estudios han demostrado que la gente es más propensa a conversar con desconocidos cuando van acompañados de sus perros.[39]

Una y otra vez vemos que los pequeños negocios desempeñan un importante papel en el desarrollo y protección de las comunidades en las que se encuentran. Durante el confinamiento, las pequeñas empresas fueron un ejemplo de dedicación a la comunidad, pese al cierre temporal y al temor a su propia desaparición. En mi barrio, el restaurante de Morfudd Richards sirvió cientos de comidas gratis a la residencia de ancianos, las carnicerías recogieron donaciones destinadas a las familias más pobres y el centro de yoga dio las clases subvencionadas a través de Internet.

Por eso no hay que permitir que el crecimiento inexorable del comercio electrónico acabe con esos negocios, y por eso también tanto los ciudadanos como los Gobiernos deben apoyar al pequeño comercio para que pueda sobrevivir al doble golpe de la era digital y de la recesión económica causada por el coronavirus.

Si queremos sentir que formamos parte de una comunidad y dejar de vivir en burbujas aisladas, debemos valorar en su justa medida el papel cohesionador del pequeño comercio.

COMUNIDADES MERCANTILIZADAS

Sin embargo, el espíritu comunitario del sector comercial debe ser algo más que una estrategia de *marketing*. Y, aunque las grandes empresas estén empezando a reconocer el valor de la comunidad como imagen de marca, la autenticidad de sus propuestas suele ser bastante cuestionable.

En 2017, por ejemplo, Apple cambió el nombre de sus tiendas por el de «Town Squares» (algo así como «plazas mayores»).[40] Suena bien en teoría, pero en la práctica todo se reduce a cambiarles el nombre a las cosas, a que los pasillos con estanterías se llamen ahora «avenidas», las demostraciones de los vendedores «foros» y los espacios donde se encuentran los técnicos «alamedas»: una «anexión léxica» que no solo desvirtúa el significado de los espacios públicos que esas palabras representan, sino que también introduce una peligrosa tendencia a apropiarse de esos espacios, como señala Andrew Hill, del *Financial Times*. «La propia actitud de las personas que utilizan los productos de Apple —cabeza gacha, auriculares puestos— resulta en cierto modo anormal, pues es contraria a la naturalidad y la curiosidad con que suele comportarse la gente en la plaza mayor», escribe el periodista.[41]

Ese mismo año le llovieron las críticas a un anuncio de Pepsi que mezclaba de la manera más absurda principios capitalistas y progresistas, un anuncio en el que la modelo Kendall Jenner, que llevaba unos vaqueros, se unía a una protesta callejera y ponía fin a la represión policial ofreciéndole un refresco a un agente.[42] «Ojalá mi padre hubiera conocido los poderes milagrosos de #Pepsi», tuiteó con sorna Bernice King, hija de Martin Luther King.[43] En un principio, Pepsi insistió en que pretendía poner la relieve «la armonía entre personas de diferentes ámbitos sociales», pero, al apropiarse del lenguaje e incluso de la estética de las comunidades que participaban en la manifestación, la multinacional demostró que desconocía por completo las reivindicaciones de esas comunidades y, sobre todo, que le importaban bien poco.[44] Lo único que quería era vender más Pepsi.

Estos son solo dos de los muchos casos en que las multinacionales se apropian del lenguaje de una comunidad para sus propios fines. Las grandes empresas, si quieren hacer algo útil para unir a la gente, tienen que olvidarse de las florituras retóricas y publicitarias.

Lo curioso es que durante los últimos años ha surgido un nuevo modelo de negocio que no pretende favorecer a un colectivo ya existente o crear uno nuevo poniendo en contacto a personas que comparten determinadas ideas y aspiraciones. Este modelo emergente considera el colectivo como una mercancía comercializable, como un producto que se puede empaquetar y vender.

Me refiero a la proliferación de espacios de cotrabajo, a empresas con nombres como CommonGrounds, Work.Life, Convene, Second Home y, por supuesto, WeWork, que en su momento culminante contaba con más de 280 sedes repartidas por ochenta y seis ciudades, y con más de 4 millones de metros cuadrados en inmuebles.[45] Aparte de los fotogénicos locales, con mesas de pimpón y libre circulación de café y cerveza, estas empresas esgrimen como una espada el concepto de «comunidad». De hecho, en el prospecto de la fallida OPV de WeWork (la presentación fue un desastre no por su premisa principal, sino porque salieron a la luz cuestiones tales como el despilfarro, las decisiones erráticas y la mala gestión), la palabra «comunidad» aparecía ciento cincuenta veces.[46]

Pensemos también en el rápido aumento de las coviviendas de trabajo que hemos visto durante los últimos años. Se calcula que en Estados Unidos el número de coviviendas se triplicará a lo largo de los próximos años.[47] En Asia, donde solo el 11 % de los *millennials* tiene una vivienda en propiedad, los inversionistas, al ver en la covivienda un negocio muy rentable, se han lanzado al ataque.[48] Incluso en la primavera de 2020, cuando la proximidad física era un inconveniente, los inversionistas siguieron mostrando mucho interés en este sector. El grupo Starcity, por ejemplo, que tiene doce sedes en torno a San Francisco, Oakland y Los Ángeles, completó en abril de 2020 su segunda serie de inversiones por un monto de 30 millones de dólares.

En esta nueva categoría de edificios, con nombres tan unificadores como «Society, «Common», «Collective» y «You+», no se hace hincapié en los departamentos que se alquilan, algunos de los cuales solo tienen ocho metros cuadrados.[49] Lo que quieren transmitir es el espíritu de comunidad. «Pasen más tiempo juntos», es el eslogan de Collective; Common presume de estar «hecho para la comunidad» y de que «serás siempre bien recibido», mientras que la «comunidad» forma parte literalmente de los servicios que ofrece la empresa Ollie.[50]

Para hacerlos más atractivos, estos edificios cuentan con una serie de espacios comunes —bares, azoteas ajardinadas, cocinas comunes, salas de cine—, así como diversas actividades organizadas, como clases de yoga y de francés. Norn, una empresa que empezó siendo un exclusivo club que enseñaba a sus miembros el olvidado «arte de la conversación», presentó en 2018 una modalidad cohabitacional que ofrecía a sus clientes «grupos de debate» sobre cuestiones candentes.[51]

Hasta cierto punto, se trata de una perspectiva apasionante: empresas que ofrecen una vida en comunidad a gran escala. Porque estos espacios de colaboración y cohabitación, si ofrecieran solidaridad y un sentimiento de pertenencia a la colectividad, servirían para solucionar al menos algunos aspectos de la crisis de soledad que estamos viviendo, una vez superado el miedo al contagio, claro está. Fijémonos en John, un teletrabajador que está «más solo que la una». O en Giorgio, en Milán, quien echaba tanto de menos la compañía de alguien durante las comidas que empezó a frecuentar las cenas y coros organizados por la Liga. O en Frank, un diseñador gráfico que, pese a llevar ya un par de años en el mismo bloque de departamentos, no conoce a un solo vecino. La demanda de estos servicios está creciendo con rapidez porque cada vez hay más personas que viven solas, que teletrabajan o que buscan empleo en la economía colaborativa.

¿ES EL PREFIJO «CO» UN NUEVO ENGAÑO?

¿Es posible encontrar verdadera solidaridad en una comunidad preconcebida? ¿O el prefijo «co» es otra estafa más? La palabra «comunidad», utilizada como reclamo, tiene tanto sentido como la palabra «ecológico» estampada en un aerosol de pesticida tóxico.

Hasta ahora el panorama ha sido desigual. Algunas personas empiezan a sentirse menos solas. «Creo que WeWork y los espacios de cotrabajo han sido muy beneficiosos para mi vida social», afirmó un diseñador autónomo de páginas web. Cuando trabajaba en casa, me confesó, estaba alicaído, se cansaba en seguida y se ponía enfermo con más frecuencia, que es lo que cabía esperar si tenemos en cuenta lo que sabemos con relación a los efectos de la soledad sobre la salud física.[52] Pero dice que en WeWork «experimentó un crecimiento emocional y pasó de la introversión a la extraversión».[53] Otras personas han tenido experiencias similares. Daniel, un informático expatriado que trabajó en un espacio WeWork en París durante un año y medio, dice que gracias al cotrabajo hizo muchos amigos que no tenían nada que ver con su profesión. «Cuando no conoces a casi nadie en una ciudad, estos espacios comunes son una buena forma de conocer gente, aunque tengan otros oficios», afirma Daniel.[54]

Winnie Agbonlahor, una periodista de la BBC, conoció, durante su estancia de seis días en dos coviviendas londinenses, a varios residentes que estaban encantados con las instalaciones.[55] Lucilla, por ejemplo, de cincuenta y ocho años, aseguró haber hecho más amigos durante los tres meses que llevaba en las coviviendas de The Collective Royal Oak (famosas por su insólita lavandería y por sus talleres de fabricación de consoladores de cerámica) que durante los tres años que había vivido en París; y Matty, un informático de treinta y tres años, dijo que para él vivir en The Collective había sido una experiencia transformadora.[56] Durante años Matty había padecido una rara enfermedad renal, como consecuencia de la cual hubo de someterse a varios trasplantes que lo dejaron como un «muerto viviente», sin energía, sin movilidad y sin confianza social. «En cierto modo, vivir aquí me devolvió la vida», le contó a Agbonlahor. «El simple hecho de tener gente a tu alrededor, que te pregunta cómo te encuentras, lo ha cambiado todo».

Otro residente, Jeffrey, le contó a Peter Timko, un investigador que está estudiando The Collective, que había recibido la visita de un promotor amigo suyo y que este, al principio, se había mostrado escéptico sobre la cantidad de dinero que se dedicaba a las zonas comunes. Pero, al ver el buen ambiente que había en el vestíbulo, cambió de opinión, «y en seguida lo comprendió», recuerda Jeffrey. «Porque en sus edificios nadie se saluda. Ni siquiera se miran a la cara. Pero aquí todos se conocen e interactúan: "Hola, ¿cómo estás? ¿Cómo van las cosas? ¿Te echo una mano con eso? ¿Detengo la puerta?"».[57]

El que cosas tan sencillas como saludar a un vecino o sujetarle la puerta cuando va cargado con la compra sean hoy tan valoradas significa que el aislamiento de la vida urbana está deshumanizando la sociedad. Esas pequeñas y gratificantes interacciones, que nos ayudan a sentirnos menos solos, se están volviendo cada vez más raras por culpa del ritmo acelerado de las ciudades, de la distribución de las horas de trabajo y de la adicción a los móviles.

Si las comunidades mercantilizadas nos garantizan al menos esas interacciones, algo habremos conseguido. Pero ¿es suficiente?

Yo, no nosotros

Algunas de las personas que han probado esta nueva generación de comunidades mercantilizadas, para la cohabitación o para el cotrabajo, creen que no es suficiente. Tal vez esperaban otra cosa; algo que se pareciera más a una verdadera «comunidad».

Amber, una mujer que combina la economía colaborativa con la gestión de redes sociales, cuenta lo sola que se sintió en el We-Work de Barcelona: «Entré en el WeWork y me encontré a unas seis personas repartidas por la habitación, sentadas lo más lejos posible unas de otras y con los auriculares puestos, como yo. Me senté en un cómodo sofá un poco apartado, donde poder trabajar con tranquilidad, sin que nadie se acercara a curiosear. La única vez que entablé conversación con alguien fue en la máquina de café, mientras intentábamos averiguar cómo funcionaba».

La experiencia de Amber me recordó a la mía en el WeWork de Tel Aviv, donde vi a un grupo de personas que hacían cola para que les dieran un *malabí* gratis (un dulce de leche típico de Oriente Medio). Era uno de los eventos «comunitarios» que se celebraban allí, pero nadie se dirigía la palabra; todos estaban mirando el teléfono móvil y, en cuanto pillaban el *malabí*, volvían cada uno a su escritorio. Aquello tenía mucho más de «yo trabajo» que de «nosotros trabajamos», que es lo que significa WeWork.

En The Collective, pese a la opinión positiva de Matty, Lucilla y Jeffrey, algunas personas le contaron a Agbonlahor que no estaban demasiado contentas. Un residente le dijo que los prospectos comerciales de The Collective no eran más que publicidad engañosa, pues aparte de exagerar, no reflejaban la realidad. Y otros dijeron que el espíritu comunitario, salvo algunas excepciones, brillaba por su ausencia.[58]

Esta queja se repitió en las entrevistas realizadas por Timko; un residente señaló que solo el 10 % de los inquilinos participaba en la vida comunitaria.[59] Como explicó Marge, otra residente, «hay mucha gente que va a su bola y nunca participa en la vida comunitaria». Esto sucedía incluso en los aperitivos gratuitos a base de *bagels* y salmón que organiza The Collective para animar a la gente a relacionarse: «Algunas personas bajaban al vestíbulo, llenaban el plato y volvían a su habitación a comer lo que les habían regalado. De lo que se trataba era de reunirse en el vestíbulo para relacionarse con los demás... no de seguir siendo insociables», le contó con incredulidad a Timko uno de los residentes.[60]

Ya hemos visto que no se comparte la mesa con nadie si Deliveroo nos trae la comida a casa. Tampoco podemos relacionarnos con nadie si cogemos la comida y nos vamos a nuestra habitación.

EL ESPÍRITU COMUNITARIO NO SE COMPRA, SINO QUE SE PRACTICA

De hecho, la falta de interés en la comunidad es una de las cosas que más preocupan en otros espacios de cotrabajo y cohabitación, y no solo entre los miembros o residentes, sino también entre los administradores que los gestionan.[61] En una reunión celebrada en Berlín, los representantes de cuatro empresas de *coliving* llegaron a la conclusión de que uno de los principales problemas a los que se enfrentaban era «la falta de participación de los arrendatarios».[62] Como es lógico, para que haya participación tiene que haber un número significativo de personas que quieran hacer vida en común. Lo malo es que eso no está garantizado en este tipo de viviendas.

Muchas de las personas que se interesan por este nuevo tipo de cohabitación no tienen las cualidades que se esperan de esos inquilinos a los que les gusta la vida en comunidad. A diferencia de los precursores de estos espacios —las comunidades *hippies* de la década de 1970, o los kibutz israelíes, esto es, lugares en los que vivían personas que se regían por el principio de solidaridad—, los espacios de cohabitación o cotrabajo de hoy en día están dirigidos a profesionales *millennials* de carácter marcadamente individualista, muchos de los cuales vuelven a casa rendidos tras una agotadora jornada de trabajo, hartos de tantos trasbordos y de la falta de intimidad de sus oficinas «abiertas», y que por tanto no tienen ningunas ganas de relacionarse con nadie. Son urbanitas que se han acostumbrado a sus burbujas digitales o que creen que en las ciudades está mal vista la integración en la vida social; son personas para las que la comunidad como concepto es más atractiva que la comunidad como forma de vida.

Pero ¿se puede desaprender la insociabilidad? Y ¿se puede aprender a vivir en comunidad? Creo que la respuesta a ambas preguntas es «sí»; solo hace falta esfuerzo y voluntad.

Los propios empresarios están haciendo un esfuerzo. En The Collective, el tablón de anuncios está lleno de folletos que informan de los próximos eventos: un taller de fabricación de dijes de cristales, una charla sobre el vello corporal, una conferencia sobre la importancia de la salud mental.[63] Incluso durante el confinamiento siguió habiendo actividades, solo que a través de Internet. «Yoga viniasa con Eloise» fue una de las actividades programadas en mayo de 2020, y también «Dibujar juntos», en la que los participantes iban haciendo de modelo por turnos mientras los demás dibujaban.

Un ejecutivo de WeWork detalló con orgullo la atención que presta la empresa a las interacciones sociales; hasta las escaleras y los pasillos están diseñados con el fin de que no quepan dos personas (lo cual no es gran cosa en la era del coronavirus) «para que tengan que separar la cabeza, aunque solo sea un instante, del teléfono móvil y apartarse para dejar pasar a alguien. Lo hacemos adrede. Las escaleras y los pasillos son tan estrechos porque así la gente tiene que mirar a sus compañeros a la cara y saludarlos, aunque solo hayan ido a buscar un vaso de agua».

Lo malo es —y este es el problema que deben solucionar las

empresas— que el espíritu comunitario no se puede comprar ni imponer. Es algo a lo que la gente tiene que dedicar tiempo y en lo que debe involucrarse para que funcione. Así pues, por muchos eventos que se organicen en esos espacios, por mucha comida y bebida que ofrezcan gratis, por muy estrechos que sean los pasillos, si la gente que vive y trabaja en ellos no se relaciona con los demás, nunca habrá una verdadera «comunidad». El espíritu comunitario requiere que las personas «hagan» cosas juntas, no solo que «estén» juntas o se vean al cruzarse. Es la diferencia que hay entre «estar juntos» y estar «solos juntos», entre un estado activo y un estado pasivo.

El estilo de «liderazgo» comunitario determina claramente cuál de esos dos estados prevalecerá. En aquellas viviendas en las que los residentes tienen capacidad de decisión, planifican sus propios eventos, convocan sus propias reuniones, tienen sus propias ideas y saben cuándo dejarse aconsejar parece irles bastante mejor que en las que el espíritu comunitario es impuesto desde arriba. Chen Avni, el carismático cofundador de Venn, una empresa israelí que cuenta con viviendas compartidas en Berlín, Tel Aviv y Nueva York, y cuyos clientes afirman sentirse menos solos al poco tiempo de mudarse a una de esas viviendas, atribuye en parte este éxito al principio de autodeterminación. «Mientras que otras empresas piensan que, "si les ofrecemos ciertas actividades vendrán a vivir aquí", nosotros hemos aprendido que, si esas actividades las coordinan ellos mismos, los clientes no solo vendrán, sino que también se quedarán».[64]

Por tanto, en vez de dirigir las actividades lúdicas, Venn pregunta a sus clientes qué clase de eventos quieren celebrar y pone a su disposición a sus propios gestores de redes sociales para que los asesoren. No es que cada miembro tenga que hacer una propuesta distinta, sino que la colaboración hace que uno se sienta como en casa, en vez de como en un hotel, y que la «comunidad» no parezca una mercancía.

Avni me cuenta que una de las cosas que más han reforzado el espíritu comunitario son las cenas informales, a las que cada invitado aporta un plato, que se organizan todos los meses. (Venn proporciona las bebidas y los postres). Los platos que llevan los comensales dan pie a conversaciones sobre los orígenes de cada uno y sobre las costumbres de su ciudad o país natal, lo cual siempre es bueno para estrechar vínculos. Esas cenas informales son las actividades en las que participan más personas.

¿Si se animara a los inquilinos de The Collective a cocinar juntos, en vez de ofrecerles el salmón y los *bagels*, se reforzaría su espíritu comunitario?

De todos modos, parte del problema está en la definición de «comunidad». Por ejemplo, NomadWorks, teórica rival «comunitaria» de WeWork, incluye entre sus servicios determinados «videoeventos».[65] Cuando le pregunté a un ejecutivo de WeWork cómo sabían si estaban creando realmente un espíritu de comunidad, me respondió que la «prueba» eran las «transacciones» que efectuaban los miembros entre sí. Me dijo que contaban cuántos cotrabajadores de WeWork habían comprado algo a otro cotrabajador al menos en una ocasión y utilizaban ese dato como indicador de la robustez de la comunidad.

Quienes alquilan espacios allí se han dado cuenta de la contradicción implícita en este enfoque claramente neoliberal. James, que trabajó en uno de los inmuebles que posee WeWork en Londres, el edificio Moorgate, en cuyos baños se puede leer la consigna «Esfuérzate más», describió así su experiencia: «La gente es extremadamente amable, pero solo porque todo el mundo quiere venderle algo a alguien. En cuanto dejé claro que no quería comprar nada, me dieron la espalda; no querían ni jugar al pimpón conmigo».

Este aspecto comercial no tiene nada de malo en sí mismo. El hecho de que, según un estudio realizado en 2014, más de la mitad de los cotrabajadores declararan haber captado nuevos clientes en su lugar de trabajo indica que algún interés comercial sí que hay en el *coworking*.[66] Por otra parte, aunque la amistad no sea incompatible con los negocios, un puñado de tarjetas de visita no sirve para formar una comunidad. Devaluamos el concepto de comunidad si lo reducimos a un grupo de personas que se ven unas a otras como objetivos potenciales. Tiene que haber solidaridad y colaboración, no solo ventas.

La fluidez de estas operaciones también es importante, pues suelen hacer casi tanto hincapié en la comodidad como en la comunidad. En algunas viviendas compartidas lo dan todo hecho, ya que hay empleados que se encargan de llevar la ropa a la lavandería, de limpiar la cocina comunitaria y de tirar la basura. En efecto, el inquilino prácticamente no tiene que preocuparse de las tareas domésticas, pero eso provoca que se desentienda del mantenimiento de los espacios comunes y de la relación con los demás. La cohabitación no funciona si los residentes no se responsabilizan de las actividades comunes y del mantenimiento del lugar en el que viven.[67]

Esta es la gran paradoja de muchos espacios de cotrabajo y covivienda: quieren vendernos las ventajas de vivir o trabajar cerca de otras personas, pero eximiéndonos de las obligaciones que implica una comunidad. Como sucede con las amistades reales, a veces hay que sacrificarse.

Piense en las comunidades a las que se siente más unido. Probablemente son entornos en los que tiene que hacer algún esfuerzo, en los que hay un toma y daca. En mi grupo de improvisación, las tareas y las responsabilidades se reparten entre todos. Yo me encargo de cobrar las cuotas y de pagar el alquiler del local, Roderick dirige las reuniones, Thierry se ocupa de las llaves, Ma'ee y Amber nos enseñan trabalenguas y Lucy sustituye a Roderick cuando este no puede venir. Y, lo que es más importante, cada uno de nosotros hace todo lo posible por asistir a las reuniones todas las semanas, aunque no estemos de humor. Por el contrario, si el espíritu comunitario va acompañado de cerveza y aperitivos gratis, pero no tiene que poner nada de su parte, el compromiso con la comunidad se debilita.

El acto de presencia es fundamental, lo cual pone de manifiesto otro problema que tienen muchas de estas comunidades mercantilizadas: sus miembros están de paso. El índice anual de rotación en The Collective, por ejemplo, es del 50 %.[68] Y, si bien el volumen de negocio en los espacios de cotrabajo es difícil de calcular —al fin y al cabo, el hecho de ser miembro de WeWork da acceso a una serie de oficinas en todo el mundo—, cualquier lugar de trabajo en el que la mayoría de las personas están de paso «será un entorno cuya principal característica es el cambio constante».[69] Como vimos en el capítulo de las ciudades, el problema de las comunidades itinerantes es que, cuanto menos arraigados nos sintamos en nuestra comunidad, menos probable es que participemos en ella. Al presentar la fluidez y la flexibilidad como parte de la oferta, WeWork y otros espacios similares reducen las probabilidades de que los miembros y residentes vean la comunidad como algo suyo y se impliquen en ella. De hecho, si nos fijamos en comunidades verdaderamente unidas —como los religiosos practicantes, los judíos ortodoxos o incluso los clubes ciclistas—, comprobaremos que los vínculos entre sus miembros son fuertes gracias a la repetición de las interacciones. Aunque hay valores comunes, la gente también tiene que esforzarse en establecer vínculos con los demás. Si no hay constantes oportunidades de practicar la solidaridad y el apoyo mutuo, las relaciones entre los miembros de una comunidad se parecerán más a un ligue de verano que a un matrimonio, y la confianza será escasa.

No es de extrañar, por tanto, que uno de los asuntos que más preocupaban a las empresas que se reunieron en Berlín fuese la falta de confianza entre sus clientes. The Collective ha abordado esta cuestión instalando circuitos cerrados de televisión en sus espacios y poniendo carteles en los que se leen cosas como «Sonríe a la cámara» o «Si vemos comida procedente de las cocinas comunes en sus habitaciones, nosotros la recogeremos».[70] Comprendo que a nadie le guste que un vecino le robe el aceite de oliva, pero, como vimos en capítulos anteriores, esos sistemas de vigilancia no favorecen precisamente la convivencia.

COMUNIDADES EXCLUSIVAS

Mientras buscamos la mejor manera de reconstruir la sociedad tras la COVID-19 y de volver a relacionarnos con los demás, habrá sin duda muchas cosas útiles que los Gobiernos, los ayuntamientos, los arquitectos, los urbanistas y el empresariado pueden aprender de estos nuevos negocios que se centran en el espíritu de comunidad, tanto para lo bueno como para lo malo.

Un aspecto que da qué pensar, es que incluso cuando las comunidades mercantilizadas consiguen transmitir un sentimiento de pertenencia a un grupo o colectividad, muchas veces sigue habiendo un problema de inclusión. Las colatecas surcoreanas, con sus precios tan bajos, el centro de yoga con sus descuentos para pensionistas o desempleados y el círculo de lectores subvencionado siguen siendo excepciones. No podemos ser miembros de una comunidad mercantilizada si no tenemos dinero para pagar las mensualidades.

Pensemos, por ejemplo, en los modernos grupos de *fitness*. A pesar de la «espiritualidad» y del «formamos una comunidad», hay que poner de relieve que no se trata de servicios religiosos a los que puede asistir todo el mundo. Sus locales suelen estar en barrios acomodados, se presentan como si fuesen artículos de lujo y tienen un precio elevado: algunos cobran hasta 40 dólares por una sesión.[71]

De manera similar, los precios de las entradas para los festivales de música han aumentado tanto que una tercera parte de los *millennials* que asistieron a un festival en 2018 afirmaron haberse endeudado para poder ir.[72] Las entradas para Glastonbury cuestan 265 libras, y las de Coachella 429 dólares, «más intereses». En cuanto al supermercado de mi barrio, soy consciente de que sigue a flote porque los vecinos, relativamente acomodados, están dispuestos a pagar lo que no deja de ser un «impuesto comunitario» para que pueda vender muchos productos a un precio superior al de las grandes cadenas de hipermercados. Cuando no es así, esos pilares de la vida en comunidad tienden a desaparecer, como vimos en el caso de Mission Pie.

Y, en la medida en que los espacios de cotrabajo mitigan la soledad inherente a la economía colaborativa o el teletrabajo, la estructura de precios hace que solo estén al alcance de los profesionales con alto poder adquisitivo. A principios de 2020, la cuota más baja para ser miembro de WeWork era de entre 200 y 600 libras mensuales en Londres y de hasta 600 dólares en San Francisco. Eso está a años luz de lo que puede pagar un empleado de TaskRabbit, por ejemplo.

En cuanto al concepto de «todo bajo el mismo techo» que tanto gusta a las empresas arrendadoras de viviendas compartidas, sus tiendas de comestibles, lavanderías, gimnasios y bares *in situ* pueden generar segregación social. Como los residentes pueden hacer la compra y tomar copas sin salir del edificio, lo normal es que no se relacionen con los vecinos del barrio, con lo cual se crea un distanciamiento entre unos y otros. A la larga, esta estrategia está condenada al fracaso desde el punto de vista tanto de la sociedad como de los arrendadores. Porque los residentes, si realmente están a gusto en un lugar, no solo reforzarán el espíritu comunitario, sino que también permanecerán más tiempo en esa vivienda.

Las comunidades privadas suavizarán la crisis de soledad que estamos viviendo siempre que su oferta sea realista y que sus miembros tengan una participación activa. Sin embargo, en una época en que los espacios públicos están siendo desmantelados, en que los lugares baratos o gratuitos para reunirse son cada vez más escasos y en que las zonas comerciales están desapareciendo, corremos el peligro de que solo los privilegiados puedan disfrutar de lo «comunitario»; de que solo podamos «encontrar nuestra alma» pagando la cuota de inscripción; de que la soledad se convierta en una enfermedad que solo los ricos pueden superar. Esto es especialmente grave porque las personas que están solas son cada vez más pobres.

Que las comunidades privatizadas no se conviertan en otra manifestación de la arquitectura disuasoria —una forma evidente de exclusión— y sirvan, en cambio, para mitigar la soledad de las personas y hacer que la sociedad en general se reconcilie, garantizando no solo que cumplan su promesa, sino también que cada vez más personas tengan acceso a ellas, es uno de los grandes retos del futuro.

Empezamos a ver algún rayo de esperanza. A finales de 2019, el programa ShareNYC de la ciudad de Nueva York adjudicó tres codiciados contratos para la construcción de «viviendas compartidas» que incorporan algunos aspectos del concepto de covivienda, como por ejemplo cocinas y gimnasios comunitarios y unos alquileres más flexibles, y al mismo tiempo ponen a disposición de los neoyorquinos viviendas que salvan las brechas socioeconómicas.[73] El alojamiento estará al alcance de las familias con ingresos bajos y medios; solo una tercera parte de las viviendas se ofrecerán a precio de mercado.[74] Aunque es solo un comienzo, los promotores y urbanizadores municipales parecen estar esforzándose en evitar la mentalidad clasista imperante en urbanizaciones como Royal Wharf y Baylis Old School, mencionadas más arriba; lo que se pretende es que los inquilinos disfruten de las mismas instalaciones y servicios, con independencia del alquiler que paguen.[75] Es de esperar que, en este caso, los niños de todos los estratos económicos puedan jugar juntos, que los espacios comunes sean para todos y que el espíritu comunitario no sea de pago.

Mantenerse unidos en un mundo que se está desmoronando

La soledad no es solo un estado de ánimo.[1] También es un estado de ánimo colectivo que nos está pasando factura a nosotros como individuos y a la sociedad en su conjunto, que influye en la muerte de millones de personas todos los años, que cuesta miles de millones de euros a la economía mundial y que constituye una grave amenaza para las democracias solidarias e incluyentes.[2]

Antes incluso de que apareciera el coronavirus, este era el siglo de la soledad. Pero el virus ha puesto aún más de relieve la falta de apoyo y atención que sentimos muchas personas, no solo por parte de nuestros familiares y amigos, sino también por parte de nuestros jefes y del Estado; ha subrayado lo desligados que estamos no solo de nuestros seres queridos, sino también de nuestros vecinos, nuestros compañeros de trabajo y nuestros representantes políticos.

Si queremos mitigar la soledad individual y colectiva, es necesario que las instituciones que gobiernan nuestra vida se den cuenta de la magnitud del problema. El Gobierno, las empresas y nosotros en cuanto individuos desempeñamos un papel protagonista. La crisis de soledad es demasiado compleja para dejarla en manos de una sola entidad.

En esto discrepo de algunos políticos y economistas que han

escrito sobre la soledad, pues la definen de manera muy restringida y tienden a ser partidistas y a utilizar un enfoque muy poco holístico.[3]

Los conservadores suelen echar la culpa de esta crisis al desmoronamiento de la «familia tradicional», al descreimiento generalizado y al excesivo poder del estado de bienestar, al que demonizan por eximirnos a todos de responsabilidad, tanto individual como colectiva; argumentan que la solución a la crisis de soledad se encuentra básicamente en cada individuo. Por tanto, deberíamos hacer más por nosotros mismos y por quienes nos rodean, aseguran.

La izquierda, por el contrario, tiende a achacar el problema a la falta de intervención del Gobierno y a describir a los ciudadanos como víctimas de las circunstancias. Los individuos están prácticamente exentos de responsabilidad en lo tocante a los problemas sociales.

En ambos extremos, esta visión polarizada de los motivos de la soledad es, a la postre, inútil y contraproducente. Aunque hay elementos de verdad en las dos perspectivas, ninguna de ellas presenta una imagen completa de la crisis ni una forma concreta de resolverla. Como hemos visto, los motivos estructurales de la soledad tienen su origen en las acciones del Estado, de los individuos y de las empresas, así como en los avances tecnológicos del siglo XXI, ya se trate de la adicción a los teléfonos móviles, de la vigilancia en el lugar de trabajo, de la economía colaborativa o de la falta cada vez mayor de contacto humano.

Por otra parte, estos motivos suelen estar estrechamente relacionados entre sí. Si su jefe no le da tiempo libre para cuidar a su padre o a su madre en caso de emergencia, no podrá ayudarlos cuando más lo necesitan, por mucho que se empeñe. Si no conoce a sus vecinos porque sus caseros le suben el alquiler cada dos por tres y se tiene que mudar constantemente, es menos probable que esté dispuesto a ayudar a sus vecinos y es más difícil que se integre en el barrio. Si está todo el día pendiente de Instagram o revisando el correo electrónico, pasará menos tiempo con sus familiares o amigos; y, cuando esté con ellos, es probable que no les preste demasiada atención porque no deja de mirar el móvil. Si el único banco de la calle en la que vive es uno de esos que están diseñados para espantar a los «indeseables», no va a acomodarse en él para charlar con los transeúntes. Si no está seguro de cuándo va a trabajar esta semana porque no tiene un horario fijo, no podrá comprometerse a entrenar al equipo de futbol de su hijo todos los domingos.

La soledad no es una circunstancia aislada, sino que se produce dentro de un ecosistema. Para atajar la crisis de soledad tenemos que cambiar la estructura económica y política de la sociedad, y aceptar nuestra responsabilidad individual en ello.

CONCILIAR EL CAPITALISMO CON LA AYUDA Y LA COMPASIÓN

Como punto de partida, debemos reconocer que la actual crisis de soledad no ha surgido de la nada, sino que ha sido alimentada en gran medida por un proyecto político concreto: el capitalismo neoliberal. Un capitalismo egoísta y obsesivo que ha generalizado la indiferencia, ha convertido el egoísmo en una virtud y ha desvalorizado el auxilio y la compasión; un capitalismo basado en el «sálvese quien pueda», que ha menospreciado la importancia de los servicios públicos y los centros comunitarios y que ha perpetuado la idea de que el destino está solo en nuestras manos. No es que antes no estuviéramos solos. Lo que ocurre es que los cuarenta años de capitalismo neoliberal, al llamar «transacciones» a nuestras relaciones, al convertir a los ciudadanos en consumidores y al crear brechas salariales cada vez más abismales, han desprestigiado, en el mejor de los casos, determinados valores como la solidaridad, el compañerismo, la concordia y la bondad;[4] y, en el peor, los ha eliminado. Tenemos que adoptar otra forma de hacer política, una que tenga el cuidado y la compasión en el corazón.

El objetivo político de que los ciudadanos sientan que tienen cubiertas las espaldas no es irreconciliable con el capitalismo. De hecho, es un error suponer que la variante de la «competencia despiadada» es la única forma de capitalismo. Incluso Adam Smith, el padre del capitalismo, aunque es más conocido como un acérrimo defensor del libre mercado y de la libertad individual, escribió por extenso en *La teoría de los sentimientos morales* (precursor de *La riqueza de las naciones*) sobre la importancia de la empatía, la solidaridad y el pluralismo.[5] Smith comprendió que el Estado es necesario para dotar de infraestructuras a la comunidad, y que en ocasiones hay que poner coto al mercado para proteger a la sociedad.[6] En otros lugares —algunos países asiáticos y europeos, sobre todo los escandinavos—, durante la mayor parte del siglo XX las formas de capitalismo se diferenciaban de la tradición neoliberal por el protagonismo que concedían al Estado y por la importancia que daban a los valores comunitarios. El capitalismo no ha sido nunca una ideología única.

El capitalismo neoliberal —que se caracteriza por tener la mira puesta en el libre mercado y la desregulación, por dar prioridad a los derechos del capital y por su aversión al estado de bienestar, aun a costa de la cohesión social y del bien común—, aunque haya sido el modelo económico imperante en casi todo el mundo durante cuarenta años, no es nuestra única opción para el futuro. Juntos debemos crear una forma de capitalismo que cumpla unos objetivos no solo económicos, sino también sociales.

Y el momento para ello es ahora. Tras la Gran Depresión de la década de 1930, el presidente Franklin D. Roosevelt impulsó el New Deal, un conjunto de reformas sociales y económicas encaminadas a vencer la grave crisis por la que atravesaba Estados Unidos. En el Reino Unido, tras la segunda guerra mundial se fundó el National Health Service (Servicio Nacional de Salud) con el propósito de ofrecer ayuda sanitaria a todos los británicos, convirtiéndose en un símbolo del ideal de igualdad y compasión.

Ahora también es el momento de hacer cambios radicales e implantar un capitalismo más solidario y participativo.

Como mínimo, los Gobiernos deben garantizar a sus ciudadanos que combatirán las endémicas desigualdades que la pandemia, exacerbándolas, ha puesto de manifiesto, y que estarán dispuestos a ayudar a sus compatriotas. En muchos países, esto significa destinar muchos más recursos a la sanidad, la educación y los servicios sociales. Antes incluso de la pandemia, Estados Unidos, por ejemplo, necesitaba aumentar el gasto en servicios sociales (lo que incluye los subsidios a la vivienda, las prestaciones por desempleo, la creación de empleo y las pensiones) en un 1,4 % del PIB solo para acercarse a la media de la OCDE.[7] Y los políticos pueden hacer esas promesas cuando tienen el apoyo de los ciudadanos. En una encuesta realizada inmediatamente después de que Trump firmara un proyecto de ley, en marzo de 2020, en virtud del cual se invertirían 2 billones de dólares para luchar contra el coronavirus, más de dos terceras partes de los encuestados, tanto «demócratas» como «republicanos», manifestaron estar de acuerdo con esa medida, a pesar del asombroso gasto que suponía.[8] Otro sondeo llevado a cabo simultáneamente reveló que hasta el 55 % de los votantes estadounidenses estaban a favor de un *Medicare* «para todos», lo que supone un incremento de nueve puntos con respecto al mes de enero de ese mismo año.[9]

Paralelamente, en el Reino Unido el apoyo de los ciudadanos al aumento de la inversión en servicios sociales para ayudar a los más pobres, aunque supusiera una subida de impuestos, estaba en 2017 en su nivel más alto desde hacía catorce años.[10] Y en mayo de 2020, en plena crisis del coronavirus, hasta los más acérrimos defensores del mercado libre instaban al Gobierno a evitar los recortes fiscales y las medidas de austeridad, y a aumentar el gasto público.[11]

La voluntad de tomar medidas audaces y de llegar a un consenso sin precedentes será más necesaria que nunca tras la pandemia, dadas las presiones económicas y la demanda de recursos públicos que esta ha provocado. Sin embargo, también es preciso que, a medida que nos alejemos del centro de la tormenta, los Gobiernos comprendan que este gigantesco esfuerzo se prolongará en el tiempo a causa de factores como el rápido envejecimiento de la población (en el «norte global»), los daños económicos originados por el coronavirus y la pérdida de puestos de trabajo que cabe esperar durante los próximos años como consecuencia de la automatización.

Cuando se trata de desempleo, las ayudas estatales no pueden ser solo económicas. Los Gobiernos deben tomar medidas para que las máquinas no reemplacen tan deprisa a los trabajadores; antes propuse una posible forma de conseguirlo: un impuesto sobre los robots. Además, dados los problemas a los que se enfrenta el sector privado, los Gobiernos tendrán que desempeñar —provisionalmente y en última instancia— el papel de patrono y crear nuevos puestos de trabajo, ya sea directamente a través de grandes proyectos públicos o indirectamente a través de una política presupuestaria. Solo un trabajo digno puede proporcionarnos compañerismo, motivación y espíritu comunitario.

Sin embargo, los programas de trabajo público no deberían limitarse a utilizar recursos humanos para construir carreteras o recoger fruta. La apuesta por la energía eólica y solar generaría una cantidad considerable de puestos de trabajo, así como las promesas de los ayuntamientos de plantar más árboles, modernizar los edificios municipales e instalar estaciones de carga para los vehículos eléctricos. Y los Gobiernos también tienen que crear puestos de trabajo orientados específicamente a regenerar el tejido social, ya sea construyendo bibliotecas, clubes juveniles o centros comunitarios, o encargando trabajos a quienes nutren espiritualmente a la comunidad: artistas, escritores y músicos. Eso fue lo que ocurrió en Estados Unidos durante el New Deal, cuando se contrató a artistas de todo el país para que pintaran murales, tallaran esculturas, dieran clases de arte y escribieran obras de teatro, con el fin, como dijo Roosevelt, de mostrar a sus conciudadanos las ventajas de una «vida plena».[12] Los políticos actuales no deberían ser menos ambiciosos.

Los Gobiernos también podrían hacer otra cosa: convertir el desempleo en una forma de mitigar la soledad. Para ello podríamos inspirarnos en lo que en el Reino Unido se conoce como «prescripción social», en virtud de la cual los «enlaces» adscritos a las consultas de los médicos de cabecera ayudan a las personas con problemas de salud mental, aislamiento o soledad a buscar recursos que les sirvan para sobrellevarlos, ya se trate de clases de arte o de gimnasia o de grupos de apoyo. Estas actividades solo tienen sentido si reciben financiación, pues de otro modo los potenciales «clientes» no podrían permitírselas. La formación de más personas para el cuidado de los ancianos también es una buena idea, al menos a corto y medio plazo, siempre que los Gobiernos se comprometan a subir los sueldos en el sector asistencial.

Como es lógico, para hacer todo esto las arcas del Estado tendrán que estar bien llenas. Dada la magnitud del problema, los Gobiernos no podrán endeudarse ni imprimir dinero indefinidamente sin dañar la economía a largo plazo, por muy bajos que sean los tipos de interés en la actualidad,[13] lo cual significa que los estratos más ricos de la sociedad tendrán que pagar más impuestos. Es justo. Pero no solo los ricos deberán soportar esta carga impositiva adicional. Las multinacionales que siguen depositando sus beneficios en paraísos fiscales también deberían someterse a una legislación que las obligara a pagar impuestos en los países donde venden sus productos. Ya se han perdido, por culpa de estas nefastas prácticas empresariales, miles de millones de euros en impuestos que podrían haberse destinado a proyectos públicos. Quizá también a aquellas empresas a las que les fue especialmente bien durante la crisis del coronavirus, como las de entrega de comida a domicilio, se les podría exigir el pago de un impuesto adicional. De nuevo contamos con un precedente histórico. En Estados Unidos se penalizó con impuestos extraordinarios el «exceso de beneficios» durante las dos guerras mundiales y la guerra de Corea.[14]

Pero deberíamos ser aún más ambiciosos. Mientras reconstruimos el mundo tras la COVID-19, los Gobiernos tienen una oportunidad única para aprovechar el momento, actuar de forma transformadora y reconsiderar cuál es el orden de prioridades. En este sentido podemos seguir el ejemplo de la primera ministra neozelandesa, Jacinda Ardern, quien en mayo de 2019 anunció que su Gobierno ya no utilizaría únicamente los parámetros económicos tradicionales, como el crecimiento y la productividad, para determinar la política presupuestaria y los objetivos de la nación. «Guiado por la bondad y la compasión», su Gobierno se comprometió a incorporar una serie de criterios universales que tuvieran más en cuenta la realidad social.[15] Estos criterios incluían la protección del medioambiente, una educación de calidad, el aumento de la esperanza de vida y —lo que es más importante para los asuntos que nos ocupan— el análisis de todas aquellas cuestiones relacionadas con la soledad, la confianza en los conciudadanos, la confianza en el Gobierno y la sensación de pertenencia a una comunidad.[16] Escocia e Islandia están estudiando enfoques similares para sus propios procesos presupuestarios.[17]

Aunque durante los últimos años otros Gobiernos —sobre todo en el Reino Unido y en Francia— han empezado a tener en consideración el bienestar de sus ciudadanos, el Gobierno neozelandés, en el conjunto de los países miembros de la OCDE, es el que ha tomado las medidas presupuestarias más audaces.[18] De momento, las iniciativas británica y francesa no han conseguido modificar de manera significativa sus políticas presupuestarias.[19] Sería injusto no mencionar aquí al pequeño Estado de Bután, el cual, con la creación de la FIB (Felicidad Interior Bruta) fue un pionero en la elaboración de presupuestos sociales.[20]

Para reconciliar el capitalismo con el bienestar y la felicidad, es absolutamente necesario que tendamos un puente entre la economía y la justicia social y que reconozcamos que el concepto de «éxito» ya no tiene demasiado sentido en la actualidad.[21]

Cambiar el cálculo del capitalismo

Ni siquiera esto es suficiente. Si queremos contrarrestar la sensación de abandono que tienen muchas personas, debemos hacer algo más que garantizar que todos los ciudadanos cuenten con protección social, que los presupuestos del Estado presten atención al bienestar general y que se combatan las desigualdades estructurales, incluidos el género y la raza. También debemos asegurarnos de que las personas estén debidamente atendidas y protegidas en el trabajo y ante cualquier daño ocasionado por las grandes empresas. El neocapitalismo liberal, con su idea de que «cuanto menos interviene el Estado, más se dinamiza la economía», nunca ha aportado soluciones satisfactorias. Y este no es solo un proyecto para el Gobierno: las empresas y sus líderes también tienen que poner de su parte.

De hecho, la Business Roundtable, un grupo de presión constituido por los grandes empresarios estadounidenses, entre los que se encuentran Jeff Bezos (Amazon), Tim Cook (Apple) y Michael Corbat (Citigroup),[22] abandonó en agosto de 2019 el viejo principio friedmaniano según el cual la única función de las empresas es servir a sus accionistas[23] y se comprometió a servir a todas las partes interesadas —accionistas, proveedores, comunidades y empleados—, a quienes prometió que «compensaría con no pequeños beneficios» y que «favorecería la diversidad, la inclusión, la dignidad y el respeto».[24]

Aunque me parece bien este planteamiento y espero que esa retórica se traduzca en realidades palpables, lo cierto es que, a menos que se deje de presionar a las empresas para que produzcan beneficios a corto plazo y de incentivar a los ejecutivos con ese único fin, lo más probable es que siga predominando la preocupación por los accionistas, sobre todo en el caso de las empresas que cotizan en bolsa. Por tanto, si determinadas estrategias como la vigilancia digital o la sustitución de trabajadores a jornada completa por empleados «prescindibles» (que no tienen costos ni horarios, pero sí contratos temporales y poquísimos derechos) siguen siendo cada vez más rentables, ni siquiera los directivos más progresistas renunciarán a ellas, aunque sean contrarias a los intereses de los trabajadores y al bien común. Esto es especialmente cierto en la actualidad, dada la situación económica y el interés por la reducción de costos.

La actitud de algunos firmantes de los acuerdos adoptados por la Business Roundtable empieza a ser una burla. Por ejemplo, Amazon. A medida que aumentaban los casos de COVID-19 en Nueva York, Christian Smalls, un trabajador de la empresa, estaba cada vez más preocupado por la falta de equipos de protección y por las malas condiciones sanitarias del almacén de Staten Island donde trabajaba. Como la dirección hizo caso omiso de sus quejas, Smalls organizó una protesta para exigir más equipos de protección, bajas por enfermedad y transparencia sobre los casos de coronavirus entre los empleados de Amazon, que trabajan muy juntos en los almacenes.[25] «La gente tenía miedo», explicó Smalls. «Fuimos al despacho del director para exigir que cerraran el edificio con el fin de esterilizarlo. Esta empresa gana billones de dólares. Sin embargo, nuestras exigencias y preocupaciones caen en saco roto. Es una locura. No les importa lo más mínimo que nos enfermemos. Amazon considera que somos prescindibles».[26] ¿Cómo reaccionó Amazon? Primero pusieron a Smalls en «cuarentena médica» (solo a él). Luego, cuando asistió a la manifestación, lo despidieron.[27] Letitia James, fiscal general de Nueva York, calificó el despido de «vergonzoso» y pidió al Consejo Nacional de Relaciones Laborales que iniciara una investigación.[28]

Evidentemente, no estoy diciendo que las grandes empresas no puedan ser justas y generosas con sus trabajadores; durante el confinamiento, algunas empresas actuaron de manera ejemplar. Microsoft, por ejemplo, anunció en marzo de 2020 que los empleados de sus campus del noroeste de Estados Unidos —incluidos los conductores de autobuses, los camareros y el personal de limpieza— seguirían cobrando el sueldo aunque su presencia ya no fuera necesaria.[29] Pero, a menos que cambie el cálculo del capitalismo, la generosidad y el espíritu comunitario corren el peligro de convertirse en excepciones, en cualidades que solo tienen los ejecutivos más avanzados y los accionistas que piensan a largo plazo.

Teniendo esto en cuenta, y como he planteado a lo largo del libro, en este siglo XXI necesitamos una legislación que garantice los derechos de los trabajadores, sobre todo en lo relativo a aquellos que están siendo maltratados (los que cobran salarios irrisorios, los autónomos, los que trabajan en la economía colaborativa o los que tienen contratos de cero horas). Muchas de las personas que forman parte de estos grupos son los «trabajadores esenciales» de los que tanto dependimos durante el confinamiento, pero que cobran sueldos bajos, tienen pocos derechos (si los tienen) y en ocasiones trabajan en condiciones peligrosas. Un salario digno, la baja por enfermedad y unas medidas adecuadas de higiene y seguridad en el trabajo es lo menos que se puede exigir.

Para que la gente se sienta atendida, es necesaria una legislación que proteja a la sociedad de los excesos cometidos por un grupo concreto de empresas: las que gestionan las redes sociales. Del mismo modo que, en la mayoría de los países, no se permite que las empresas contaminen el agua o el aire, o que vendan tabaco a nuestros hijos, así también hay que limitar el daño que hacen al bienestar y la cohesión de la sociedad, sobre todo cuando se trata de niños y adolescentes. En capítulos anteriores propuse una serie de mecanismos reguladores que garantizarían esa protección. Aunque solo sea por precaución, los Gobiernos no pueden permitirse tanta pusilanimidad.

Cada vez hay más presión para que se adopten esas medidas, y no solo por parte de los ciudadanos. Todos los políticos reconocen ya la imposibilidad de que los ciudadanos se protejan a sí mismos de los abusos de las grandes empresas tecnológicas sin cierto grado de intervención por parte del Estado, y que por tanto hay que tomar medidas contundentes para frenar la nefasta influencia de esas corporaciones.[30]

CONSEGUIR QUE LAS PERSONAS SIENTAN QUE LAS VEN Y LAS ESCUCHAN

Para que las personas se sientan menos aisladas o abandonadas, hay que hacer todavía más cosas. Porque, como hemos visto, la soledad no consiste solo en sentirse desatendido, sino también en sentirse invisible. Parte de la solución a esta crisis de soledad está en que las personas sientan que se las ve y se las escucha.

Los sindicatos son indispensables para dar voz a todos los trabajadores, incluidos aquellos a quienes sus jefes ni siquiera conocen porque trabajan fuera de la empresa. Es absolutamente necesario que los trabajadores tengan libertad de asociación y que los sindicatos defiendan su causa con más firmeza.

Más concretamente, la sensación de soledad característica del siglo XXI se debe a que muchas personas tienen la impresión de que los mismos líderes políticos que hacen oídos sordos a sus reivindicaciones son los que están tomando decisiones en su nombre.

Una consecuencia inevitable de la democracia representativa es que resulta imposible tomar en consideración las reivindicaciones de todos los ciudadanos y dar la misma importancia a sus opiniones. Pero, en cierto modo, los vínculos entre el Estado y la ciudadanía se han debilitado debido a la polarización del debate político, a la opacidad de la toma de decisiones y a la inequidad de los resultados. La combinación de falta de representatividad e injusticia económica y social hace más necesaria que nunca la asignación prioritaria de recursos a las personas que han estado más marginadas, y que los beneficios de las reformas no favorezcan a quienes tienen más dinero o influencia ni se repartan en función de la raza, el género o la clase social.

También es importante que los ciudadanos puedan expresar sus opiniones con más frecuencia que la que les permiten las urnas cada pocos años. Si queremos sentirnos más unidos y mejor representados, tenemos que participar en la democracia de una manera más activa y persistente. No estoy sugiriendo que se celebren más referendos, los cuales, al ser la forma más inequívoca de que gobierne la mayoría, tienden a evitar la complejidad y a pasar por alto la imperiosa necesidad de proteger los intereses de las minorías, sobre todo en la era de las «noticias falsas». Pero podemos aprender muchas cosas de las iniciativas que nos propone la democracia participativa.

Veamos el ejemplo del distrito londinense de Camden, que en el verano de 2019 seleccionó a cincuenta y seis residentes —constructores y estudiantes, empresarios y funcionarios, inmigrantes y jubilados—, cuyo género, etnia y estatus socioeconómico eran representativos de la comunidad según los datos del censo, con el fin de ayudar a la asamblea a determinar el enfoque más conveniente para abordar el cambio climático. ¿Cómo animar a los vecinos a comer en su barrio? ¿Cómo hacer más asequibles las alternativas ecológicas? ¿La asamblea de distrito debería reducir al mínimo las emisiones de carbono en las nuevas viviendas? Esas son algunas de las preguntas que les hicieron.[31]

Al principio los participantes tenían perspectivas diferentes. Aunque ninguno de ellos negaba el cambio climático, algunos eran más o menos escépticos. A otros todo aquello les sonaba a chino. Sin embargo, gracias a un proceso muy estructurado, con coordinadores que se encargaban de encauzar los debates y que eran conscientes de que todas las opiniones eran igualmente válidas y de que había que motivar a los más tímidos, al cabo de dos tardes y un día entero de reuniones el grupo acordó diecisiete medidas que iban de lo general («experimentar con zonas y días "sin coches"») a lo particular («poner más carriles bici»). El conjunto de estas recomendaciones será la piedra angular del Plan Medioambiental del distrito para 2020.[32]

En Taiwán se está llevando a cabo un proceso similar, solo que a una escala mucho mayor. Desde 2015, 200.000 personas han participado democráticamente en un proceso deliberativo a través de Internet.[33] Entre las cuestiones analizadas hasta ahora se encuentran la regulación de los drones, la entrada de Uber en el mercado taiwanés, la venta de alcohol por Internet, la conveniencia de prohibir los popotes de plástico y la publicación sin consentimiento de imágenes de carácter sexual, lo que se conoce como «porno vengativo». En el 80 % de los casos, el Gobierno ha tenido en cuenta de algún modo las recomendaciones de los deliberantes.[34] Las veces en que ha preferido no aceptarlas, el Gobierno ha justificado su decisión con argumentos bien razonados.[35]

Iniciativas como esta son realmente útiles para unir a los ciudadanos, siempre y cuando sus recomendaciones no sean desoídas sistemáticamente. No solo porque permiten expresarse a un grupo mucho mayor de electores, sino también porque, al estar basado en el consenso, el propio proceso obliga a los participantes a ejercer la democracia por medio del debate y la confrontación de opiniones.[36]

De hecho, cuando vi las imágenes de las reuniones de Camden, lo que más me llamó la atención fue la fluidez del diálogo y el respeto mutuo, incluso cuando los deliberantes no estaban de acuerdo.[37] A lo largo de este libro hemos destacado la importancia de practicar la democracia si lo que queremos es una sociedad más tolerante e inclusiva; la asamblea de Camden es un ejemplo de cómo practicarla.[38]

PRACTICAR LA DEMOCRACIA

Para practicar la democracia no son siempre necesarios unos procedimientos tan formales. El hecho de pertenecer a grupos o asociaciones ciudadanas es probablemente la mejor manera de practicar con regularidad sus aspectos esenciales —el civismo, la amabilidad y la tolerancia—, ya sea en un taller de teatro, en una asociación de padres y alumnos o en un comité parroquial.

El lugar de trabajo también nos brinda muchas oportunidades; Cisco Software, por ejemplo, ha institucionalizado la costumbre de expresar gratitud dentro de la empresa. Incluso a escala familiar, el simple hecho de hacer las tareas de la casa es una forma de reforzar otro de los principios básicos de la democracia participativa: la solidaridad.

Pero es en nuestros barrios donde mejor podemos cultivar el espíritu comunitario.[39] No quiero decir que cada comunidad esté determinada por el lugar en el que se encuentra (por mucho que critique las redes sociales, debo reconocer que este problema no les afecta), pero sin duda es más fácil estrechar vínculos con los demás cuando las personas se relacionan cara a cara y con relativa frecuencia, y eso solo es posible en el entorno comunitario.

En los breves encuentros que se producen en los bares y tiendas del barrio, donde la gente nos llama por nuestro nombre, y en las relaciones que entablamos con los vecinos de nuestra calle, es donde se rompen las barreras y los extraños se convierten en conocidos, dando forma a la comunidad, que se fortalece a medida que participamos en ella.

Por eso hay que tomar medidas para evitar que las familias tengan que mudarse tantas veces; es necesario estabilizar los precios de los alquileres y también evitar que haya tantos departamentos vacíos, aplicando impuestos adicionales a aquellas casas que estén desocupadas más de seis meses al año, por ejemplo.

Las comunidades se construyen con ladrillos y personas. Para que nuestro entorno parezca un vecindario de verdad hay que vivir en él; y en las tiendas y los bares tiene que haber mucho ajetreo. Por eso también hay que revitalizar las zonas comerciales.

Hemos visto que algunos ayuntamientos ya están tomando medidas al respecto. Recordemos el caso de Roeselare, en Bélgica, donde el impuesto sobre las tiendas vacías ha demostrado su eficacia a la hora de disuadir a los propietarios de mantener los locales cerrados mientras esperan a que suban los alquileres. Dado el triple contratiempo que suponen las ventas por Internet, las grandes superficies y la actual recesión económica, el pequeño comercio necesitará mucho más apoyo por parte del Gobierno y los ayuntamientos. La reducción de impuestos y los préstamos a tipo cero son algunas de las medidas que se podrían tomar para salvar el pequeño comercio, al igual que la revisión de las ventajas fiscales de que gozan algunas tiendas en línea. El comercio minorista de nuestros barrios es en cierto modo un bien público y debería ser tratado como tal, sobre todo ahora que corre el peligro de desaparecer.

Nosotros, como individuos, también tenemos nuestra parte de responsabilidad. Durante el confinamiento, muchos nos hemos acostumbrado en exceso a las compras por Internet. Si realmente queremos apoyar al pequeño comercio, es necesario que hagamos el esfuerzo de bajar a comprar a las tiendas de nuestro barrio, que son las que mantienen viva la comunidad.

Y las exenciones fiscales y otras formas de apoyo económico deberían aplicarse a aquellos negocios que se comprometen a defender los valores de la comunidad, como los ejemplos que vimos anteriormente: la librería Kett, con su club de lectura; la cafetería Mission Pie, con sus reuniones para hacer labores de tejido, o las colatecas surcoreanas, el precio de cuyas entradas es siempre módico. Esas medidas son necesarias tanto para fomentar este tipo de innovaciones como para garantizar que no sean solo los ricos quienes se beneficien del nuevo espíritu empresarial que preside la «economía de la soledad».

Y, lo que es más importante, los Gobiernos deben comprometerse a recuperar los espacios físicos comunes de nuestros barrios, pues durante los últimos años han sido sistemáticamente desatendidos. Si queremos remediar la crisis de soledad y volver a estar en contacto con los demás, necesitamos una infraestructura comunitaria que sea eficaz y a la que todo el mundo tenga acceso, con independencia del poder adquisitivo, la procedencia étnica, el sexo o el credo. Hay que revertir urgentemente los recortes en la financiación de los espacios comunes que se han venido produciendo en todo el mundo desde 2008. Y, al mismo tiempo, es necesario construir otro tipo de espacios públicos: lugares como las «supermanzanas» peatonales de Barcelona, con sus parques, sus zonas de juego y su ambiente de barrio, o las viviendas/biblioteca de Chicago, donde personas de toda clase y condición podrán reunirse y relacionarse entre sí. No podremos revertir eficazmente la atomización de la sociedad contemporánea hasta que contemos con una financiación adecuada y una arquitectura más innovadora. Y los Gobiernos no pueden escudarse en la recesión económica que ha generado la COVID-19 para no tomar cartas en el asunto.

Interactuar con personas diferentes a nosotros —personas de distintas etnias, extractos socioeconómicos o convicciones políticas, personas que no tienen por qué compartir nuestra historia, nuestra cultura o nuestros puntos de vista— es absolutamente necesario si queremos superar nuestras diferencias y encontrar puntos en común.[40] Y, hasta cierto punto, los espacios públicos nos permiten relacionarnos con personas diferentes a nosotros, como ocurre también, por ejemplo, con la pertenencia a una iglesia, mezquita o sinagoga. Pero incluso en esos espacios, dada la homogeneidad de muchos barrios, casi siempre tratamos con personas bastante parecidas a nosotros, lo que nos impide poner en práctica algunos principios básicos de la democracia inclusiva: apreciar nuestras diferencias y reconocer la humanidad del «otro».

Lo que hay que conseguir es poner en contacto a personas de orígenes diferentes. Y lo bueno es que en todo el mundo hay muchas iniciativas de las que siempre podemos aprender algo. En Alemania, por ejemplo, más de 400.000 personas han participado en el programa *«Deutschland Spricht»* [Alemania habla], patrocinado por el diario *Die Zeit*.[41] La iniciativa comenzó en 2017, cuando un grupo de periodistas, ante la creciente polarización de la política alemana y el número cada vez mayor de personas que se encerraban en su propia burbuja, ideó un ambicioso plan para emparejar a personas situadas en lados opuestos del espectro político con el fin de que se reunieran para hablar: una especie de «Tinder político», como lo llamaban ellos.[42]

Los participantes fueron emparejados mediante un algoritmo programado para encontrar personas con ideas políticas divergentes y que vivieran en un radio de veinte kilómetros. Una vez emparejados, ellos decidían si querían reunirse o no. Y casi siempre querían.[43] En cafés, iglesias y cervecerías de toda Alemania se reunieron informáticos y reservistas, físicos y funcionarios, puericultores y secretarios judiciales.[44] El propio redactor jefe de *Die Zeit*, Jochen Wegner, se reunió con un conductor de maquinaria.[45] Personas que estaban radicalmente en contra de la inmigración se sentaron a hablar con solicitantes de asilo; acérrimos detractores de la energía nuclear tomaron un café con sus ardientes defensores; los partidarios de la Unión Europea charlaron en torno a una cerveza con quienes querían volver al marco alemán.[46] El único objetivo que tenían en común era conocer el punto de vista del otro.

Los resultados fueron significativos. Las encuestas realizadas antes y después de los diálogos revelaron que solo dos horas de conversación bastaban para que cada participante empezara a comprender la perspectiva de su interlocutor y para que los prejuicios se desvanecieran.[47] Después de las conversaciones, los interlocutores ya no pensaban que las personas que sostenían ideas distintas de las suyas fueran ignorantes y maliciosas o que estuvieran mal informadas.[48] También dijeron estar más dispuestos a incluir a esas personas en su propio círculo social y afirmaron haber visto con más claridad lo que tenían en común, que en muchas ocasiones era la importancia que daban a la familia.[49] Curiosamente, los participantes en el experimento también señalaron que confiaban más en sus compatriotas en general y estaban más de acuerdo en que los alemanes suelen preocuparse por el bienestar de los demás, a diferencia de lo que pensaban antes de charlar con sus interlocutores.

En otros lugares del mundo se están llevando a cabo iniciativas similares. En Bristol (Inglaterra), el proyecto «91 ways to build a global city» [91 formas de construir una ciudad global] utiliza el poder unificador de la comida para atraer a gente de diferentes etnias y culturas. Mientras los concurrentes pican cebolla, hacen puré de papa y elaboran pasteles, las barreras culturales caen y los puntos de coincidencia salen a la luz.[50] En Nueva York, The Public Theater está recuperando la antigua tradición de tender puentes reuniendo a personas de diferentes entornos socioeconómicos de toda la ciudad para representar obras de teatro y debatir sobre ellas.[51] Fiel a su promesa de crear un teatro «no solo del pueblo, sino también por y para el pueblo», iniciativas como «Public Works» congregan a cientos de ciudadanos para que intervengan en la producción y el análisis de las obras que se representan.[52]

El deporte también desempeña una importante función en este sentido, pues el futbol, haciendo honor a su fama de gran unificador, se utiliza para unir a los antiguos guerrilleros de las FARC con las víctimas civiles en Colombia,[53] a los refugiados con los lugareños en Italia,[54] y, en Oriente Medio, a los escolares israelíes y palestinos.[55]

Por muy atomizados o polarizados que estén nuestros países, ciudades y comunidades, para llegar a sentirnos realmente unidos a los demás y formar una colectividad con intereses comunes, tenemos que pasar más tiempo con personas diferentes de nosotros y ser más solidarios, respetuosos y compasivos.

COMUNIDADES HETEROGÉNEAS

En todos los ejemplos que hemos examinado en este capítulo, la participación ha sido voluntaria. Lo realmente difícil es unir a la gente cuando no quiere. En tal caso es muy importante la intervención del Gobierno. Y también tenemos un precedente en este sentido: Ruanda.

Las calles de Kigali, la accidentada capital del país, suelen estar abarrotadas. Los mototaxis zigzaguean entre los desvencijados sedanes del siglo pasado y los elegantes todoterrenos de las comitivas gubernamentales. Por las carreteras también circulan *jeeps* y Land Cruisers llenos de lodo, muchos de los cuales regresan del Parque Nacional de los Volcanes, donde, tras una caminata de seis horas, los excursionistas pueden ver a los esquivos gorilas de montaña. Pero el último sábado de cada mes las muy transitadas carreteras están prácticamente desiertas, salvo por los puestos de control instalados en las rutas principales, donde la policía pregunta amablemente a los viajeros: ¿qué asuntos tan urgentes les impiden hoy asistir al *Umuganda*?

Umuganda significa algo así como «aunar esfuerzos en una causa común para lograr un resultado».[56] La celebración adopta múltiples formas: algunas comunidades dedican tres o cuatro horas de servicio comunitario al desarrollo de proyectos como la construcción de escuelas, y gracias a esos esfuerzos se han construido más de 3.000 aulas desde que el Gobierno recuperó Umuganda como parte del proceso de regeneración que se puso en marcha en 1998 para recomponer todo lo que el devastador genocidio de 1994 había destruido.[57] Los asistentes a Umuganda también se dedican a cuidar jardines, podar setos y parterres públicos, recoger basura y tapar baches. Estas horas de trabajo gratuito tienen un impacto económico considerable, pues equivalen a un ahorro de 60 millones de dólares en sueldos solo desde 2007.[58] Pero también sirven para cimentar la comunidad: «A la mayoría de la gente le gusta esta celebración porque es el único día en el que te encuentras con tus vecinos», dice Faustin Zihiga, que trabaja en una oficina bancaria en Kigali.[59] Durante un Umuganda, hace trabajos de jardinería junto con un grupo de hombres de su zona mientras mantienen una animada conversación. «¿Ves a aquel grupo de personas que están charlando?», dice Zihiga señalándolas. «No se han visto en toda la semana, y ahora pueden contarse historias. Es muy útil porque, cuanto más conoces a la gente, más amplías tu círculo de relaciones».[60]

Tan importante como las tres horas de trabajo comunitario es la reunión que suele celebrarse a continuación, al menos en las zonas rurales, en la que los vecinos se congregan para debatir cuestiones de interés general.[61] A diferencia de otras formas relativamente nuevas de diálogo comunitario, como la asamblea ciudadana de Camden, estas reuniones cuentan con cientos de años de antigüedad, pues tienen su origen en el *ubehehe*, o toma de decisiones comunitaria, una costumbre muy anterior a la ocupación de Ruanda por parte de los ejércitos belga y alemán en el siglo XIX. Su importancia es todavía mayor en la actualidad, apenas veinticinco años después de que el país se viera desgarrado por la violencia fratricida.

De hecho, el Umuganda ha desempeñado un papel esencial en el restablecimiento de la confianza en las comunidades ruandesas porque representa mucho más que el mantenimiento de las carreteras o la construcción de escuelas. «Si hay dificultades concretas o problemas de convivencia, como por ejemplo que un vecino hace mucho ruido, puedes comentarlos, y entonces los miembros de la comunidad deciden si deben tomar cartas en el asunto», dice Zihiga. O, «si vemos a un anciano en apuros, tal vez porque necesita un tejado nuevo, entonces la gente le ayuda a construirlo».[62] Lo que hace especialmente interesante el Umuganda es que, en el contexto ruandés, en esa comunidad se encuentran tanto los supervivientes del genocidio como sus autores.[63]

Este programa de voluntariado obligatorio tiene sus detractores. Hay quienes consideran que el Umuganda es otra forma más de control gubernamental, lo cual es comprensible si tenemos en cuenta que Ruanda es un Estado con muchos vicios totalitarios. Algunas personas se quejan de que los ricos se limitan a pagar una multa por no participar en el Umuganda, y otras se lamentan de que las tareas comunitarias se asignan de manera discriminatoria, en función del género o la clase social.[64] Todas estas preocupaciones son legítimas. Pero la motivación subyacente —continuar la tradición del trabajo comunitario y utilizar las actividades conjuntas para reforzar los vínculos entre «todos» los ciudadanos— sigue siendo intensa y esperanzadora. Además, lo cierto es que, si dejamos que sean los individuos quienes crucen la línea divisoria, es probable que solo se decidan a ello un pequeño y selecto grupo de personas. Tenemos que conseguir que haya más interacciones entre grupos diferentes si queremos más inclusión, más aceptación de la diferencia y una mayor conciencia colectiva. Y los Gobiernos tienen mucho que decir y hacer al respecto.

Su intervención es más realista de lo que pueda parecer. Al fin y al cabo, en varios países, entre los que se encuentran Suiza, Corea del Sur e Israel, hay servicio militar obligatorio, de modo que sus Gobiernos no tendrían que dar un gran salto para instaurar el servicio comunitario. Y en algunos lugares ya se están ensayando modelos experimentales. En el verano de 2019, Emmanuel Macron puso a prueba un servicio cívico obligatorio para adolescentes.[65] En el primer ensayo, 2.000 jóvenes de entre quince y dieciséis años vivieron en grupos asignados al azar.[66] Durante las dos primeras semanas los jóvenes empezaron a conocerse por medio de una serie de actividades: hicieron excursiones y expediciones de orientación, participaron en diversos talleres y aprendieron primeros auxilios. Todas las noches, después de cenar, intercambiaron ideas y opiniones de manera organizada, debatiendo diversas cuestiones sociales como la discriminación y la igualdad de género con la ayuda de un moderador. Durante la segunda mitad del programa realizaron tareas de voluntariado para establecimientos de beneficencia y para el ayuntamiento que les había correspondido. Y no solo tuvieron que colaborar durante las actividades comunes, porque en las casas en las que se alojaron tuvieron que ayudar y repartirse las tareas domésticas. También conviene señalar que, como parte de este proyecto piloto, se limitó el uso de teléfonos móviles a una sola hora por la noche, con lo cual se facilitaba la comunicación entre ellos.[67]

Y los Gobiernos y ayuntamientos podrían estudiar otros programas menos intensivos. Podría haber clases semanales de cocina, actuación o gimnasia a las que deberían asistir alumnos procedentes de escuelas muy diferentes entre sí por razones socioeconómicas, étnicas o religiosas. O una acampada anual, financiada por el Estado, a la que podrían ir jóvenes de todas las clases sociales. Hay que reconocer que estas iniciativas serán más eficaces si los participantes tienen un poco de protagonismo; cuanto más intervengan los participantes, más probabilidades habrá de que se impliquen en los proyectos. Por ejemplo, si se trata de clases de cocina, los jóvenes decidirían el menú semanal; si de actuación, los alumnos improvisarían en función de sus experiencias personales para luego analizarlas y debatir sobre ellas, etc.

Al propiciar la interacción entre jóvenes de orígenes diferentes, enseñamos a la próxima generación no solo a escuchar y superar las diferencias, sino también a identificar los intereses comunes para que los adolescentes se sientan más unidos.

EL FUTURO ESTÁ EN NUESTRAS MANOS

En este siglo de la soledad nos enfrentamos a nuevos problemas de carácter económico, político, económico y social. Vivimos en una era en la que grandes sectores de la sociedad se sienten solos, pese a que nunca ha sido tan sencillo comunicarse con los demás; es una era en la que nos reconocemos a nosotros mismos en función de la diferencia, pero somos cada vez más conscientes de que nuestra vida está entrelazada con la de millones de personas de todo el planeta; una era en la que es necesario reforzar urgentemente las comunidades locales y construir nuevos puentes para unirlas entre sí.

En esta era de tantos retos y contradicciones también tiene

cabida la esperanza. Tenemos la oportunidad de unirnos para crear entre todos un futuro muy diferente, un futuro en el que sea posible compaginar el capitalismo con la solidaridad y la compasión, en el que se escuche y se dé voz a todas las personas con independencia de su origen, en el que podamos convivir de manera tolerante e inclusiva; un futuro, en definitiva, en el que ya no tendremos por qué sentirnos tan solos y atomizados.

Para hacer realidad esas aspiraciones habrá que cambiar determinadas prioridades jurídicas y económicas, y nuestros líderes políticos y empresariales tendrán que mostrar un compromiso real con el cambio en lo tocante a la justicia social y la protección de los trabajadores. Pero la sociedad no se construye de arriba abajo. Nosotros también la creamos. Así pues, si queremos sentirnos menos solos y volver a estar en contacto con los demás, tenemos que asumir nuestra responsabilidad al respecto. Tenemos que comprometernos a cambiar nuestra forma de concebir la vida cotidiana, aun reconociendo que nuestras circunstancias económicas y sociales determinan nuestra capacidad para llevar a cabo ese cambio.

Se trata de dar pequeños pasos que a primera vista pueden parecer insignificantes, pero que a la larga tendrán un impacto considerable. Son pequeños detalles, como por ejemplo llevar galletas a la oficina para compartirlas con nuestros compañeros o dejar a un lado el teléfono móvil y prestar más atención a nuestra familia y amigos; invitar a un vecino a tomar café o comprometerse a comprar más a menudo en las tiendas del barrio y asistir a los eventos que se celebran en nuestro centro comunitario; asumir más responsabilidades en los grupos de que formamos parte o incorporarnos a otros grupos aunque nos dé pereza.

Otras decisiones serán más difíciles de tomar, como por ejemplo hacer campaña en favor de un candidato político que defiende la cohesión social en vez de la división, solidarizarse con un grupo que está siendo injustamente tratado o discriminado, o boicotear a una empresa cuyas condiciones laborales son inaceptables, aunque nos gusten sus productos o la comodidad de sus servicios.

Es necesario un cambio de mentalidad en general. Tenemos que pasar de consumidores a ciudadanos, de tomadores a dadores, de observadores casuales a participantes activos. Se trata de aprovechar las oportunidades que se nos brindan para ejercitar nuestra capacidad de escucha, ya sea en el contexto del trabajo, la vida familiar o las relaciones sociales. Se trata de asumir que en ocasiones el interés colectivo está por encima de nuestras necesidades individuales. Se trata de utilizar nuestro empuje para provocar un cambio positivo, aunque no siempre resulte agradable arriesgarse. Y eso significa también identificarnos activamente con los demás, lo cual se nos olvida con demasiada frecuencia.

Aunque algunos critiquen el hecho de que se dé tanta importancia a los valores «superficiales», también debemos comprometernos a ser amables y respetuosos con los demás, inspirándonos en el altruismo de tantas personas durante los momentos más duros del confinamiento, como el voluntario de Birmingham que buscó por todas partes hasta encontrar el producto concreto que necesitaba un hombre ciego;[68] como los universitarios italianos que dejaron una nota en el portal de un bloque de departamentos, en Bari, ofreciéndose a ayudar con la compra y otras tareas cotidianas a los ancianos o los minusválidos que vivían en el edificio;[69] o como el adolescente de Arkansas que escribió una conmovedora carta al *New York Times* en la que contaba que lo único que había podido hacer por otras personas durante el confinamiento fue enviarles mensajes de texto y llamarlas por teléfono para que al menos supieran que pensaba en ellas, «me esforcé en hablar con personas con las que normalmente no hablo, simplemente para que estuvieran entretenidas y dejaran de pensar en los problemas del mundo».[70]

También tenemos que correr menos y pararnos más a hablar, ya sea con un vecino con el que nos cruzamos a menudo pero al que nunca le dirigimos la palabra, con un transeúnte que se ha perdido o con alguien que se siente visiblemente solo, incluso cuando nos sentimos agobiados por el trabajo. Tenemos que salir de nuestra burbuja digital, aunque estemos acostumbrados a ir con los auriculares puestos y navegando por Internet. Tenemos que animar a nuestros hijos a que se sienten a la misma mesa de ese niño que está comiendo solo en el comedor escolar, y aplicarnos el cuento con ese compañero que siempre almuerza solo en su mesa de trabajo, aunque no nos apetezca demasiado en ese momento. Tenemos que mostrar gratitud a quienes se dedican a cuidar de los demás y, en general, dar las gracias siempre, incluso a los asistentes virtuales como Alexa.

No subestimo la dificultad que todo esto representa, y siempre habrá ocasiones en que nos quedemos cortos, pero son medidas indispensables. Cuanto más declinemos la responsabilidad de asistir a los demás —ya sea acariciándole el brazo a un familiar enfermo, poniéndonos al teléfono para escuchar las cuitas de un amigo que lo está pasando mal o incluso simplemente sonriendo a un vecino—, menos dispuestos estaremos a hacer todas esas cosas, y si no hacemos esos pequeños esfuerzos, la sociedad se irá volviendo cada vez menos humana.

El antídoto contra la soledad de este siglo solo puede ser la ayuda mutua, con independencia de quién sea el otro. Si queremos mantenernos unidos en un mundo que se está desintegrando, no nos queda otra.

AGRADECIMIENTOS

Reza un proverbio africano que hace falta toda la aldea para criar a un niño, y eso es más o menos lo que ha pasado con este libro.

En particular, me gustaría mostrar mi agradecimiento a mis editoras, Juliet Brooke, de Sceptre Books, y Talia Krohn, de Crown Publishing Group, por sus agudos comentarios, su interés en el proyecto y su gran dedicación. No podía haberles pedido más.

A Jonny Geller por creer en mí y en este libro desde el principio, y por haberme orientado sabiamente a lo largo del proceso de escritura; a Kristine Dahl por sus valiosas aportaciones; y a Dave Wirtschafter por confiar en mí y en el proyecto.

A Rebecca Folland, Melis Dagoglu y Grace McCrum por su excelente labor publicitaria en todo el mundo, a Kate Brunt y Kishan Rajani por el precioso diseño de la cubierta, a David Milner y Amanda Waters por su gran minuciosidad, y a Helen Flood, Maria Garbutt-Lucero y Louise Court por promocionar *El siglo de la soledad* con tanto entusiasmo e inteligencia. Al fabuloso equipo de Crown, en especial a David Drake, Annsley Rosner, Gillian Blake, Megan Perritt y Rachel Aldrich. Y también a Viola Hayden, Ciara Finan y Tamara Kawar por toda la ayuda que me han prestado.

Estoy también enormemente agradecida a muchas otras personas. Los profesores Debora Spar, Nouriel Roubini, Ian Goldin, Anton Emmanuel, Amit Sood, Philippe Marliere, Gillian Peele, Jamie Bartlett, Jamie Susskind, Ann de Sollar y Liran Morav, por sus acertadas observaciones respecto a los primeros borradores de algunos capítulos.

A Lucy Fleming, mi principal ayudante de investigación, por su brillante inteligencia, su atención a los detalles y su extraordinaria dedicación. A Daniel Janes, Tatiana Pignon, Jerry O'Shea, Shaun Matthews, Aisha Sobey, Cara Claassen, Raffaele Buono, Xenobe Purvis y Karis Hustad por sus valiosas aportaciones a la investigación. Y a Adam Lorand, Romain Chenet, Molly Russell, Amy O'Brien, Jonas Eberhardt, Tiffany Lam, Benjamin Brundu-González, Christopher Lambin, Emily Lombardo, Levi Hord, Rowan Hart, Sam Hall, Pamela Combinido, Daniel Smith, Hannah Cocker, Theo Cosaert, Oliver Purnell, Rhys Thomas, Ollie Collett, Allie Dichiara, Tim White, Debra Winberg, Nicolò Pennucci y Kim Darrah por su inestimable ayuda en diversos capítulos. Aprecio sinceramente su esfuerzo.

A mi familia, en particular a mi hermana Arabel Hertz, mi padre, Jonathan Hertz y mi tía, Shoshana Gelman. Y a mi difunta madre, Leah Hertz, cuyo brillo y altruismo siguen sirviéndome de inspiración.

A mis amigos, que no solo se resignaron a que desapareciera durante largos períodos, sino que además me hicieron saber con regularidad que estaban a mi disposición para lo que necesitara. Y especialmente a Tim Samuels, Adam Nagel, Abby Turk, Estelle Rubio, James Fletcher, Caroline Daniel, Molly Nyman, Julia Leal Hartog, Michelle Kohn, Ruth y David Joseph, Len Blavatnik, Rachel Weisz, Joshua Ramo, Diane McGrath, Alex Cooke, Craig Cohon, Gina Bellman, Mark y Diana, Yonit Levi y ShaoLan Hsueh; a mi familia de Wasatch al otro lado del Atlántico; y sobre todo a Roderick Miller, Thierry Lapouge, Amber Zohra, Kevin Plummer, Mattie Garvin, Ellie Rudolph, Tony Varnava, Sandra Virgo y Lucy Soutter por hacerme sentir que formaba parte de una comunidad y procurarme una dosis semanal de diversión. Siempre estaré agradecida a los difuntos Philip Gould y David Held por su amistad y sus valiosos consejos.

También me gustaría dar las gracias a Simon Halfon por su talento y generosidad; a Gabrielle Rifkind por su sabiduría; a Gennifer Morris por organizarme las cosas y las ideas; a Lisa Cawthorn, Jinji Garland, Stephanie Nightingale y Gary Trainer por ayudarme a recuperarme de tantas horas de trabajo; a Will Wentworth y Cindy Palmano por ser unos vecinos especialmente amables; a la familia Cohen por ser siempre unos anfitriones tan amables; y a la profesora Henrietta Moore y el profesor David Price por acogerme de nuevo en la que es mi casa: el University College de Londres.

Pero, sobre todo, quiero dar las gracias a Danny Cohen por su cariño, inteligencia y generosidad. Este libro no sería nada sin su ayuda y sus aportaciones, y el proceso de escritura habría sido mucho más solitario. Sé lo afortunada que soy en todos los aspectos.

BIBLIOGRAFÍA

Alberti, Fay Bound, *A biography of loneliness: The history of an emotion*, Oxford University Press, 2019.

Arendt, Hannah, *Los orígenes del totalitarismo*, Madrid, Prisa Innova, 2009.

Aristóteles, *Ética a Nicómaco*, libro 8.

Bartlett, Jamie, *The people vs. tech: How the Internet is killing democracy, and how we can save it*, Londres, Ebury Press, 2018.

Bloodworth, James, *Hired: Six months undercover in low-wage Britain*, Londres, Atlantic Books, 2018.

Buller, E. Amy, *Darkness over Germany: A warning from History*, Londres, Longmans, Green, & Co., 1943.

Cacioppo, J., y William Patrick, *Loneliness: Human nature and the need for social connection*, Nueva York, W. W. Norton & Co., 2009.

Carpenter, Julie, *Culture and human-robot interaction in militarized spaces: A war story*, Farnham, Ashgate, 2016.

Deaton, Angus, y Anne Case, *Muertes por desesperación y el futuro del capitalismo*, Barcelona, Debate, 2020.

Dewey, John, *Democracia y educación*, Madrid, Morata, 1995.

Durkheim, Émile, *Las formas elementales de la vida religiosa*, edición, introducción y notas de Santiago González Noriega, Madrid, Alianza Editorial, 2014.

Field, Tiffany, *Touch*, Cambridge, Mass, MIT Press, 2014.

Frey, Carl Benedikt, *The technology trap*, Princeton, Princeton University Press, 2019.

Gray, Mary L., y Siddharth Suri, *Ghost work: How to stop Silicon Valley from building a new global underclass*, Nueva York, Houghton Mifflin, 2019.

Harcourt, Bernard E., *Illusion of order: The false promise of broken windows policing*, Cambridge, Mass, Harvard University Press, 2001.

Held, David, *Modelos de democracia*, Madrid, Alianza, 2007.

Hortulanus, R., A. Machielse y L. Meeuwesen (comps.), *Social isolation in modern society*, Londres, Routledge, 2009.

Jacobs, Jane, *Muerte y vida de las grandes ciudades*, Madrid, Capitán Swing, 2020.

Jung, Carl G., *Recuerdos, sueños, pensamientos*, Barcelona, Seix Barral, 1966.

Levy, David, *Amor y sexo con robots*, Barcelona, Paidós, 2008.

Lynch, James, *A Cry Unheard: New insights into the medical consequences of loneliness*, Baltimore, Bancroft Press, 2000.

Marx, Karl, *Obra completa*, Madrid, Siglo XXI, 2017.

Mudde, Cas, y Cristóbal Rovira Kaltwasser, *Populismo: una breve introducción*, Madrid, Alianza, 2019.

Norris, Pippa, y Ronald Inglehart, *Cultural Backlash: Trump, Brexit, and authoritarian populism*, Cambridge, Cambridge University Press, 2019.

Nowak, Martin A., y Roger Highfield, *Supercooperadores: Las matemáticas de la evolución, el altruismo y el comportamiento humano (o por qué nos necesitamos los unos a los otros para triunfar)*, Barcelona, Ediciones B, 2012.

Oldenburg, Ray, *The great good place*, Filadelfia, Da Capo, 1999.

Piketty, Thomas, *El capital en el siglo XXI*, Ciudad de México, Fondo de Cultura Económica, 2014.

Putnam, Robert, *Solo en la bolera: Colapso y resurgimiento de la comunidad norteamericana*, Barcelona, Galaxia Gutenberg, 2002.

Quart, Alissa, *Squeezed: Why our families can't afford America*, Nueva York, Ecco, 2018.

Riess, Helen, y Liz Neporent, *The empathy effect*, Boulder, Colorado, Sounds True, 2018.

Roberts, Sarah T., *Behind the screen: Content moderation in the shadows of social media*, New Haven-Londres, Yale University Press, 2019.

Rosenblum, Nancy, *Good neighbors: The democracy of everyday life in America*, Cambridge, Mass, Princeton University Press, 2018.

Schawbel, Dan, *Back to human: How great leaders create connection in the Age of Isolation*, Nueva York, Da Capo, 2018.

Smith, Adam, *Teoría de los sentimientos morales*, Madrid, Alianza Editorial, 2013.

Susskind, Daniel, *A world without work: Technology, automation and how we should respond*, Londres, Allen Lane, 2020.

Susskind, Jamie, *Future politics*, Oxford, Oxford University Press, 2018.

Tocqueville, Alexis de, *La democracia en América*, edición crítica y traducción de Eduardo Nolla, Madrid, Trotta, 2018.

Turkle, Sherry, *Alone together: Why we expect more from technology and less from each other*, Nueva York, Basic Books, 2017.

Twenge, Jean M, *iGen: Why today's super-connected kids are growing up less rebellious, more tolerant, less happy – and completely unprepared for adulthood – and what that means for the rest of us*, Nueva York, Simon & Schuster, 2017.

Yang, Keming, *Loneliness: A social problem*, Londres-Nueva York, Routledge, 2019.

Zuboff, Shoshana, *La era del capitalismo de la vigilancia*, Barcelona, Paidós, 2020.

NOTAS

1. Este es el siglo de la soledad

1. «Covid-19: One third of humanity under virus lockdown», *The Economic Times*, 25 de marzo de 2020, <https://economictimes.indiatimes.com/news/international/world-news/covid-19-one-third-of-humanity-under-virus-lockdown/articleshow/74807030.cms?from=mdr Mia Jankowicz>, «More people are now in "lockdown" than were alive during World War II», *ScienceAlert*, 25 de marzo de 2020, <https://www.sciencealert.com/one-third-of-the-world-s-population-are-now-restricted-in-where-they-can-go>.

2. Ido Efrati, «Calls to Israel's mental health hotlines spike during coronavirus crisis», Haaretz.com, 22 de marzo de 2020, <https://www.haaretz.com/israel-news/.premium-calls-to-israel-s-mental-health-hotlines-spike-during-coronavirus-crisis-1.8698209?=&ts=_1585309786959>.

3. «Coronavirus: "My mum won't hug me" – Rise in calls to childline about pandemic», Sky News, 27 de marzo de 2020, <https://news.sky.com/story/coronavirus-my-mum-wont-hug-me-rise-in-calls-to-childline-about-pandemic-11964290>. El aumento de la soledad no se limita a los niños. Poco antes de que el 23 de marzo entrara en vigor el bloqueo en el Reino Unido, el 10 % de los adultos británicos afirmaron haberse sentido solos durante las últimas dos semanas. El 3 de abril, esas estadísticas (realizadas por los mismos encuestado-

res) se habían duplicado con creces, llegando hasta el 24 %, y los jóvenes de dieciocho a veinticuatro años tenían casi tres veces más probabilidades de sentirse solos durante el confinamiento. Una encuesta realizada en abril de 2020 en Estados Unidos también reveló un aumento significativo de la soledad durante el confinamiento, especialmente entre los *millennials* y la generación K. Véase, respectivamente, «Loneliness during coronavirus», Mental Health Foundation, 16 de junio de 2020, <https://www.mentalhealth.org.uk/coronavirus/coping-with-loneliness>; «Report: Loneliness and anxiety during lockdown», SocialPro, abril de 2020, <https://socialpronow.com/loneliness-corona/>.

4. Peter Hille, «Coronavirus: German phone helplines at "upper limits"», DW.com, 24 de marzo de 2020, <https://www.dw.com/en/coronavirus-german-phone-helplines-at-upper-limits/a-52903216>.

5. Cigna, «Loneliness and the workplace: 2020 U. S. Report», enero de 2020, <https://www.multivu.com/players/English/8670451-cigna-2020-loneliness-index/docs/CignaReport_1579728920153-379831100.pdf>.

6. «Two thirds of Germans think the country has a major loneliness problem», *The Local* (Alemania), 23 de marzo de 2018, <https://www.thelocal.de/20180323/two-thirds-of-germans-think-the-country-has-a-major-loneliness-problem>.

7. Janene Pieters, «Over a million Dutch are very lonely», *NL Times*, 21 de septiembre de 2017, <https://nltimes.nl/2017/09/21/million-dutch-lonely>.

8. Rick Noack, «Isolation is rising in Europe. Can loneliness ministers help change that?», *Washington Post*, 2 de febrero de 2018, <https://www.washingtonpost.com/news/worldviews/wp/2018/02/02/isolation-is-rising-in-europe-can-loneliness-ministers-help-change-that/>.

9. «Einsamkeitsgefühl», *Bundesamt für Statistik*, 2017, <https://www.bfs.admin.ch/bfs/de/home/statistiken/bevoelkerung/migration-integration/integrationindikatoren/indikatoren/einsamkeitsgefuehl.html>.

10. Barbara Taylor, «Are we more lonely than our ancestors?», BBC Radio 3: Free Thinking, 2019, <https://www.bbc.co.uk/programmes/articles/2hGYMPLFwx5lQyRPzhTHR9f/are-we-more-lonely-than-our-ancestors>. Según un informe publicado en 2017 por la Co-

NOTAS311

misión Jo Cox para la Soledad, más de nueve millones de británicos se sienten solos con frecuencia o en todo momento, y el 42 % de las personas no tienen amigos en el trabajo, según una encuesta llevada a cabo en 2014 por la organización benéfica Relate. Véase «Combatting loneliness one conversation at a time: A call to action» (Jo Cox Commission on Loneliness, 15 de diciembre de 2017, pág. 8, <https://www.ageuk.org.uk/globalassets/age-uk/documents/reports-and-pu blications/reports-and-briefings/active-communities/rb_dec17_jo cox_commission_finalreport.pdf>; «Friends», Relate.org, 2014, <https://www.relate.org.uk/policy-campaigns/our-campaigns/way-we-are-now-2014/friends>.

11. Connor Ibbetson, «A quarter of Britons don't have a best friend», YouGov, 25 de septiembre de 2019, <https://yougov.co.uk/topics/relationships/articles-reports/2019/09/25/quarter-britons-dont-have-best-friend>; Alexandra Topping, «One in 10 do not have a close friend and even more feel unloved, survey finds», *Guardian*, 12 de agosto de 2014, <https://www.theguardian.com/lifeandstyle/2014/aug/12/one-in-ten-people-have-no-close-friends-relate>.

12. Emma Elsworthy, «More than half of Britons describe their neighbours as "strangers"», *Independent*, 29 de mayo de 2018, <https://www.independent.co.uk/news/uk/home-news/britons-neigh bours-strangers-uk-community-a8373761.html>; Emma Mamo, «How to combat the rise of workplace loneliness», Totaljobs, 30 de julio de 2018, <https://www.totaljobs.com/insidejob/how-to-combat-the-rise -of-workplace-loneliness/>.

13. Para Corea del Sur, véase Ju-young Park, «Lonely in Korea? You're not alone», *Korea Herald*, 3 de abril de 2019, <http://www.koreaherald.com/view.php?ud=20190403000445>; «South Korea: Likelihood of feeling lonely often 2020», Statista, visitada el 1 de junio de 2020, <https://www.statista.com/statistics/1042186/south-korea-likelihood-loneliness/>. Para China, véase Ye Luo y Linda J. Waite, «Loneliness and mortality among older adults in China», *The Journals of Gerontology Series B, Psychological Sciences and Social Sciences* 69, núm. 4, julio de 2014, págs. 633-645, <https://doi.org/10.1093/ge ronb/gbu007>. Para Japón, véase Michael Hoffman, «Japan struggles to keep loneliness at arm's length», *Japan Times*, 10 de noviembre de 2018, <https://www.japantimes.co.jp/news/2018/11/10/national/me dia-national/japan-struggles-keep-loneliness-arms-length/#.XtU

W01NKhok>. En la India, el 50 % de los encuestados se temían que iban a pasar solos la mayor parte del año 2020; véase «India – Opinion on likelihood of loneliness 2019 and 2020», Statista, 28 de enero de 2020, <https://www.statista.com/statistics/1041015/india-opinion-likelihood-of-loneliness/>. Uno de cada cinco australianos afirma que «casi nunca tiene a nadie con quien conversar», véase Melissa Davey, «Loneliness study finds one in five Australians rarely or never have someone to talk to», *Guardian*, 8 de noviembre de 2018, <https://www.theguardian.com/australia-news/2018/nov/09/loneliness-study-finds-one-in-five-australians-rarely-or-never-have-someone-to-talk-to>. Si bien las estadísticas sobre la soledad en África y Sudamérica son más escasas, ello se debe más a la falta de investigación que a la inexistencia de pruebas. En Sudáfrica, por ejemplo, uno de cada diez adultos se encuentra ya muy solo; véase Nancy Phaswana-Mafuya y Karl Peltzer, «Prevalence of loneliness and associated factors among older adults in South Africa», 2017, <https://ulspace.ul.ac.za/bitstream/handle/10386/2783/phaswana-mafuya_prevalence_2017.pdf>. Uno de cada seis adolescentes iberoamericanos y caribeños se sentía solo; véase S. R. Sauter, L. P. Kim y K. H. Jacobsen, «Loneliness and friendlessness among adolescents in 25 countries in Latin America and the Caribbean», *Child and Adolescent Mental Health* 25, 2020, págs. 21-27, <https://doi.org/10.1111/camh.12358>. Las investigaciones llevadas a cabo en los países iberoamericanos también apuntan a una clara correlación entre la pobreza y el aislamiento social y la soledad; véase Rubén Kaztman, «Seduced and Abandoned: The Social Isolation of the Urban Poor», *Cepal Review* 75, 2001.

14. Jason Danely, «The limits of dwelling and unwitnessed death», *Cultural Anthropology* 34 núm. 2, 2019, <https://doi.org/10.14506/ca34.2.03>.

15. Nótese que «Saito-san» es un nombre compuesto. Los detalles son una adaptación del reportaje «Japan's Prisons Are a Haven for Elderly Women», de Shiho Fukada, *Bloomberg*, 16 de marzo de 2018, <https://www.bloomberg.com/news/features/2018-03-16/japan-s-prisons-are-a-haven-for-elderly-women>.

16. «Jailed for stealing grapes: The motives of Japan's elderly inmates», BBC News, 18 de febrero de 2019, <https://www.bbc.com/news/world-asia-47197417>.

17. Asakuma Mei, «Japan's jails a sanctuary for seniors», *NHK*

World, 25 de diciembre de 2019, <https://www3.nhk.or.jp/nhkworld/en/news/backstories/761/>.

18. Fukada, «Japan's prisons are a haven for elderly women».

19. «Jailed for stealing grapes: The motives of Japan's elderly inmates»; Hiroyuki Kuzuno, «Neoliberalism, social exclusion, and criminal justice: A case in Japan», *Hitosubashi Journal of Law and Politics*, 40, 2012, págs. 15-32.

20. Tom Underwood, «Forgotten seniors need time, care», *AJC Atlanta News*, 5 de octubre de 2010, <https://www.ajc.com/news/opinion/forgotten-seniors-need-time-care/s6mdH3uUuYzZRcApm-VYmvL/>.

21. «Over a million older people in the UK regularly feel lonely», Age UK, 3 de mayo de 2014, <https://www.ageuk.org.uk/latest-news/archive/over-1-million-older-people-in-uk-feel-lonely/>.

22. Emily Rauhala, «He was one of millions of chinese seniors growing old alone. So he put himself up for adoption», *Washington Post*, 2 de mayo de 2018, <https://www.washingtonpost.com/world/asia_pacific/he-was-one-of-millions-of-chinese-seniors-growing-old-alone-so-he-put-himself-up-for-adoption/2018/05/01/53749264-3d6a-11e8-912d-16c9e9b37800_story.html>.

23. Aquella constatación me llevó a investigar sobre la soledad entre la generación a la que yo denomino Generación K (la K es por su heroína, Katniss Everdeen); véase, por ejemplo, «Think millennials have it tough? For Generation K, life is even harsher», *Guardian*, 19 de marzo de 2016, <https://www.theguardian.com/world/2016/mar/19/think-millennials-have-it-tough-for-generation-k-life-is-even-harsher>.

24. Jamie Ballard, «Millennials are the loneliest generation», YouGov, 30 de julio de 2019, <https://today.yougov.com/topics/lifestyle/articles-reports/2019/07/30/loneliness-friendship-new-friends-poll-survey>.

25. Clare Murphy, «Young more lonely than the old», BBC News, 25 de mayo de 2010, <http://news.bbc.co.uk/1/hi/health/8701763.stm>; «Children's and young people's experiences of loneliness», Office for National Statistics, 2018, <https://www.ons.gov.uk/peoplepopulationandcommunity/wellbeing/articles/childrensandyoungpeoplesexperiencesofloneliness/2018#how-common-is-loneliness-in-children-and-young-people>.

26. «Daily Chart – Loneliness is pervasive and rising, particularly among the young», *Economist*, 31 de agosto de 2018, <https://www.economist.com/graphic-detail/2018/08/31/loneliness-is-pervasive-and-rising-particularly-among-the-young>.

27. Estos datos hacen referencia al impacto de la soledad en la esperanza de vida. Véase Julianne Holt-Lunstad, Timothy B. Smith y J. Bradley Layton, «Social relationships and mortality risk: A meta-analytic review», *PLOS Medicine*, 2010, <https://doi.org/10.1371/journal.pmed>. Si bien este estudio opone las relaciones sociales imperfectas a las satisfactorias y constata que las probabilidades de supervivencia son un 50 % más elevadas en aquellas personas que gozan de buena salud social, no todos los estudios que complementan este análisis apuntan en la misma dirección; algunas investigaciones se centran en el aislamiento social, en tanto que otras ponen de relieve la soledad o la falta de apoyo social. Los autores de un trabajo de seguimiento realizado en 2015 —con el doble de estudios y muchísimos más participantes que en el metaanálisis anterior, así como la intención de establecer una diferencia nítida entre el aislamiento social y la soledad— observaron que los peligrosos efectos negativos, por su letalidad, de esos dos factores son más o menos los mismos. Véase Julianne Holt-Lunstad y otros, «Loneliness and social isolation as risk factors for mortality: A meta-analytic review», *Perspectives on Psychological Science* 10, núm. 2, 2015. Para más información sobre el análisis de las consecuencias sanitarias de la soledad y el aislamiento social, véase el capítulo dos.

28. Julianne Holt-Lunstad, «The potential public health relevance of social isolation and loneliness: prevalence, epidemiology, and risk factors», *Public Policy & Aging Report* 27, núm. 4, 2017, págs. 127-130, <https://doi-org.libproxy.ucl.ac.uk/10.1093/ppar/prx030>. Véase el capítulo 2, notas 7 y 8, para un análisis más en profundidad de las diferentes definiciones de «soledad».

29. Holt-Lunstad y otros, «Social relationships and mortality risk»; véase también Holt-Lunstad y otros, «Loneliness and social isolation as risk factors for mortality».

30. Corinne Purtill, «Loneliness costs the US almost $7 billion extra each year», *Quartz*, 28 de octubre de 2018, <https://qz.com/1439200/loneliness-costs-the-us-almost-7-billion-extra-each-year/>.

31. HM Treasury, «Policy paper: Spending Round 2019», Gov.

uk, 4 de septiembre de 2019, <https://www.gov.uk/government/pu
blications/spending-round-2019-document/spending-round-2019>.

32. Kate Ferguson, «Lonely Brits are costing the economy £1.8
billion a year, report reveals», *The Sun*, 20 de marzo de 2019, <https://
www.thesun.co.uk/news/8675568/lonely-brits-are-costing-the-eco
nomy/>.

33. Emma Mamo, «How to combat the rise of workplace loneliness», Total Jobs, <https://www.totaljobs.com/insidejob/how-to-
combat-the-rise-of-workplace-loneliness/>.

34. Básicamente, se trata de la versión revisada de la escala de
soledad de UCLA; en 1980 algunas frases se formularon de manera
más positiva para evitar la tendencia a «intentar» obtener una punta-
ción más alta. Véase D. Russell, L. A. Peplau y C. E. Cutrona, «The
revised UCLA Loneliness Scale: Concurrent and discriminant validity
evidence», *Journal of Personality and Social Psychology* 39, núm. 3,
1980, págs. 472-480. El artículo original ha sido citado en más de
1.500 ocasiones.

35. Tenga en cuenta que algunas respuestas tienen una puntuación inversa. En condiciones académicas normales, los consultados
no sabrían qué preguntas puntúan al revés.

36. Rhitu Chatterjee, «Americans are a lonely lot, and young people bear the heaviest burden», NPR, 1 de mayo de 2018, <https://
www.npr.org/sections/health-shots/2018/05/01/606588504/ameri
cans-are-a-lonely-lot-and-young-people-bear-the-heaviest-burden>;
«Loneliness and the Workplace: 2020 U. S. Report», Cigna, enero
de 2020, 3, <https://www.multivu.com/players/English/8670451-cig
na-2020-loneliness-index/docs/CignaReport_1579728920153-
379831100.pdf>.

37. Véase, por ejemplo, E. G. West, «The political economy of
alienation: Karl Marx and Adam Smith», *Oxford Economic Papers* 21,
núm. 2, marzo de 1969, págs. 1-23, <https://www.jstor.org/stable/
2662349?seq=1; Fay Bound Alberti>, «Stop medicalising loneliness
– history reveals it's society that needs mending», *The Conversation*,
19 de noviembre de 2019, <https://theconversation.com/stop-medi
calising-loneliness-history-reveals-its-society-that-needs-men
ding-127056>; Bill Callanan, «Loneliness as a theme in the life and
writings of C. G. Jung», *Irish Association of Humanistic and Integrative Psychotherapy*, Irish Association of Humanistic and Integrative

Psychotherapy 31, 1997, <https://iahip.org/inside-out/issue-31-winter-1997/loneliness-as-a-theme-in-the-life-and-writings-of-c-g-jung%E2%80%A8>; Sean Redmond, «The loneliness of science fiction», *Disruptr*, 5 de mayo de 2019, <https://disruptr.deakin.edu.au/society/the-loneliness-of-science-fiction/>; Aldous Huxley, *Las puertas de la percepción*, Edhasa, 1979; *Black Mirror* 4.ª temporada, episodio 4, «Hang the D. J».; Marie Hendry, *Agency, loneliness and the female protagonist in the Victorian novel*, Cambridge Scholars Publishing, 2019. Para mas información sobre la relación que establece Arendt entre soledad y totalitarismo, véase el capítulo 3.

38. «Majority worldwide say their society is broken – an increasing feeling among britons», Ipsos MORI, 12 de septiembre de 2019, <https://www.ipsos.com/ipsos-mori/en-uk/global-study-nativist-populist-broken-society-britain>.

39. Los datos de Gallup —«State of the global workplace» (2017)— reflejan el deterioro de la situación. Estos datos fueron recopilados en 155 países y se pueden consultar en <https://www.gallup.com/workplace/238079/state-global-workplace-2017.aspx>.

40. «GSS Data Explorer: Can people be trusted», National Opinion Research Center (NORC), University of Chicago, <https://gssdataexplorer.norc.org/variables/441/vshow>.

41. «Pope Francis' morning Mass broadcast live every day», *Vatican News*, 8 de marzo de 2020, <https://www.vaticannews.va/en/pope/news/2020-03/pope-francis-daily-mass-casa-santa-marta-coronavirus.html>; Shirley Ju, «How DJ D-Nice's Club Quarantine became an isolation sensation», *Variety*, 28 de marzo de 2020, <https://variety.com/2020/music/news/dj-d-nice-club-quarantine-rihanna-michelle-obama-interview-1203541666>. El odio a los chinos aumentó en un 900 %, mientras que la xenofobia creció un 70 % en los chats para niños y adolescentes entre diciembre de 2019 y marzo de 2020. Véase «Rising levels of hate speech & online toxicity during this time of crisis», *Light*, 2020, <https://l1ght.com/Toxicity_during_coronavirus_Report-L1ght.pdf>; véase también Elise Thomas, «As the coronavirus spreads, conspiracy theories are going viral too», *Foreign Policy*, 14 de abril de 2020, <https://foreignpolicy.com/2020/04/14/as-the-coronavirus-spreads-conspiracy-theories-are-going-viral-too/>; Queenie Wong, «Coronavirus sparks a different kind of problem for social networks», CNet, 25 de marzo de 2020, <https://www.cnet.

com/news/on-twitter-facebook-and-tiktok-racism-breaks-out
-amid-coronavirus-pandemic/?ftag=CAD-03-10aaj8j>.

42. En lo tocante a la relación entre raza y soledad, véase, por
ejemplo, Cruz Roja británica, «Barriers to belonging: An exploration
of loneliness among people from black, Asia and minority ethnic back-
grounds» (British Red Cross, 2019), 12; el informe original se puede
descargar en <https://www.redcross.org.uk/about-us/what-we-do/
we-speak-up-for-change/barriers-to-belonging#Key%20findings>;
«Loneliness and the Workplace: 2020 U. S. Report», Cigna, 2020,
<https://www.cigna.com/static/www-cigna-com/docs/about-us/
newsroom/studies-and-reports/combatting-loneliness/cigna-2020-
loneliness-report.pdf>. Obsérvese también que, en niños de tan solo
ocho años, la experiencia de la discriminación racial propicia la aparición de síntomas de tristeza y depresión al cabo de nueve meses. Véase N. Priest y otros, «Effects over time of self-reported direct and vi-
carious racial discrimination on depressive symptoms and loneliness
among Australian school students», *BMC Psychiatry* 17, núm. 50,
2017, <https://doi.org/10.1186/.s12888-017-1216-3>. Para más información sobre el comportamiento sexista y la soledad, véase Y. Joel
Wong y otros, «Meta-Analyses of the relationship between conformi-
ty to masculine norms and mental health-related outcomes», *Journal
of Counseling Psychology* 64, núm. 1, 2017, págs. 80-93, <http://dx.
doi.org/10.1037/cou0000176>; Mark Rubin y otros, «A confirmatory
study of the relations between workplace sexism, sense of belonging,
mental health, and job satisfaction among women in male-dominated
industries», *Journal of Applied Social Psychology* 49, núm. 5, 2019,
págs. 267-282, <https://doi.org/10.1111/jasp.12577>.

43. Para la asistencia a misa, véase, por ejemplo, Lydia Saad, «Ca-
tholics' church attendance resumes downward slide», Gallup News,
9 de abril de 2018, <https://news.gallup.com/poll/232226/church-
attendance-among-catholics-resumes-downward-slide.aspx>; «In U.
S., decline of Christianity continues at rapid pace», Pew Research
Center, 17 de octubre de 2019, <https://www.pewforum.org/2019/
10/17/in-u-s-decline-of-christianity-continues-at-rapid-pace/>; The
Church of England Research and Statistics, «Statistics for Mission
2018», Research and Statistics 2019, <https://www.churchofengland.
org/sites/default/files/2019-10/2018StatisticsForMission.pdf>; en el
caso de otros países europeos, véase Philip S. Brenner, «Cross-Natio-

nal trends in religious service attendance», *Public Opinion Quarterly* 80, núm. 2, mayo de 2016, págs. 563-583, <https://www.ncbi.nlm. nih.gov/pmc/articles/PMC4888582/>; Harry Freedman, «Are American synagogues on the road to renewal – or perdition?», *Jewish Chronicle*, 21 de diciembre de 2018, <https://www.thejc.com/judaism/ features/are-american-synagogues-on-the-road-to-renewal-or-perdi-tion-1.474204>. Nótese, sin embargo, que la devoción y la asistencia a los oficios religiosos siguen siendo elevadas entre los musulmanes del África subsahariana, Oriente Medio y el sur de Asia, así como entre los cristianos del África subsahariana e Iberoamérica. «How religious commitment varies by country among people of all ages», Pew Research Center, 13 de junio de 2018, <https://www.pewforum.org/ 2018/06/13/how-religious-commitment-varies-by-country-among-people-of-all-ages/>. Sobre el declive de las organizaciones de padres y profesores, de la afiliación sindical y del número de amigos íntimos, véase, por ejemplo, Segann March, «Students, parents pay the price for PTA membership declines», *Shreveport Times*, 6 de mayo de 2016, <https://eu.shreveporttimes.com/story/news/education/2016/05/ 06/students---and-their-parents---pay-price-pta-membership-decli nes/83970428>/; Brittany Murray, Thurston Domina, Linda Renzulli y Rebecca Boylan, «Civil Society Goes to School: Parent-Teacher Associations and the Equality of Educational Opportunity», RSF 5, núm. 3, marzo de 2019, págs. 41-63, <https://doi.org/10.7758/RSF.2019.5.3.0>; Camilla Turner, «Working mothers now too busy to join parent teacher associations, leading headmistress says», *Telegraph*, 18 de noviembre de 2019, <https://www.telegraph.co.uk/news/2019/11/18/ working-mothers-now-busy-join-parent-teacher-associations-lead ing/>; Niall McCarthy, «The state of Global Trade Union Membership I. E., [Infographic]», *Forbes*, 6 de mayo de 2019, <https://www. forbes.com/sites/niallmccarthy/2019/05/06/the-state-of-global-trade -union-membership-infographic/#3584b31c2b6e>; Miller McPherson, Lynn Smith-Lovin y Matthew E. Brashears, «Social isolation in America: Changes in core discussion networks over two decades», *American Sociological Review* 71, núm. 3, junio de 2006, págs. 353-375, <https://doi.org/10.1177/000312240607100301>.

44. Para un análisis más detenido de la falta de contacto físico, véase Tiffany Field, *Touch*, 2.ª ed. (MIT Press, 2014). Para Estados Unidos: Jean M. Twenge, Ryne A. Sherman, Brooke E. Wells, «Decli-

nes in sexual frequency among American adults, 1989-2014», *Archives of Sexual Behavior* 46, 2017, págs. 2389-2401, <https://doi.org/10.1007/s10508-017-0953-1>; véase también Kate Julian, «Why are young people having so little sex?», *The Atlantic*, diciembre de 2018, <https://www.theatlantic.com/magazine/archive/2018/12/the-sex-recession/573949/>; para el Reino Unido: «British people "having less sex" than previously», BBC, 8 de marzo de 2019, <https://www.bbc.co.uk/news/health-48184848>; para otros países (esp. Australia, Finlandia y Japón): «Are we really in the middle of a global sex recession?», *Guardian*, 14 de noviembre de 2018, <https://www.theguardian.com/lifeandstyle/shortcuts/2018/nov/14/are-we-really-in-the-middle-of-a-global-sex-recession>.

45. Alison Flood, «Britain has closed almost 800 libraries since 2010, figures show», *Guardian*, 5 de diciembre de 2019, <https://www.theguardian.com/books/2019/dec/06/britain-has-closed-almost-800-libraries-since-2010-figures-show>; «Table 1: IMLS Appropriations History, 2008-2015 (Budget Authority in 000s)», Institute of Museum and Library Services, 2015, <https://www.imls.gov/assets/1/News/FY14_Budget_Table.pdf>; Peggy McGlone, «For third year in a row, Trump's budget plan eliminates arts, public TV and library funding», *Washington Post*, 18 de marzo de 2019, <https://www.washingtonpost.com/lifestyle/style/for-third-year-in-a-row-trumps-budget-plan-eliminates-arts-public-tv-and-library-funding/2019/03/18/e946db9a-49a2-11e9-9663-00ac73f49662_story.html>.

46. Jonathan D. Ostry, Prakash Loungani y Davide Furceri, «Neoliberalism: Oversold?», FMI, junio de 2016, <https://www.imf.org/external/pubs/ft/fandd/2016/06/pdf/ostry.pdf>.

47. Lawrence Mishel y Julia Wolfe, «CEO compensation has grown 940 % since 1978», Economic Policy Institute, 14 de agosto de 2019, <https://www.epi.org/publication/ceo-compensation-2018/>.

48. Richard Partington, «Inequality: is it rising, and can we reverse it?», *Guardian*, 9 de septiembre de 2019, <https://www.theguardian.com/news/2019/sep/09/inequality-is-it-rising-and-can-we-reverse-it>. Datos tomados del IFS Deaton Review. Véase también el análisis sindical de la encuesta sobre riqueza y activos llevada a cabo por el Instituto Nacional de Estadística del Reino Unido (los últimos datos corresponden al período comprendido entre abril de 2016 y

marzo de 2018), como se refleja en el informe de Nikki Pound «Record wealth inequality shows why our economy is rigged against working people», Trade Unions Congress, 6 de diciembre de 2019, <https://www.tuc.org.uk/blogs/record-wealth-inequality-shows-why-our-economy-rigged-against-working-people>.

49. La pobreza es un factor de riesgo tanto para el aislamiento social como para la soledad. Véase Jan Eckhard, «Does poverty increase the risk of social isolation? Insights based on panel data from Germany», *The Sociology Quarterly* 59, núm. 2, mayo de 2018, págs. 338-359, <https://doi.org/10.1080/00380253.2018.1436943>; «How do you identify or recognise the most lonely?», Campaign to End Loneliness, 2020, <https://www.campaigntoendloneliness.org/frequently-asked-questions/identify-most-isolated/>; Emily Cuddy y Richard V. Reeves, «Poverty, isolation, and opportunity», The Brookings Institution, 31 de marzo de 2015, <https://www.brookings.edu/blog/social-mobility-memos/2015/03/31/poverty-isolation-and-opportunity/>; Miriam J. Stewart y otros, «Poverty, sense of belonging and experiences of social isolation», *Journal of Poverty* 13, núm. 2, mayo de 2009, págs. 173-195, <https://www.researchgate.net/publication/240235963_Poverty_Sense_of_Belonging_and_Experiences_of_Social_Isolation>.

50. «2020 Edelman Trust Barometer», Edelman Holdings, 19 de enero de 2020, <https://www.edelman.com/trustbarometer>.

51. «Margaret Thatcher interview for *Sunday Times*», Margaret Thatcher Foundation, 1 de mayo de 1981, <https://www.margaretthatcher.org/document/104475>.

52. Véase por ejemplo Martin A. Nowak y Roger Highfield, *SuperCooperators: Beyond the survival of the fittest: Why cooperation, not competition, is the key of life*, Canongate, 2012.

53. Jean M. Twenge, W. Keith Campbell y Brittany Gentile, «Increases in individualistic words and phrases in American books, 1960-2008», *PloS One* 7, núm. 7, 2012, <https://doi.org/10.1371/journal.pone.0040181>.

54. John Tierney, «A generation's vanity, heard through lyrics», *The New York Times*, 25 de abril de 2011, <https://www.nytimes.com/2011/04/26/science/26tier.html>.

55. Xi Zou y Huajian Cai, «Charting China's rising individualism in names, songs, and attitudes», *Harvard Business Review*, 11 de mar-

zo de 2016, <https://hbr.org/2016/03/charting-chinas-rising-indivi dualism-in-names-songs-and-attitudes>.

2. La soledad mata

1. Véase por ejemplo Louise C. Hawkley y John P. Capitanio, «Perceived social isolation, evolutionary fitness and health outcomes: a lifespan approach», *Philosophical Transactions of the Royal Society*, mayo de 2015, <https://doi.org/10.1098/rstb.2014.0114>.

2. Con respecto a la relación entre la soledad y las inflamaciones crónicas, véase K. Smith, S. Stewart, N. Riddell y C. Victor, «Investigating the relationship between loneliness and social isolation with inflammation: A systematic review», *Innovation in Aging* 2, núm. 2, noviembre de 2018, págs. 839-840, <https://doi.org/10.1093/geroni/igy023.3129.>; Lisa M. Jaremka y otros, «Loneliness promotes inflammation during acute stress», *Psychological Science* 24, núm. 7, julio de 2013, págs. 1089-1097, <https://doi. org/10.1177/0956797 612464059>. Con respecto a la relación entre la soledad y la respuesta inmunitaria, véase Angus Chen, «Loneliness may warp our genes, and our immune systems», NPR, 29 de noviembre de 2015, <https:// www.npr.org/ sections/health-shots/2015/11/29/457255876/loneli ness-may-warp-our-genes-and-our-immune-systems>.

3. Véase N. Grant, M. Hamer y A. Steptoe, «Social isolation and stress-related cardiovascular, lipid, and cortisol responses», *Annals of Behavioral Medicine* 37, 2009, págs. 29-37, <https://doi.org/10.1007/ s12160-009-9081-z>; Andrew Steptoe y otros, «Loneliness and neuroendocrine, cardiovascular, and inflammatory stress responses in middle-aged men and women», *Psychoneuroendocrinology* 29, núm. 5, 2004, págs. 593-611, <https://www.ncbi.nlm.nih.gov/pubmed/ 15041083>; L. D. Doane y E. K. Adam, «Loneliness and cortisol: Momentary, day-to-day, and trait associations», *Psychoneuroendocrinology* 35, 2010, págs. 430-441, <doi: 10.1016/j.psyneuen.2009.08.005>.

4. L. C. Hawkley, R. A. Thisted, C. M. Masi y J. T. Cacioppo, «Loneliness predicts increased blood pressure: 5-year cross-lagged analyses in middle-aged and older adults», *Psychology and Aging* 25, núm. 1, marzo de 2010, págs. 132-141, <https://doi.org/10.1037/ a0017805>; Kerry J. Ressler, «Amygdala activity, fear, and anxiety:

modulation by stress», *Biological Psychiatry* 67, núm. 12, junio de 2010, págs. 1117-1119, <https://doi.org/10.1016/j.biopsych.2010.04.027>.

5. Steven W. Cole, John P. Capitanio, Katie Chun, Jesusa M. G. Arévalo, Jeffrey Ma y John T. Cacioppo, «Myeloid differentiation architecture of leukocyte transcriptome dynamics in perceived social isolation», *Proceedings of the National Academy of Sciences* 112, núm. 49, diciembre de 2015, págs. 15142-15147, <https://www.pnas.org/content/pnas/early/2015/11/18/1514249112.full.pdf>; si se necesita una versión para profanos, véase «Loneliness triggers cellular changes that can cause illness, study shows», Universidad de Chicago, 23 de noviembre de 2015, <https://www.sciencedaily.com/releases/2015/11/151123201925.htm>.

6. «Stress weakens the immune system», American Psychological Association, 23 de febrero de 2006, <https://www.apa.org/research/action/immune>.

7. Este es un metaanálisis que examinó veintitrés estudios diferentes; «Measures of social relationships met inclusion criteria for loneliness if they were consistent with its definition as a subjective negative feeling associated with someone's perception that their relationships with others are deficient». Puesto que se trata de un metaestudio, hay muchas definiciones de soledad, algunas de las cuales la describen como una dolencia crónica. N. K. Valtorta y otros, «Loneliness and social isolation as risk factors for coronary heart disease and stroke: systematic review and meta-analysis of longitudinal observational studies», *BMJ Journals: Heart* 102, núm. 13, 2016, págs. 1009-1016, <http://dx.doi.org/10.1136/heartjnl-2015-308790>; J. H. Tjalling y otros, «Feelings of loneliness, but not social isolation, predict dementia onset: results from the Amsterdam Study of the Elderly (AMSTEL)», *Journal of Neurology Neurosurgery and Psychiatry*, 2012, <doi: 10.1136/jnnp-2012-302755>.

8. J. Holt-Lunstad y otros, «Loneliness and social isolation as risk factors for mortality: a meta-analytic review». También se trata de un metaanálisis, por lo que la soledad se define de diferentes maneras. Un metaanálisis podría examinar los datos y resultados de cientos de estudios sobre el mismo tema o temas muy similares, buscando patrones y sacando conclusiones generales, lo cual es una forma muy útil de combinar ideas de muy diversa procedencia. Sin embargo, al resumir

la investigación sobre la soledad, esto plantea un pequeño problema, ya que cada uno de los cientos de «estudios originales» podría dar una definición de soledad ligeramente distinta, o medir la soledad durante cierto período de tiempo. Por eso, en este caso, no podemos vincular categóricamente estos problemas de salud a la soledad crónica, en oposición a la soledad pasajera, porque algunos estudios analizaron una de las dos o no especificaron cuál. (Al fin y al cabo, la escala de UCLA solo mide la soledad «en un momento concreto»).

9. En términos generales, véase S. Shiovitz-Ezra y L. Ayalon, «Situational versus chronic loneliness as risk factors for all-cause mortality», *International Psychogeriatrics* 22, núm. 3, 2010, págs. 455-462, <doi:10.1017/S1041610209991426>; para los estudios realizados en las cárceles con presos encerrados en celdas de aislamiento durante al menos dos semanas, véase B. A. Williams y otros, «The cardiovascular health burdens of solitary confinement», *Journal of General Internal Medicine* 34, 2019, págs. 1977-1980, <https://doi.org/10.1007/s116 06-019-05103-6>. Véase también Adam Gabbatt, «"Social recession": how isolation can affect physical and mental health», *Guardian*, 18 de marzo de 2020, <https://www.theguardian.com/world/2020/mar/18 /coronavirus-isolation-social-recession-physical-mental-health>; Gabriel Banschick, «How to manage the psychological effects of quarantine», *Psychology Today*, 20 de marzo de 2020, <https://www.psycho logytoday.com/us/blog/the-intelligent-divorce/202003/how-ma nage-the-psychological-effects-quarantine>; y también las investigaciones sobre el efecto de la cuarentena durante el SARS en Toronto en 2002-2004, que incluyen encuestas con 129 personas poco después de terminar el aislamiento. El estrés postraumático se identificó en el 28,9 % de los casos, y la depresión en el 31,9 %; véase L. Hawryluck y otros, «SARS control and psychological effects of quarantine, Toronto, Canada», *Emerging Infectious Diseases* 10, núm. 7, 2004, págs. 1206-1212, <https://doi.org/10.3201/eid1102.040760>.

10. James Lynch, *A cry unheard: New insights into the medical consequences of loneliness*, Bancroft Press, 2000, pág. 91.

11. S. Shiovitz-Ezra y L. Ayalon, «Situational versus chronic loneliness as risk factors for all-cause mortality», *International Psychogeriatrics* 22, núm. 3, 2010, págs. 455-462.

12. Véase Nora Rubel, *Doubting the devout: The ultra-orthodox in the Jewish-American imagination*, Columbia University Press, 2009.

13. Avi Weiss, «A picture of the nation», Taub Center, 14, 2018, <http://taubcenter.org.il/wp-content/files_mf/pon201895.pdf>; Tzvi Lev, «Education rising, poverty dropping among haredim», *Israel National News*, 31 de diciembre de 2017, <http://www.israelnational news.com/News/News.aspx/240041>.

14. Esa multiplicación por «siete» se calculó en 2011-2012; véase por ejemplo Shmuly Yanklowitz, «An obesity problem in the orthodox community?», 25 de abril de 2012, <https://jewishweek.timeso fisrael.com/an-obesity-problem-in-the-orthodox-community/>; Ari Galahar, «Haredi sector suffers from obesity», *Ynet News*, 1 de septiembre de 2011, <https://www.ynetnews.com/articles/0,7340,L-411 6222,00.html>.

15. Nitsa Kasir y Dmitri Romanov, «Quality of life among Israel's population groups: Comparative study», The Haredi Institute for Public Affairs, mayo de 2018, pág. 51.

16. Melrav Arlosoroff, «Israel's economic future is wasting away in Israel's Yeshivas», *Haaretz*, 13 de noviembre de 2018, <https://www.haaretz.com/israel-news/business/.premium-israel-s-econo mic-future-is-wasting-away-in-israel-s-yeshivas-1.6652106>; «Israeli women do it by the numbers», *Jewish Chronicle*, 7 de abril de 2014, <https://www.thejc.com/israeli-women-do-it-by-the-numbers-1.53 785>.

17. Tali Heruti-Sover, «Ultra-orthodox women work less, earn less – and not by choice, study shows», *Haaretz*, 30 de abril de 2019, <https://www.haaretz.com/israel-news/.premium-ultra-orthodox-women-work-less-earn-less-and-not-by-choice-study-shows-1.718 3349>; Sagi Agmon, «Report: Haredi employment is down; Haredi poverty is up», *Hiddush News*, 21 de diciembre de 2018, <http://hid dush.org/article-23296-0-Report_Haredi_employment_is_down;_ Haredi_poverty_is_up.aspx>.

18. Dan Zaken, «Haredim aren't as poor as you think», *Globes*, 17 de diciembre de 2018, <https://en.globes.co.il/en/article-hare­dim-arent-as-poor-as-you-think-1001265187>.

19. «Live long and prosper: health in the Haredi community», Taub Center for Social Policy Studies in Israel, 31 de mayo de 2016, <http://taubcenter.org.il/does-money-make-you-live-longer-health-in-the-haredi-community/>.

20. Los investigadores no dan mucha credibilidad a los informes

elaborados por los ultraortodoxos, pues tienen la impresión de que esos registros están amañados para no «sacar a relucir los trapos sucios» de su comunidad. Pero las estadísticas parecen respaldar la veracidad de esos informes. También conviene señalar que, si bien entre la comunidad jaredí se dieron más casos de coronavirus en 2020 que entre el resto de la población israelí —en parte, curiosamente, por lo mucho que valoran la vida comunitaria—, el dato sigue siendo válido: la esperanza de vida de los jaredíes es superior a la media. Así como el hecho de que la vida en comunidad suele favorecer la esperanza de vida. Véase *ibidem*; y, para las estadísticas sobre la COVID-19, Nathan Jeffay, «Two ultra-orthodox bastions account for 37 % of Israel's virus deaths», *The Times of Israel*, 10 de mayo de 2020, <https://www.timesofisrael.com/two-ultra-orthodox-bastions-account-for-37-of-israels-virus-deaths/>.

21. Dov Chernichovsky y Chen Sharony, «The relationship between social capital and health in the Haredi sector», Taub Center for Social Policy Studies in Israel, diciembre de 2015, pág. 3, <http://taubcenter.org.il/wp-content/files_mf/therelationshipbetweensocial capitalandhealthintheharedisectorenglish.pdf>.

22. Véase *ibidem*, Ilustración 1.

23. Véase por ejemplo «Measuring and assessing well-being in Israel», OCDE, 31 de enero de 2016, Ilustración 3, <https://www.oecd.org/sdd/measuring-and-assessing-well-being-in-Israel.pdf>.

24. David G. Myers, «Religious engagement and well-being», en Ilona Boniwell, Susan A. David y Amanda Conley Ayers (comps.), *The Oxford Handbook of Happiness* (Oxford University Press, 2013); Bruce Headey, Gerhard Hoehne y Gert G. Wagner, «Does religion make you healthier and longer lived? Evidence for Germany», *Social Indicators Research* 119, núm. 3, 2014, págs. 1335-1361, <https://doi.org/10.1007/s11205-013-0546-x>; Daniel E. Hall, «Religious attendance: More cost-effective than Lipitor?», *Journal of the American Board of Family Medicine* 19, núm. 2, 2006, <https://pubmed.ncbi.nlm.nih.gov/16513898/>.

25. Robert A. Hummer y otros, «Religious involvement and U.S. adult mortality», *Demography* 36, núm. 2, 1999, págs. 273-285, <https://pubmed.ncbi.nlm.nih.gov/10332617/>; véase también Tyler J. Van der Weele, «Religious communities and human flourishing», *Current Directions in Psychological Science* 26, núm. 5, 2017, págs. 476-481, <https://doi.org/10.1177/0963721417721526>.

26. Nitsa Kasir y Dmitri Romanov, «Quality of life among Israel's population groups: Comparative study», The Haredi Institute for Public Affairs, mayo de 2018, pág. 51.

27. Rabbi Dow Marmur, «Ultra-orthodox jews are poorer, but live longer. How come?», *Canadian Jewish News*, 1 de marzo de 2017, <https://www.cjnews.com/perspectives/opinions/ultra-orthodox -jews-poorer-live-longer-how-come>.

28. Rock Positano, «The mystery of the Rosetan people», *Huffington Post*, 28 de marzo de 2008, <https://www.huffpost.com/entry/ the-mystery-of-the-roseta_b_73260>.

29. B. Egolf y otros, «The Roseto effect: a 50-year comparison of mortality rates», *American Journal of Public Health* 82, núm. 8, agosto de 1992, págs. 1089-1092, <https://doi.org/10.2105/ajph.82. 8.1089>.

30. *Ibidem*; véase también John G. Bruhn, Billy U. Philips y Stewart Wolf, «Social readjustment and illness patterns: Comparisons between first, second and third generation Italian-Americans living in the same community», *Journal of Psychosomatic Research* 16, núm. 6, octubre de 1972, págs. 387-394, <https://doi.org/10.1016/0022-3999 (72)90063-3>: «La primera generación informó de más cambios en la vida familiar, la segunda generación experimentó más cambios en su vida personal y la tercera generación informó de más cambios con respecto a los asuntos laborales y financieros».

31. Nicole Spector, «"Blue zones": 6 secrets to borrow from people who live the longest», NBC News, 20 de octubre de 2018, <https:// www.nbcnews.com/better/health/blue-zones-6-secrets-borrow-peo ple-who-live-longest-ncna921776>.

32. *Ibidem*.

33. Véase por ejemplo Joan B. Silk, «Evolutionary perspectives on the links between close social bonds, health, and fitness», *Sociality, Hierarchy, Health: Comparative Biodemography*, National Academies Press, 2014, pág. 6; Zack Johnson, «The brain on social bonds: Clues from evolutionary relatives», *Society for Personality and Social Psychology*, 29 de junio de 2015, <http://www.spsp.org/news-center/blog/ brain-social-bonds>; Mary E. Clark, «Meaningful social bonding as a universal human need», *Conflict: Human needs theory* (Palgrave Macmillan, 1990), págs. 34-59.

34. Monte Burke, «Loneliness can kill you», *Forbes*, 6 de agosto

de 2009, <https://www.forbes.com/forbes/2009/0824/opinions-neuro science-loneliness-ideas-opinions.html#75ec4deb7f85>.

35. «The consultation letters of Dr William Cullen (1710-1790) at the Royal College of Physicians of Edinburgh», The Cullen Project, <http://www.cullenproject.ac.uk/docs/4509/>. La prescripción de Cullen es aún más interesante si tenemos en cuenta que, en el siglo siguiente, el «tratamiento» para los «trastornos nerviosos» de las mujeres solía ser el contrario: reposo en cama, aislamiento y evitación de cualquier actividad social, incluida la lectura. Charlotte Perkins Gilman habla de esos tratamientos en uno de sus relatos cortos, *El papel pintado amarillo*, en el que la protagonista, confinada en una habitación individual por una afección indeterminada, empieza a tener alucinaciones.

36. Véase también «The Harvard study of adult development», Adult Development Study, 2015, <https://www.adultdevelopment study.org>. Ahora están supervisando a la segunda generación.

37. Liz Mineo, «Good genes are nice, but joy is better», *Harvard Gazette*, 11 de abril de 2017, <https://news.harvard.edu/gazette/story/2017/04/over-nearly-80-years-harvard-study-has-been-showing-how-to-live-a-healthy-and-happy-life/>.

38. La inflamación es una buena forma de hacer frente a las infecciones bacterianas y las lesiones graves, a las que somos más propensos cuando estamos solos, en vez de coger virus de otras personas, por lo que, en cierto modo, aumentar la inflamación cuando nos sentimos aislados tiene su lógica. Véase Angus Chen, «Loneliness may warp our genes, and our immune systems», NPR, 29 de noviembre de 2015, <https://www.npr.org/sections/health-shots/2015/11/29/457255876/loneliness-may-warp-our-genes-and-our-immune-systems>.

39. Elitsa Dermendzhiyska, «Can loneliness kill you?», *Medium*, 7 de noviembre de 2018, <https://medium.com/s/story/can-loneliness-kill-you-6ea3cab4eab0>.

40. Philip Hunter, «The inflammation theory of disease», *EMBO Reports* 13, núm. 11, noviembre de 2012, págs. 968-970, <https://www.ncbi.nlm.nih.gov/pmc/articles/PMC3492709>. La inflamación es lo que «explica por qué las personas solitarias tienen un riesgo mayor de padecer cáncer, enfermedades neurodegenerativas e infecciones víricas», afirma Steve Cole, profesor de medicina y psiquiatría en UCLA; Angus Chen, «Loneliness may warp our genes, and our im-

mune systems», NPR, 29 de noviembre de 2015, <https://www.npr.org/sections/health-shots/2015/11/29/457255876/loneliness-may-warp-our-genes-and-our-immune-systems>.

41. Bert N. Uchino y otros, «Social support and immunity», en Suzanne Segerstrom (comp.), *The Oxford Handbook of Psychoneuroimmunology* (Oxford University Press, 2012), <https://www.oxfordhandbooks.com/view/10.1093/oxfordhb/9780195394399.001.0001/oxfordhb-9780195394399-e-12>. Los rinovirus (causantes del resfriado común), el VIH y algunos virus cancerígenos son más activos en aquellas personas que están socialmente aisladas.

42. I. S. Cohen, «Psychosomatic death: Voodoo death in modern perspective», *Integrative Psychiatry*, 16, 1985, págs. 46-51, <https://psycnet.apa.org/record/1985-25266-001>.

43. J. K. Kiecolt-Glaser y otros, «Psychosocial modifiers of immunocompetence in medical students», *Psychosomatic Medicine* 46, núm. 1, 1984, págs. 7-14, <https://pubmed.ncbi.nlm.nih.gov/6701256/>; idem, «Urinary cortisol levels, cellular immunocompetency and loneliness in psychiatric inpatients», *Psychosomatic Medicine*, 46, 1984, págs. 5-23.

44. N. Grant y otros, «Social isolation and stress-related cardiovascular, lipid, and cortisol responses», *Annals of Behavioral Medicine* 37, núm. 1, febrero de 2009, págs. 29-37, <https://www.ncbi.nlm.nih.gov/pubmed/19194770>; Y. C. Yang y otros, «Social isolation and adult mortality: the role of chronic inflammation and sex differences», *Journal of Health and Social Behavior* 54, 2013, págs. 183-203, <https://www.ncbi.nlm.nih.gov/pmc/articles/PMC3998519/>.

45. «Loneliness can be as bad for health as a chronic long-term condition, says GP leader», Royal College of General Practitioners, 12 de octubre de 2017, <https://www.rcgp.org.uk/about-us/news/2017/october/loneliness-can-be-as-bad-for-health-as-a-chronic-long-term-condition-says-gp-leader.aspx>.

46. Véase Rachel P. Maines, *The technology of orgasm: 'Hysteria', the vibrator, and women's sexual satisfaction*, Johns Hopkins University Press, 1999.

47. H. Meltzer y otros, «Feelings of loneliness among adults with mental disorder», *Social Psychiatry and Psychiatric Epidemiology* 48, núm. 1, 2013, págs. 5-13, <doi:10.1007/s00127-012-0515-8>. Nótese que el estudio se basó en el análisis de los datos de 2007.

48. Véase John D. Cacioppo, Louise C. Hawkley y Ronald A. Thisted, «Perceived social isolation makes me sad: Five year cross-lag ged analyses of loneliness and depressive symptomatology in the Chicago health, aging and social relations study», *Psychology and Aging* 25, núm. 2, junio de 2010, págs. 453-463, <https://doi.org/10.1037/a0017216>. Según un estudio holandés, el 83 % de los ancianos con depresión se lamentaba de su soledad, frente al 32 % de aquellos que no estaban deprimidos. B. Hovast y otros, «Loneliness is associated with poor prognosis in late-life depression: Longitudinal analysis of the Netherlands study of depression in older persons», *Journal of Affective Disorders* 185, 2015, págs. 1-7, <doi:10.1016/j.jad.2015.06.036>. Recientes investigaciones con adolescentes revelan no solo que, cuanto más sola se siente una persona joven, más probabilidades tiene de sufrir una depresión, sino también que, cuanto más deprimida está una persona joven, más probabilidades tiene de sentirse sola. Véase R. Rich y otros, «Causes of depression in college students: A cross-lagged panel correlational analysis», *Psychological Reports* 60, 1987, págs. 27-30, <https://doi.org/10.2466/pro.1987.60.1.27>; Marina Lalayants y Jonathan D. Price, «Loneliness and depression or depression related factors among child welfare-involved adolescent females», *Child and Adolescent Social Work Journal* 324, abril de 2015, págs. 167-176, <https://doi-org.gate3.library.lse.ac.uk/10.1007/s10560-014-0344-6>.

49. Louise Boyle, «When everyday environments become anxious spaces», Wellcome Collection, 14 de noviembre de 2018, <https://wellcomecollection.org/articles/W-BEUREAAASpazif>.

50. Dhruv Khullar, médico e investigador del Centro Médico Weill Cornell de Nueva York dice que los períodos cortos de aislamiento pueden agudizar la ansiedad y la depresión «en cuestión de días». Adam Gabbatt, «"Social recession": how isolation can affect physical and mental health», *Guardian*, 18 de marzo de 2020, <https://www.theguardian.com/world/2020/mar/18/coronavirus-isolation-social-recession-physical-mental-health>. Por otra parte, los estudios llevados a cabo con mamíferos han demostrado que un período de aislamiento de solo dos semanas puede producir alteraciones químicas en el cerebro que incrementan la agresividad y la agitación; California Institute of Technology, «How social isolation transforms the brain: A particular neural chemical is overproduced during long-term

social isolation, causing increased aggression and fear», *Science Daily*, 17 de mayo de 2018, <https://www.sciencedaily.com/releases/2018/05/180517113856.htm>.

51. X. Liu y otros, «Depression after exposure to stressful events: lessons learned from the severe acute respiratory syndrome epidemic», *Comprehensive Psychiatry* 53, 2012, págs. 15-23. La duración media de la cuarentena era de catorce días.

52. P. Wu y otros, «Alcohol abuse/dependence symptoms among hospital employees exposed to a SARS outbreak», *Alcohol and Alcoholism* 43, 2008, págs. 706-712, <https://doi.org/10.1093/alcalc/agn 073>; P. Wu y otros, «The psychological impact of the SARS epidemic on hospital employees in China: exposure, risk perception, and altruistic acceptance of risk», *Canadian Journal of Psychiatry* 54, 2009, págs. 302-311, <https://pubmed.ncbi.nlm.nih.gov/19497162/>.

53. J. K. Hirsch y otros, «Social problem solving and suicidal behavior: ethnic differences in the moderating effects of loneliness and life stress», *Archives of Suicide Research*, 16, núm. 4, 2012, págs. 303-315, <https://doi.org/10.1080/13811118.2013.722054>.

54. Francie Hart Broghammer, «Death by loneliness», Real Clear Policy, 6 de mayo de 2019, <https://www.realclearpolicy.com/arti cles/2019/05/06/death_by_loneliness_111185.html>.

55. Rebecca Nowland, «The role of loneliness in suicidal behaviour», APPG Meeting on Suicide and Self-Harm Prevention, 30 de abril de 2019; S. Wiktorsson y otros, «Attempted suicide in the elderly: characteristics of suicide attempters 70 years and older and a general population comparison group», *American Journal of Geriatric Psychiatry* 18, núm. 1, 2010, págs. 57-67, <https://pubmed.ncbi.nlm.nih.gov/20094019/>; Henry O'Connell y otros, «Recent developments, suicide in older people», *BMJ* 329, octubre de 2004, págs. 895-899, <https://www.ncbi.nlm.nih.gov/pmc/articles/PMC523116>.

56. R. E. Roberts y otros, «Suicidal thinking among adolescents with a history of attempted suicide», *Journal of the American Academy of Child and Adolescent Psychiatry* 37, núm. 12, diciembre de 1998, págs. 1294-1300, <https://www.ncbi.nlm.nih.gov/pubmed/98 47502>.

57. M. L. Goodman y otros, «Relative social standing and suicide ideation among Kenyan males: the interpersonal theory of suicide in context», *Social Psychiatry and Psychiatric Epidemiology* 52, núm. 10,

octubre de 2017, págs. 1307-1316, <https://www.ncbi.nlm.nih.gov/pubmed/28821916>; Bimala Sharma y otros, «Loneliness, insomnia and suicidal behavior among school-going adolescents in Western Pacific Island Countries: Role of violence and injury», *International Journal of Environmental Research and Public Health* 14, núm. 7, julio de 2017, pág. 791, <https://www.ncbi.nlm.nih.gov/pmc/articles/PMC5551229/>.

58. Katherine C. Schinka y otros, «Psychosocial predictors and outcomes of loneliness trajectories from childhood to early adolescence», *Journal of Adolescence* 36, núm. 6, diciembre de 2013, págs. 1251-1260, <https://doi.org/10.1016/j.adolescence.2013.08.002>.

59. Para un análisis concluyente de las muertes por desesperación en Estados Unidos, véase Angus Deaton y Anne Case, *Deaths of despair and the future of capitalism*, Princeton University Press, 2020. Con respecto a los divorcios: Anne Case, «Morbidity and mortality in the 21st century», *Brookings Papers on Economic Activity*, primavera de 2017, pág. 431, <https://www.brookings.edu/wp-content/uploads/2017/08/casetextsp17bpea.pdf>; Charles Fain Lehman, «The role of marriage in the suicide crisis», Institute for Family Studies, 1 de junio de 2020, <https://ifstudies.org/blog/the-role-of-marriage-in-the-suicide-crisis>. Respecto a la disminución de la religiosidad: W. Bradford Wilcox y otros, «No money, no honey, no church: The deinstitutionalisation of religious life among the white working class», *Research on Social Work Practice* 23, 2012, págs. 227-250, <https://doi.org/10.1108/S0277-2833(2012)0000023013>. Con relación a las consecuencias políticas y la política laboral: Shannon M. Monnat, «Deaths of despair and support for Trump in the 2016 Presidential Election», The Pennsylvania State University Department of Agricultural Economics, Sociology, and Education, 4 de diciembre de 2016, <https://aese.psu.edu/directory/smm67/Election16.pdf>; véase también Robert Defina y otros, «De-unionization and drug death rates», *Social Currents* 6, núm. 1, febrero de 2019, págs. 4-13, <https://doi.org/10.1177/2329496518804555>; Jerzy Eisenberg-Guyot y otros, «Solidarity and disparity: Declining labor union density and changing racial and educational mortality inequities in the United States», *American Journal of Industrial Medicine* 63, núm. 3, marzo de 2020, págs. 218-231, <https://doi.org/10.1002/ajim.23081>; Steven H. Woolf y Heidi Schoomaker, «Life expectancy and mortality rates in the United States,

1959-2017», *JAMA* 322, núm. 20, noviembre de 2019, págs. 1996-2016, <doi:10.1001/jama.2019.16932>. Nótese también que, aunque la expresión «muertes por desesperación» suele usarse solo cuando se trata de supremacistas, hay pruebas fehacientes de que los patrones que se reflejan aquí no están condicionados por la raza. Véase, por ejemplo, Peter A. Muennig y otros, «America's declining well-being, health, and life expectancy: Not just a white problem», *American Journal of Public Health* 108, núm. 12, 2018, págs. 1626-1631, <https://doi.org/10.2105/AJPH.2018.304585>.

60. Laura Entis, «Scientists are working on a pill for loneliness», *Guardian*, 26 de enero de 2019, <https://www.theguardian.com/us-news/2019/jan/26/pill-for-loneliness-psychology-science-medicine>.

61. M. P. Roy, A. Steptoe y C. Kirschbaum, «Life events and social support as moderators of individual differences in cardiovascular and cortisol reactivity», *Journal of Personality and Social Psychology* 75, núm. 5, noviembre de 1998, págs. 1273-1281, <https://pubmed.ncbi.nlm.nih.gov/9866187/>.

62. Robin Wright, «How loneliness from coronavirus isolation takes its own toll», *New Yorker*, 23 de marzo de 2020, <https://www.newyorker.com/news/our-columnists/how-loneliness-from-coronavirus-isolation-takes-its-own-toll/amp>; J. A. Coan, H. S. Schaefer, y R. J. Davidson, «Lending a hand: social regulation of the neural response to threat», *Psychological Sciences* 17, núm. 12, diciembre de 2006, <1.0321.039, doi:10.1111/j.1467-9280.2006.01832.x>.

63. X. Pan y K. H. Chee, «The power of weak ties in preserving cognitive function: a longitudinal study of older Chinese adults», *Aging and Mental Health*, abril de 2019, págs. 1-8, <doi:10.1080/13607863.2019.1597015>.

64. «Los jóvenes de dieciocho a veinticuatro años (77 %) y de veinticinco a treinta y cuatro años (76 %) son los grupos de edad más proclives a afirmar que su voluntariado les ayudó a sentirse menos aislados [...]. Más de tres cuartas partes de los voluntarios (77 %) afirmaron que el voluntariado mejoró su salud mental y su bienestar. Esta mejoría estaba más extendida que los beneficios para la salud física (53 %)». Amy McGarvey y otros, «Time well spent: A national survey on the volunteer experience», National Council for Voluntary Organisations, enero de 2019, <https://www.ncvo.org.uk/images/documents/policy_and_research/volunteering/Volunteer-experience

_Full-Report.pdf>. Véase también D. C. Carr y otros, «Does becoming a volunteer attenuate loneliness among recently widowed older adults?», *Journal of Gerontology* B 73, núm. 3, 2018, págs. 501-510, <doi:10.1093/geronb/gbx092>.

65. Alexander L. Brown, Jonathan Meer y J. Forrest Williams, «Why do people volunteer? An experimental analysis of preferences for time donations», The National Bureau of Economic Research, mayo de 2013, <https://www.nber.org/papers/w19066>.

66. C. Schwartz y otros, «Altruistic social interest behaviors are associated with better mental health», *Psychosomatic Medicine* 65, núm. 5, septiembre de 2003, págs. 778-785, <doi: 10.1097/01.PSY.0 000079378.39062.D4>.

67. R. W. Hierholzer, «Improvements in PTSD patients who care for their grandchildren», *American Journal of Psychiatry* 161, 2004, pág. 176, <https://pubmed.ncbi.nlm.nih.gov/14702274/>.

68. M. F. Field y otros, «Elder retired volunteers benefit from giving message therapy to infants», *Journal of Applied Gerontology* 17, 1998, págs. 229-239, <https://doi.org/10.1177/073346489801700210>.

69. Commission on Children at Risk, *Hardwired to connect: The new scientific case for authoritative communities*, Institute for American Values, 2003.

70. S. L. Brown y otros, «Providing social support may be more beneficial than receiving it: Results from a prospective study of mortality», *Psychological Sciences* 14, núm. 4, 2003, págs. 320-327, <https://doi.org/10.1111/1467-9280.14461>.

71. Kelli Harding, *The rabbit effect: Live longer, happier, and healthier with the groundbreaking science of kindness*, Atria Books, 2019.

72. Por ejemplo, en Estados Unidos se creó en 1935 el National Labor Relations Board, que en la actualidad se sigue encargando de «garantizar el derecho de los trabajadores a entablar negociaciones colectivas». «Our History», National Labor Relations Board, 2020, <https://www.nlrb.gov/about-nlrb/who-we-are/our-history>; véase también Christopher Conte y Albert R. Karr, *Outline of the U. S. economy*, U. S. Dept. of State, Office of International Information Programs, 2001. En el Reino Unido el Servicio Nacional de Salud se fundó en 1948. Véase Peter Greengross, Ken Grant y Elizabeth Collini, «The history and development of The UK National Health Service 1948-1999», DFID Health Systems Resource Centre, julio de 2009,

<https://assets.publishing.service.gov.uk/media/57a08d91e5274a
31e000192c/The-history-and-development-of-the-UK-NHS.pdf>.

73. La búsqueda se hizo en www.jobsite.co.uk. Los sueldos que
figuran en esa página se compararon con el salario medio del Reino
Unido.

74. William Booth, Karla Adam y Pamela Rolfe, «In fight against
coronavirus, the world gives medical heroes standing ovation», *Washington Post*, 26 de marzo de 2020, <https://www.washingtonpost.
com/world/europe/clap-for-carers/2020/03/26/3d05eb9c-6f66-
11ea-a156-0048b62cdb51_story.html>.

3. El ratón solitario

1. Graziano Pinna y otros, «In socially isolated mice, the reversal
of brain allopregnanolone down-regulation mediates the anti-aggres-
sive action of Fluoxetine», *Proceedings of the National Academy of
Sciences of the United States of America* 100, núm. 4, 2003, pág. 2035,
<https://doi.org/10.1073/pnas.0337642100>. Curiosamente, las rato-
nas no tienen esa agresividad.

2. Esta teoría fue formulada por Gregory Zilboorg en 1938 y ha
sido respaldada por diversos estudios posteriores. James V. P. Check,
Daniel Perlman, Neil M. Malamuth, «Loneliness and aggressive behaviour», *Journal of Social and Personal Relationships* 2, núm. 3, 1985,
págs. 243-252, <https://www.sscnet.ucla.edu/comm/malamuth/pdf/
85jspr2.pdf>; D. Segel-Karpas y L. Ayalon, «Loneliness and hostility
in older adults: A cross-lagged model», *Psychology and Aging* 35,
núm. 2, 2020, págs. 169-176, <https://doi.org/10.1037/pag0000417>;
Ben Mijuskovic, «Loneliness and hostility», *Psychology: A Quarterly
Journal of Human Behavior* 20, núms. 3-4, 1983, págs. 9-19, <https://
eric.ed.gov/?id=EJ297686>. Se ha demostrado que la soledad también recrudece el odio y empobrece las habilidades sociales (véase
John T. Cacioppo y otros, «Loneliness within a nomological net:
An evolutionary perspective», *Journal of Research in Personality* 40,
núm. 6, 2006, págs. 1054-1085, <https://doi.org/10.1016/j.jrp.2005.11.
007>). Los períodos de confinamiento en cuarentenas anteriores también produjeron crisis de soledad. Samantha K. Brooks y otros, «The
psychological impact of quarantine and how to reduce it: rapid review

of the evidence», *Lancet* 395, núm. 10.227, marzo de 2020, págs. 919-920, <https://doi.org/10.1016/S0140-6736(20)30460-8>.

3. Mark Brown, «In a lonely place», *One in Four Magazine*, 2010, <http://www.oneinfourmag.org/index.php/in-a-lonely-place/>.

4. Gillian A. Matthews y otros, «Dorsal raphe dopamine neurons represent the experience of social isolation», *Cell* 164, núm. 11, 2016, págs. 617-631, <doi.10.1016/j.cell.2015.12.040>; Janelle N. Beadle y otros, «Trait empathy as a predictor of individual differences in perceived loneliness», *Psychological Reports* 110, núm. 1, 2012, págs. 3-15, <https://doi.org/10.2466/07.09.20.PR0.110.1.3-15>; Ryota Kanai y otros, «Brain structure links loneliness to social perception», *Current Biology* 22, núm. 20, 2012, págs. 1975-1979, <https://doi.org/10.1016/j.cub.2012.08.045>.

5. John T. Cacioppo y otros, «In the eye of the beholder: Individual differences in perceived social isolation predict regional brain activation to social stimuli», *Journal of Cognitive Neuroscience* 21, núm. 1, enero de 2009, págs. 83-92, <https://doi.org/10.1162/jocn.2009.21007>; Stephanie Cacioppo y otros, «Loneliness and implicit attention to social threat: A high-performance electrical neuroimaging study», *Cognitive Neuroscience* 7, núms. 1-4, 2015, <https://www.tandfonline.com/doi/abs/10.1080/17588928.2015.1070136>.

6. John T. Cacioppo, Hsi Yuan Chen y Stephanie Cacioppo, «Reciprocal influences between loneliness and self-centeredness: A cross-lagged panel analysis in a population-based sample of African American, Hispanic, and Caucasian adults», *Personality and Social Psychology Bulletin* 43, núm. 8, 13 de junio de 2017, págs. 1125-1135, <https://doi.org/10.1177/0146167217705120>.

7. Randy Rieland, «Can a pill fight loneliness?», *Smithsonian Magazine*, 8 de febrero de 2019, <https://www.smithsonianmag.com/innovation/can-pill-fight-loneliness-180971435/>.

8. En su opinión, era menos probable que los vecinos se reunieran para resolver un problema que afectara a toda la comunidad, como por ejemplo la alteración del orden público; «No such thing as friendly neighbourhoods for lonely young people», *Kings College London News*, 8 de abril de 2019; el estudio original en Timothy Matthews y otros, «Loneliness and neighborhood characteristics: A multi-informant, nationally representative study of young adults», *Psycho-*

logical Science 30, núm. 5, abril de 2019, págs. 765-775, <https://doi.org/10.1177/0956797619836102>.

9. Para una introducción más detallada al populismo y su definición dinámica, véase Cas Mudde y Cristóbal Rovira Kaltwasser, *Populism*, Oxford University Press, 2017. Paul Taggart, Margaret Canovan, Jan-Werner Mueller, Michael Kazin, John Judis y Catherine Fieschi también han hecho valiosas aportaciones a esta cuestión.

10. Elisabeth Young-Bruehl, *Hannah Arendt: For the Love of the World*, Yale University Press, 2004, pág. 4.

11. *Ibidem*, págs. 105-107; Patrick Hayden, *Hannah Arendt: Key Concepts*, Routledge, 2014, pág. 4.

12. Young-Bruehl, *Hannah Arendt: For the love of the world*, pág. 159.

13. David S. Wyman, *Paper walls: America and the refugee crisis, 1938-1941*, University of Massachusetts Press, 1968, pág. 28.

14. Algunos historiadores consideran que el 30-40 % de la población alemana era consciente de lo que estaba sucediendo; véase por ejemplo, *Peter Longerich, Davon haben wir nichts gewußt! Die Deutschen und die Judenverfolgung 1933-1945*, Siedler Verlag, 2006; véase también Robert Gellately, *Backing Hitler. Consent and coercion in nazi Germany*, Oxford University Press, 2001.

15. Young-Bruehl, *Hannah Arendt: For the love of the world*, pág. 28.

16. Hannah Arendt, *Los orígenes del totalitarismo*, Prisa Innova, 2009.

17. *Ibidem*.

18. *Ibidem*.

19. Elisabeth Zerofsky, «How Viktor Orbán used the coronavirus to seize more power», *New Yorker*, 9 de abril de 2020, <https://www.newyorker.com/news/letter-from-europe/how-viktor-orban-used-the-coronavirus-to-seize-more-power>; Amy Goodman y Natashya Gutiérrez, «As virus spreads in Philippines, so does authoritarianism: Duterte threatens violence amid lockdown», *Democracy Now*, 3 de abril de 2020, <https://www.democracynow.org/2020/4/3/coronavirus_asia_philippines_rodrigo_duterte>; Maya Wang, «China: Fighting COVID-19 with automated tyranny», Human Rights Watch, 1 de abril de 2020, <https://www.hrw.org/news/2020/04/01/china-fighting-covid-19-automated-tyranny>; Isaac Chotiner, «The

coronavirus meets authoritarianism in Turkey», *New Yorker*, 3 de abril de 2020, <https://www.newyorker.com/news/q-and-a/the-co ronavirus-meets-authoritarianism-in-turkey>; Kenneth Roth, «How authoritarians are exploiting the COVID-19 crisis to grab power», Human Rights Watch, 3 de abril de 2020, <https://www.hrw.org/ news/2020/04/03/how-authoritarians-are-exploiting-covid-19-cri sis-grab-power>.

20. R. Hortulanus, A. Machielse y L. Meeuwesen (comps.), *Social isolation in modern society*, Routledge, 2009; Jan Eckhard, «Does poverty increase the risk of social isolation? Insights based on panel data from Germany», *The Sociology Quarterly* 59, núm. 2, mayo de 2018, págs. 338-359, <https://doi.org/10.1080/00380253.2018.1436943>; Béatrice d'Hombres y otros, «Loneliness – an unequally shared burden in Europe», European Commission: Science for Policy Briefs, 2018, <https://ec.europa.eu/jrc/sites/jrcsh/files/fairness_pb2018_lo neliness_jrc_i1.pdf>.

21. Arendt, *Los orígenes del totalitarismo.*

22. Véase, por ejemplo, Pippa Norris y Ronald Inglehart, *Cultural backlash: Trump, Brexit, and authoritarian populism*, Cambridge University Press, 2019; John Springford y Simon Tilford, «Populism – Culture or economics?», Centre for European Reform, 30 de octubre de 2017, <https://www.cer.eu/insights/populism-%E2%80%93 -culture-or-economics>.

23. Nonna Mayer y Pascal Perrineau, «Why do they vote for Le Pen?», *European Journal of Political Research*, 1992, <https://doi.org/ 10.1111/j.1475-6765.1992.tb00308.x>.

24. C. Berning y C. Ziller, «Social trust and radical right-wing populist party preferences», *Acta Politica* 52, 2017, págs. 198-217, <https://doi.org/10.1057/ap.2015.28>.

25. Timothy P. Carney, «How the collapse of communities gave us Trump», *Washington Examiner*, 15 de febrero de 2019, <https:// www.washingtonexaminer.com/opinion/how-the-collapse-of-com munities-gave-us-trump>; los datos originales se pueden consultar en «American Family Survey Summary Report», 2016, <http://csed.byu. edu/wp-content/uploads/2016/10/AFS2016Report.pdf>.

26. Daniel Cox y Robert P. Jones, «Two-thirds of Trump supporters say nation needs a leader willing to break the rules», PRRI, 7 de abril de 2016, <https://www.prri.org/research/prri-atlantic-poll-repu

blican-democratic-primary-trump-supporters/>; Yoni Appelbaum, «Americans aren't practicing democracy anymore», *The Atlantic*, octubre de 2018, <https://www.theatlantic.com/magazine/archive/2018/10/losing-the-democratic-habit>.

27. Tito Boeri y otros, «Populism and civil society», *IMF Working Papers* 18, núm. 245, 2018, pág. 5, <https://doi.org/10.5089/9781484382356.001>.

28. La idea de que la democracia es algo que debemos practicar activamente aparece en la obra de pensadores tan dispares como John Dewey, Alexis de Tocqueville y Nancy Rosenblum. Véase por ejemplo Alexis de Tocqueville, *Democracy in America, Part I*, orig. Saunders and Otley, 1835; John Dewey, *Democracy and education*, Macmillan, 1916; Nancy Rosenblum, *Good neighbors: The democracy of everyday life in America*, Princeton University Press, 2018. Véase también el ensayo de Yoni Appelbaum's, «Americans aren't practicing democracy anymore», *The Atlantic*, octubre de 2018, <https://www.theatlantic.com/magazine/archive/2018/10/losing-the-democratic habit>.

29. Carl Jung, *Recuerdos, sueños, pensamientos*, editado por Aniela Jaffé, traducción de Ma. Rosa Borrás, Seix Barral, 1999.

30. Tim Samuels, entrevistas, no difundidas, con trabajadores del ferrocarril, 2016.

31. Véase, por ejemplo, Timothy P. Carney, *Alienated America: Why some places thrive while others collapse*, HarperCollins, 2019. Véase también Thomas Ferguson y otros, «The economic and social roots of populist rebellion: Support for Donald Trump in 2016», Working Paper Núm. 83, Institute for New Economic Thinking, octubre de 2018, <https://www.ineteconomics.org/uploads/papers/WP_83-Fergusonet-al.pdf>; Lee Fang, «Donald Trump exploited long-term economic distress to fuel his election victory, study finds», *Intercept*, 31 de octubre de 2018, <https://theintercept.com/2018/10/31/donald-trump-2016-election-economic-distress/>.

32. Declan Walsh, «Alienated and angry, coal miners see Donald Trump as their only choice», *New York Times*, 19 de agosto de 2016, <https://www.nytimes.com/2016/08/20/world/americas/alienated-and-angry-coal-miners-see-donald-trump-as-their-only-choice.html>; Sarah Sanders y Christina Mullins, «2016 West Virginia overdose fatality analysis», West Virginia Bureau for Public Health, 20 de

diciembre de 2017, <https://dhhr.wv.gov/bph/Documents/ODCP %20 Reports%202017/2016%20West%20Virginia%20Overdose%20 Fatality%20Analysis_004302018.pdf>; Ed Pilkington, «What happened when Walmart left», *Guardian*, 9 de julio de 2017, <https://www. theguardian.com/us-news/2017/jul/09/what-happened-when-walmart-left>; Calvin A. Kent, «Crisis in West Virginia's Coal Counties», National Association of Counties, 17 de octubre de 2016, <https://www. naco.org/articles/crisis-west-virginia's-coal-counties>.

33. Dartunorro Clark, «Pelosi says no Covid-19 relief before election day, blames White House for failing "miserably"», *NBC News*, 27 de octubre de 2020.

34. Angelique Chrisafis, «Jean-Marie Le Pen fined again for dismissing Holocaust as "detail"», *Guardian*, 6 de abril de 2016, <https:// www.theguardian.com/world/2016/apr/06/jean-marie-le-pen-fined-again-dismissing-holocaust-detail>.

35. Lara Marlowe, «Marine Le Pen: "The EU is dead. Long live Europe"», *Irish Times*, 23 de febrero de 2019, <https://www.irishti mes.com/news/world/europe/marine-le-pen-the-eu-is-dead-long-li ve-europe-1.3801809>.

36. Angelique Chrisafis, «Marine Le Pen not guilty of inciting religious hatred», *Guardian*, 15 de diciembre de 2015, <https://www. theguardian.com/world/2015/dec/15/marine-le-pen-not-guilty-incit ing-religious-hatred-lyon-french-front-national>.

37. Peter H. Koepf, «The AfD's populist rhetoric attracts those who are traumatized by the past and scared of the future», *German Times*, octubre de 2019, <http://www.german-times.com/the-afds-populist-rhetoric-attracts-those-who-are-traumatized-by-the-past-and-scared-of-the-future/>; Johannes Hillje, «Return to the politically abandoned: Conversations in right-wing populist strongholds in Germany and France», Das Progressive Zentrum, 2018, <https:// www.progressives-zentrum.org/wp-content/uploads/2018/10/Re turn-to-the-politically-abandoned-Conversations-in-right-wing-po pulist-strongholds-in-Germany-and-France_Das-Progressive-Zen trum_Johannes-Hillje.pdf>. Seán Clarke, «German elections 2017: full results», *Guardian*, 25 de septiembre de 2017, <https://www. theguardian.com/world/ng-interactive/2017/sep/24/german-elec tions-2017-latest-results-live-merkel-bundestag-afd>.

38. Claude Brodesser-Akner, «I went to a Trump rally last night

and mingled with the crowd. Here's what happened», New Jersey Advance Media, agosto de 2018, <https://www.nj.com/politics/2018/08/i_put_on_my_best_camouflage_shorts_and_went_to_a_t.html>; Kim Willsher, «Rural France pledges to vote for Le Pen as next president», *Guardian*, 4 de septiembre de 2016, <https://www.theguardian.com/world/2016/sep/03/rural-france-pledges-to-vote-for-le pen-president>.

39. OCDE, «All in it together? The experience of different labour market groups following the crisis», *OECD Employment Outlook*, 2013, <http://dx.doi.org/10.1787/empl_outlook-2013-5-en>; Jason Furman, «The American working man still isn't working», *Foreign Affairs*, 19 de septiembre de 2019, <https://www.foreignaffairs.com/articles/united-states/2019-09-19/american-working-man-still-isnt-working>. Nótese también que los problemas de salud mental afectaron más a los hombres que a las mujeres durante este período: A. Bacigalupe, S. Esnaola y U. Martín, «The impact of the Great Recession on mental health and its inequalities: the case of a Southern European region, 1997-2013», *International Journal for Equity in Health* 15, 2016, <https://doi.org/10.1186/s12939-015-0283-7>. Nótese también, sin embargo, que los hombres recuperaron sus puestos de trabajo antes que las mujeres: Dominic Rushe, «Women hit hardest in US economic recovery as jobs growth slows», *Guardian*, 6 de abril de 2012, <https://www.theguardian.com/business/2012/apr/06/wmen-hit-hard-us-economic-recession>; Brian Groom, «Low-skilled workers hit hardest by recession», *Financial Times*, 20 de julio de 2011, <https://www.ft.com/content/9e874fa-b2b4-11e0-bc28-00144feabdc0>.

40. De hecho, Noam Gidron y Peter Hall, de Princeton y Harvard respectivamente, al analizar la intención de voto en 20 países de rentas altas entre 1987 y 2014 (el Reino Unido, Estados Unidos y Francia incluidos), observaron que, cuanto más percibía una persona que «los de su clase» habían descendido de posición social en los últimos veinticinco años, más probable era que esa persona votara a la derecha populista. El grupo que más había empeorado de posición social era el de los hombres blancos de clase trabajadora sin estudios universitarios. Noam Gidron y Peter A. Hall, «The politics of social status: economic and cultural roots of the populist right», *The British Journal of Sociology*, 2017, <https://scholar.harvard.edu/files/hall/files/gidronhallbjs2017.pdf>. El economista Alan Krueger observó que

el trabajo era más importante para los hombres que para las mujeres, pues aquellos se deprimían más que estas cuando lo perdían. Véase Alan B. Krueger, «Where have all the workers gone? An inquiry into the decline of the U.S. Labor Force Participation Rate», *Brookings Papers on Economic Activity* 2, 2017, págs. 1-87, <https://doi.org/10.1353/eca.2017.0012>.

41. «Trump: We're putting our great coal miners back to work», Fox Business, 21 de agosto de 2018, <https://www.youtube.com/watch?v=XnSlzBc LLGs>.

42. Noam Gidron y Peter A. Hall, «The politics of social status: economic and cultural roots of the populist right», *The British Journal of Sociology* 68, núm. 1, noviembre de 2017, págs. S57-S84, <https://doi.org/10.1111/1468-4446.12319>; Noam Gidron y Peter A. Hall, «Understanding the political impact of white working-class men who feel society no longer values them», The London School of Economics, 28 de diciembre de 2017, <https://blogs.lse.ac.uk/politics-and policy/understanding-the-political-impact-of-white-working-class men/>. Al mismo tiempo, los cambios culturales, caracterizados por el énfasis en la igualdad racial y de género, puede haber asustado a quienes pensaban que el hecho de ser varones o blancos bastaría para afianzar su posición social. Véase también Noam Gidron y Peter A. Hall, «Populism as a problem of social integration», The Hebrew University Department of Political Science, diciembre de 2018, <https://scholar.harvard.edu/files/hall/files/gidronhalldec2018.pdf>.

43. Citado en Noam Gidron y Peter A. Hall, «The politics of social status: economic and cultural roots of the populist right».

44. El llamamiento a la solidaridad es especialmente cautivador; véase Seymour Martin Lipset, «Democracy and working-class authoritarianism», *American Sociological Review* 24, núm. 4, 1959, págs. 482-501, <https://doi.org/10.2307/2089536>.

45. «List of post-election Donald Trump rallies», Wikipedia, 2016, <https://en.wikipedia.org/wiki/List_of_post-election_Donald_Trump_rallies>.

46. En los mítines de Obama había mucha más gente con ropa de calle que con atuendo «del partido». Véase Katy Tur, «Why Barack Obama's rallies feel so different from Donald Trump's», NBC News, 5 de noviembre de 2018, <https://www.nbcnews.com/politics/do

nald-trump/what-i-learned-last-weekend-s-rallies-donald-trump-ba
rack-n931576>.

47. Claude Brodesser-Akner, «I went to a Trump Rally last night
and mingled with the crowd. Here's what happened», New Jersey
Advance Media, agosto de 2018, <https://www.nj.com/politics/2018/
08/i_put_on_my_best_camouflage_shorts_and_went_to_a_t.html>.

48. Lauren Katz, «Trump rallies aren't a sideshow – they're his
entire campaign», Vox, 6 de noviembre de 2019, <https://www.vox.
com/policy-and-politics/2019/11/6/20950388/donald-trump-rally-
2020-presidential-election-today-explained>.

49. «Inside a Trump rally», Vox: Today, Explained, <https://pod
casts.apple.com/gb/podcast/inside-a-trump-rally/id1346207297?i=
1000456034947>.

50. Alexandra Homolar y Ronny Scholz «The power of Trump-
speak: populist crisis narratives and ontological security», Cambridge
Review of International Affairs 32, núm. 3, marzo de 2019, págs. 344-
364, <https://doi.org/10.1080/09557571.209.1575796>.

51. Johnny Dwyer, «Trump's big tent revival», Topic Magazine,
abril de 2019, <https://www.topic.com/trump-s-big-tent-revival>.

52. La palabra más utilizada, sin contar artículos, conjunciones y
preposiciones. Véase la Tabla 1 en Alexandra Homolar y Ronny
Scholz, «The power of Trump-speak: populist crisis narratives and
ontological security», Cambridge Review of International Affairs 32,
núm. 3, 2019, págs. 344-364, <https://doi.org/ 10.1080/09557571.
2019.1575796>.

53. Johnny Dwyer, «Trump's big tent revival».

54. Ibidem.

55. Véase, por ejemplo, John Hendrickson, «Donald down the
shore», The Atlantic, 29 de enero de 2020, <https://www.theatlantic.
com/politics/archive/2020/01/trumps-wildwood-new-jersey-rally-
showed-2020-plan/605704/>; Josie Albertson-Grove, «Trump rally draws
thousands, many less involved in politics», Union Leader Corp, 10 de
febrero de 2020, <https://www.unionleader.com/news/politics/voters/
trump-rally-draws-thousands-many-less-involved-in-politics/article_
e7ece61ba391-5c44-91f2-7cebff6fd514.html>; Roy F. Baumeister y Mark
R. Leary, «The need to belong: Desire for interpersonal attachments as
a fundamental human motivation», Psychological Bulletin 117, núm. 3,
1995, págs. 497-529, <https://doi.org/10.1037/0033-2909.117.3.497>.

56. Laurens Cerulus, «Inside the far right's Flemish victory», *Politico*, 27 de mayo de 2019, <https://www.politico.eu/article/inside -the-far-rights-flemish-victory/>.

57. Lori Hinnant, «Europe's far-right parties hunt down the youth vote», AP News, 16 de mayo de 2019, <https://apnews.com/7f177b0c f15b4e87a53fe4382d6884ca>.

58. Judith Mischke, «Meet the AfD Youth», *Politico*, 31 de agosto de 2019, <https://www.politico.eu/article/meet-the-afd-youth-ger many-regional-election-far-right/>.

59. Hinnant, «Europe's far right parties»; Cerulus, «Inside the far right's Flemish victory».

60. Véase, por ejemplo, Giovanna Greco, «European elections 2019, interview Massimo Casanova – Lega Foggia, Lesina and the South give Europe to the Bolognese Casanova: Salvini's "fraternal friend" is the most voted league player», *Foggia Today*, 27 de mayo de 2019, <https://www.foggiatoday.it/politica/massimo-casanova-elezio ni-europee-sud-intervista.html>.

61. Daniele Albertazzi, Arianna Giovannini y Antonella Seddone, «"No regionalism please, we are leghisti!" The transformation of the Italian Lega Nord under the leadership of Matteo Salvini», *Regional & Federal Studies* 28, núm. 5, 20 de octubre de 2018, págs. 645-671, <https://doi.org/10.1080/13597566.2018.1512977>.

62. «EU election results: Italy's League wins more than a third of vote», The Local Italy, 27 de mayo de 2019, <https://www.thelocal. it/20190527/italy-european-election-results>.

63. Alexander Stille, «How Matteo Salvini pulled Italy to the far right», *Guardian*, 9 de agosto de 2018, <https://www.theguardian.com/ news/2018/aug/09/how-matteo-salvini-pulled-italy-to-the-far-right>.

64. El deseo de solidaridad también propició la aparición de los «chalecos amarillos» en Francia. Ese movimiento tuvo su origen en los barrios periféricos, donde la gente no disfrutaba del dinamismo social y cultural de las grandes ciudades ni del compañerismo característico de las ciudades pequeñas y los pueblos, y cobró fuerza en las rotondas donde la gente se reunía para manifestarse y forjar espacios comunitarios.

65. Enrique Hernández y Hanspeter Kriesi, «The electoral consequences of the financial and economic crisis in Europe», European University Institute, 2016, <https://core.ac.uk/download/pdf/13193

3452.pdf>; Hanspeter Kriesi, «The political consequences of the financial and economic crisis in Europe: Electoral punishment and popular protest», *Swiss Political Science Review* 18, núm. 4, 2012, págs. 518-522, <doi:10.1111/spsr.12006>.

66. David Smith y Emily Holden, «In shadow of pandemic, Trump seizes opportunity to push through his agenda», *Guardian*, 9 de abril de 2020, <https://www.theguardian.com/us-news/2020/apr/09/in-shadow-of-pandemic-trump-seizes-opportunity-to-push-through-his-agenda>; Will Steakin, «Inside Trump's reelection effort amid the pandemic: Digital canvassing, virtual trainings and marathon press briefings», ABC News, 30 de marzo de 2020, <https://abcnews.go.com/Politics/inside-trumps-pandemic-reelection-effort-digital-canvassing-virtual/story?id=69800843>.

67. Guy Hedgecoe, «Spanish elections: How the far-right Vox party found its footing», BBC News, 11 de noviembre de 2019, <https://www.bbc.co.uk/news/world-europe-46422036>; «Vlaams Belang breaks half a million likes on Facebook», *Brussels Times*, 18 de febrero de 2020, <https://www.brusselstimes.com/belgium/95666/vlaams-belang-breaks-past-half-a-million-likes-as-it-splurges-big-on-facebook/>. En España, Vox —los populistas de la extrema derecha— fue el partido que más actividad desplegó en las redes sociales durante el mes de abril de 2020 («Spain's far right, the clear leaders in social media», France 24, 27 de abril de 2019, <https://www.france24.com/en/20190427-spains-far-right-clear-leader-social-media>). mientras que algunos partidos políticos del mismo signo político aprovecharon la crisis de la COVID-19 para difundir noticias falsas por Internet. «Extremist groups are using coronavirus to push fake news on social media, report warns», *Brussels Times*, 8 de mayo de 2020, <https://www.brusselstimes.com/belgium/110431/extremist-groups-are-using-coronavirus-to-pump-fake-news-on-social-media-report-warns/>.

68. M. Salmela y C. von Scheve, «Emotional dynamics of right – and left-wing political populism», *Humanity & Society* 42, núm. 4, septiembre de 2018, págs. 434-454, <https://doi.org/10.1177/0160597618802521>.

69. Jia Lynn Yang, «When Asian-Americans have to prove we belong», *New York Times*, 10 de agosto de 2020, <https://www.nytimes.com/2020/04/10/sunday-review/coronavirus-asian-racism.html>.

70. Marc Champion, «A virus to kill populism, or make it stronger», *Bloomberg*, 27 de marzo de 2020, <https://www.bloomberg.com/news/articles/2020-03-27/will-coronavirus-kill-populism-or-strengthen-leaders-like-trump>; «Hungary's Orban blames foreigners, migration for coronavirus spread», *France 24*, 13 de marzo de 2020, <https://www.france24.com/en/20200313-hungary-s-pm-orban-blames-foreign-students-migration-for-coronavirus-spread>.

71. Jeremy Cliffe, «How populist leaders exploit pandemics», *New Statesman*, 18 de marzo de 2020, <https://www.newstatesman.com/world/2020/03/how-populist-leaders-exploit-pandemics>.

72. En la Edad Media, los judíos, a los que se trataba como a apestados, fueron acusados de «envenenar los pozos» intencionadamente durante la epidemia de peste que asoló Europa en el siglo XIV. Donald G. McNeil, Jr., «Finding a scapegoat when epidemics strike», *New York Times*, 31 de agosto de 2009, <https://www.nytimes.com/2009/09/01/health/01plague.html>; véase también Simon Schama, «Plague time: Simon Schama on what history tells us», *Financial Times*, 10 de abril de 2020, <https://www.ft.com/content/279dee4a-740b-11ea-95fe-fcd274e920ca>.

73. Laura Gohr, «Angry Germans explain their country's surging right-wing movement», *Vice*, 27 de septiembre de 2017, <https://www.vice.com/en_uk/article/xwgg9w/wir-haben-afd-wahler-unmittelbar-nach-ihrer-stimmabgabe-gefragt-warum>; Jefferson Chase, «Germany's populist AfD party seeks to reboot migrant fears», DW, 21 de agosto de 2017, <https://www.dw.com/en/germanys-populist-afd-party-seeks-to-reboot-migrant-fears/a-40176414>.

74. Aamna Mohdin, «How Germany took in one million refugees but dodged a populist uprising», *Quartz*, 22 de septiembre de 2017, <https://qz.com/1076820/german-election-how-angela-merkel-took-in-one-million-refugees-and-avoided-a-populist-upset/>.

75. Gohr, «Angry Germans explain».

76. Mara Bierbach, «How much money do refugees in Germany get?», Infomigrants, 12 de septiembre de 2017, <https://www.infomigrants.net/en/post/5049/how-much-money-do-refugees-in-germany-get>; Nihad El-Kayed y Ulrike Hamann, «Refugees access to housing and residency in German cities: Internal border regimes and their local variations», *Social Inclusion* 6, núm. 1, 2018, pág. 135, <https://doi.org/10.17645/si.v6i1.1334>. Y los populistas que llaman

«parásitos» a los inmigrantes se aprovechan de que quienes se sienten marginados son más dados a creerse las teorías conspiratorias y a interpretar mal las cosas; véase Matthew Hutson, «Conspiracy theorists may really just be lonely», *Scientific American*, 1 de mayo de 2017, <https://www.scientificamerican.com/article/conspiracy-theorists-may-really-just-be-lonely/>; estudio original: Damaris Graeupner y Alin Coman, «The dark side of meaning-making: How social exclusion leads to superstitious thinking», *Journal of Experimental Social Psychology* 69, octubre de 2016, <https://doi.org/10.1016/j.jesp.2016.10.003>. Véase también «Chaos at the gates of Paris: Inside the sprawling migrant camps nobody talks about», *The Local* (Francia), 29 de marzo de 2019, <https://www.thelocal.fr/20190329/out-of-sight-but-still-there-the-scandal-of-squalid-paris-migrant-camps>; Louis Jacobson y Miriam Valverde, «Donald Trump's false claim veterans treated worse than illegal immigrants», Politifact, 9 de septiembre de 2016, <https://www.politifact.com/truth-o-meter/statements/2016/sep/09/donald-trump/trump-says-veterans-treated-worse-illegal-immigrants/>.

77. Vera Messing y Bence Ságvári, «What drives anti-migrant attitudes?», Social Europe, 28 de mayo de 2019, <https://www.socialeurope.eu/what-drives-anti-migrant-attitudes>.

78. *Ibidem*, y para Estados Unidos véase también Sean McElwee, «Anti-immigrant sentiment is most extreme in States without immigrants», Data for Progress, 5 de abril de 2018, <https://www.dataforprogress.org/blog/2018/4/5/anti-immigrant-sentiment-is-most-extreme-in-states-without-immigrants>.

79. Senay Boztas, «Dutch prime minister warns migrants to "be normal or be gone", as he fends off populist Geert Wilders in bitter election fight», *Telegraph*, 23 de enero de 2017, <https://www.telegraph.co.uk/news/2017/01/23/dutch-prime-minister-warns-migrants-normal-gone-fends-populist/>.

80. Jon Henley, «Centre-left Social Democrats victorious in Denmark elections», *Guardian*, 5 de junio de 2019, <https://www.theguardian.com/world/2019/jun/05/centre-left-social-democrats-set-to-win-in-denmark-elections>; Jon Henley, «Denmark's centre-left set to win election with anti-immigration shift», 4 de junio de 2019, *Guardian*, <https://www.theguardian.com/world/2019/jun/04/denmark-centre-left-predicted-win-election-social-democrats-anti-immigration-policies>.

81. Hannah Arendt, *Los orígenes del totalitarismo, op. cit.*

82. E. Amy Buller, *Darkness over Germany: A warning from History*, Longmans, Green, & Co., 1943.

4. La ciudad solitaria

1. Judith Flanders, *The Victorian city: Everyday life in Dickens' London*, Atlantic Books, 2012, pág. 438.

2. Nick Tarver, «Loneliness affects "half of adults"», BBC News, 18 de octubre de 2013, <https://www.bbc.com/news/uk-england-24522691>.

3. El City Index Survey recopiló las respuestas de 20.000 lectores en 18 ciudades de cuatro continentes durante el mes de septiembre de 2016. Guy Parsons, «London is among the loneliest cities in the world», *Time Out*, 16 de febrero de 2017, <https://www.timeout.com/london/blog/london-isamong-the-loneliest-cities-in-the-world-021617>.

4. «Rural loneliness is making people die earlier. Here are four ways to tackle it», *Apolitical*, 26 de noviembre de 2018, <https://apolitical.co/en/solution_article/rural-loneliness-making-people-die-earlierfour-ways-to-tackle-it>; Margaret Bolton, «Loneliness: the state we're in», Age UK Oxfordshire, 2012, <https://www.campaigntoendloneliness.org/wp-content/uploads/Loneliness-The-State-Were-In.pdf>; Jane Hart, «Older people in rural areas: Vulnerability due to loneliness and isolation» (Rural England, abril de 2016), <https://ruralengland.org/wp-content/uploads/2016/04/Final-report-Loneliness-and-Isolation.pdf>.

5. Además, los datos de Eurostat muestran que, en toda Europa, los habitantes de las ciudades se sienten más solos que los que viven en zonas rurales; véase «Do Europeans feel lonely?», European Commission: Eurostat, 28 de junio de 2017, <https://ec.europa.eu/eurostat/web/products-eurostat-news/-/DDN-20170628-1>; «Children's and young people's experiences of loneliness: 2018», Office for National Statistics, 2018, <https://www.ons.gov.uk/peoplepopulationandcommunity/wellbeing/articles/childrensandyoungpeopleexperiencesofloneliness/2018#how-common-is-loneliness-in-children-and-young-people>. En Estados Unidos se ha observado que los habitantes de las

zonas rurales tienen más relaciones sociales y se sienten menos solos; véase Carrie Henning-Smith, Ira Moscovice y Katy Kozhimannil, «Differences in social isolation and its relationship to health by rurality», *The Journal of Rural Health* 35, núm. 4, 2019, <https://doi.org/10.1111/jrh.12344>. Véase también Keming Yang, *Loneliness: A social problem* (Routledge, 2019). Sin embargo, hay que tener en cuenta que la mayoría de los estudios sobre la soledad se llevan a cabo en las ciudades, por lo que tenemos relativamente menos datos empíricos sobre la soledad en el medio rural.

6. La emigración de los jóvenes en busca de oportunidades académicas y económicas, dejando tras sí poblaciones cada vez más envejecidas, se observa en todo el mundo. Queda por ver si esta tendencia cambiará después de la COVID-19. Véase, por ejemplo: Hu Xiaochu, «China's young rural-to-urban migrants: In search of fortune, happiness, and independence», Migration Policy.org, 4 de enero de 2012, <https://www.migrationpolicy.org/article/chinas-young-rural-urban-migrants-search-fortune-happiness-and-independence>; «Rural America is losing young people – Consequences and Solutions», Wharton Public Policy Initiative, 23 de marzo de 2018, <https://publicpolicy.wharton.upenn.edu/live/news/2393-rural-america-is-losing-young-people->; «Britain "Growing apart" as young people leave rural areas», Rural Services Network, 28 de octubre de 2019, <http://www.rsnonline.org.uk/britain-growing-apart-as-young-people-leave-rural-areas>.

7. Eso sucede, por ejemplo, en el Reino Unido. Véase Paul Swinney, «Is it fair that cities get more money than rural areas?», Centre for Cities, 26 de febrero de 2019, <https://www.centreforcities.org/blog/is-it-fair-that-cities-get-more-money-than-rural-areas/>.

8. Stanley Milgram, «The experience of living in cities», *Science* 167, núm. 3.924, 13 de marzo de 1970, págs. 1461-1468, <https://doi.org/10.1126/science.167.3924.1461>; Jamil Zaki, «The technology of kindness», *Scientific American*, 6 de agosto de 2019, <https://www.scientificamerican.com/article/the-technology-of-kindness/>.

9. Denis Corroyer y Gabriel Moser, «Politeness in the urban environment: Is city life still synonymous with civility?», *Environment and Behavior* 33, núm. 5, septiembre de 2003, págs. 611-625, <https://doi.org/10.1177/00139160121973151>.

10. El 30 % de las personas compró mermelada cuando solo había seis opciones, en comparación con el 3 % cuando había veinticuatro.

Sheena S. Iyengar y Mark R. Lepper, «When choice is demotivating: Can one desire too much of a good thing?», *Journal of Personality and Social Psychology* 79, núm. 6, 2000, págs. 995-1006.

11. Si bien esta «teoría de la sobrecarga urbana», propuesta en 1970 por el polémico Stanley Milgram, ha recibido numerosas críticas a lo largo de los años, sigue siendo un factor que hay que tener en cuenta cuando se trata de la soledad, la cual es un estado internalizado, en oposición a cuestiones tales como la intervención de los observadores, las cuales requieren acciones externas. Para una descripción general, véase Madhavi Prashant Patil, «Overload and the city», Urban Design Mental Health, 6 de marzo de 2016, <https://www.urban designmentalhealth.com/blog/overload-and-the-city>; para el artículo original de Milgram, véase Milgram, «The experience of living in cities», *Science* 167, núm. 3.924, 1970, págs. 1461-1468, <https://doi. org/10.1126/science.167.3924.1461>.

12. Shannon Deep, «"Hello" isn't always "Hello" in NYC», *Huffington Post*, 6 de enero de 2015, <https://www.huffpost.com/entry/ new_3_b_610320>.

13. En Shanghái, Hong Kong, Estambul y Barcelona, los niveles de decibeles son tan altos que las pérdidas auditivas están a la orden día. Un estudio realizado en 2017 por la empresa Mimi reveló que el habitante medio de las ciudades situadas en la parte superior del Índice Mundial de Audición tiene una pérdida auditiva equivalente a la de una persona diez o veinte años mayor. Véase «Worldwide Hearing Index 2017», Mimi, 8 de marzo de 2017, <https://www.mimi.io/en/ blog/2017/3/8/worldwide-hearing-index-2017>; Alex Gray, «These are the cities with the worst noise pollution», World Economic Forum, 27 de marzo de 2017, <https://www.weforum.org/agenda/2017/ 03/these-are-the-cities-with-the-worst-noise-pollution/>.

14. Véase, por ejemplo, Verónica-Diana Armasu, «Modern approaches to politeness theory: A cultural context», *Lingua: Language and Culture* 11, núm. 1, 2012; véase también James Cooray Smith, «The Tube Chat badges show that London isn't rude: it has a negative politeness culture», *City Metric*, 30 de septiembre de 2016, <https:// www.citymetric.com/horizons/tube-chat-badges-show-london-isnt-rude-it-has-negative-politeness-culture-2481>.

15. «What walking speeds say about us», BBC News, 2 de mayo de 2007, <http://news.bbc.co.uk/1/hi/magazine/6614637.stm>.

16. «Welcome to the Pace of Life Project», Pace of Life, <http://www.richardwiseman.com/quirkology/pace_home.htm>.

17. Robert V. Levine y Ara Norenzayan, «The Pace of Life in 31 countries», *Journal of Cross-Cultural Psychology* 30, núm. 2, marzo de 1999, págs. 178-205, <https://doi.org/10.1177/002202219903000 2003>.

18. Eric Jaffe, «Why people in cities walk fast», *CityLab*, 21 de marzo de 2012, <https://www.citylab.com/life/2012/03/why-people-cities-walk-fast/1550/>.

19. John M. Darley y C. Daniel Batson, «"From Jerusalem to Jericho": A study of situational and dispositional variables in helping behavior», *Journal of Personality and Social Psychology* 27, núm. 1, 1973, págs. 100-108, <https://doi.org/10.1037/h0034449>.

20. La gente percibe más afecto positivo tras las interacciones sociales con personas conocidas. (J. R. Vittengl y Craig S. Holt, «Positive and negative affect in social interactions as a function of partner familiarity, quality of communication, and social anxiety», *Journal of Social and Clinical Psychology* 17, núm. 2, 1998b, págs. 196-208, <https://doi.org/10.1521/jscp.1998.17.2.196>). Cuando tienen conversaciones más agradables e interesantes, las personas se sienten menos solas, menos tristes y más acompañadas. Véase L. Wheeler, H. Reis, y J. Nezlek, «Loneliness, social interaction, and sex roles», *Journal of Personality and Social Psychology* 45, núm. 4, 1983, págs. 943-953, <https://doi.org/10.1037/0022-3514.45.4.943>; Matthias R. Mehl y otros, «Eavesdropping on happiness: Well-being is related to having less small talk and more substantive conversations», *Psychological Science* 21, núm. 4, 2010, págs. 539-541, <https://doi.org/10.1177/0956797610362675>; H. Reis y otros, «Daily well-being: The role of autonomy, competence, and relatedness», *Personality and Social Psychology Bulletin* 26, núm. 4, abril de 2000, págs. 419-435, <https://doi.org/10.1177/014 6167200266002>.

21. Gillian M. Sandstrom y Elizabeth W. Dunn, «Is efficiency overrated?: Minimal social interactions lead to belonging and positive affect», Social, *Psychological and Personality Science* 5, núm. 4, mayo de 2014, págs. 437-442, <https://doi.org/10.1177/1948550 613502990>.

22. Inevitablemente, las diferencias culturales también influyen en la forma de percibir esa hipocresía.

23. Manuel G. Calvo, Hipólito Marrero y David Beltrán, «When does the brain distinguish between genuine and ambiguous smiles? An ERP study», *Brain and Cognition* 81, núm. 2, 2013, págs. 237-246, <https://doi.org/10.1016/j.bandc.2012.10.009>; Manuel G. Calvo, Aida Gutiérrez-García, Pedro Avero y Daniel Lundqvist, «Attentional mechanisms in judging genuine and fake smiles: Eye-movement patterns», *Emotion* 13, núm. 4, 2013, págs. 792-802, <https://doi.org/10.1037/a0032317>; Manuel G. Calvo, Andrés Fernández-Martín y Lauri Nummenmaa, «Perceptual, categorical, and affective processing of ambiguous smiling facial expressions», *Cognition* 125, núm. 3, 2012, págs. 373-393, <https://doi.org/10.1016/j.cognition.2012.07.021>.

24. Gillian M. Sandstrom, «Social interactions and well-being: the surprising power of weak ties», The University of British Columbia, 2013, pág. 86, <https://pdfs.semanticscholar.org/822e/cdd2e3e02a3e56b507fb93262bab58089d44.pdf>.

25. Véase, por ejemplo, Wendell Cox, «Length of residential tenure: Metropolitan areas, urban cores, suburbs and exurbs», *New Geography*, 17 de octubre de 2018, <https://www.newgeography.com/content/006115-residential-tenure>.

26. «In London, renters now outnumber homeowners», CityLab, 25 de febrero de 2016, <https://www.citylab.com/equity/2016/02/londons-renters-now-outnumber-homeowners/470946/>; «Good news for landlords – Average UK tenancy lengths increase», Letslivehere, 2018, <https://www.letslivehere.co.uk/average-uk-tenancy-lengths-increase/>.

27. «Series IB: All occupied housing units by tenure», United States Census Bureau, 2014, <https://www.census.gov/data/tables/time-series/demo/nychvs/series-1b.html>, véase la información detallada en «Year householder moved into unit» y «Reason householder moved from previous residence»; «New York City housing and vacancy survey (NYCHVS)», United States Census Bureau, <https://www.census.gov/programs-surveys/nychvs/data/tables.html>. Nótese que en Estados Unidos, aunque una serie de factores económicos y demográficos haya hecho que la gente permanezca más tiempo en el mismo lugar, en muchas ciudades hay más viviendas en renta que en propiedad, pues los inquilinos se mudan con bastante más frecuencia que los propietarios. Véase, por ejemplo, Sabrina Tavernise,

«Frozen in place: Americans are moving at the lowest rate on record», *New York Times*, 20 de noviembre de 2019, <https://www.nytimes.com/2019/11/20/us/american-workers-moving-states-.html>. En 2019, según la Oficina del Censo de Estados Unidos, hubo menos cambios de domicilio que durante las décadas anteriores; Balazs Szekely, «Renters became the majority population in 22 big US cities», Rent Café Blog, 25 de enero de 2018, <https://www.rentcafe.com/blog/rental-market/market-snapshots/change-renter-vs-owner-population-2006-2016>; Wendell Cox, «Length of residential tenure: Metropolitan areas, urban cores, suburbs and exurbs», *New Geography*, 17 de octubre de 2018, <https://www.newgeography.com/content/006115-residential-tenure>.

28. Kim Parker, Juliana Menasce Horowitz, Anna Brown, Richard Fry, D'Vera Cohn y Ruth Igielnik, «What unites and divides urban, suburban and rural communities», Pew Research Center, 22 de mayo de 2018, <https://www.pewsocialtrends.org/2018/05/22/what-unites-and-divides-urban-suburban-and-rural-communities/>.

29. Peter Stubley, «Berlin to freeze rents and give tenants rights to sue landlords after rising costs force residents out to suburbs», *Independent*, 23 de octubre de 2019, <https://www.independent.co.uk/news/world/europe/berlin-rent-freeze-tenants-sue-landlords-housing-crisis-germany-a9167611.html>.

30. Ben Knight, «Berlin's new rent freeze: How it compares globally», *Deutsche Welle*, 23 de octubre de 2019, <https://www.dw.com/en/berlins-new-rent-freeze-how-it-compares-globally/a-50937652>.

31. Prasanna Rajasekaran, Mark Treskon, Solomon Greene, «Rent control: What does the research tell us about the effectiveness of local action?», Urban Institute, enero de 2019, <https://www.urban.org/sites/default/files/publication/99646/rent_control._what_does_the_research_tell_us_about_the_effectiveness_of_local_action_1.pdf>. Véanse algunos ejemplos en Noah Smith, «Yup, rent control does more harm than good», *Bloomberg Opinion*, 18 de enero de 2018, <https://www.bloomberg.com/opinion/articles/2018-01-18/yup-rent-control-does-more-harm-than-good>; cabe citar el caso de Ámsterdam, que en 2019 promulgó una ley en virtud de la cual las viviendas enteras solo se pueden alquilar treinta días al año. Hay limitaciones similares en Reikiavik, Hamburgo y Toronto, así como en Dinamarca,

Grecia e Italia. Londres limitó esos alquileres a noventa días en 2017, aunque muchos propietarios infringen la normativa registrándose en múltiples plataformas para no ser detectados. En Singapur, donde está prohibido alquilar una casa por menos de tres meses, los guardias de seguridad se niegan a admitir a aquellos turistas que no están registrados legalmente. Otros Gobiernos, incluido el de Nueva Zelanda, están desarrollando estructuras impositivas que desincentivan los alquileres a corto plazo. Véase Mallory Lochlear, «Amsterdam will limit Airbnb rentals to thirty days a year», Engadget, 10 de enero de 2018, <https:// www.engadget.com/2018-01-10-amsterdam-airbnb-rental-30-day-li mit.html>; «How London hosts can manage around Airbnb's 90-day limit», Happyguest, 2 de junio de 2018, <http://www.happyguest. co.uk/blog/how-london-hosts-can-manage-around-airbnbs-90-day-limit>; Ian Lloyd Neubauer, «Countries that are cracking down on Airbnb», *New Daily*, 30 de agosto de 2019, <https://thenewdaily.com. au/life/travel/2019/08/30/countries-crack-down-airbnb/>.

32. Joseph Stromberg, «Eric Klinenberg on *Going Solo*», *Smithsonian Magazine*, febrero de 2012, pág. 4, <https://www.smithsonian mag.com/science-nature/eric-klinenberg-on-going-solo-19299815/>.

33. «All by myself», NYU Furman Center, 16 de septiembre de 2015, <https://furmancenter.org/thestoop/entry/all-by-myself>; «Cities with the largest percentage of single-person households in the United States in 2018», Statista, septiembre de 2019, <https://www. statista.com/statistics/242304/top-10-us-cities-by-percentage-of-one-person-households/>.

34. US Census Data, 2010, disponible en <https://census.gov>; véase también Chuck Bennett, «Poll: Half of Manhattan residents live alone», *New York Post*, 30 de octubre de 2009, <https://nypost.com/ 2009/10/30/poll-half-of-manhattan-residents-live-alone/>. En 2015, los estudios y los departamentos de un solo dormitorio constituían el 54,4 % de todas las viviendas nuevas en la ciudad de Nueva York.; véase Jay Denton, «Millennials drive one-bedroom apartment trend, but that might change», *Forbes*, 11 de noviembre de 2015, <https://www. forbes.com/sites/axiometrics/2015/11/11/millennials-drive-one-bed room-apartment-trend-but-that-might-change/#7d0a58f439a9>.

35. «People in the EU: Statistics on households and family structures», Eurostat, 26 de mayo de 2020, pág. 8, <https://ec.europa.eu/ eurostat/statistics-explained/pdfscache/41897.pdf>; para más infor-

mación sobre la vida en solitario en las principales ciudades japonesas, véase Richard Ronald, Oana Druta y Maren Godzik, «Japan's urban singles: negotiating alternatives to family households and standard housing pathways», *Urban Geography* 39, núm. 7, 2018, págs. 1018-1040, <https://doi.org/10.1080/02723638.2018.1433924>.

36. *Ibidem.*

37. A. K. L. Cheung y W. J. J. Yeung, «Temporal-spatial patterns of one-person households in China, 1982–2005», *Demographic Research* 32, núm. 44, 2015, págs. 1209-1238, <https://doi.org/10.4054/DemRes.2015.32.44>; Bianji Wu Chengliang, «"Empty-nest" youth reaches 58 million in China», *People's Daily Online*, 13 de febrero de 2018, <http://en.people.cn/n3/2018/0213/c90000-9427297.html>; «Loneliness in the city», CBRE, <https://www.cbre.co.uk/research-and-reports/our-cities/loneliness-in-the-city>.

38. Según un estudio del censo estadounidense llevado a cabo en 2013, el número de personas que viven solas aumenta durante los períodos de expansión económica, pues mucha gente decide «comprar» el lujo de la privacidad. Véase Rose M. Kreider y Jonathan Vespa, «The changing face of living alone, 1880-2010», <https://paa2014.princeton.edu/papers/140867>.

39. Stromberg, «Eric Klinenberg on *Going Solo*».

40. *Ibidem*; Klinenberg, *Going Solo*, Penguin Random House, 2013.

41. Danielle Braff, «Until honeymoon we do part», *New York Times*, 13 de marzo de 2019, <https://www.nytimes.com/2019/03/13/fashion/weddings/until-honeymoon-we-do-part.html>.

42. Béatrice d'Hombres, Sylke Schnepf, Matina Barjakovà y Francisco Teixeira Mendonça, «Loneliness – an unequally shared burden in Europe», European Commission, 2018, <https://ec.europa.eu/jrc/sites/jrcsh/files/fairness_pb2018_loneliness_jrc_i1.pdf>.

43. Kimberley J. Smith y Christina Victor, «Typologies of loneliness, living alone and social isolation, and their associations with physical and mental health», *Ageing Society* 39, núm. 8, agosto de 2019, págs. 1709-1730, <https://doi.org/10.1017/s0144686x18000132>; A. Zebhauser y otros, «How much does it hurt to be lonely? Mental and physical differences between older men and women in the KORA-Age Study», *International Journal of Geriatric Psychiatry* 29, núm. 3, marzo de 2014, págs. 245-252; Gerdt Sundström y otros, «Loneliness among

older Europeans», *European Journal of Ageing* 6, núm. 4, 2009, págs. 267-275, <https://doi.org/10.1007/s10433-009-0134-8>; «Loneliness – What characteristics and circumstances are associated with feeling lonely? Analysis of characteristics and circumstances associated with loneliness in England using the Community Life Survey, 2016 to 2017», Office for National Statistics, 10 de abril de 2018, <https://www.ons.gov.uk/peoplepopulationandcommunity/wellbeing/articles/loneli nesswhatcharacteristicsandcircumstancesareassociatedwithfeelinglo nely/2018-04-10>; Alana Schetzer, «Solo households on the rise, and so is feeling lonely and less healthy», *The Age*, 14 de diciembre de 2015, <https://www.theage.com.au/national/victoria/solo-households -on-the-rise-and-so-is-feeling-lonely-and-less-healthy-20151214-gln 18b.html>.

44. Zoe Wood, «Tesco targets growing number of Britons who eat or live alone», *Guardian*, 6 de julio de 2018, <https://www.the guardian.com/business/2018/jul/06/tesco-targets-growing-number-of-britons-who-eat-or-live-alone>.

45. La voz *mukbang* es un compuesto de las palabras coreanas para «comer» y «emitir».

46. Anjali Venugopalan, «Feast & stream: Meet India's biggest mukbangers», *Economic Times*, 7 de septiembre de 2019, <https://economictimes.indiatimes.com/magazines/panache/feast-stream-meet-indias-biggest-mukbangers/articleshow/71027715.cms>; véase también Jasmin Barmore, «Bethany Gaskin is the queen of eating shellfish online», *New York Times*, 11 de junio de 2019, <https://www.nytimes.com/2019/06/11/style/youtube-mukbang-bloveslife-be thany-gaskin.html>; «The pleasure and sorrow of the "mukbang" super eaters of Youtube», *News Lens*, 25 de junio de 2019, <https://international.thenewslens.com/article/118747>.

47. Tan Jee Yee, «Google: The future consumer of APAC will do more than just consume», Digital News Asia, 20 de marzo de 2020, <https://www.digitalnewsasia.com/digital-economy/google-future -consumer-apac-will-do-more-just-consume>.

48. Véase, por ejemplo, Hillary Hoffower, «A 25-year-old YouTuber quit her job and now makes 6 figures recording herself eating, and it's a trend more and more influencers are cashing in on», *Business Insider*, 10 de abril de 2019, <https://www.businessinsider.com/ mukbang-influencers-youtube-money-six-figures-2019-4>.

49. Andrea Stanley, «Inside the saucy, slurpy, actually sorta sexy world of seafood mukbang influencers», *Cosmopolitan*, 9 de abril de 2019, <https://www.cosmopolitan.com/lifestyle/a27022451/muk bang-asmr-seafood-videos-youtube-money/>.

50. «The pleasure and sorrow of the "mukbang" super eaters of Youtube», *News Lens*, 25 de junio de 2019, <https://international. thenewslens.com/article/118747>.

51. Kagan Kircaburun, Andrew Harris, Filipa Calado y Mark D. Griffiths, «The psychology of mukbang watching: A scoping review of the academic and non-academic literature», *International Journal of Mental Health and Addiction*, 2020, <https://doi.org/10.1007/s11469-019-00211-0>.

52. Hanwool Choe, «Eating together multimodally: Collaborative eating in *mukbang*, a Korean livestream of eating», *Language in Society*, 2019, págs. 1-38, <https://doi.org/10.1017/s004740451800 1355>.

53. Andrea Stanley, «Inside the saucy, slurpy, actually sorta sexy world of seafood mukbang influencers».

54. «This rookie korean broadcast jockey earned $100,000 through one live broadcast», Kpoptify, 30 de julio de 2019, <https://www. thekpoptify.co/blogs/news/this-rookie-korean-broadcast-jockey-earned-100-000-through-one-live-broadcast>.

55. Victoria Young, «Strategic UX: The art of reducing friction», *Telepathy*, <https://www.dtelepathy.com/blog/business/strategic-ux-the-art-of-reducing-friction>; Yasmin Tayag, «Neuroscientists just gave lazy humans a free pass», *Inverse*, 21 de febrero de 2017, <https://www.inverse.com/article/28139-laziness-neuroscience-path-of-least-resistance-effort>; véase también Nobuhiro Hagura, Patrick Haggard y Jörn Diedrichsen, «Perceptual decisions are biased by the cost to act», *eLife*, 21 de febrero de 2017, <https://doi.org/10.7554/eLife.18422>.

56. Melissa Matthews, «These viral "mukbang" stars get paid to gorge on food – at the expense of their bodies», *Men's Health*, 18 de enero de 2019, <https://www.menshealth.com/health/a25892411/you tube-mukbang-stars-binge-eat/>.

57. Sobre la importancia de esta cuestión, véase por ejemplo el influyente artículo de Seymour Martin Lipset, «Some social requisites of democracy», *The American Political Science Review* 53, núm. 1, 1959, págs. 69-105.

58. Entre esos ciudadanos no había, claro está, mujeres, menores de veinte años, esclavos o extranjeros.

5. La era de lo inmaterial

1. Andrea Cheng, «Amazon Go looks to expand as checkout-free shopping starts to catch on across the retail landscape», *Forbes*, 21 de noviembre de 2019, <https://www.forbes.com/sites/andriacheng/2019/11/21/thanks-to-amazon-go-checkout-free-shopping-may-become-a-real-trend/#753d0285792b>. Otras grandes empresas que quieren sumarse a este nuevo mercado son Walmart, en Estados Unidos, Alibaba, en China, y Tesco en el Reino Unido. Todas ellas han estado probando este tipo de tiendas automatizadas para competir con las del magnate Jeff Bezos; Nick Wingfield, Paul Mozur y Michael Corkery, «Retailers race against Amazon to automate stores», *New York Times*, 1 de abril de 2018, <https://www.nytimes.com/2018/04/01/technology/retailer-stores-automation-amazon.html>.

2. Melissa González, M. J. Munsell y Justin Hill, «The new norm: Rewriting the future of purchasing behaviour», *Advertising Week 360*, <https://www.advertisingweek360.com/the-new-norm-rewriting-the-future-of-purchasing-behavior/>.

3. Ulrike Malmendier y Stefan Nagel, «Depression babies: Do macroeconomic experiences affect risk taking?», *The Quarterly Journal of Economics* 126, núm. 1, febrero de 2011, págs. 373-416, <https://eml.berkeley.edu/~ulrike/Papers/DepressionBabies_59.pdf>.

4. Compárese, por ejemplo, la evolución de las tiendas de descuento y de todo a un dólar desde 2009 (Stephanie Rosenbloom, «Don't ask, you can afford it», *New York Times*, 1 de mayo de 2009, <https://www.nytimes.com/2009/05/02/business/02dollar.html>, 2012 (Nin-Hai Tseng, «Why dollar stores are thriving, even post-recession», *Fortune*, 2 de abril de 2012, <https://fortune.com/2012/04/02/why-dollar-stores-are-thriving-even-post-recession/>) y abril de 2020 (Pearl Wang, «2 discount retailers that will thrive in a recession», *Motley Fool*, 22 de abril de 2020, <https://www.fool.com/investing/2020/04/22/two-discount-retailers-that-will-thrive-in-a-reces.aspx>).

5. Frank Swain, «Designing the perfect anti-object», *Medium*, 5 de diciembre de 2013, <https://medium.com/futures-exchange/de

signing-the-perfect-anti-object-49a184a6667a>; «Unpleasant design & hostile urban architecture», *99 % Invisible*, 7 de mayo de 2016, <https://99percent invisible.org/episode/unpleasant-design-hostile-ur ban-architecture/>.

6. Véase el tuit original en <https://twitter.com/rebel_machine/ status/940199856425046017?lang=en; Josh Cohen, «New anti-ho meless architecture: Seattle uses bike racks to block rough sleepers», *Guardian*, 24 de enero de 2018, <https://www.theguardian.com/ci ties/2018/jan/24/anti-homeless-architecture-seattle-bike-racksblock -rough-sleepers>.

7. Jasmine Lee, «The unpleasant truth of Hong Kong's anti-ho meless urban design», *Harbour Times*, 15 de mayo de 2017, <https:// harbourtimes.com/2017/05/15/the-unpleasant-truth-of-hong-kongs anti-homeless-urban-design/>.

8. Los sacerdotes afirmaron que no fue intencionado. «Saint Mary's Cathedral drenches homeless with water», CBS SF Bay Area, 18 de marzo de 2015, <https://sanfrancisco.cbslocal.com/2015/03/18/ homeless-saintmarys-cathedral-archdiocese-san-francisco-intentio nally-drenchedwater-sleeping>/.

9. «What is the mosquito», Moving Sound Technologies, <https:// www.movingsoundtech.com>; «Sonic science: The high–frequency hearing test», *Scientific American*, 23 de mayo de 2013, <https://www. scientificamerican.com/article/bring-science-home-high-frequency -hearing/>.

10. Michaela Winberg, «Can you hear it? Sonic devices play high pitched noises to repel teens», NPR, 10 de julio de 2019, <https:// www.npr.org/2019/07/10/739908153/can-you-hear-it-sonic-devices -playhigh-pitched-noises-to-repel-teens?t=1570361354751>.

11. John Metcalfe, «Pink lights, talking cameras, and high pitched squeals: The world's weirdest anti-loitering technologies», *City Lab*, 20 de marzo de 2012, <https://www.citylab.com/life/2012/03/pink- lights-talking-cameras-and-high-pitched-squeals-worlds-weir dest-anti-loitering-technologies/1533/>.

12. «Pink lights put off spotty teens», BBC News, 25 de marzo de 2009, <http://news.bbc.co.uk/1/hi/england/nottinghamshire/79633 47.stm>; véase también John Metcalfe, «Pink lights, talking cameras, and high-pitched squeals: The world's weirdest anti-loitering techno- logies».

13. «Broken windows policing», Center for Evidence-Based Crime Policy, <https://cebcp.org/evidence-based-policing/what-works-in-policing/research-evidence-review/broken-windows-policing/>.

14. Shankar Vedantum, Chris Benderev, Tara Boyle, Renee Klahr, Maggie Penman y Jennifer Schmidt, «How a theory of crime and policing was born, and went terribly wrong», WBUR, 1 de noviembre de 2016, <https://www.wbur.org/npr/500104506/broken-windows-policing-and-the-origins-of-stop-and-frisk-and-how-it-went-wrong>.

15. Ted Anderson, «What happened to SF's controversial "sit-lie" ordinance?», *SF Gate*, 18 de octubre de 2018, <https://www.sfgate.com/bayarea/article/What-happened-to-SF-s-controversial-sit-lie-13303216.php>.

16. Como dijo el profesor de derecho Bernard Harcourt, que realizó dos estudios sobre la repercusión de la política de las «ventanas rotas» en Nueva York y otras ciudades. Véase Sarah Childress, «The problem with "broken windows" policing», PBS Frontline, 28 de junio de 2016, <https://www.pbs.org/wgbh/frontline/article/the-problem-with-broken-windows-policing/>.

17. Para más información sobre cuestiones legales, véase Bernard E. Harcourt, *Illusion of order: The false promise of broken windows policing*, Harvard University Press, 2001.

18. Mary H. Osgood, «Rural and urban attitudes toward welfare», *Social Work* 22, núm. 1, enero de 1977, págs. 41-47, <https://www.jstor.org/stable/23711620?seq=1>.

19. John Elledge, «Are cities more liberal? Of course: all your liberal mates moved to one», *New Statesman*, 9 de enero de 2017, <https://www.newstatesman.com/politics/2017/01/are-cities-more-liberal-course-all-your-liberal-mates-moved-one>; David A. Graham, «Red State, blue city», *The Atlantic*, marzo de 2017, <https://www.theatlantic.com/magazine/archive/2017/03/red-state-blue-city/513857/>.

20. Farhad Manjoo, «America's cities are unlivable. Blame wealthy liberals», *New York Times*, 22 de mayo de 2019, <https://www.nytimes.com/2019/05/22/opinion/california-housing-nimby.html>.

21. Véase, por ejemplo, Richard T. LeGates y Frederic Stout (comps.), *The city reader*, 7.ª edición, Routledge, 2020.

22. Meri T. Long, «Who has more compassion, Republicans or Democrats?», *Chicago Tribune*, 11 de enero de 2019, <https://www.

chicagotribune.com/opinion/commentary/ct-perspec-compassion-democrats-republicans-who-has-more-0113-story.html>.

23. Otro sorprendente ejemplo de esta contradicción se produjo cuando los residentes del barrio de Misión Dolores pagaron de su propio bolsillo la colocación de unas piedras enormes en las aceras para evitar que los indigentes durmieran en ellas. («Boulders placed on San Francisco sidewalk to keep homeless residents away», KTVU FOX 2, 30 de septiembre de 2019, <https://www.ktvu.com/news/boulders-placed-on-san-francisco-sidewalk-to-keep-homeless-residents-away>). Otros han hecho campaña contra los albergues para indigentes en sus distritos, desencadenando una batalla legal que se prolongó durante más de dieciocho meses. (Trisha Thadani, «SF residents vow to keep fighting Navigation Center as supes weigh its fate», *San Francisco Chronicle*, 24 de junio de 2019, <https://www.sfchronicle.com/politics/article/Fate-of-controversial-Navigation-Center-now-in-14037517.php>). El propio ayuntamiento ha contribuido a la arquitectura disuasiva haciendo cosas tales como colocar «guillotinas invertidas» en las entradas de las estaciones (Lina Blanco, «BART's fare evasion crackdown exposes the "deadly elegance" of hostile design», KQED, 23 de julio de 2019, <https://www.kqed.org/arts/13861966/barts-fare-evasion-crackdown-exposes-the-deadly-elegance-of-hostile-design>) o pintar con un producto que hace rebotar la orina para que se ensucien los indigentes que no tienen acceso a unos mingitorios públicos. (Kaitlin Jock, «You are not welcome here: Anti-homeless architecture crops up nationwide», *Street Roots News*, 7 de junio de 2019, <https://news.streetroots.org/2019/06/07/you-are-not-welcome-here-anti-homeless-architecture-crops-nationwide>). Aunque no sea la ciudad con mayor número de sintecho, San Francisco tiene la población de indigentes que más ha crecido en Estados Unidos, aumentando en un asombroso 30 % solo entre 2017 y 2018. (Jill Cowan, «San Francisco's homeless population is much bigger than thought, city data suggests», *New York Times*, 19 de noviembre de 2019, <https://www.nytimes.com/2019/11/19/us/san-francisco-homeless-count.html>).

24. James Walker, «Invisible in plain sight: fighting loneliness in the homeless community», *Open Democracy*, 31 de julio de 2019, <https://www.opendemocracy.net/en/opendemocracyuk/invisible-plain-sight-fighting-loneliness-homeless-community/>.

25. Véase Jane Jacobs, *The death and life of great American cities*, Random House, 1961.

26. «Welcome to the neighbourhood», Royal Wharf, <https://www.royalwharf.com/neighbourhood/>.

27. Robert Booth, «Subsidised tenants are excluded from pool and gym in London block», *Guardian*, 1 de noviembre de 2018, <https://www.theguardian.com/society/2018/nov/01/subsidised-tenants-are-excluded-from-pool-and-gym-in-london-tower>.

28. Harriet Grant, «Too poor to play: children in social housing blocked from communal playground», *Guardian*, 25 de marzo de 2019, <https://www.theguardian.com/cities/2019/mar/25/too-poor-to-play-children-in-social-housing-blocked-from-communal-playground>.

29. La constructora, por su parte, afirma que esa exclusión nada tiene que ver con ella.

30. Harriet Grant, «Disabled children among social tenants blocked from communal gardens», *Guardian*, 27 de septiembre de 2019, <https://www.theguardian.com/cities/2019/sep/27/disabled-children-among-social-tenants-blocked-from-communal-gardens>.

31. «New UWS development could have separate entrance for poorer people», *West Side Rag*, 12 de agosto de 2013, <https://www.westsiderag.com/2013/08/12/new-uws-development-could-have-separate-entrance-for-poorer-people>; Adam Withnall «"Poor door" controversy extends to Washington DC as affordable housing "wing" given entrance on different street – next to the loading bay», *Independent*, 4 de agosto de 2014, <https://www.independent.co.uk/news/world/americas/poor-door-controversy-extends-to-washington-dc-as-affordable-housing-wing-given-entrance-on-9646069.html>; Hilary Osborne, «Poor doors: the segregation of London's inner–city flat dwellers», *Guardian*, 25 de julio de 2014, <https://www.theguardian.com/society/2014/jul/25/poor-doors-segregation-london-flats>.

32. Adam Withnall, «"Poor door" controversy extends to Washington, D. C. as affordable housing "wing" given entrance on different street – next to the loading bay»; Nueva York ya no permite que los edificios con entradas independientes tengan derecho a las exenciones fiscales de las «viviendas inclusivas». Véase Jana Kasperkevic, «New York bans "poor doors" in win for low income tenants», *Guardian*, 29 de junio de 2015, <https://www.theguardian.com/us-news/2015/jun/29/new-york-poor-door-low-income-tenants-rent>.

33. Carlito Pablo, «Poor door at proposed Vancouver West End condo tower raises issue of stigma», *Georgia Straight*, 12 de julio de 2018, <https://www.straight.com/news/1102166/poor-door-proposed-vancouver-west-end-condo-tower-raises-issue-stigma>; «Vancouver ranked North America's 2nd least affordable city for housing», *Daily Hive*, 28 de marzo de 2019, <https://dailyhive.com/vancouver/vancouver-most-expensive-housing-market-canada-2019>; Aric Jenkins, «The least affordable city in North America is not in the U. S»., *Money*, 10 de noviembre de 2017, <http://money.com/money/5017121/least-affordable-expensive-cities-north-america/>.

34. Carlito Pablo, «Poor door at proposed Vancouver West End condo tower raises issue of stigma».

35. «Seesaws let kids on each side of US–Mexico border play together», Yahoo! News, 30 de julio de 2019, <https://news.yahoo.com/seesaws-let-kids-side-us-mexico-border-play-181653457.html>.

36. Patrick Sturgis, Ian Brunton–Smith, Jouni Kuha y Jonathan Jackson, «Ethnic diversity, segregation and the social cohesion of neighbourhoods in London», *Ethnic and Racial Studies* 37, núm. 8, 2014, págs. 1286-1309, <https://doi.org/10.1080/01419870.2013.831932>.

37. Nikolay Mintchev y Henrietta L. Moore, «Super-diversity and the prosperous society», *European Journal of Social Theory* 21, núm. 1, 2018, págs. 117-134, <https://doi.org/10.1177/1368431016678629>.

38. Dietlind Stolle, Stuart N. Soroka y Richard Johnston, «When does diversity erode trust? Neighborhood diversity, interpersonal trust and the mediating effect of social interactions», *Political Studies* 56, núm. 1, 2008, págs. 57-75, <https://doi.org/10.1111/j.1467-9248.2007.00717.x>; Patrick Sturgis, Ian Brunton-Smith, Sanna Read y Nick Allum, «Does ethnic diversity erode trust? Putnam's "hunkering-down" thesis reconsidered», *British Journal of Political Science* 41, núm. 1, 2011, págs. 57-82, <https://doi.org/10.1017/S000712341000028 1>.

39. Alison Flood, «Britain has closed almost 800 libraries since 2010, figures show», *Guardian*, 6 diciembre de 2019, <https://www.theguardian.com/books/2019/dec/06/britain-has-closed-almost-800-libraries-since-2010-figures-show>; véase también «Decade of austerity sees 30 % drop in library spending», Chartered Institute of Public Finance and Accountancy, 12 de junio de 2019, <https://

www.cipfa.org/about-cipfa/press-office/latest-press-releases/decade
-of-austerity-sees-30-drop-in-library-spending>.

40. May Bulman, «Youth services "decimated by 69 percent" in less than a decade amid surge in knife crime, figures show», *Independent*, 24 de septiembre de 2019, <https://www.independent.co.uk/news/uk/home-news/knife-crime-youth-services-cuts-councils-auste rity-ymca-a9118671.html>.

41. Jamie Roberton, «Government accused of fuelling loneliness crisis as day centres disappear», ITV News, 25 de septiembre de 2018, <https://www.itv.com/news/2018-09-25/government-accused-of-fuelling-loneliness-crisis-as-day-centres-disappear/>.

42. William Eichler, «Councils slash £15 million from parks budgets», Local Gov, 21 de junio de 2018, <https://www.localgov.co.uk/Councils-slash-15m-from-parks-budgets/45519>.

43. Aunque Europa y Estados Unidos, por ejemplo, tomaron caminos diferentes para salir de la crisis económica, la infraestructura social sigue necesitando más financiación en todo el mundo. Véase Georg Inderst, «Social infrastructure finance and institutional investors: A global perspective», *SSRN*, 2020, <https://doi.org/10.2139/ssrn.3556473>.

44. En el Reino Unido, por ejemplo, los habitantes de las ciudades soportaron casi el doble de recortes presupuestarios que los de las zonas rurales y suburbanas. Véase «Austerity hit cities twice as hard as the rest of Britain», Centre for Cities, 28 de enero de 2019, <https://www.centreforcities.org/press/austerity-hit-cities-twice-as-hard-as-the-rest-of-britain/>.

45. Sara Freund, «Looking at John Ronan's colorful library and housing project in Irving Park», *Curbed Chicago*, 17 de octubre de 2019, <https://chicago.curbed.com/2019/10/17/20919476/john-ronan-irv ing-park-affordable-housing-library-project>.

46. Jared Brey, «Chicago opens up new libraries and affordable housing projects after design competition», *Next City*, 28 de mayo de 2019, <https://nextcity.org/daily/entry/chicago-opens-new-libraries -and-affordable-housing-projects-after-design-co>.

47. Eva Fedderly, «Community building: Chicago experiment links libraries and apartments», *Christian Science Monitor*, 24 de octubre de 2018, <https://www.csmonitor.com/The-Culture/2018/1024/Commu nity-building-Chicago-experiment-links-libraries-and-apartments>.

48. Oliver Wainwright, «Smart lifts, lonely workers, no towers or tourists: architecture after coronavirus», *Guardian*, 13 de abril de 2020, <https://www.theguardian.com/artanddesign/2020/apr/13/smart-lifts-lonely-workers-no-towers-architecture-after-covid-19-coronavirus>.

49. Winnie Hu, «What New York can learn from Barcelona's "superblocks"», *New York Times*, 16 de septiembre de 2016, <https://www.nytimes.com/2016/10/02/nyregion/what-new-york-can-learn-from-barcelonas-superblocks.html>.

50. Feargus O'Sullivan, «Barcelona's car-taming "superblocks" meet resistance», *CityLab*, 20 enero de 2017, <https://www.citylab.com/transportation/2017/01/barcelonas-car-taming-superblocks-meet-resistance/513911/>.

51. *Ibidem*.

52. «Barcelona's superblocks: Change the grid, change your neighborhood», Streetfilms, 2018, <https://vimeo.com/282972390>.

53. Por supuesto, esto también tiene que ver con el hecho de que en las sociedades desarrolladas suele darse una correlación entre los vínculos sociales y la riqueza. El estudio original, realizado en 1969, se repitió al cabo de cuarenta años con resultados similares. Véase Joshua Hart y Graham Parkhurst, «Driven to excess: Impacts of motor vehicles on the quality of life of residents of three streets in Bristol UK», *World Transport Policy & Practice* 17, núm. 2, enero de 2011, págs. 12-30, <https://uwe-repository.worktribe.com/output/968892>; estudio original: Donald Appleyard, «The environmental quality of city streets: The residents viewpoint», *Journal of the American Planning Association* 35, 1969, págs. 84-101.

54. Natalie Colarossi, «18 times people around the world spread love and kindness to lift spirits during the coronavirus pandemic», *Insider*, 26 de marzo de 2020, <https://www.insider.com/times-people-spread-kindness-during-coronavirus-pandemic-2020-3>.

55. «Taxi driver applauded by medics after taking patients to hospital for free – video», *Guardian*, 20 de abril de 2020, <https://www.theguardian.com/world/video/2020/apr/20/taxi-driver-applauded-by-doctors-after-giving-patients-free-journeys-to-hospital-video>.

56. Matt Lloyd, «"Happy to chat" benches: The woman getting strangers to talk», BBC News, 19 de octubre de 2019, <https://www.bbc.co.uk/news/uk-wales-50000204>.

6. Nuestras pantallas y nosotros

1. A. D. Morrison-Low, «Sir David Brewster (1781-1868)», *Oxford Dictionary of National Biography*, 9 de enero de 2014, <https:// www.oxforddnb.com/view/10.1093/ref:odnb/9780198614128.001 .0001/odnb-9780198614128-e-3371>.

2. *The Literary Panorama and National Register*, vol. 8, Simpkin and Marshall, 1819, pág. 504.

3. Carta fechada el 23 de mayo de 1818, citada por Nicole Garrod Bush, «Kaleidoscopism: The circulation of a mid-century metaphor and motif», *Journal of Victorian Culture* 20, núm. 4, 1 de diciembre de 2015, <https://academic.oup.com/jvc/article/20/4/509/4095158>.

4. Megan Richardson y Julian Thomas, *Fashioning intellectual property: Exhibition, advertising and the press, 1789-1918*, Cambridge University Press, 2012, pág. 57.

5. Bush, «Kaleidoscopism».

6. Margaret Gordon, *The home life of Sir David Brewster*, Cambridge University Press, 2010 [1869], pág. 95.

7. *The Literary Panorama and National Register*, pág. 504.

8. Jason Farman, «The myth of the disconnected life», *The Atlantic*, 7 de febrero de 2012, <https://www.theatlantic.com/technology/ archive/2012/02/the-myth-of-the-disconnected-life/252672/>.

9. *The letters of Percy Bysshe Shelley*, vol. 2, ed. Frederick L. Jones, Clarendon Press, 1964, pág. 69.

10. Alexander Rucki, «Average smartphone user checks device 221 times a day, according to research», *Evening Standard*, 7 de octubre de 2014, <https://www.standard.co.uk/news/techandgadgets/ average-smartphone-user-checks-device-221-times-a-day-according-to-research-9780810.html>.

11. Rani Molla, «Tech companies tried to help us spend less time on our phones. It didn't work», *Vox*, 6 de enero de 2020, <https:// www.vox.com/recode/2020/1/6/21048116/tech-companies-time-well-spent-mobile-phone-usage-data>.

12. En 2018, casi el 95 % de los adolescentes estadounidenses tenían un teléfono inteligente (o acceso a él), frente al 73 % en 2014-2015, según el Pew Research Center. Eso significa que los adolescentes utilizan mucho más Internet. Mientras que el 24 % de los adolescentes afirmó estar conectado a la red «casi constantemente» en la

encuesta de 2014-2015, esa proporción aumentó hasta el 45 % en 2018. Además, el 44 % de los adolescentes encuestados este año dijo que se conecta a Internet varias veces al día. Véase Monica Anderson y Jingjing Jiang, «Teens, social media & technology 2018», Pew Research Center, 31 de mayo de 2018, <https://www.pewresearch.org/internet/2018/05/31/teens-social-media-technology-2018/>.

13. «Global mobile consumer trends», Deloitte, 2017, pág. 8, <https://www2.deloitte.com/global/en/pages/technology-media-and-telecommunications/articles/gx-global-mobile-consumer-trends.html#country>.

14. La implantación del teléfono inteligente en Australia en 2018 era del 90 %, mientras que los israelíes son los que más usan las redes sociales, y la implantación del *smartphone* en su país solo es superada por Corea del Sur, según datos del Pew Research Center. «Smartphones are common in Europe and North America, while sub-Saharan Africa and India lag in ownership», Pew Research Center, 14 de junio de 2018, <https://www.pewresearch.org/global/2018/06/19/social-media-use-continues-to-rise-in-developing-countries-but-plateaus-across-developed-ones/pg_2018-06-19_global-tech_0-03/>.

15. Adam Carey, «Mobile fiends now need not look up as Melbourne tests street-level traffic lights», *The Age*, 27 de marzo de 2017, <https://www.theage.com.au/national/victoria/mobile-fiends-now-need-not-look-up-as-melbourne-tests-streetlevel-traffic-lights-2017 0327-gv73bd.html>.

16. Esto encierra una ironía: este «Sócrates» es en realidad obra de Platón, cuyas palabras conocemos en la actualidad gracias a que las puso por escrito. Véase, Platón, *Fedro*.

17. Johannes Trithemius, *In praise of scribes* (De Laude Scriptorum), Coronado Press, 1974.

18. Adrienne LaFrance, «How telephone etiquette has changed», *The Atlantic*, 2 de septiembre de 2015, <https://www.theatlantic.com/technology/archive/2015/09/how-telephone-etiquette-has-changed/403564/>.

19. Robert Rosenberger, «An experiential account of phantom vibration syndrome», *Computers in Human Behavior* 52, 2015, págs. 124-131, <https://doi.org/10.1016/j.chb.2015.04.065>.

20. K. Kushlev y otros, «Smartphones reduce smiles between strangers», *Computers in Human Behavior* 91, febrero de 2019, págs. 12-16.

21. Estos incidentes tuvieron lugar en distintos países, entre los que se encuentran Estados Unidos, Malta, el Reino Unido, Singapur y China. «6 year old drowns while dad busy on phone», YoungParents. com, 18 de septiembre de 2016, <https://www.youngparents.com.sg/family/6-year-old-drowns-while-dad-busy-phone/>; Matthew Xuereb, «Mum whose baby drowned in bath given suspended sentence», *Times of Malta*, 12 de junio de 2015, <https://www.timesofmalta.com/articles/view/20150612/local/mum-whose-baby-drowned-in-bath-given-suspended-sentence.572189>; Lucy Clarke-Billings, «Mother chatted on Facebook while toddler drowned in the garden», *Telegraph*, 10 de octubre de2015,<https://www.telegraph.co.uk/news/uknews/crime/11923930/Mother-chatted-on-Facebook-while-toddler-son-drowned-in-the-garden.html>; Martine Berg Olsen, «Baby drowned in bath while mum "spent 50 minutes on phone to girlfriend"», *Metro*, 6 de marzo de 2019, <https://metro.couk/2019/03/06/baby-drowned-bath-mum-spent-50-minutes-phone-girlfriend-8828813/>; «Toddler drowns while mum texts on mobile just yards away», *Express*, 5 de enero de 2016, <https://www.express.co.uk/news/world/750540/drowning-toddler-mobile-phone-china-ocean-spring-resort-mum-texting>; Zach Dennis, «Police: 3 children drowned while a Texas mom was on cell phone», *AJC*, 14 de julio de 2015, <https://www.ajc.com/news/national/police-children-drowned-while-texas-mom-was-cell-phone/R5cDdBhwac5bjGFTxeM4sM/>.

22. Will Axford, «Police: Texas mom was on Facebook when her baby drowned in the bathtub», *Houston Chronicle*, 23 de junio de 2017, <https://www.chron.com/news/houston-texas/texas/article/Texas-mom-Facebook-baby-drowned-11239659.php>.

23. Jemima Kiss, «"I was on Instagram. The baby fell down the stairs": is your phone use harming your child?», *Guardian*, 7 de diciembre de 2018, <https://www.theguardian.com/lifeandstyle/2018/dec/07/mother-on-instagram-baby-fell-down-stairs-parental-phone-use-children>.

24. Brandon T. McDaniel, «Parent distraction with phones, reasons for use, and impacts on parenting and child outcomes: A review of the emerging research», *Human Behavior and Emergent Technology*, 2019, págs. 72-80, <https://doi.org/10.1002/hbe2.139>; J. Radesky y otros, «Maternal mobile device use during a structured parent–child interaction task», *Academic Pediatrics* 15, núm. 2, 2015, págs. 238-244; R. P. Golen y A. K. Ventura, «What are mothers doing while bottle-

feeding their infants? Exploring the prevalence of maternal distraction during bottle-feeding interactions», *Early Human Development* 91, núm. 12, 2015, págs. 787-791.

25. *Ibidem*; véase también B. T. McDaniel y J. Radesky, «Technoference: Parent technology use, stress, and child behavior problems over time», *Pediatric Research* 84, 2018, págs. 210-218; Tanja Poulain y otros, «Media use of mothers, media use of children, and parent–child interaction are related to behavioral difficulties and strengths of children», *International Journal of Environmental Research and Public Health* 16, núm. 23, 2019, pág. 4651, <https://doi.org/10.3390/ijerph16234651>.

26. L. A. Stockdale y otros, «Parent and child technoference and socioemotional behavioral outcomes: A nationally representative sample of 10- to 20-year-old adolescents», *Computers in Human Behavior* 88, 2018, págs. 219-226.

27. Para saber más sobre el concepto de estar «solos en compañía», véase Sherry Turkle, *Alone together: Why we expect more from technology and less from each other*, Basic Books, 2017.

28. «The iPhone effect: when mobile devices intrude on our face-to-face encounters», The British Psychological Society Research Digest, 4 de agosto de 2014, <http://bps-research-digest.blogspot.com/2014/08/the-iphone-effect-when-mobile-devices.html>; véase también S. Misra y otros, «The iPhone effect: The quality of in-person social interactions in the presence of mobile devices environment and behavior», *Environment and Behavior* 48, núm. 2, 2014, págs. 275-298, <https://doi.org./10.1177/0013916514539755>.

29. La subescala de singularidad humana incluye «seis puntos generalmente relacionados con la cognición de orden superior y la competencia intelectual: los evaluadores cuantificaron en qué medida el orador era "refinado y culto"; era "racional y lógico"; carecía de "autocontrol" (puntuación inversa); era "burdo" (puntuación inversa); era "como un adulto, no como un niño"; y parecía "menos que humano, como un animal" (puntuación inversa)». Juliana Schroeder, Michael Kardas y Nicholas Epley, «The humanizing voice: Speech reveals, and text conceals, a more thoughtful mind in the midst of disagreement», *Psychological Science* 28, núm. 12, págs. 1745-1762, <https://doi.org/10.1177/0956797617713798>.

30. Jamil Zaki, «The technology of kindness», *Scientific Ameri-*

can, 6 de agosto de 2019, <https://www.scientificamerican.com/article/the-technology-of-kindness/>.

31. Rurik Bradbury, «The digital lives of millennials and Gen Z», Liveperson Report, 2018, <https://liveperson.docsend.com/view/tm8j45m>.

32. Belle Beth Cooper, «7 powerful Facebook statistics you should know for a more engaging Facebook page», Buffer.com, <https://buffer.com/resources/7-facebook-stats-you-should-know-for-a-more-engaging-page>.

33. Esta estadística en concreto es de Verizon, pero se refleja también en los datos de otras empresas de telefonía; O2 refiere que el tráfico telefónico de sus usuarios británicos aumentó un 57 % durante la primera semana del confinamiento. Algunos proveedores, sobre todo en el Reino Unido, sufrieron algunos cortes a causa del aumento de la demanda de wifi y llamadas de voz. Véase Cecilia Kang, «The humble phone call has made a comeback», *New York Times*, 9 de abril de 2020, <https://www.nytimes.com/2020/04/09/technology/phone-calls-voice-virus.html>; Emma Brazell, «UK mobile networks go down as people work from home due to coronavirus», *Metro*, 17 de marzo de 2020, <https://metro.co.uk/2020/03/17/uk-mobile-networks-o2-ee-vodafone-3-go-people-work-home-12410145/>.

34. Kang, «The humble phone call has made a comeback».

35. «The phone call strikes back», O2 News, 23 de abril de 2020, <https://news.o2.co.uk/press-release/the-phone-call-strikes-back/>.

36. Dada la importancia de las interacciones humanas, es comprensible (cuando no disculpable) que las personas que no pueden reconocer las caras —personas como Oliver Sacks, quien padecía una enfermedad denominada prosopagnosia— sean tildadas de antisociales, tímidas, hurañas e incluso autistas. Véase Oliver Sacks, «Face-blind», *New Yorker*, 30 de agosto de 2010, <https://www.newyorker.com/magazine/2010/08/30/face-blind>.

37. Jing Jiang y otros, «Neural synchronization during face-to-face communication», *Journal of Neuroscience* 32, núm. 45, noviembre de 2012, págs. 16064-16069, <https://doi.org/10.1523/JNEUROSCI.2926-12.2012>.

38. Emily Green, «How technology is harming our ability to feel empathy», Street Roots, 15 de febrero de 2019, <https://news.streetroots.org/2019/02/15/how-technology-harming-our-ability-feel-em

pathy>; véase también Helen Riess y Liz Neporent, *The empathy effect*, Sounds True Publishing, 2018.

39. F. Grondin, A. M. Lomanowska y P. L. Jackson, «Empathy in computer-mediated interactions: A conceptual framework for research and clinical practice», *Clinical Psychology: Science and Practice* e12298, <https://doi.org/10.1111/cpsp.12298>.

40. Kate Murphy, «Why Zoom is terrible», *New York Times*, 29 de abril de 2020, <https://www.nytimes.com/2020/04/29/sunday-re view/zoom-video-conference.html>.

41. Hannah Miller y otros, «"Blissfully happy" or "ready to fight": Varying interpretations of emoji», Grouplens Research, University of Minnesota, 2016, <https://www-users.cs.umn.edu/~bhecht/publica tions/ICWSM2016_emoji.pdf>.

42. M. A. Riordan y L. A. Trichtinger, «Overconfidence at the keyboard: Confidence and accuracy in interpreting affect in e-mail exchanges», *Human Communication Research*, 2016, <https://doi.org/10.1111/hcre.12093>.

43. Heather Cicchese, «College class tries to revive the lost art of dating», *Boston Globe*, 16 de mayo de 2014, <https://www.boston globe.com/lifestyle/2014/05/16/boston-college-professor-assigns -students-dates/jHXENWsdmp7cFlRPPwf0UJ/story.html>.

44. Esas «normas» pueden leerse en <https://www.bc.edu/con tent/dam/files/schools/lsoe/pdf/DatingAssignment.pdf>.

45. Heather Cicchese, «College class tries to revive the lost art of dating».

46. Página original: <https://www.wikihow.com/Ask-Someone -Out>.

47. Angie S. Page y otros, «Children's screen viewing is related to psychological difficulties irrespective of physical activity», *Pediatrics* 126, núm. 5, 2010, e1.011-1.017.

48. Katie Bindley, «When children text all day, what happens to their social skills?», *Huffington Post*, 9 de diciembre de 2011, <https://www.huffpost.com/entry/children-texting-technology-so cial-skills_n_1137570>.

49. «Children, Teens, and Entertainment Media: The View from the Classroom», Common Sense Media, 2012, pág. 19, <https://www. commonsensemedia.org/research/children-teens-and-entertainment- media-the-view-from-the-classroom>.

50. V. Carson y otros, «Physical activity and sedentary behavior across three time-points and associations with social skills in early childhood», *BMC Public Health* 19, núm. 27, 2019, <https://doi.org/10.1186/s12889-018-6381-x>.

51. Vera Skalická y otros, «Screen time and the development of emotion understanding from age 4 to age 8: A community study», *British Journal of Developmental Psychology* 37, núm. 3, 2019, págs. 427-443, <https://doi.org/10.1111/bjdp.12283>.

52. Véase, por ejemplo, Douglas B. Downey y Benjamin G. Gibbs, «Kids these days: Are face-to-face social skills among American children declining?», *American Journal of Sociology* 125, núm. 4, enero de 2020, págs. 1030-1083, <https://doi.org/10.1086/707985>.

53. Yalda T. Uhls y otros, «Five days at outdoor education camp without screens improves preteen skills with nonverbal emotion cues», *Computers in Human Behavior* 39, 2014, págs. 3873-3892, <https://www.sciencedirect.com/science/article/pii/S0747563214003227>.

54. Belinda Luscombe, «Why access to screens is lowering kids social skills», *Time*, 21 de agosto de 2014, <https://time.com/3153910/why-access-to-screens-is-lowering-kids-social-skills/>.

55. En Estados Unidos, por ejemplo, el 53 % de los niños de once años tiene uno; Anya Kamenetz, «It's a smartphone life: More than half of U.S. children now have one», NPR Education, 31 de octubre de 2019, <https://www.npr.org/2019/10/31/774838891/its-a-smartphone-life-more-than-half-of-u-s-children-now-have-one>; Zoe Kleinman, «Half of UK 10-year-olds own a smartphone», BBC News, 4 de febrero de 2020, <https://www.bbc.co.uk/news/technology-51358192>.

56. «Most children own mobile phone by age of seven, study finds», *Guardian*, 30 de enero de 2020, <https://www.theguardian.com/society/2020/jan/30/most-children-own-mobile-phone-by-age-of-seven-study-finds>.

57. Nick Bilton, «Steve Jobs was a low-tech parent», *New York Times*, 10 de septiembre de 2014, <https://www.nytimes.com/2014/09/11/fashion/steve-jobs-apple-was-a-low-tech-parent.html>; Chris Weller, «Bill Gates and Steve Jobs raised their kids tech-free and it should have been a red flag», *Independent*, 24 de octubre de 2017, <https://www.independent.co.uk/life-style/gadgets-and-tech/billgates-and-steve-jobs-raised-their-kids-techfree-and-it-shouldve-been-a-red-flag-a8017136.html>.

58. Matt Richtel, «A Silicon Valley school that doesn't compute», *New York Times*, 22 de octubre de 2011, <https://www.nytimes.com/2011/10/23/technology/at-waldorf-school-in-silicon-valley-techno logy-can-wait.html>.

59. Nellie Bowles, «Silicon Valley nannies are phone police for kids», *New York Times*, 26 de octubre de 2018, <https://www.nyti mes.com/2018/10/26/style/silicon-valley-nannies.html>.

60. Nellie Bowles, «The digital gap between rich and poor kids is not what we expected», *New York Times*, 26 de octubre de 2018, <https://www.nytimes.com/2018/10/26/style/digital-divide-screens-schools.html>.

61. Se sobrentiende que esto es solo aplicable a los que tienen dispositivos. Rani Molla, «Poor kids spend nearly 2 hours more on screens each day than rich kids», *Vox*, 29 de octubre de 2019, <https://www.vox.com/recode/2019/10/29/20937870/kids-screentime-rich-poor-common-sense-media>; datos extraídos de «The Common Sense Census: Media use by tweens and teens, 2019», Common Sense Media, 2019, <https://www.commonsensemedia.org/research/the-com mon-sense-census-media-use-by-tweens-and-teens-2019>.

62. Conversación personal, octubre de 2019.

63. Ben Hoyle, «Jittery American pupils can hold on to their phones», *The Times*, 22 de enero de 2020, <https://www.thetimes.co.uk/article/jittery-american-pupils-can-hold-on-to-their-phones-z0z xr972c>.

64. Este acrónimo está formado por las iniciales de palabras inglesas.

65. Véase, por ejemplo, Jamie Bartlett, *The people vs. tech: How the Internet is killing democracy (and how we can save it* (Ebury Press, 2018); Sherry Turkle, Alone Together: *Why we expect more from technology and less from each other*, Basic Books, 2017. Para más información sobre el diseño de productos absorbentes, véase Joseph Dickerson, «Walt Disney: The world's first UX designer», *UX Magazine*, 9 de septiembre de 2013, <http://uxmag.com/articles/walt-disney-the-worlds -first-ux-designer>.

66. Lo Min Ming, «UI, UX: Who does what? A designer's guide to the tech industry», *Fast Company*, 7 de julio de 2014, <https://www.fastcompany.com/3032719/ui-ux-who-does-what-a-designers-guide-to-the-tech-industry>; Stefan Stieger y David Lewetz, «A week

without using social media: Results from an ecological momentary intervention study using smartphones», *Cyberpsychology, Behavior, and Social Networking* 21, núm. 10, 2018, <https://www.liebertpub.com/doi/abs/10.1089/cyber.2018.0070>.

67. Olivia Solon, «Ex-Facebook president Sean Parker: site made to exploit human "vulnerability"», *Guardian*, 9 de noviembre de 2017, <https://www.theguardian.com/technology/2017/nov/09/facebook-sean-parker-vulnerability-brain-psychology>.

68. Jean M. Twenge, Brian H. Spitzberg y W. Keith Campbell, «Less in-person social interaction with peers among US adolescents in the 21st century and links to loneliness», *Journal of Social and Personal Relationships* 36, núm. 6, 19 de marzo de 2019, págs. 1892-1913, <https://doi.org/10.1177/0265407519836170>.

69. Brian A. Primack y otros, «Social media use and perceived social isolation among young adults in the US», *American Journal of Preventive Medicine* 53, núm. 1, 1 de julio de 2017, págs. 1-8, <https://doi.org/10.1016/j.amepre.2017.01.010>.

70. Twenge y otros, «Less in-person social interaction with peers».

71. *Ibidem*; véanse también los datos originales en <https://www.pewresearch.org/internet/2018/05/31/teens-social-media-technology-2018/>. Además de Twenge, cuyo libro *iGen* (Simon & Schuster, 2017) situó a los teléfonos móviles en pleno centro del debate sobre la salud mental, entre los detractores del uso de los *smartphones* por parte de los adolescentes se encuentran Jonathan Haidt y Greg Lukianoff, coautores de *The coddling of the American mind*, Penguin, 2018.

72. Hunt Allcott y otros, «The welfare effects of social media», 2019, pág. 6, <https://web.stanford.edu/~gentzkow/research/facebook.pdf>.

73. Melissa G Hunt y otros, «No more FOMO: Limiting social media decreases loneliness and depression», *Journal of Social and Clinical Psychology* 37, núm. 10, 8 de noviembre de 2018, págs. 751-768, <https://doi.org/10.1521/jscp.2018.37.10.751>.

74. Hunt Allcott y otros, «The welfare effects of social media», pág. 23.

75. Kyt Dotson, «YouTube sensation and entrepreneur Markee Dragon swatted on first day of YouTube gaming», Silicon Angle, 28 de agosto de 2015, <https://siliconangle.com/2015/08/28/youtube

-sensation-and-entrepreneur-markee-dragon-swatted-on-first-day-of
-youtube-gaming/>; véase también Jason Fagone, «The serial swat-
ter», *New York Times* magazine, 24 de noviembre de 2015, <https://
www.nytimes.com/2015/11/29/magazine/the-serial-swatter.html>.

76. Matthew Williams, «The connection between online hate
speech and real-world hate crime», OUP Blog, 12 de octubre de 2019,
<https://blog.oup.com/2019/10/connection-between-online-
hate-speech-real-world-hate-crime/>. Véase también Williams, *The
science of hate*, Faber & Faber, 2020.

77. «The rise of antisemitism on social media: Summary of 2016»,
Congreso Judío Mundial, 2016, pág. 184, <http://www.crif.org/sites/
default/fichiers/images/documents/antisemitismreport.pdf>.

78. J. J. Van Bavel y otros, «Emotion shapes the diffusion of mo-
ralized content in social networks», PNAS 114, núm. 28, julio de 2017,
págs. 7313-7318. Véase también información adicional en <https://
www.pnas.org/content/pnas/suppl/2017/06/20/1618923114.DCSup
plemental/pnas.1618923114.sapp.pdf>.

79. Zeynep Tufekci, «It's the (democracy-poisoning) golden age
of free speech», *Wired*, 16 de enero de 2018, <https://www.wired.
com/story/free-speech-issue-tech-turmoil-new-censorship/>.

80. Richard Seymour, «How addictive social media fuels online
abuse», *Financial Times*, 4 de noviembre de 2019, <https://www.ft.
com/content/abc86766-fa37-11e9-a354-36acbbb0d9b6>.

81. El tuit original puede verse en <https://twitter.com/realDo
naldTrump/status/1266231100780744704>.

82. Tony Romm y Allyson Chiu, «Twitter flags Trump, White
House for "glorifying violence" after tweeting Minneapolis looting
will lead to "shooting"», *Washington Post*, 30 de mayo de 2020,
<https://www.washingtonpost.com/nation/2020/05/29/trump-min
neapolis-twitter-protest/>; Kate Conger, «Twitter had been drawing
a line for months when Trump crossed it», *New York Times*, 30 de
mayo de 2020, <https://www.nytimes.com/2020/05/30/technology/
twitter-trump-dorsey.html>; para el contexto histórico, véase Barbara Sprunt, «The history behind "When the looting starts, the shooting
starts"», NPR Politics, 29 de mayo de 2020, <https://www.npr.org/
2020/05/29/864818368/the-history-behind-when-the-looting-starts-
the-shooting-starts>.

83. Mike Isaac y Cecilia Kang, «While Twitter confronts Trump,

Zuckerberg keeps Facebook out of it», *New York Times*, 29 de mayo de 2020, <https://www.nytimes.com/2020/05/29/technology/twitter -facebook-zuckerberg-trump.html>.

84. Derrick A. Paulo y Ellen Lokajaya, «3 in 4 youngsters say they have been bullied online», *CNA Insider*, 1 de marzo de 2018, <https://www.channelnewsasia.com/news/cnainsider/3-in-4-teens -singapore-cyberbullying-bullied-online-survey-10001480>.

85. Christo Petrov, «Cyberbullying Statistics 2020», Tech Jury, 2 de junio de 2020, <https://techjury.net/stats-about/cyberbullying/ #Cyberbullying_around_the_world>.

86. «The Annual Bullying Survey 2017», Ditch the Label, 2017, pág. 28, <https://www.ditchthelabel.org/wp-content/uploads/2017/ 07/The-Annual-Bullying-Survey-2017-2.pdf>.

87. Simon Murphy, «Girl killed herself after intense social media activity, inquest finds», *Guardian*, 17 de abril de 2019, <https://www. theguardian.com/uk-news/2019/apr/17/girl-killed-herself-social -media-inquest-jessica-scatterson>.

88. Clyde Haberman, «What the Kitty Genovese killing can teach today's digital bystanders», *New York Times*, 4 de junio de 2017, <https://www.nytimes.com/2017/06/04/us/retro-report-bystander-effect.html>; Carrie Rentschler, «Online abuse: we need good samaritans on the web», *Guardian*, 19 de abril de 2016, <https://www. theguardian.com/commentisfree/2016/apr/19/online-abuse-bystan ders-violence-web>.

89. Gordon Harold y Daniel Aquah, «What works to enhance interparental relationships and improve outcomes for children?», Early Intervention Foundation, 2016, <https://www.eif.org.uk/report/what -works-to-enhance-interparental-relationships-and-improve-outco mes-for-children/>.

90. Lo vemos con más claridad entre quienes se dedican a esto. En la actualidad hay más de 100.000 «moderadores de contenido» (casi siempre subcontratados) cuya función consiste en determinar si las publicaciones son demasiado truculentas, racistas, obscenas u ofensivas. Es relativamente normal que los moderadores terminen presentando síntomas de estrés postraumático después de pasarse meses viendo barbaridades y sin recibir ningún apoyo institucional. Una moderadora de My-Space, tras dimitir, estuvo tres años sin darle la mano a nadie. Después de que la periodista Casey Newton denunciara en *The Verge* las terribles

condiciones de trabajo en uno de esos centros de moderación, la empresa subcontratada anunció que rompía sus relaciones con Facebook. Véase Newton, «The trauma floor: The secret lives of Facebook moderators in America», *The Verge*, 25 de febrero de 2019, <https://www.theverge.com/2019/2/25/18229714/cognizant-facebook-content-moderator-interviews-trauma-working-conditions-arizona>; «Facebook firm cognizant quits», BBC News, 31 de octubre de 2019, <https://www.bbc.co.uk/news/technology-50247540>; Isaac Chotiner, «The underworld of online content», *New Yorker*, 5 de julio de 2019, <https://www.newyorker.com/news/q-and-a/the-underworld-of-online-content-moderation>; Sarah T. Roberts, *Behind the screen: Content moderation in the shadows of social media*, Yale University Press, 2019.

91. Sebastian Deri, Shai Davidai y Thomas Gilovich, «Home alone: why people believe others social lives are richer than their own», *Journal of Personality and Social Psychology* 113, núm. 6, diciembre de 2017, págs. 858-877.

92. «Childline: More children seeking help for loneliness», BBC News, 3 de julio de 2018, <https://www.bbc.co.uk/news/uk-44692344>.

93. J. Clement, «U.S. group chat frequency 2017, by age group», Statista, 5 de noviembre de 2018, <https://www.statista.com/statistics/800650/group-chat-functions-age-use-text-online-messaging-apps/>.

94. Shoshana Zuboff, *The age of surveillance capitalism*, Public Affairs, 2019; véase también John Harris, «Death of the private self: how fifteen years of Facebook changed the human condition», *Guardian*, 31 de enero de 2019, <https://www.theguardian.com/technology/2019/jan/31/how-facebook-robbed-us-of-our-sense-of-self>.

95. Josh Constine, «Now Facebook says it may remove Like counts», TechCrunch.com, 2 de septiembre de 2019, <https://techcrunch.com/2019/09/02/facebook-hidden-likes/>; Greg Kumparak, «Instagram will now hide likes in 6 more countries», TechCrunch.com, 17 de julio de 2019, <https://techcrunch.com/2019/07/17/instagram-will-now-hide-likes-in-6-more-countries/>.

96. Amy Chozick, «This is the guy who's taking away the likes», *New York Times*, 17 de enero de 2020, <https://www.nytimes.com/2020/01/17/business/instagram-likes.html>.

97. «Over three quarters of Brits say their social media page is a lie», Custard Media, 6 de abril de 2016, <https://www.custard.co.uk/over-three-quarters-of-brits-say-their-social-media-page-is-a-lie/>.

98. Sirin Kale, «Logged off: meet the teens who refuse to use social media», *Guardian*, 29 de agosto de 2018, <https://www.theguardian.com/society/2018/aug/29/teens-desert-social-media>.

99. Harris, «Death of the private self».

100. Rebecca Jennings, «Facetune and the internet's endless pursuit of physical perfection», *Vox*, 25 de julio de 2019, <https://www.vox.com/the-highlight/2019/7/16/20689832/instagram-photo-editing-app-facetune>.

101. Chris Velazco, «Apple highlights some of the best (and most popular) apps of 2019», Engadget, 3 de diciembre de 2019, <https://www.engadget.com/2019/12/03/apple-best-apps-of-2019-iphone-ipad-mac/>.

102. Elle Hunt, «Faking it: how selfie dysmorphia is driving people to seek surgery», *Guardian*, 23 de enero de 2019, <https://www.theguardian.com/lifeandstyle/2019/jan/23/faking-it-how-selfie-dysmorphia-is-driving-people-to-seek-surgery>.

103. Jessica Baron, «Does editing your selfies make you more likely to want plastic surgery?», *Forbes*, 27 de junio de 2019, <https://www.forbes.com/sites/jessicabaron/2019/06/27/plastic-surgeons-ask-if-selfie-editing-is-related-to-a-desire-for-plastic-surgery/#87499d11e021>; véase también Susruthi Rajanala, Mayra B. C. Maymone y Neelam A. Vashi, «Selfies – Living in the era of filtered photographs», *JAMA Facial Plastic Surgery* 20, núm. 6, noviembre de 2018, págs. 443-444.

104. Cass Sunstein, «Nudging smokers», *New England Journal of Medicine* 372, núm. 22, mayo de 2015, págs. 2150-2151, <https://doi.org/10.1056/NEJMe1503200>.

105. Michael Zelenko, «The high hopes of the low-tech phone», *The Verge*, 4 de septiembre de 2019, <https://www.theverge.com/2019/9/4/20847717/light-phone-2-minimalist-features-design-keyboard-crowdfunding>.

106. Véase Jonathan Haidt y Nick Allen, «Scrutinizing the effects of digital technology on mental health», *Nature*, News and Views Forum, 10 de febrero de 2020, <https://www.nature.com/articles/d41586-020-00296-x?sf229908667=1>.

107. «Children unprepared for social media "Cliff Edge" as they start Secondary School, Children's Commissioner for England warns in New Report», Children's Commissioner of England, 4 de enero de 2018, <https://www.childrenscommissioner.gov.uk/2018/01/04/

children-unprepared-for-social-media-cliff-edge-as-they-start-secon
dary-school-childrens-commissioner-for-england-warns-in-new-re
port/>; para consultar el informe completo, véase «Life in "Likes":
Children's Commissioner Report into Social Media use among 8-12
year olds», Children's Commissioner of England, 2018.

108. Aunque se trata de una edad inferior a la que se aplica en el
caso del tabaco, si tenemos en cuenta que muchos jóvenes se incorporan al mundo laboral y que las interacciones informales con los compañeros de trabajo se producen en estos foros, sería poco razonable
que los adolescentes de más edad no pudieran intervenir en ellos.

109. Para más contexto histórico, véase «How has the seatbelt law
evolved since 1968?», Road Safety GB, 9 de abril de 2018, <https://
roadsafetygb.org.uk/news/how-has-the-seatbelt-law-evolved-since
-1968/>; véase la legislación original en <http://www.legislation.gov.
uk/uksi/1989/1219/made>.

110. Fumar en el coche cuando viajan niños es ilegal en el Reino
Unido desde 2015 (UK Department of Health and Social Care, «Smok-
ing in vehicles», 17 de julio de 2015, <https://www.gov.uk/government/
news/smoking-in-vehicles>); diversos estados y condados de Estados
Unidos tienen su propia legislación; California, por ejemplo, lleva
prohibiendo esa falta de cuidado desde 2007, <http://leginfo.legisla
ture.ca.gov/faces/codes_displaySection.xhtml?lawCode=HSC&sec
tionNum=118948>.

111. Véase Jacob Shamsian, «Facebook's head of policy says it
would allow "denying the Holocaust" in the weeks before banning
high-profile anti-Semitic conspiracy theorists», *Business Insider*, 3 de
mayo de 2019, <https://www.insider.com/facebook-allows-holocaust-
denial-anti-semitic-ban-2019-5>.

112. Karen Zraick, «Mark Zuckerberg seeks to clarify remarks
about Holocaust deniers after outcry», *New York Times*, 18 de julio
de 2018, <https://www.nytimes.com/2018/07/18/technology/mark
-zuckerberg-facebook-holocaust-denial.html>.

113. «Social media global revenue 2013–2019», Statista, 14 de
julio de 2016, <https://www.statista.com/statistics/562397/worldwide
-revenue-from-social-media/>. Téngase en cuenta que los datos relativos al período 2016-2019 no son informes, sino previsiones.

114. Jamil Zaki, «The technology of kindness».

115. Mark Zuckerberg, «The Internet needs new rules. Let's start

in these four areas», *Washington Post*, 30 de marzo de 2019, <https://www.washingtonpost.com/opinions/mark-zuckerberg-the-internet-needs-new-rules-lets-start-in-these-four-areas/2019/03/29/9e6f0504-521a-11e9-a3f7-78b7525a8d5f_story.html>.

116. «Australian government pushes through expansive new legislation targeting abhorrent violent material online», Ashurst Media Update, 10 de abril de 2019, <https://www.ashurst.com/en/news-and-insights/legal-updates/media-update-new-legislation-targeting-abhorrent-violent-material-online/>.

117. Pero la vaguedad del texto puede desvirtuar la normativa. Los debates sobre la interpretación de palabras como «aborrecible» e «inmediato» amenazan con dejarla sin efecto; *ibidem.*

118. Jamil Zaki, «The technology of kindness».

119. Jonathan Rauch, «Twitter needs a pause button», *The Atlantic*, agosto de 2019, <https://www.theatlantic.com/magazine/archive/2019/08/twitter-pause-button/592762/>.

120. «Age appropriate design: A code of practice for online services. Full version to be laid in Parliament», Information Commissioner's Office, 22 de enero de 2020, pág. 68, <https://ico.org.uk/media/for-organisations/guide-to-data-protection/key-data-protection-themes/age-appropriate-design-a-code-of-practice-for-online-services-0-0.pdf>.

121. «Online Harms White Paper», UK Department for Digital, Culture, Media & Sport and the UK Home Office, actualizado el 12 de febrero de 2020, <https://www.gov.uk/government/consultations/online-harms-white-paper/online-harms-white-paper>.

122. «Impact of social media and screen-use on young people's health», HC 822, House of Commons, 2019, <https://publications.parliament.uk/pa/cm201719/cmselect/cmsctech/822/822.pdf>.

123. Allan M. Brandt, «Inventing conflicts of interest: A history of tobacco industry tactics», *American Journal of Public Health* 102, núm. 1, enero de 2012, págs. 63-71, <https://doi.org/10.2105/AJPH.2011.300292>.

124. Alex Hern, «Third of advertisers may boycott Facebook in hate speech revolt», *Guardian*, 30 de junio de 2020, <https://www.theguardian.com/technology/2020/jun/30/third-of-advertisers-may-boycott-facebook-in-hate-speech-revolt>.

125. «More companies join Facebook ad boycott bandwagon», *New York Times*, 29 de junio de 2020, <https://www.nytimes.com/

reuters/2020/06/29/business/29reuters-facebook-ads-boycott-fact
box.html>; véase también Stop Hate for Profit, <https://stophatefor
profit.org>.

7. La soledad en el trabajo

1. Dan Schawbel, *Back to human: How great leaders create connection in the Age of Isolation* (Da Capo, 2018), Introducción. Hay que tener en cuenta que, si bien Schawbel no dice expresamente que su encuesta solo incluye a oficinistas, de la lectura del libro se desprende que sus sondeos se centran principalmente en los trabajadores cualificados. Véase también David Vallance, «The workplace is a lonely place, but it doesn't have to be», Dropbox, 15 de julio de 2019, <https://blog.dropbox.com/topics/work-culture/tips-for-fixing -workplace-loneliness>.

2. Emma Mamo, «How to combat the rise of workplace loneliness», TotalJobs, 30 de julio de 2018, <https://www.totaljobs.com/ insidejob/how-to-combat-the-rise-of-workplace-loneliness/>; Jo Carnegie, «The rising epidemic of workplace loneliness and why we have no office friends», *Telegraph*, 18 de junio de 2018, <https://www.te legraph.co.uk/education-and-careers/0/rising-epidemic-workplace -loneliness-have-no-office-friends/>; en 2014, el 42 % de los británicos reconocieron no tener un solo amigo en el trabajo.

3. «Most white-collar workers in China anxious and lonely: survey», *China Daily*, 23 de mayo de 2018, <https://www.chinadaily. com.cn/a/201805/23/WS5b04ca17a3103f6866eea0e9.html>.

4. «Research on friends at work», Olivet Nazarene University, <https://online.olivet.edu/news/research-friends-work>; «Loneliness and the workplace», Cigna, enero de 2020, pág. 7, <https://www.cig na.com/static/www-cigna-com/docs/about-us/newsroom/studies- and-reports/combatting-loneliness/cigna-2020-loneliness-report. pdf>.

5. «Loneliness during coronavirus», Mental Health Foundation, 3 de junio de 2020, <https://www.mentalhealth.org.uk/coronavirus/ coping-with-loneliness>.

6. «State of the global workplace», Gallup, <https://www.gallup. com/workplace/238079/state-global-workplace-2017.aspx>.

7. Jane Ammeson, «Storytelling with Studs Terkel», *Chicago Life*, 28 de mayo de 2007, <http://chicagolife.net/content/interview/Sto rytelling_with_Studs_Terkel>; «Teenage telephone operator reveals loneliness in Terkel's "working", NPR, 27 de septiembre de 2016, <https://www.npr.org/templates/transcript/transcript.php?storyId= 495671371>.

8. Dan Schawbel, *Back to human* (Da Capo, 2018); véase también Kerry Hannon, «People with pals at work more satisfied, productive», *USA Today*, 13 de agosto de 2013, <http://usatoday30.usatoday. com/money/books/reviews/2006-08-13-vital-friends_x.htm>.

9. Dan Schawbel, «How technology created a lonely workplace», MarketWatch, 2 de diciembre de 2018, <https://www.marketwatch. com/story/how-technology-created-a-lonely-workplace-2018-11-13>; «40 % of Australians feel lonely at work», *a future that works*, 8 de julio de 2019, <http://www.afuturethatworks.org.au/media-sto ries/2019/7/8/40-of-australians-feel-lonely-at-work>; Hakan Ozcelik y Sigal G. Barsade, «No employee an island: Workplace loneliness and job performance», *Academy of Management Journal* 61, núm. 6, 11 de diciembre de 2018, pág. 2343, <https://doi.org/10.5465/amj. 2015.1066>.

10. «Loneliness on the job: Why no employee is an island», Knowledge@@Wharton, 9 de marzo de 2018, <https://knowledge. wharton.upenn.edu/article/no-employee-is-an-island/>.

11. Encuesta realizada entre 1.624 trabajadores a jornada completa, cfr. Shawn Achor, Gabriella Rosen Kellerman, Andre Reece y Alexi Robichaux, «America's loneliest workers, according to research», *Harvard Business Review*, 19 de marzo de 2018, <https://hbr.org/ 2018/03/americas-loneliest-workers-according-to-research>; «Loneliness causing UK workers to quit their jobs», TotalJobs, 26 de julio de 2018, <http://press.totaljobs.com/release/loneliness-causing-uk-workers-to-quit-their-jobs/>.

12. «Global study finds that dependency on technology makes workers feel isolated, disengaged and less committed to their organizations», The Work Connectivity Study, 13 de noviembre de 2018, 1 de junio de 2020, <https://workplacetrends.com/the-work-connec tivity-study/>.

13. S. Y. Park y otros, «Coronavirus disease outbreak in call center, South Korea», *Emerging Infectious Diseases* 26, núm. 8, 2020,

<https://doi.org/10.3201/eid2608.201274>; véase también Sean Fleming, «COVID–19: How an office outbreak in South Korea shows that protecting workers is vital for relaxing lockdown», *World Economic Forum*, 4 de mayo de 2020, <https://www.weforum.org/agenda/2020/05/protecting-office-workers-vital-for-relaxing-lockdown-south-korea/>.

14. «The State of the Open Office Research Study», Stegmeier Consulting Group, <https://cdn.worktechacademy.com/uploads/2018/01/Open-Office-Research-Study-Stegmeier-Consulting-Group.pdf>; Jeremy Bates, Mike Barnes and Steven Lang, «What workers want: Europe 2019», Savills PLC, 17 de junio de 2019, <https://www.savills.co.uk/research_articles/229130/283562-0/what-workers-want-europe-2019>; Brian Borzykowski, «Why open offices are bad for us», BBC, 11 de enero de 2017, <https://www.bbc.com/worklife/article/20170105-open-offices-are-damaging-our-memories>.

15. Ethan S. Bernstein y Stephen Turban, «The impact of the "open" workspace on human collaboration», *Philosophical Transactions of the Royal Society B* 1.753, núm. 373, julio de 2018, <https://doi.org/10.1098/rstb.2017.0239>.

16. John Medina y Ryan Mullenix, «How neuroscience is optimising the office», *Wall Street Journal*, 1 de mayo de 2018, <https://www.wsj.com/articles/how-neuroscience-is-optimizing-the-office-1525185527>; véase también Barbara Palmer, «Sound barriers: Keeping focus in a noisy open office», *PCMA*, 1 de diciembre de 2019, <https://www.pcma.org/open-office-spaces-distractions-noise/>.

17. «Too much noise», *Steelcase*, <https://www.steelcase.com/research/articles/topics/open-plan-workplace/much-noise/>.

18. Zaria Gorvett, «Why office noise bothers some people more than others», BBC, 18 de noviembre de 2019, <https://www.bbc.com/worklife/article/20191115-office-noise-acceptable-levels-personality-type>.

19. Jeremy Luscombe, «When all's not quiet on the office front, everyone suffers», *TLNT*, 4 de mayo de 2016, <https://www.tlnt.com/when-alls-not-quiet-on-the-office-front-everyone-suffers/>.

20. Vinesh Oommen, Mike Knowles e Isabella Zhao, «Should health service managers embrace open-plan work environments? A review», *Asia Pacific Journal of Health Management* 3, núm. 2, 2008, págs. 37-43.

21. Therese Sprinkle, Suzanne S. Masterson, Shalini Khazanchi y Nathan Tong, «A spacial model of work relationships: The relationship-building and relationship-straining effects of workspace design», *The Academy of Management Review* 43, núm. 4, junio de 2018, <https://doi.org/10.5465/amr.2016.0240>.

22. «Divisive practice of hot desking heightens employee stress», Consultancy.uk, 7 de mayo de 2019, <https://www.consultancy.uk/news/21194/divisive-practice-of-hot-desking-heightens-employee-stress>.

23. Conversación personal; Carla es un seudónimo.

24. Sarah Holder, «Can "Pods" bring quiet to the noisy open office?», CityLab, 2 de julio de 2019, <https://www.citylab.com/design/2019/07/open-plan-offices-architecture-acoustics-privacy-pods/586963/>; Josh Constine, «To fight the scourge of open offices, ROOM sells rooms», *TechCrunch*, 15 de agosto de 2018, <https://techcrunch.com/2018/08/15/room-phone-booths/?guccounter=1&guce_referrer_us=aHR0cHM6Ly93d3cuZ29vZ2xlLmNvbS8&guce_referrer_cs=p6XDk_kXhi4qkZLStN5AfA>.

25. Cubicall, <https://www.cubicallbooth.com/>.

26. Chip Cutter, «One architects radical vision to replace the open office», *Wall Street Journal*, 9 de enero de 2020, <https://www.wsj.com/articles/one-architects-radical-vision-to-replace-the-open-office-11578578407?emailToken=3d0330849f5ede15b0c7196985e56f38CBKL>.

27. «Why offices are becoming more "open"», InterviewQ's, <https://www.interviewqs.com/blog/closed_open_office>.

28. El 40 % de los empleados de una empresa no están en algún momento en su mesa de trabajo. Jeff Pochepan, «Here's what happens when you take away dedicated desks for employees», *Inc.*, 10 de mayo de 2018, <https://www.inc.com/jeff-pochepan/heres-what-happens-when-you-take-away-dedicated-desks-for-employees.html>; Niall Patrick Walsh, «Is coronavirus the beginning of the end of offices?», *Arch Daily*, 11 de marzo de 2020, <https://www.archdaily.com/935197/is-coronavirus-the-beginning-of-the-end-of-offices>.

29. Dan Schawbel, «How technology created a lonely workplace», MarketWatch, 2 de diciembre de 2018, <https://www.marketwatch.com/story/how-technology-created-a-lonely-workplace-2018-11-13>; estos datos están sacados de la auditoría interna de una empresa de comunicación.

30. *Ibidem.*

31. Lori Francis, Camilla M. Holmvall y Laura E. O'Brien, «The influence of workload and civility of treatment on the perpetration of email incivility», *Computers in Human Behavior* 46, 2015, págs. 191-201, <https://doi.org/10.1016/j.chb.2014.12.044>.

32. Véase Gina Luk, «Global mobile workforce forecast update 2017–2023», Strategy Analytics, 18 de mayo de 2018, <https://www.strategyanalytics.com/access-services/enterprise/mobile-workforce/market-data/report-detail/global-mobile-workforce-forecast-update-2017-2023>. Hay que tener en cuenta que esta previsión es anterior a la COVID-19, y que durante el confinamiento la mayoría de los administrativos trabajaron desde casa. Es probable que en el futuro el teletrabajo sea mucho más habitual.

33. Erica Dhawan y Tomás Chamorro-Premuzic, «How to collaborate effectively if your team is remote», *Harvard Business Review*, 27 de febrero de 2018, <https://hbr.org/2018/02/how-to-collaborate-effectively-if-your-team-is-remote>.

34. Bryan Robinson, «What studies reveal about social distancing and remote working during coronavirus», *Forbes*, 4 de abril de 2020, <https://www.forbes.com/sites/bryanrobinson/2020/04/04/what-7-studies-show-about-social-distancing-and-remote-working-during-covid-19/>.

35. Hailley Griffis, «State of Remote Work 2018 Report: What it's like to be a remote worker in 2018», *Buffer*, 27 de febrero de 2018, <https://open.buffer.com/state-remote-work-2018/>.

36. Véase el tuit original en <https://twitter.com/hacks4pancakes/status/1106743840751476736?s=20>.

37. Ryan Hoover, «The problems in remote working», LinkedIn, 19 de marzo de 2019, <https://www.linkedin.com/pulse/problems-remote-working-ryan-hoover/?trackingId=KaDtuFRVTiy7DDxgnaFy5Q%3D%3D>.

38. Véanse los tuits originales en <https://twitter.com/hacks4pancakes/status/1106743840751476736?s=20>; <https://twitter.com/SethSandler/status/1106721799306244096?s=20>.

39. Véase el tuit original en <https://twitter.com/john_osborn/status/1106570727103348738?s=20>.

40. Véase el tuit original en <https://twitter.com/ericnakagawa/status/1106567592225890305?s=20>.

41. Véase el tuit original en <https://twitter.com/ahmed_sulaj man/status/1106561023652302848?s=20>; otros son «Finding intentional work communities. Missing the passive conversations with teammates» @@DavidSpinks; «Lack of social dynamism. I get stir crazy and stuck in my head if I don't/can't talk to other people» @@ jkwade; «Not talking to other human beings» @@belsito; «resolving issues is easier when ur with colleagues, than online» @@GabbarSanghi; «My biggest frustration is there's no one to high-five you when you accomplish something big» @@MadalynSklar; «Missing out office social interactions... that's where magic happens in relationships!» @@EraldoCavalli; Ryan Hoover, «The problems in remote working», LinkedIn, 19 de marzo de 2019, <https://www.linkedin.com/pulse/ problems-remote-working-ryan-hoover/?trackingId=KaDtuFRVT iy7DDxgnaFy5Q%3D%3D>.

42. Jenni Russell, «Office life is more precious than we admit», *The Times*, 6 de mayo de 2020, <https://www.thetimes.co.uk/article/ office-life-is-more-precious-than-we-admit-q3twmh8tv>.

43. Nicholas Bloom, James Liang, John Roberts y Zhichun Jenny Ying, «Does working from home work? Evidence from a Chinese experiment», *The Quarterly Journal of Economics* 130, núm. 1, noviembre de 2014, págs. 165-218, <https://doi.org/10.1093/qje/qju032>.

44. Isabella Steger, «A Japanese aquarium under lockdown wants people to video call its lonely eels», *Quartz*, 30 de abril de 2020, <https:// qz.com/1848528/japan-aquarium-asks-people-to-video-call-eels-under -lockdown/>.

45. Kevin Roose, «Sorry, but working from home is overrated», *New York Times*, 10 de marzo de 2020, <https://www.nytimes.com/ 2020/03/10/technology/working-from-home.html>.

46. *Ibidem.*

47. En urbes tan dispares como Birmingham, Brasilia, Toronto, Estambul, Bogotá, Río de Janeiro y Los Ángeles en el desplazamiento al trabajo se pierde más de una hora y media diaria, sobre todo porque el precio de la vivienda en el centro de las ciudades no está al alcance de los trabajadores de clase media. Julia Watts, «The best and worst cities for commuting», Expert Market, <https://www.expertmarket. co.uk/vehicle-tracking/best-and-worst-cities-for-commuting>. Véanse los datos originales en <https://images.expertmarket.co.uk/ wp-content/uploads/sites/default/files/FOCUSUK/Commuter%20

Carnage/The%20Best%20and%20Worst%20Cities%20for%20 Commuting%20-%20Expert%20Market.pdf?_ga=2.6892788.7 10211532.1591291518-1056841509.1591291518>.

48. Alison Lynch, «Table for one: Nearly half of all meals in the UK are eaten alone», *Metro*, 13 de abril de 2016, <https://metro.co. uk/2016/04/13/table-for-one-nearly-half-of-all-meals-in-the-uk-are-eaten-alone-5813871/>.

49. Malia Wollan, «Failure to lunch», *New York Times*, 25 de febrero de 2016, <https://www.nytimes.com/2016/02/28/magazine/failure -to-lunch.html>; Olivera Perkins, «Eating lunch alone, often working at your desk: the disappearing lunch break (photos)», Cleveland.com, 14 de septiembre de 2015, <https://www.cleveland.com/business/2015/ 09/eating_lunch_alone_often_worki.html>.

50. Robert Williams, Kana Inagaki, Jude Webber y John Aglionby, «A global anatomy of health and the workday lunch», *Financial Times*, 14 de septiembre de 2016, <https://www.ft.com/content/a1b8d81a -48f5-11e6-8d68-72e9211e86ab>.

51. Stan Herman, «In-work dining at Silicon Valley companies like Google and Facebook causes spike in divorce rate», *Salon*, 24 de junio de 2018, <https://www.salon.com/2018/06/24/in-work-dining -in-silicon-valley-companies-like-google-and-facebook-cause-spike -in-divorce-there/>; Lenore Bartko, «Festive feasts around the world», InterNations.org, <https://www.internations.org/magazine/plan-pre pare-feast-and-enjoy-tips-for-celebrating-national-holidays-abroad -17475/festive-feasts-around-the-world-2>.

52. Véase, por ejemplo, Anthony Charuvastra y Marylene Cloitre, «Social bonds and post-traumatic stress disorder», *Annual Review of Psychology* 59, 2008, págs. 301-328.

53. El nombre de la ciudad no se menciona en el estudio original para preservar la identidad de los bomberos. Kevin M. Kniffin, Brian Wansink, Carol M. Devine y Jeffery Sobal, «Eating together at the firehouse: How workplace commensality relates to the performance of firefighters», *Human Performance* 28, núm. 4, 2015, págs. 281-306, <https://doi.org/10.1080/08959285.2015.1021049>.

54. Susan Kelley, «Groups that eat together perform better together», *Cornell Chronicle*, 19 de noviembre de 2015, <https://news. cornell.edu/stories/2015/11/groups-eat-together-perform-better-to gether>; véase también Kniffin y otros, «Eating together at the fire-

house»; «Team-building in the cafeteria», *Harvard Business Review*, diciembre de 2015, <https://hbr.org/2015/12/team-building-in-the-cafeteria>.

55. Kelley, «Groups that eat together perform better together».

56. Trevor Felch, «Lunch at Google HQ is as insanely awesome as you thought», *Serious Eats*, 8 de enero de 2014, <https://www.se riouseats.com/2014/01/lunch-at-google-insanely-awesome-as-you-thought.html>; Katie Canales, «Cayenne pepper ginger shots, home made lemon tarts, and Michelin-starred chefs – here's what employees at Silicon Valley's biggest tech companies are offered for free», *Business Insider*, 31 de julio de 2018, <https://www.businessinsider.com/free-food-silicon-valley-tech-employees-apple-google-facebook-2018-7?r=US&IR=T#apple-employees-don't-get-free-food-but-they-do-get-subsidized-cafes-2>.

57. «Team-building in the cafeteria».

58. Alex Pentland, «The new science of building great teams», *Harvard Business Review*, abril de 2012, <https://hbr.org/2012/04/the-new-science-of-building-great-teams>; Ron Miller, «New firm combines wearables and data to improve decision making», *TechCrunch*, 24 de febrero de 2015, <https://techcrunch.com/2015/02/24/new-firm-combines-wearables-and-data-to-improve-decision-making/>.

59. Jen Hubley Luckwaldt, «For the love of the job: Does society pay teachers what they are worth?», PayScale, <https://www.payscale.com/data-packages/most-and-least-meaningful-jobs/teacher-pay-versus-job-meaning>; «Nurses are undervalued because most of them are women, a new study shows», Oxford Brookes University, 29 de enero de 2020, <https://www.brookes.ac.uk/about-brookes/news/nurses-are-undervalued-because-most-of-them-are-women-a-new-study-finds/>; informe original: «Gender and nursing as a profession», Royal College of Nursing y Oxford Brookes University, enero de 2020; Jack Fischl, «Almost 82 per cent of social workers are female, and this is hurting men», *Mic*, 25 de marzo de 2013, <https://www.mic.com/articles/30974/almost-82-percent-of-social-workers-are-female-and-this-is-hurting-men; analysis of job descriptions on total jobs.com>.

60. Sarah Todd, «Can nice women get ahead at work?», *Quartz*, <https://qz.com/work/1708242/why-being-nice-is-a-bad-word-at-work/>.

61. Sarah Todd, «Finally, a performance review designed to weed out "brilliant jerks"», *Quartz*, 22 de julio de 2019, <https://qz.com/work/1671163/atlassians-new-performance-review-categories-weed-out-brilliant-jerks/>.

62. Sarah Todd, «Can nice women get ahead at work?».

63. Joan C. Williams y Marina Multhaup, «For women and minorities to get ahead, managers must assign work fairly», *Harvard Business Review*, 5 de marzo de 2018, <https://hbr.org/2018/03/for-women-and-minorities-to-get-ahead-managers-must-assign-work-fairly>.

64. Patrick Moorhead, «Why no one should be surprised cisco named "world's best workplace" for 2019», *Forbes*, 1 de noviembre de 2019, <https://www.forbes.com/sites/moorinsights/2019/11/01/why-no-one-should-be-surprised-cisco-named-worlds-best-workplace-for-2019/#5d7032443886>.

65. Paul Verhaghe, «Neoliberalism has brought out the worst in us», *The Guardian*, 29 de septiembre de 2014, <https://www.theguardian.com/commentisfree/2014/sep/29/neoliberalism-economic-system-ethics-personality-psychopathicsthic>.

66. Entre 1950 y 2012, las horas trabajadas por empleado al cabo del año disminuyeron un 40 % en Alemania y en los Países Bajos. En Estados Unidos, esa proporción es un 10 % más baja. Matthew Yglesias, «Jeb Bush and longer working hours: gaffesplainer 2016», *Vox*, 9 de julio de 2015, <https://www.vox.com/2015/7/9/8920297/jeb-bush-work-longer>; Derek Thompson, «Workism is making americans miserable», *The Atlantic*, 24 de febrero de 2019, <https://www.theatlantic.com/ideas/archive/2019/02/religion-workism-making-americans-miserable/583441/>.

67. Anna S. Burger, «Extreme working hours in Western Europe and North America: A new aspect of polarization», LSE «Europe in Question», Discussion Paper Series, mayo de 2015, <http://www.lse.ac.uk/europeanInstitute/LEQS%20Discussion%20Paper%20Series/LEQSPaper92.pdf>. Este estudio se centró en los trabajadores con titulación universitaria. Es de suponer que el subconjunto de los profesionales seguirá la misma tendencia; Heather Boushey y Bridget Ansel, «Overworked America», Washington Center for Equitable Growth, 16 de mayo de 2016, <https://equitablegrowth.org/research-paper/overworked-america/>. Sabemos que entre 1985 y 2010, el tiempo de ocio semanal de los hombres con un título universitario disminuyó en

dos horas y media, es decir, más que ningún otro grupo poblacional; Derek Thompson, «Are we truly overworked? An investigation – in 6 charts», *The Atlantic*, junio de 2013, <https://www.theatlantic.com/magazine/archive/2013/06/are-we-truly-overworked/309321/>.

68. Steven Clarke y George Bangham, «Counting the hours», Resolution Foundation, enero de 2018, <https://www.resolutionfoundation.org/app/uploads/2018/01/Counting-the-hours.pdf>.

69. Justin McCurry, «Japanese woman "dies from overwork" after logging 159 hours of overtime in a month», *Guardian*, 5 de octubre de 2017, <https://www.theguardian.com/world/2017/oct/05/japanese-woman-dies-overwork-159-hours-overtime>.

70. Rita Liao, «China's startup ecosystem is hitting back at demanding working hours», *TechCrunch*, 13 de abril de 2019, <https://techcrunch.com/2019/04/12/china-996/>.

71. En Estados Unidos, el costo de la vida es hoy un 30 % más alto que hace veinte años. Larry Getlen, «America's middle class is slowly being "wiped out"», MarketWatch, 23 de julio de 2018, <https://www.marketwatch.com/story/americas-middle-class-is-slowly-being-wiped-out-2018-07-23>. Véase también Alissa Quart, *Squeezed: Why our families can't afford America*, Ecco, 2018; lo mismo vale para el Reino Unido, donde el número de familias con ingresos medios disminuyó un 27 % entre 1980 y 2010; al mismo tiempo, la clase media ha decrecido en dos de cada tres países de la Unión Europea desde la crisis económica de 2008. Véase Daniel Boffey, «How 30 years of a polarised economy have squeezed out of the middle class», *Guardian*, 7 de marzo de 2015, <https://www.theguardian.com/society/2015/mar/07/vanishing-middle-class-london-economy-divide-rich-poor-england>; Liz Alderman, «Europe's middle class is shrinking. Spain bears much of the pain», *New York Times*, 14 de febrero de 2019, <https://www.nytimes.com/2019/02/14/business/spain-europe-middle-class.html>.

72. Jennifer Szalai, «Going for broke, the middle class goes broke», *New York Times*, 27 de junio de 2018, <https://www.nytimes.com/2018/06/27/books/review-squeezed-alissa-quart.html>.

73. Sarah Graham, «Meet the young nurses who need a side hustle just to pay their bills», *Grazia*, 12 de julio de 2017, <https://graziadaily.co.uk/life/real-life/meet-young-nurses-need-side-hustle-just-pay-bills/>.

74. «Nursing shortage: 52 % of US nurses say it's gotten worse», Staffing Industry Analysts, 12 de noviembre de 2019, <https://www2. staffingindustry.com/site/Editorial/Daily-News/Nursing-shortage-52-of-US-nurses-say-it-s-gotten-worse-51871>; en Estados Unidos y el Reino Unido, los profesores también pueden caer en esta trampa. Reino Unido: conversaciones con colegas. Para Estados Unidos, véase, por ejemplo, Seth Freed Wessler, «Your college professor could be on public assistance», NBC News, 6 de abril de 2015, <https://www.nbc news.com/feature/in-plain-sight/poverty-u-many-adjunct-professors-food-stamps-n336596>; Matt Saccaro, «Professors on food stamps: The shocking true story of academia in 2014», *Salon*, 21 de septiembre de 2014, <https://www.salon.com/test/2014/09/21/professors_on_food _stamps_the_shocking_true_story_of_academia_in_2014/>.

75. Katherine Schaeffer, «About one-in-six U.S. teachers work second jobs – and not just in the summer», Pew Research Center, 1 de julio de 2019, <https://www.pewresearch.org/fact-tank/2019/07/01/ about-one-in-six-u-s-teachers-work-second-jobs-and-not-just-in-the-summer/>; Michael Addonizio, «Are America's teachers really un-derpaid?», *The Conversation*, 11 de abril de 2019, <https://thecon versation.com/are-americas-teachers-really-underpaid-114397>.

76. Szalai, «Going for broke, the middle class goes broke».

77. Sylvia Ann Hewlett y Carolyn Buck Luce, «Extreme jobs: The dangerous allure of the 70-hour workweek», *Harvard Business Review*, diciembre de 2006, <https://hbr.org/2006/12/extreme-jobs-the-dangerous-allure-of-the-70-hour-workweek>.

78. «New statistics reveal effect of modern day lifestyles on fami-ly life», British Heart Foundation, 12 de mayo de 2017, <https:// www.bhf.org.uk/what-we-do/news-from-the-bhf/news-archive/ 2017/may/new-statistics-reveal-effect-of-modern-day-lifestyles-on-family-life>.

79. Emma Seppälä y Marissa King, «Burnout at work isn't just about exhaustion. It's also about loneliness», *Harvard Business Re-view*, 29 de junio de 2017, <https://hbr.org/2017/06/burnout-at-work -isnt-just-about-exhaustion-its-also-about-loneliness>.

80. Christina Zdanowicz, «Denver is so expensive that teachers have to get creative to make ends meet», CNN, 11 de febrero de 2019, <https://edition.cnn.com/2019/02/10/us/denver-teacher-strike -multiple-jobs/index.html>.

81. Zoe Schiffer, «Emotional baggage», *The Verge*, 5 de diciembre de 2019, <https://www.theverge.com/2019/12/5/20995453/away-luggage-ceo-steph-korey-toxic-work-environment-travel-inclusion>.

82. *Rise and grind* (Currency, 2018) es el título de un libro de Daymond John, protagonista de la serie *Negociando con tiburones* y fundador de FUBU, así como el tema de un anuncio de Nike: <https://www.youtube.com/watch?v=KQSiiEPKgUk>.

83. «The relationship between hours worked and productivity», Crunch Mode: Programming to the Extreme, <https://cs.stanford.edu/people/eroberts/cs201/projects/crunchmode/econ-hours-productivity.html>; Sarah Green Carmichael, «The research is clear: Long hours backfire for people and for companies», *Harvard Business Review*, 19 de agosto de 2015, <https://hbr.org/2015/08/the-research-is-clear-long-hours-backfire-for-people-and-for-companies>.

84. «Volkswagen turns off Blackberry email after work hours», BBC News, 8 de marzo de 2012, <https://www.bbc.co.uk/news/technology-16314901>.

85. «Should holiday email be deleted?», BBC News, 14 de agosto de 2014, <https://www.bbc.co.uk/news/magazine-28786117>.

86. Nótese que yo formo parte del consejo de administración de Warner Music Group.

87. «French workers get "right to disconnect" from emails out of hours», BBC News, 31 de diciembre de 2016, <https://www.bbc.co.uk/news/world-europe-38479439>.

88. Daniel Ornstein y Jordan B. Glassberg, «More countries consider implementing a "right to disconnect"». *The National Law Review*, 29 de enero de 2019, <https://www.natlawreview.com/article/more-countries-consider-implementing-right-to-disconnect>.

89. Raquel Flórez, «The future of work – New rights for new times», *Freshfields*, 5 de diciembre de 2018, <https://digital.freshfields.com/post/102f6up/the-future-of-work-new-rights-for-new-times>; Ornstein y Glassberg, «More countries consider implementing a "right to disconnect"».

90. «Banning out-of-hours email "could harm employee wellbeing"», BBC News, 18 de octubre de 2019, <https://www.bbc.co.uk/news/technology-50073107>.

91. Evgeny Morozov, «So you want to switch off digitally? I'm

afraid that will cost you...», *Guardian*, 19 de febrero de 2017, <https://www.theguardian.com/commentisfree/2017/feb/19/right-to-discon nect-digital-gig-economy-evgeny-morozov>.

92. Peter Fleming, «Do you work more than 39 hours per week? Your job could be killing you», *Guardian*, 15 de enero de 2018, <https://www.theguardian.com/lifeandstyle/2018/jan/15/is-28-hours-ideal-working-week-for-healthy-life>.

93. «Two in five low-paid mums and dads penalised by bad bosses, TUC study reveals», Trades Union Congress, 1 de septiembre de 2017, <https://www.tuc.org.uk/news/two-five-low-paid-mums-and-dads-penalised-bad-bosses-tuc-study-reveals-0>. La crisis del coronavirus indica que el peligro es todavía mayor, pues el Congreso de Sindicatos Británicos tuvo que exigir al Gobierno que tomara medidas para proteger a los padres que se ven obligados a elegir entre aceptar trabajos mal pagados y cuidar de su familia, ya que la crisis amenaza con colapsar el sector del cuidado infantil. «Forced out: The cost of getting childcare wrong», Trades Union Congress, 4 de junio de 2020, <https://www.tuc.org.uk/research-analysis/reports/forced-out-cost-getting-childcare-wrong>.

94. Brian Wheeler, «Why Americans don't take sick days», BBC News, 14 de septiembre de 2014, <https://www.bbc.co.uk/news/world-us-canada-37353742>.

95. Harriet Meyer, «Part-time workers "trapped" in jobs with no chance of promotion», *Guardian*, 8 de julio de 2013, <https://www.theguardian.com/money/2013/jul/08/part-time-workers-trapped-jobs>; Richard Partington, «Mothers working part-time hit hard by gender pay gap, study shows», *Guardian*, 5 de febrero de 2018, <https://www.theguardian.com/society/2018/feb/05/mothers-working-part-time-hit-hard-by-gender-pay-gap-study-shows>; Paul Johnson, «We must not ignore plight of low-paid men as once we ignored that of working women», Institute for Fiscal Studies, 12 de noviembre de 2018, <https://www.ifs.org.uk/publications/13706>.

96. Véase por ejemplo Ariane Hegewisch y Valerie Lacarte, «Gender inequality, work hours, and the future of work», Institute for Women's Policy Research, 14 de noviembre de 2019, <https://iwpr.org/publications/gender-inequality-work-hours-future-of-work/>.

97. Dominic Walsh, «Centrica staff get extra paid leave to care for sick relatives», *The Times*, 7 de mayo de 2019, <https://www.the

times.co.uk/article/centrica-staff-get-extra-paid-leave-to-care-for-sick-relatives-6397f7vs8>.

98. Joe Wiggins, «9 companies that offer corporate volunteering days», Glassdoor, 6 de mayo de 2019, <https://www.glassdoor.co.uk/blog/time-off-volunteer/>.

99. Kari Paul, «Microsoft Japan tested a four-day work week and productivity jumped by 40 %», *Guardian*, 4 de noviembre de 2019, <https://www.theguardian.com/technology/2019/nov/04/microsoft-japan-four-day-work-week-productivity>.

8. El látigo digital

1. Robert Booth, «Unilever saves on recruiters by using AI to assess job interviews», *Guardian*, 25 de octubre de 2019, <https://www.theguardian.com/technology/2019/oct/25/unilever-saves-on-recruiters-by-using-ai-to-assess-job-interviews>; The Harvey Nash HR Survey 2019, <https://www.harveynash.com/hrsurvey/full-report/charts/#summary>.

2. «HireVue surpasses ten million video interviews completed worldwide», HireVue, 21 de mayo de 2019, <https://www.hirevue.com/press-release/hirevue-surpasses-ten-million-video-interviews-completed-worldwide>.

3. «EPIC Files complaint with FTC about employment screening firm HireVue», Electronic Privacy Information Center, 6 de noviembre de 2019, <https://epic.org/2019/11/epic-files-complaint-with-ftc.html>; véase la reclamación completa en <https://epic.org/privacy/ftc/hirevue/EPIC_FTC_HireVue_Complaint.pdf>.

4. Loren Larsen, «HireVue assessments and preventing algorithmic bias», HireVue, 22 de junio de 2018, <https://www.hirevue.com/blog/hirevue-assessments-and-preventing-algorithmic-bias>; cf. Emma Leech, «The perils of AI recruitment», *New Statesman*, 14 de agosto de 2019, <https://tech.newstatesman.com/emerging-technologies/ai-recruitment-algorithms-bias>; Julius Schulte, «AI-assisted recruitment is biased. Here's how to make it more fair», World Economic Forum, 9 de mayo de 2019, <https://www.weforum.org/agenda/2019/05/ai-assisted-recruitment-is-biased-hires-how-to-beat-it/>.

5. Drew Harwell, «A face-scanning algorithm increasingly deci-

des whether you deserve the job», *Washington Post*, 6 de noviembre de 2019, <https://www.washingtonpost.com/technology/2019/10/22/ai-hiring-face-scanning-algorithm-increasingly-decides-whether-you-deserve-job/>.

6. Reuters, «Amazon ditched AI recruiting tool that favoured men for technical jobs», *Guardian*, 11 de octubre de 2018, <https://www.theguardian.com/technology/2018/oct/10/amazon-hiring-ai-gender-bias-recruiting-engine>.

7. Kuba Krys y otros, «Be careful where you smile: Culture shapes judgments of intelligence and honesty of smiling individuals», *Journal of Nonverbal Behavior* 40, 2016, págs. 101-116, <https://doi.org/10.1007/s10919-015-0226-4>; los análisis cuantitativos realizados en 44 países confirman las creencias que reflejan los estereotipos.

8. En teoría los países con mayor diversidad histórica, esto es, aquellos en los que hay una gran proporción de inmigrantes que no siempre hablan la misma lengua ni tienen las mismas costumbres, la sonrisa desempeña una función de intercambio social; véase Khazan, «Why Americans smile so much», *The Atlantic*, 3 de mayo de 2017, <https://www.theatlantic.com/science/archive/2017/05/why-americans-smile-so-much/524967/>.

9. El cierre de las sucursales alemanas tuvo que ver, según los analistas, con su incapacidad para adaptarse a las diferentes expectativas culturales; Mark Landler y Michael Barbaro, «Wal-Mart finds that its formula doesn't fit every culture», *New York Times*, 2 de agosto de 2006, <https://www.nytimes.com/2006/08/02/business/worldbusiness/02walmart.html>; véase también Khazan, «Why Americans smile so much».

10. Esta cuestión se aborda en la pestaña de «preguntas frecuentes» de su sitio web: «Los trabajos de cara al cliente, como el de cajero de un banco, requieren cierto grado de amabilidad y atención hacia otras personas. Un trabajo más técnico puede no requerir el mismo grado de interacción social, por lo que es probable que factores como la sonrisa o el contacto visual prolongado no formen parte del modelo de evaluación necesario para ese trabajo»; HireVue, <https://www.hirevue.com/candidates/faq>.

11. Stéphanie Thomson, «Here's why you didn't get that job: your name», World Economic Forum, 23 de mayo de 2017, <https://www.weforum.org/agenda/2017/05/job-applications-resume-cv-name-discrimination/>.

12. Dave Gershgorn, «AI is now so complex its creators can't trust why it makes decisions», *Quartz*, 7 de diciembre de 2017, <https://qz.com/1146753/ai-is-now-so-complex-its-creators-cant-trust-why-it-makes-decisions/>.

13. Jordi Canals y Franz Heukamp, *The future of management in an AI world: Redesigning purpose and strategy in the Fourth Industrial Revolution*, Springer Nature, 2019, pág. 108.

14. Nótese que, además de la entrevista en video, tuve que «jugar» a algunos «juegos» psicométricos, pero no está claro hasta qué punto influyeron en esta evaluación.

15. Terena Bell, «This bot judges how much you smile during your job interview», *Fast Company*, 15 de enero de 2019, <https://www.fastcompany.com/90284772/this-bot-judges-how-much-you-smile-during-your-job-interview>.

16. «Jane» es un nombre ficticio.

17. Cogito Corporation, <https://www.cogitocorp.com>.

18. «Jack» es también un nombre ficticio.

19. Ron Miller, «New firm combines wearables and data to improve decision making», *TechCrunch*, 24 de febrero de 2015, <https://techcrunch.com/2015/02/24/new-firm-combines-wearables-and-data-to-improve-decision-making/>.

20. Jessica Bruder, «These workers have a new demand: Stop watching us», *The Nation*, 27 de mayo de 2015, <https://www.thenation.com/article/archive/these-workers-have-new-demand-stop-watching-us/>.

21. Ceylan Yeginsu, «If workers slack off, the wristband will know. (And Amazon has a patent for it.)», *New York Times*, 1 de febrero de 2018, <https://www.nytimes.com/2018/02/01/technology/amazon-wristband-tracking-privacy.html>.

22. James Bloodworth, *Hired: Six months undercover in low-wage Britain*, Atlantic Books, 2018.

23. Luke Tredinnick y Claire Laybats, «Workplace surveillance», *Business Information Review* 36, núm. 2, 2019, págs. 50-52, <https://doi.org/10.1177/0266382119853890>.

24. Ivan Manokha, «New means of workplace surveillance: From the gaze of the supervisor to the digitalization of employees», *Monthly Review*, 1 de febrero de 2019, <https://monthlyreview.org/2019/02/01/new-means-of-workplace-surveillance/>.

25. Zuboff, *The age of surveillance capitalism*.

26. Olivia Solon, «Big Brother isn't just watching: workplace surveillance can track your every move», *Guardian*, 6 de noviembre de 2017, <https://www.theguardian.com/world/2017/nov/06/workplace-surveillance-big-brother-technology>.

27. *Ibidem*.

28. Entre las «ventas» incluyo también los períodos de prueba. Hubstaff, por ejemplo, informó de que el número de empresas que probaban sus productos prácticamente se triplicó como consecuencia de la importancia cada vez mayor del teletrabajo. Otros proveedores de sistemas informáticos dijeron que el interés en sus productos se multiplicó por seis. Jessica Golden y Eric Chemi, «Worker monitoring tools see surging growth as companies adjust to stay-at-home orders», CNBC, 13 de mayo de 2020, <https://www.cnbc.com/2020/05/13/employee-monitoring-tools-see-uptick-as-more-people-work-from-home.html>.

29. El uso de la aplicación pasó a ser optativo y luego desapareció tras una huelga de profesores. Jess Bidgood, «"I live Paycheck to Paycheck": A West Virginia teacher explains why she's on strike», *New York Times*, 1 de marzo de 2018, <https://www.nytimes.com/2018/03/01/us/west-virginia-teachers-strike.html?>.

30. Bruder, «These workers have a new demand: Stop watching us».

31. Padraig Belton, «How does it feel to be watched at work all the time?», BBC News, 12 de abril de 2019, <https://www.bbc.com/news/business-47879798>.

32. *Ibidem*.

33. Ellen Ruppel Shell, «The Employer-Surveillance State», *The Atlantic*, 15 de octubre de 2018, <https://www.theatlantic.com/business/archive/2018/10/employee-surveillance/568159/>.

34. Antti Oulasvirta y otros, «Long-term effects of ubiquitous surveillance in the home», Proceedings of the 2012 ACM Conference on Ubiquitous Computing, 2012, <https://doi.org/10.1145/2370216.2370224>.

35. Shell, «The Employer-Surveillance State».

36. Aunque hay diferencias abismales entre los trabajos forzados y las empresas actuales, he decidido centrarme en «el lugar de trabajo» característico del capitalismo posindustrial. Sin embargo, como

han demostrado muchos estudiosos, la esclavitud, ya sea en el mundo antiguo o, por ejemplo, en las plantaciones de Estados Unidos, proporciona numerosos ejemplos del uso de la vigilancia como arma de control social, deshumanización y extrañamiento. Para obtener más información sobre la intensificación de la vigilancia, véase, por ejemplo, Simone Browne, *Dark matters: On the surveillance of blackness*, Duke University Press, 2015.

37. «Pinkerton National Detective Agency», *Encyclopaedia Britannica*, 25 de septiembre de 2017, <https://www.britannica.com/topic/Pinkerton-National-Detective-Agency>.

38. Ifeoma Ajunwa, Kate Crawford y Jason Schultz, «Limitless worker surveillance», *California Law Review* 105, núm. 3, 2017, págs. 735-736.

39. Julie A. Flanagan, «Restricting electronic monitoring in the private workplace», *Duke Law Journal* 43, 1993, pág. 1256, <https://scholarship.law.duke.edu/cgi/viewcontent.cgi?article=3255&context=dlj>.

40. Incluso en la década de 1980, los estudiosos daban la alarma. Véase, por ejemplo, Shoshana Zuboff, *In the Age of the Smart Machine: The future of work and power*, Basic Books, 1988; Barbara Garson, *The electronic sweatshop: How computers are turning the office of the future into the factory of the past*, Simon & Schuster, 1988; Michael Wallace, «Brave new workplace: Technology and work in the new economy», *Work and Occupations* 16, núm. 4, 1989, págs. 363-392.

41. Ivan Manokha, «New means of workplace surveillance: From the gaze of the supervisor to the digitalization of employees», *Monthly Review*, 1 de febrero de 2019, <https://monthlyreview>.

42. En 1985, el 30 % de los trabajadores de países pertenecientes a la OCDE estaban afiliados a un sindicato; en 2019 esa proporción había descendido hasta el 16 %. Niall McCarthy, «The state of global trade union membership», Statista, 7 de mayo de 2019, <https://www.statista.com/chart/9919/the-state-of-the-unions/>.

43. La afiliación a los sindicatos se ha recudido a la mitad en todo el mundo desde la década de 1980; Niall McCarthy, «The state of global trade union membership», *Forbes*, 6 de mayo de 2019, <https://www.forbes.com/sites/niallmccarthy/2019/05/06/the-state-of-global-trade-union-membership-infographic/>; ONS, «Trade Union Membership Statistics 2018», Department for Business, Energy and Indus-

trial Strategy, <https://assets.publishing.service.gov.uk/government/uploads/system/uploads/attachment_data/file/805268/trade-union-membership-2018-statistical-bulletin.pdf>.

44. Richard Feloni, «Employees at the world's largest hedge fund use iPads to rate each other's performance in real-time – see how it works», *Business Insider*, 6 de septiembre de 2017, <https://www.businessinsider.com/bridgewater-ray-dalio-radical-transparency-app-dots-2017-9?IR=T>.

45. <https://www.glassdoor.com/Reviews/Employee-Review-Bridgewater-Associates-RVW28623146.htm>.

46. <https://www.glassdoor.com/Reviews/Employee-Review-Bridgewater-Associates-RVW25872721.htm>.

47. <https://www.glassdoor.com/Reviews/Employee-Review-Bridgewater-Associates-RVW25450329.htm>; Allana Akhtar, «What it's like to work at the most successful hedge fund in the world, where 30 % of new employees don't make it and those who do are considered "intellectual Navy SEALs"», *Business Insider*, 16 de abril de 2019, <https://www.businessinsider.com/what-its-like-to-work-at-ray-dalio-bridgewater-associates-2019-4>.

48. *Ibidem.*

49. Amir Anwar, «How Marx predicted the worst effects of the gig economy more than 150 years ago», *New Statesman*, 8 de agosto de 2018, <https://tech.newstatesman.com/guest-opinion/karl-marx-gig-economy>.

50. Richard Partington, «Gig economy in Britain doubles, accounting for 4.7 million workers», *Guardian*, 28 de junio de 2019, <https://www.theguardian.com/business/2019/jun/28/gig-economy-in-britain-doubles-accounting-for-47-million-workers>; Siddharth Suri y Mary L. Gray, «Spike in online gig work: flash in the pan or future of employment?», Ghost Work, noviembre de 2016, <https://ghostwork.info/2016/11/spike-in-online-gig-work-flash-in-the-pan-or-future-of-employment/>.

51. Thor Berger, Chinchih Chen y Carl Frey, «Drivers of disruption? Estimating the Uber effect», *European Economic Review* 110, 2018, págs. 197-210, <https://doi.org/10.1016/j.euroecorev.2018.05.006>.

52. El profesor Stephen Zoepf levantó un revuelo en marzo de 2018 cuando publicó un informe en el que llegaba a la conclusión

de que los conductores de Uber ganaban una media de 3,37 dólares la hora, afirmación que los responsables económicos de la empresa rebatieron poniendo en tela de juicio la metodología utilizada por Zoepf. Pero, cuando este admitió la validez de la crítica y calculó de nuevo los resultados, la cantidad solo ascendió a 8,55 dólares, lo que tampoco es para tirar cohetes. Véase Lawrence Mishel, «Uber and the labor market», *Economic Policy Institute*, 15 de mayo de 2018, <https://www.epi.org/publication/uber-and-the-labor-market-uber-drivers-compensation-wages-and-the-scale-of-uber-and-the-gig-economy/>.

53. A esto hay que sumar los miles de trabajadores no eventuales cuyo empleo depende ahora también de la valoración que de ellos hagan los clientes. ¿Cuándo fue la última vez que participó en una encuesta después de hablar con un empleado de atención al cliente? Su trabajo puede depender de ello; Rob Brogle, «How to avoid the evils within customer satisfaction surveys», ISIXIGMA.com, <https://www.isixsigma.com/methodology/voc-customer-focus/how-to-avoid-the-evils-within-customer-satisfaction-surveys/>. Véanse sobre todo los comentarios de los usuarios y las anécdotas personales.

54. Will Knight, «Is the gig economy rigged?», *MIT Technology Review*, 17 de noviembre de 2016, <https://www.technologyreview.com/s/602832/is-the-gig-economy-rigged/>; Aniko Hannak y otros, «Bias in online freelance marketplaces: Evidence from Taskrabbit and Fiverr», *Proceedings of the 2017 ACM Conference on Computer Supported Cooperative Work and Social Computing*, 2017, pág. 13, <http://claudiawagner.info/publications/cscw_bias_olm.pdf>.

55. Véase, por ejemplo, Lev Muchnik, Sinan Aral y Sean J. Taylor, «Social influence bias: A randomized experiment», *Science* 341, núm. 6.146, 9 de agosto de 2013, págs. 647-651; para obtener más información, véase Daniel Kahneman, *Thinking, fast and slow*, Penguin, 2011.

56. Las empresas insisten en que la puntuación es la única manera de medir la eficiencia y formalidad de sus «jornaleros», «acompañantes» o «conductores» (nunca «contratistas»). Por supuesto que no es la «única» manera. Antes de que apareciese la economía eventual, había otros mecanismos más o menos formales, como las referencias de terceros, que cumplían esa función. Sin embargo, dejar la valoración en manos de los clientes tal vez sea el único modo de calificar a los

trabajadores a gran escala, sobre todo cuando la plataforma virtual no está dispuesta a hacerse responsable de la eficiencia de las personas que trabajan para ella.

57. Aaron Smith, «Gig work, online selling and home sharing», Pew Research Center, 17 de noviembre de 2016, <https://www.pewresearch.org/internet/2016/11/17/gig-work-online-selling-and-home-sharing/>.

58. Los datos optimistas sobre empleo de finales de la última década impidieron ver a muchos países la realidad de la situación. Véase, por ejemplo, Lawrence Mishel y Julia Wolfe, «CEO compensation has grown 940 % since 1978», Economic Policy Institute, 14 de agosto de 2019, <https://www.epi.org/publication/ceo-compensation-2018/>; Richard Partington, «Four million British workers live in poverty, charity says», *Guardian*, 4 de diciembre de 2018, <https://www.theguardian.com/business/2018/dec/04/four-million-british-workers-live-in-poverty-charity-says>; Anjum Klair, «Zero-hours contracts are still rife – it's time to give all workers the rights they deserve», Trades Union Congress, 19 de febrero de 2019, <https://www.tuc.org.uk/blogs/zero-hours-contracts-are-still-rife-its-time-give-all-workers-rights-they-deserve>; Nassim Khadem, «Australia has a high rate of casual work and many jobs face automation threats: OECD», ABC News, 25 de abril de 2019, <https://www.abc.net.au/news/2019-04-25/australia-sees-increase-in-casual-workers-ai-job-threats/11043772>; Melisa R. Serrano (comp.), *Between flexibility and security: The rise of non-standard employment in selected ASEAN countries*, ASETUC, 2014, <https://library.fes.de/pdf-files/bueros/singapur/10792.pdf>; Simon Roughneen, «Nearly one billion Asians in vulnerable jobs, says ILO», *Nikkei Asian Review*, 23 de enero de 2018, <https://asia.nikkei.com/Economy/Nearly-one-billion-Asians-in-vulnerable-jobs-says-ILO>; Bas ter Weel, «The rise of temporary work in Europe», *De Economist* 166, 2018, págs. 397-401, <https://doi.org/10.1007/s10645-018-9329-8>; Yuki Noguchi, «Freelanced: The rise of the contract workforce», NPR, 22 de enero de 2018, <https://www.npr.org/2018/01/22/578825135/rise-of-the-contract-workers-work-is-different-now?t=1576074901406>; Jack Kelly, «The frightening rise in low-quality, low-paying jobs: Is this really a strong job market?», *Forbes*, 25 de noviembre de 2019, <https://www.forbes.com/sites/jackkelly/2019/11/25/the-frightening-rise-in-low-quality-low-paying-jobs-

is-this-really-a-strong-job-market/>; véase también Martha Ross y Nicole Bateman, «Meet the low-wage workforce», Brookings, 7 de noviembre de 2019, <https://www.brookings.edu/research/meet-the-low-wage-workforce/>; Hanna Brooks Olsen, «Here's how the stress of the gig economy can affect your mental health», *Healthline*, 3 de junio de 2020, <https://www.healthline.com/health/mental-health/gig-eco nomy#6>; Edison Research, «Gig economy», Marketplace–Edison Research Poll, diciembre de 2018, <http://www.edisonresearch.com/wp-content/uploads/2019/01/Gig-Economy-2018-Marketplace-Edison-Research-Poll-FINAL.pdf>.

59. Karl Marx, *Manuscritos económico-filosóficos de 1844*, Barcelona, Grijalbo, 1975.

60. A raíz de la crisis económica de 2008, muchas empresas despidieron a los trabajadores fijos y los sustituyeron por otros temporales y por becarios no remunerados cuyos contratos eran más precarios y no contemplaban prácticamente ninguna prestación laboral. Véase Katherine S. Newman, «The Great Recession and the pressure on workplace rights», *Chicago-Kent Law Review* 88, núm. 2, abril de 2013, <https://scholarship.kentlaw.iit.edu/cklawreview/vol88/iss2/13>.

61. Véase Michael Kearns y Aaron Roth, *The ethical algorithm*, Oxford University Press, 2019.

62. Joseph J. Lazzarotti y Maya Atrakchi, «Illinois leads the way on AI regulation in the workplace», *SHRM*, 6 de noviembre de 2019, <https://www.shrm.org/resourcesandtools/legal-and-compliance/state-and-local-updates/pages/illinois-leads-the-way-on-ai-regula tion-in-the-workplace.aspx>; Gerard Stegmaier, Stephanie Wilson, Alexis Cocco y Jim Barbuto, «New Illinois employment law signals increased state focus on artificial intelligence in 2020», *Technology Law Dispatch*, 21 de enero de 2020, <https://www.technologylawdis patch.com/2020/01/privacy-data-protection/new-illinois-employ ment-law-signals-increased-state-focus-on-artificial-intelligence-in-2020/>.

63. La Unión Europea, que en mayo de 2018 aprobó el Reglamento General de Protección de Datos, ha empezado a preocuparse por esta cuestión.

64. La identificación por radiofrecuencia es la tecnología que llevan incorporadas casi todas las tarjetas *contactless* que usamos a diario, desde las de débito y crédito hasta las del transporte público.

65. Maggie Astor, «Microchip implants for employees? One company says yes», *New York Times*, 25 de julio de 2017, <https://www.nytimes.com/2017/07/25/technology/microchips-wisconsin-company-employees.html>. John Moritz, «Rules on worker microchipping pass Arkansas House», *Arkansas Democrat Gazette*, 25 de enero de 2019, <https://www.arkansasonline.com/news/2019/jan/25/rules-on-worker-microchipping-passes-ho/>. California y Dakota del Norte cuentan con leyes similares, aunque no se circunscriben únicamente al lugar de trabajo; en Florida, el proyecto de ley sobre estas cuestiones no llegó a aprobarse. Véase Mary Colleen Charlotte Fowler, «Chipping away employee privacy: Legal implications of RFID microchip implants for employees», *National Law Review*, 10 de octubre de 2019, <https://www.natlawreview.com/article/chipping-away-employee-privacy-legal-implications-rfid-microchip-implants-employees>.

66. Joshua Z. Wasbin, «Examining the legality of employee microchipping under the lens of the transhumanistic proactionary principle», *Washington University Jurisprudence Review* 11, núm. 2, 2019, pág. 401, <https://openscholarship.wustl.edu/law_jurisprudence/vol11/iss2/10>.

67. Parlamento Europeo, «Gig economy: EU law to improve workers rights (infographic)», 9 de abril de 2019, <https://www.europarl.europa.eu/news/en/headlines/society/20190404STO35070/gig-economy-eu-law-to-improve-workers-rights-infographic>; Kate Conger y Noam Scheiber, «California bill makes app-based companies treat workers as employees», *New York Times*, 11 de septiembre de 2019, <https://www.nytimes.com/2019/09/11/technology/california-gig-economy-bill.html>. Por otra parte, el estado de Nueva Jersey remitió a Uber una factura de 649 millones de dólares en impuestos atrasados por considerar a sus conductores como trabajadores por cuenta propia. Matthew Haag y Patrick McGeehan, «Uber fined $649 million for saying drivers aren't employees», *New York Times*, 14 de noviembre de 2019, <https://www.nytimes.com/2019/11/14/nyregion/uber-new-jersey-drivers.html>.

68. Estado de California, «Assembly Bill no. 5», publicada el 19 de septiembre de 2019, <https://leginfo.legislature.ca.gov/faces/billTextClient.xhtml?bill_id=201920200AB5>; «ABC is not as easy as 1-2-3 – Which independent contractor classification test applies to whom after AB5?», Porter Simon, 19 de diciembre de 2019, <https://

www.portersimon.com/abc-is-not-as-easy-as-1-2-3-which-indepen
dent-contractor-classification-test-applies-to-whom-after-ab5/>.

69. Kate Conger, «California sues Uber and Lyft, claiming work
ers are misclassified», *New York Times*, 5 de mayo de 2020, <https://
www.nytimes.com/2020/05/05/technology/california-uber-lyft-law
suit.html>.

70. «3F reaches groundbreaking collective agreement with plat-
form company Hilfr», Uni Global Union, 18 de septiembre de 2018,
<https://www.uniglobalunion.org/news/3f-reaches-groundbreaking
-collective-agreement-platform-company-hilfr>.

71. GMB Union, «Hermes and GMB in groundbreaking gig economy deal», 4 de febrero de 2019, <https://www.gmb.org.uk/news/
hermes-gmb-groundbreaking-gig-economy-deal>; véase también Robert Wright, «Hermes couriers awarded union recognition in gig economy first», *Financial Times*, 4 de febrero de 2019, <https://www.ft.
com/content/255950d2-264d-11e9-b329-c7e6ceb5ffdf>.

72. Liz Alderman, «Amazon loses appeal of French order to stop
selling nonessential items», *New York Times*, 24 de abril de 2020,
<https://www.nytimes.com/2020/04/24/business/amazon-france
-unions-coronavirus.html>.

73. Aun así, los escasos lotes que por fin llegaron se retrasaron
mucho a causa de la burocracia. Arielle Pardes, «Instacart workers are
still waiting for those safety supplies», *Wired*, 18 de abril de 2020,
<https://www.wired.com/story/instacart-delivery-workers-still-wait
ing-safety-kits/>.

74. Mark Muro, Robert Maxim y Jacob Whiton, «Automation
and Artificial Intelligence: How machines are affecting people and
places», Brookings, 24 de enero de 2019, <https://www.brookings.
edu/research/automation-and-artificial-intelligence-how-machines
-affect-people-and-places/>; véase también Tom Simonite, «Robots
will take jobs from men, the young, and minorities», *Wired*, 24 de
enero de 2019, <https://www.wired.com/story/robots-will-take-jobs-
from-men-young-minorities/>.

75. Cate Cadell, «At Alibaba's futuristic hotel, robots deliver
towels and mix cocktails», Reuters, 22 de enero de 2019, <https://
www.reuters.com/article/us-alibaba-hotels-robots/at-alibabas-futur
istic-hotel-robots-deliver-towels-and-mix-cocktails-idUSKCN1P
G21W>.

76. La proporción exacta es del 47 %. Carl Benedikt Frey y Michael A. Osborne, «The future of employment: How susceptible are jobs to computerisation?», *Technological Forecasting and Social Change* 114, 2017, págs. 254-280, <https://www.oxfordmartin.ox.ac.uk/downloads/academic/The_Future_of_Employment.pdf>.

77. Carl Benedikt Frey, «Covid-19 will only increase automation anxiety», *Financial Times*, 21 de abril de 2020, <https://www.ft.com/content/817228a2-82e1-11ea-b6e9-a94cffd1d9bf>.

78. PA Media, «Bosses speed up automation as virus keeps workers home», *Guardian*, 30 de marzo de 2020, <https://www.theguardian.com/world/2020/mar/30/bosses-speed-up-automation-as-virus-keeps-workers-home>; Peter Bluestone, Emmanuel Chike y Sally Wallace, «The future of industry and employment: COVID-19 effects exacerbate the march of Artificial Intelligence», The Center for State and Local Finance, 28 de abril de 2020, <https://cslf.gsu.edu/download/covid-19-ai/?wpdmdl=6496041&refresh=5ea830afd2a471588080815>.

79. Andrew G. Haldane, «Ideas and institutions – A growth story», Bank of England, 23 de mayo de 2018, pág. 13, <https://www.bankofengland.co.uk/-/media/boe/files/speech/2018/ideas-and-institutions-a-growth-story-speech-by-andy-haldane>; véase también la Tabla 1.

80. Daron Acemoglu y Pascual Restrepo, «Robots and jobs: Evidence from US labor markets», *Journal of Political Economy* 128, núm. 6, junio de 2020, págs. 2188-2244, <https://www.journals.uchicago.edu/doi/abs/10.1086/705716>. Los investigadores observaron que en «los polígonos industriales en los que se utilizaron robots, cada uno reemplaza a 6,6 trabajadores en el ámbito local. Curiosamente, sin embargo, la utilización de robots beneficia a los trabajadores de otras industrias y otras zonas del país, pues reducen el costo de los productos. Estos beneficios económicos a escala nacional explican por qué el cálculo da como resultado 3,3 puestos de trabajo en el conjunto del país». Peter Dizikes, «How many jobs do robots really replace?», *MIT News*, 4 de mayo de 2020, <http://news.mit.edu/2020/how-many-jobs-robots-replace-0504>.

81. Como dijo Henry Siu en 2015: «La computadora personal ya existía en la década de 1980, pero sus efectos en el trabajo de oficina no empezaron a notarse hasta la década de 1990 y, de repente, en la

última recesión, nos parecen devastadores para el empleo. Hoy tenemos pantallas táctiles y dentro de poco tendremos coches sin conductor, drones y pequeños robots domésticos. Sabemos que las máquinas pueden sustituir en muchos casos a las personas, pero no veremos las consecuencias hasta la próxima recesión, o la recesión que venga después de esta». Derek Thompson, «When will robots take all the jobs?», *The Atlantic*, 31 de octubre de 2016, <https://www.theatlantic.com/business/archive/2016/10/the-robot-paradox/505973/>. Los informes muestran que, tras la crisis económica de 2008, en las ofertas de trabajo se buscan personas cada vez más cualificadas, lo cual confirma las predicciones de Siu: Brad Hershbein y Lisa B. Kahn, «Do recessions accelerate routine-biased technological change? Evidence from vacancy postings», The National Bureau of Economic Research, octubre de 2016 (actualizado en septiembre de 2017), <https://www.nber.org/papers/w22762>.

82. Yuan Yang y Xinning Lu, «China's AI push raises fears over widespread job cuts», *Financial Times*, 30 de agosto de 2018, <https://www.ft.com/content/1e2db400-ac2d-11e8-94bd-cba20d67390c>.

83. June Javelosa y Kristin Houser, «This company replaced 90 % of its workforce with machines. Here's what happened», Foro Económico Internacional, 16 de febrero de 2017, <https://www.weforum.org/agenda/2017/02/after-replacing-90-of-employees-with-robots-this-companys-productivity-soared>.

84. Brennan Hoban, «Robots aren't taking the jobs, just the paychecks – and other new findings in economics», Brookings, 8 de marzo de 2018, <https://www.brookings.edu/blog/brookings-now/2018/03/08/robots-arent-taking-the-jobs-just-the-paychecks-and-other-new-findings-in-economics/>; David Autor y Anna Salomons, «Is automation labor-displacing? Productivity growth, employment, and the labor share», Brookings, 8 de marzo de 2018, <https://www.brookings.edu/bpea-articles/is-automation-labor-displacing-productivity-growth-employment-and-the-labor-share/>.

85. Carl Benedikt Frey, «The robot revolution is here. Prepare for workers to revolt», Universidad de Oxford, 1 de agosto de 2019, <https://www.oxfordmartin.ox.ac.uk/blog/the-robot-revolution-is-here-prepare-for-workers-to-revolt/>.

86. Jenny Chan, «Robots, not humans: Official policy in China»,

New Internationalist, 1 de noviembre de 2017, <https://newint.org/features/2017/11/01/industrial-robots-china>.

87. Carl Benedikt Frey, Thor Berger y Chinchih Chen, «Political machinery: Automation anxiety and the 2016 U. S. Presidential Election», Universidad de Oxford, 23 de julio de 2017, <https://www.oxfordmartin.ox.ac.uk/downloads/academic/Political%20Machinery-Automation%20Anxiety%20and%20the%202016%20U_S_%20Presidential%20Election_230712.pdf>.

88. Massimo Anelli, Italo Colantone y Piero Stanig, «We were the robots: Automation and voting behavior in Western Europe», IZA Institute of Labor Economics, julio de 2019, pág. 24, <http://ftp.iza.org/dp12485.pdf>.

89. «The mini bakery», Wilkinson Baking Company, <https://www.wilkinsonbaking.com/the-mini-bakery>.

90. Mark Muro, Robert Maxim y Jacob Whiton, «The robots are ready as the COVID-19 recession spreads», Brookings, 24 de marzo de 2020, <https://www.brookings.edu/blog/the-avenue/2020/03/24/the-robots-are-ready-as-the-covid-19-recession-spreads/?preview_id=791044>.

91. Los asesores económicos de Barack Obama estimaron que en 2016 el 83 % de los trabajadores que cobraban menos de 20 dólares la hora corrían un alto riesgo de ser sustituidos por máquinas, mientras que en los empleados que cobraban más de 40 dólares la hora esa proporción era solo del 4 %. Jason Furman, «How to protect workers from job-stealing robots», *The Atlantic*, 21 de septiembre de 2016, <https://www.theatlantic.com/business/archive/2016/09/jason-furman-ai/499682/>.

92. Jaclyn Peiser, «The rise of the robot reporter», *New York Times*, 5 de febrero de 2019, <https://www.nytimes.com/2019/02/05/business/media/artificial-intelligence-journalism-robots.html>.

93. Christ Baraniuk, «China's Xinhua agency unveils AI news presenter», BBC News, 8 de noviembre de 2018, <https://www.bbc.com/news/technology-46136504>.

94. Isabella Steger, «Chinese state media's latest innovation is an AI female news anchor», *Quartz*, 20 de febrero de 2019, <https://qz.com/1554471/chinas-xinhua-launches-worlds-first-ai-female-news-anchor/>.

95. Michelle Cheng, «JPMorgan Chase has an AI copywriter that writes better ads than humans can», *Quartz*, 7 de agosto de 2019,

<https://qz.com/work/1682579/jpmorgan-chase-chooses-ai-copy writer-persado-to-write-ads/>.

96. James Gallagher, «Artificial intelligence diagnoses lung cancer», BBC News, 20 de mayo de 2019, <https://www.bbc.com/news/ health-48334649>; Sara Reardon, «Rise of robot radiologists», *Nature*, 19 de diciembre de 2019, <https://www.nature.com/articles/d41 586-019-03847-z>; D. Douglas Miller y Eric W. Brown, «Artificial Intelligence in medical practice: The question to the answer?», *American Journal of Medicine* 131, núm. 2, 2018, págs. 129-133, <https:// doi.org/10.1016/j.amjmed.2017.10.035>.

97. «The rise of the robo-advisor: How fintech is disrupting retirement», *Knowledge@@Wharton*, 14 de junio de 2018, <https://know ledge.wharton.upenn.edu/article/rise-robo-advisor-fintech-disrupt ing-retirement/>; Charlie Wood, «Robot analysts are better than humans at picking stocks, a new study found», *Business Insider*, 11 de febrero de 2020, <https://www.businessinsider.com/robot-analysts-better-than-humans-at-picking-good-investments-study-2020-2?r =US&IR=T>.

98. «Robotic reverend blesses worshippers in eight languages», BBC News, 30 de mayo de 2017, <https://www.bbc.com/news/av/ world-europe-40101661/>.

99. Esta idea está inspirada en una conversación con Gabrielle Rifkind, del Oxford Research Group.

100. Daiga Kameräde y otros, «A shorter working week for everyone: How much paid work is needed for mental health and well-being?», *Social Science & Medicine* 241, noviembre de 2019, pág. 112353, <https://doi.org/10.1016/j.socscimed.2019.06.006>; «One day of employment a week is all we need for mental health benefits», University of Cambridge, 18 de junio de 2019, <https://www.sciencedaily. com/releases/2019/06/190618192030.htm>.

101. Kevin J. Delaney, «The robot that takes your job should pay taxes, says Bill Gates», *Quartz*, 17 de febrero de 2017, <https://qz.com/ 911968/bill-gates-the-robot-that-takes-your-job-should-pay-taxes/>.

102. David Rotman, «Should we tax robots? A debate», *MIT Technology Review*, 12 de junio de 2019, <https://www.technologyreview. com/2019/06/12/134982/should-we-tax-robots-a-debate/>.

103. House of Commons, Business – Energy and Industrial Strategy Committee, «Oral evidence: Automation and the future of work,

HC 1093», 15 de mayo de 2019, <https://publications.parliament. uk/pa/cm201719/cmselect/cmbeis/1093/1093.pdf>; House of Commons – Business, Energy and Industrial Strategy Committee, «Automation and the future of work – Twenty-Third Report of Session 2017-19», 9 de septiembre de 2019, <http://data.parliament.uk/writ tenevidence/committeeevidence.svc/evidencedocument/business-energy-and-industrial-strategy-committee/automation-and-the-future -of-work/oral/102291.html Q303>.

104. Eduardo Porter, «Don't fight the robots. Tax them», *New York Times*, 23 de febrero de 2019, <https://www.nytimes.com/ 2019/02/23/sunday-review/tax-artificial-intelligence.html>; «Robot density rises globally», International Federation of Robotics, 7 de febrero de 2018, <https://ifr.org/ifr-press-releases/news/robot-density -rises-globally>.

9. Sexo, amor y robots

1. «Gentle touch soothes the pain of social rejection», *UCL News*, 18 de octubre de 2017, <https://www.ucl.ac.uk/news/2017/oct/gentle -touch-soothes-pain-social-rejection>.

2. Allison Marsh, «Elektro the moto-man had the biggest brain at the 1939 World's Fair», IEEE *Spectrum*, 28 de septiembre de 2018, <https://spectrum.ieee.org/tech-history/dawn-of-electronics/elektro -the-motoman-had-the-biggest-brain-at-the-1939-worlds-fair>.

3. *Time*, 24 de abril de 1939, 61, <http://content.time.com/time/ magazine/0,9263,7601390424,00.html>.

4. H. R. Everett, *Unmanned systems of Worlds War I and II*, MIT Press, 2015, pág. 451; Justin Martin, «Elektro?», *Discover Magazine*, 6 de enero de 2009, <http://discovermagazine.com/2009/jan/06-wha-tever-happened-to-elektro>; Despina Kakoudaki, *Anatomy of a robot: Literature, cinema and the cultural work of artificial people*, Rutgers University Press, 2014, pág. 9.

5. Library of Congress, «The middleton family at the New York World's Fair», <https://www.youtube.com/watch?v=Q6TQEoDS-fQ>.

6. Noel Sharkey, «Elektro's return», *New Scientist*, 20 de diciembre de 2008; Marsh, «Elektro the moto-man had the biggest brain at the 1939 World's Fair».

7. Library of Congress, «The middleton family at the New York World's Fair».

8. Marsh, «Electro the moto-man had the biggest brain at the 1939 World's Fair».

9. *Ibidem.*

10. H. R. Everett, *Unmanned systems of Worlds War I and II*, pág. 458.

11. *Ibidem.*

12. J. Gilbert Baird, carta a la revista *LIFE*, 22 de septiembre de 1952.

13. Louise Moon, «Chinese man buried in his car as dying wish is granted», *South China Morning Post*, 31 de mayo de 2018, <https://www.scmp.com/news/china/society/article/2148677/chinese-man-buried-his-car-dying-wish-granted>.

14. Ja Young Soung, Rebecca E. Grinter y Henrik I. Christensen, «Domestic robot ecology: An initial framework to unpack long-term acceptance of robots at home», *International Journal of Social Robotics* 2, julio de 2010, pág. 425, <https://doi.org/10.1007/s12369-010-0065-8>.

15. Conversación personal, diciembre de 2018.

16. Neil Steinberg, «Why some robots are created cute», *Mosaic Science*, 13 de julio de 2016, <https://mosaicscience.com/story/why-some-robots-are-created-cute/>.

17. Julie Carpenter, *Culture and human-robot interaction in militarized spaces: A war story*, Ashgate, 2016.

18. *Ibidem.*

19. «MARCbot», Exponent, <https://www.exponent.com/experience/marcbot>.

20. Paul J. Springer, *Outsourcing war to machines: The military robotics revolution*, Praeger Security International, 2018, pág. 93.

21. «Soldiers are developing relationships with their battlefield robots, naming them, assigning genders, and even holding funerals when they are destroyed», Reddit, 2014, <https://www.reddit.com/r/Military/comments/1mn6y1/soldiers_are_developing_relationships_with_their/ccat8a7/>.

22. Christian J. A. M. Willemse y Jan B. F. van Erp, «Social touch in human-robot interaction: Robot initiated touches can induce positive responses without extensive prior bonding», *International Journal of Social Robotics* 11, abril de 2019, págs. 285-304, <https://doi.org/10.1007/s12369-018-0500-9>.

23. Nótese que la respuesta fue meramente fisiológica.

24. «Value of social and entertainment robot market worldwide from 2015 to 2025 (in billion U. S. dollars)», Statista, mayo de 2019, <https://www.statista.com/statistics/755684/social-and-entertainment-robot-market-value-worldwide/>; Gabinete de Relaciones Públicas: Gobierno de Japón, <https://www.gov-online.go.jp/cam/s5/eng/>; Abishur Prakash, «China robot market likely to continue rising, despite trade disputes», *Robotics Business Review*, julio de 2018, <https://www.roboticsbusinessreview.com/regional/china-robot-market-still-rising/>; Kim Sang-mo, «Policy directions for S. Korea's robot industry», *Business Korea*, agosto de 2018, <http://www.businesskorea.co.kr/news/articleView.html?idxno=24394>; Tony Diver, «Robot "carers" to be funded by government scheme», *Telegraph*, 26 de octubre de 2016, <https://www.telegraph.co.uk/politics/2019/10/26/robot-carers-funded-government-scheme/>; «Europe develops range of next-generation robots for the elderly», *Apolitical*, 30 de enero de 2017, <https://apolitical.co/en/solution_article/using-robots-ease-pain-old-age>. Durante la crisis de la COVID-19 también se utilizaron robots para suministrar alimentos y desinfectar hospitales en China y la India. «Robots help combat COVID-19 in world, and maybe soon in India too», *Economic Times*, 30 de marzo de 2020, <https://economictimes.indiatimes.com/news/science/robots-help-combat-covid-19-in-world-and-maybe-soon-in-india-too/>.

25. «Sony's beloved robotic dog is back with a new bag of tricks», ABC News, 1 de octubre de 2018, <https://www.nbcnews.com/mach/video/sony-s-beloved-robotic-dog-is-back-with-a-new-bag-of-tricks-1333791811671>; Kate Baggaley, «New companion robots can't do much but make us love them», NBC News, 23 de junio de 2019, <https://www.nbcnews.com/mach/science/new-companion-robots-can-t-do-much-make-us-love-ncna1015986>.

26. A. J. Dellinger, «Furhat robots gives AI a face with its new social robot», Engadget, 11 de noviembre de 2018, <https://www.engadget.com/2018/11/06/furhat-robotics-furhat-social-robot/>.

27. Jamie Carter, «Amazon could be set to redefine personal robots in 2019, as rumours fly at CES», *South China Morning Post*, 12 de enero de 2019, <https://www.scmp.com/lifestyle/gadgets/article/2181642/amazon-could-be-set-redefine-personal-robots-2019-rumours-fly-ces>; Chris DeGraw, «The robot invasion arrived at CES 2019 –

and it was cuter than we expected», *Digital Trends*, 11 de enero de 2019, <https://www.digitaltrends.com/home/cutest-companion-robots-ces-2019/>; «Top tech themes from the consumer electronics show: 2020», Acceleration Through Innovation, 3 de febrero de 2020, <https://aticornwallinnovation.co.uk/knowledge-base/top-tech-themes-from-the-consumer-electronics-show-2020/>.

28. *Ibidem*; Nick Summers, «Groove X's Lovot is a fuzzy and utterly adorable robot», Engadget, 7 de enero de 2019; <https://www.engadget.com/2019/01/07/lovot-groove-x-robot-adorable>.

29. Baggaley, «New companion robots can't do much but make us love them».

30. «Kiki: A robot pet that grows with you», Zoetic AI, <https://www.kiki.ai>.

31. «Hi, I'm ElliQ, ElliQ», <https://elliq.com>.

32. En 2019, el 28 % de la población japonesa tenía más de sesenta y cinco años, Banco Mundial, 2019, <https://data.worldbank.org/indicator/SP.POP.65UP.TO.ZS>.

33. «19 prefectures to see 20 % population drops by '35», *Japan Times*, 30 de mayo de 2007, <https://www.japantimes.co.jp/news/2007/05/30/national/19-prefectures-to-see-20-population-drops-by-35/>; «Statistical Handbook of Japan», Statistics Bureau, Ministry of Internal Affairs and Communications: Statistics Japan, 2018, <https://www.stat.go.jp/english/data/handbook/pdf/2018all.pdf>.

34. «Japan is fighting back against loneliness among the elderly», *Apolitical*, 18 de marzo de 2019, <https://apolitical.co/solution_article/japan-is-fighting-back-against-loneliness-among-the-elderly/>; Nobuyuki Izumida, «Japan's changing societal structure and support by families and communities», Japanese National Institute of Population and Social Security Research, 2017, <https://fpcj.jp/wp/wp-content/uploads/2018/09/a1b488733565199b8c9c8f9ac437b042.pdf>.

35. Emiko Takagi, Merril Silverstein y Eileen Crimmins, «Intergenerational coresidence of older adults in Japan: Conditions for cultural plasticity», *The Journals of Gerontology* 62, núm. 5, septiembre de 2007, págs. 330-339, <https://doi.org/10.1093/geronb/62.5.S330>; Mayumi Hayashi, «The care of older people in Japan: myths and realities of family "care"», *History and Policy*, 3 de junio de 2011, <http://www.historyandpolicy.org/policy-papers/papers/the-care-of-older-people-in-japan-myths-and-realities-of-family-care>. En 2040, según

cálculos de la seguridad social japonesa, el número de ancianos que viven solos habrá aumentado en un 43 % con respecto a 2015; «Rising numbers of elderly people are living alone», *Japan Times*, 3 de mayo de 2019, <https://www.japantimes.co.jp/opinion/ 2019/05/03/edito rials/rising-numbers-elderly-people-living-alone/>.

36. La edad y los años están sacados de un artículo publicado en el verano de 2019.

37. «Robots perking up the lives of the lonely elderly across Japan», *Straits Times*, 19 de agosto de 2019, <https://www.straitstimes.com/asia/east-asia/robots-perking-up-lives-of-the-lonely-elderly-across-japan>; Ikuko Mitsuda, «Lonely? There's a bot for that», *Oregonian*, 18 de agosto de 2018, <https://www.oregonlive.com/business/2019/08/lonely-theres-a-bot-for-that.html>; Martin Coulter, «Will virtual reality and AI help us to find love or make us lonelier», *Financial Times*, 12 de septiembre de 2019, <https://www.ft.com/content/4fab7952-b796-11e9-8a88-aa6628ac896c>.

38. «Robots perking up the lives of the lonely elderly across Japan»; Ikuko Mitsuda, «Lonely? There's a bot for that».

39. Anne Tergesen y Miho Inada, «It's not a stuffed animal, It's a $6,000 medical device», *Wall Street Journal*, 21 de junio de 2010, <https://www.wsj.com/articles/>.

40. Malcolm Foster, «Ageing Japan: Robots' role in future of elder care», *Reuters*, 28 de marzo de 2018, <https://widerimage.reuters.com/story/ageing-japan-robots-role-in-future-of-elder-care>.

41. Conversación personal, junio de 2019; véase también Shizuko Tanigaki, Kensaku Kishida y Akihito Fujita, «A preliminary study of the effects of a smile-supplement robot on behavioral and psychological symptoms of elderly people with mild impairment», *Journal of Humanities and Social Sciences* 45, 2018, <https://core.ac.uk/reader/1544 10008>.

42. Malcolm Foster, «Ageing Japan: Robots' role in future of elder care».

43. Hay que tener en cuenta que en 2011 se interrumpieron los programas de alquiler de robots en los hospitales porque la demanda era muy baja, lo que indica que ahora la gente confía mucho más en estas máquinas; «Over 80 % of Japanese would welcome robot caregivers», Nippon.com, 4 de diciembre de 2018, <https://www.nippon.com/en/features/h00342/over-80-of-japanese-would-welcome-robot-caregivers.html>.

44. «Robot density rises globally», International Federation of Robotics, 7 de febrero de 2018, <https://ifr.org/ifr-press-releases/news/robot-density-rises-globally>.

45. Terry, «Destroy all monsters! Tokusatsu in America», Comic Art Community, 8 de marzo de 2013, <http://comicartcommunity.com/comicart_news/destroy-all-monsters-tokusatsu-in-america/>.

46. Para saber más sobre el «tecno-animismo» japonés, véase Casper Bruun Jensen y Anders Blok, «Techno-animism in Japan: Shinto cosmograms, actor-network theory, and the enabling powers of non-human agencies», *Theory, Culture and Society* 30, núm. 2, 2013, págs. 84-115, <https://doi.org/10.1177/0263276412456564>.

47. John Thornhill, «Asia has learnt to love robots – the West should, too», *Financial Times*, 31 de mayo de 2018, <https://www.ft.com/content/6e408f42-4145-11e8-803a-295c97e6fd0b>.

48. Aaron Smith y Monica Anderson, «4. Americans' attitudes toward robot caregivers», Pew Research Center, 4 de octubre de 2017, <https://www.pewinternet.org/2017/10/04/americans-attitudes-toward-robot-caregivers/>.

49. *Ibidem.*

50. «ElliQ beta users' testimonials», Intuition Robotics, YouTube, 6 de enero de 2019, <https://www.youtube.com/watch?v=emrqHpC8Bs8&feature=youtu.be>.

51. Datos del fabricante. Maggie Jackson, «Would you let a robot take care of your mother?», *New York Times*, 13 de diciembre de 2019, <https://www.nytimes.com/2019/12/13/opinion/robot-caregiver-aging.html>.

52. «Amazon Alexa "sharing is caring" by joint», Campaign US, 29 de mayo de 2019, <https://www.campaignlive.com/article/amazon-alexa-sharing-caring-joint/1585979>.

53. Alireza Taheri, Ali Meghdari, Minoo Alemi y Hamidreza Pouretema, «Human-robot interaction in autism treatment: A case study on three autistic children as twins, siblings and classmates», *International Journal of Social Robotics* 10, 2018, págs. 93-113, <https://doi.org/10.1007/s12369-017-0433-8>; Hideki Kozima, Cocoro Nakagawa y Yuiko Yasuda, «Children-robot interaction: a pilot study in autism therapy», *Progress in Brain Research* 164, 2007, págs. 385-400, <https://doi.org/10.1016/S0079-6123(07)64021-7>; H. Kumuzaki y otros, «The impact of robotic intervention on joint attention in chil-

dren with autism spectrum disorders», *Molecular Autism* 9, núm. 46, 2018, <https://doi.org/10.1186/s13229-018-0230-8>.

54. Alyssa M. Alcorn, Eloise Ainger y otros, «Educators' views on using humanoid robots with autistic learners in Special Education settings in England», *Frontiers in Robotics and AI* 6, núm. 107, noviembre de 2019, <https://doi.org/10.3389/frobt.2019.00107>.

55. Victoria Waldersee, «One in five young Brits can imagine being friends with a robot», YouGov, 1 de noviembre de 2018, <https://yougov.co.uk/topics/technology/articles-reports/2018/11/01/one-five-young-brits-can-imagine-being-friends-rob>; datos tomados de «Internal Robots and You», YouGov, 2018, <https://d25d2506sfb94s.cloudfront.net/cumulus_uploads/document/0pta4dnee1/YG-Archive-RobotsAndYouInternal-220818.pdf>.

56. Elizabeth Foster, «Young kids use smart speakers daily», *Kidscreen*, 28 de marzo de 2019, <https://kidscreen.com/2019/03/28/young-kids-use-smart-speakers-daily-survey/>.

57. Jacqueline M. Kory-Westlund, «Kids' relationships and learning with social robots», MIT Media Lab, 21 de febrero de 2019, <https://www.media.mit.edu/posts/kids-relationships-and-learning-with-social-robots/>; Jacqueline Kory-Westlund, Hae Won Park, Randi Williams y Cynthia Breazeal, «Measuring young children's long-term relationships with social robots», *Proceedings of the 17th ACM Conference on Interaction Design and Children*, junio de 2018, págs. 207-218, <https://doi.org/10.1145/3202185.3202732>.

58. Jacqueline M. Kory-Westlund, «Measuring kids' relationships with robots», MIT Media Lab, <https://www.media.mit.edu/posts/measuring-kids-relationships-with-robots>.

59. *Ibidem.*

60. Natt Garun, «One year later, restaurants are still confused by Google Duplex», *The Verge*, 9 de mayo de 2019, <https://www.theverge.com/2019/5/9/18538194/google-duplex-ai-restaurants-experiences-review-robocalls>.

61. *Ibidem.*

62. Hassan Ugail y Ahmad Al-dahoud, «A genuine smile is indeed in the eyes – The computer aided non-invasive analysis of the exact weight distribution of human smiles across the face», *Advanced Engineering Informatics* 42, octubre de 2019, <https://doi.org/10.1016/j.aei.2019.100967>.

63. Erico Guizzo, «How Aldebaran robotics built its friendly humanoid robot, Pepper», *Spectrum*, 26 de diciembre de 2014, <https://spectrum.ieee.org/robotics/home-robots/how-aldebaran-robotics-built-its-friendly-humanoid-robot-pepper>; Alderaban/SoftBank, «Pepper press kit», <https://cdn.shopify.com/s/files/1/0059/3932/files/SoftBank_Pepper_Robot_Overview_Robot_Center.pdf>.

64. *Ibidem.*

65. Yoko Wakatsuki y Emiko Jozuka, «Robots to cheer coronavirus patients are also helping hotel staff to keep a safe distance», CNN, 1 de mayo de 2020, <https://edition.cnn.com/world/live-news/coronavirus-pandemic-05-01-20-intl/h_6df7c15d1192ae720a504dc90ead353c>; «"I'm cheering for you": Robot welcome at Tokyo quarantine», Barrons, 1 de mayo de 2020, <https://www.barrons.com/news/i-m-cheering-for-you-robot-welcome-at-tokyo-quarantine-01588319705>.

66. «Pepper press kit».

67. Sharon Gaudin, «Personal robot that shows emotions sells out in 1 minute», *Computer World*, 22 de junio de 2015, <https://www.computerworld.com/article/2938897/personal-robot-that-shows-emotions-sells-out-in-1-minute.html>.

68. Simon Chandler, «Tech's dangerous race to control our emotions», *Daily Dot*, 7 de junio de 2019, <https://www.dailydot.com/debug/emotional-manipulation-ai-technology/>.

69. Correspondencia vía correo electrónico con el profesor Adrian Cheok, i-University, Tokio.

70. Hayley Tsukayama, «When your kid tries to say "Alexa" before "Mama"», *Washington Post*, 21 de noviembre de 2017, <https://www.washingtonpost.com/news/the-switch/wp/2017/11/21/when-your-kid-tries-to-say-alexa-before-mama/>.

71. «How does sex feel with a RealDoll?>>, RealDoll, <https://www.realdoll.com/knowledgebase/how-does-sex-feel-with-a-realdoll>; «How strong are the doll's joints?», RealDoll, <https://www.realdoll.com/knowledgebase/how-strong-are-the-dolls-joints/>.

72. «Michelle 4.0», RealDoll, <https://www.realdoll.com/product/michelle-4-0/>.

73. Allison P. Davis, «Are we ready for robot sex?», *The Cut*, <https://www.thecut.com/2018/05/sex-robots-realbotix.html>.

74. «Sex Robot Doll with Artificial Intelligence: Introducing

Emma...», Smart Doll World, <https://www.smartdollworld.com/ai
-sex-robot-doll-emma>; Emily Gaudette, «There's a heated debate
over the best sex doll skin material», *Inverse*, 9 de agosto de 2017,
<https://www.inverse.com/article/36055-best-sex-doll-robot-tpe-si
licone>.

75. «Sex Robot Doll with Artificial Intelligence: Introducing
Emma...»

76. Véase, por ejemplo, David G. Cowan, Eric J. Vanman y Mark
Nielsen, «Motivated empathy: The mechanics of the empathetic gaze»,
Cognition and Emotion 28, núm. 8, 2014, págs. 1522-1530, <https://
doi.org/10.1080/02699931.2014.890563>.

77. Jenna Owsianik, «Realdoll releasing intimate AI app that will
pair with love dolls», *Future of Sex*, <https://futureofsex.net/robots/
realdoll-releasing-intimate-ai-app-will-pair-love-dolls/>.

78. Jenny Kleeman, «The race to build the world's first sex robot», *Guardian*, 27 de abril de 2017, <https://www.theguardian.com/
technology/2017/apr/27/race-to-build-world-first-sex-robot>.

79. Andrea Morris, «Meet the man who test drives sex robots»,
Forbes, 27 de septiembre de 2018, <https://www.forbes.com/sites/
andreamorris/2018/09/27/meet-the-man-who-test-drives-sex-robots/
#419c304c452d>.

80. Katherine E. Powers y otros, «Social connection modulates
perceptions of animacy», *Psychological Science 25*, núm. 10, octubre de 2014, págs. 1943-1948, <https://doi.org/10.1177%2F095679
7614547706>.

81. Como señala John Danaher: «No podemos meternos en la
cabeza de nuestros amigos para averiguar cuáles son sus verdaderos
valores e intereses», pero seguimos teniéndolos por amigos. Entonces,
¿por qué no íbamos a poder entablar amistad con un robot? John
Danaher, «The philosophical case for robot friendship», *Journal of
Post Human Studies* 3, núm. 1, 2019, págs. 5-24, <https://doi.org/
10.5325/jposttud.3.1.0005>.

82. Aristóteles, *Ética a Nicómaco*, libro 8.

83. «Drunken Kanagawa man arrested after kicking SoftBank robot», *Japan Times*, 7 de septiembre de 2015, <https://www.japanti
mes.co.jp/news/2015/09/07/national/crime-legal/drunken-kana
gawa-man-60-arrested-after-kicking-softbank-robot-in-fit-of-rage/#.
XeLHii2cZeM>.

NOTAS417

84. Tomasz Frymorgen, «Sex robot sent for repairs after being molested at tech fair», BBC, 29 de septiembre de 2017, <https://www.bbc.co.uk/bbcthree/article/610ec648-b348-423a-bd3c-04dc70 1b2985>.

85. Hunter Walk, «Amazon Echo is magical. It's also turning my kid into an asshole», HunterWalk.com, 6 de abril de 2016, <https://hunterwalk.com/2016/04/06/amazon-echo-is-magical-its-also-turn ing-my-kid-into-an-asshole/>.

86. Mark West, Rebecca Kraut y Han Ei Chew, «The rise of gendered AI and its troubling repercussions», en *I'd blush if i could: Closing gender divides in digital skills through education*, UNESCO / EQUALS Skills Coalition, 2019, págs. 104, 107, 113.

87. *Ibidem.* La respuesta de Siri ha cambiado como consecuencia de la indignación de muchas personas.

88. Las investigaciones se han centrado principalmente en la proliferación de muñecas con aspecto infantil, que muchos Gobiernos, sobre todo el australiano, consideran como un peligro potencial para los niños. Véase Rick Brown y Jane Shelling, «Exploring the implications of child sex dolls», *Trends and Issues in Criminal Justice*, Australian Institute of Criminology, marzo de 2019. Véase también Caitlin Roper, «"Better a robot than a real child": The spurious logic used to justify child sex dolls», ABC Religion and Ethics, 9 de enero de 2020, <https://www.abc.net.au/religion/spurious-logic-used-to-justify-child-sex-dolls/11856284>.

89. Xanthé Mallett, «No evidence that sexbots reduce harms to women and children», *The Conversation*, 5 de junio de 2018, <https://theconversation.com/no-evidence-that-sexbots-reduce-harms-to-women-and-children-97694>. Kathleen Richardson, profesora de la Universidad DeMontfort e impulsora de la «campaña contra los robots sexuales», coincide plenamente con Mallett y hace hincapié en que hay una diferencia fundamental entre los robots sexuales y determinados juguetes como puedan ser los vibradores. Según ella: «Quienes compran estos robots llegan a creer que son chicas y mujeres. Los fabricantes los diseñan así porque quieren que los compradores tengan la sensación de que se están relacionando con una persona. Pero se trata de cosas completamente distintas. Las muñecas sexuales y mecánicas con apariencia de mujer juegan con la idea de que las mujeres son orificios para la penetración». Terri Murray, «Interview with Ka-

thleen Richardson on sex robots», *Conatus News*, 25 de octubre de 2017, <https://conatusnews.com/kathleen-richardson-sex-robots/>.

90. Jessica Miley, «Sex robot Samantha gets an update to say "No" if she feels disrespected or bored», *Interesting Engineering*, 28 de junio de 2018, <https://interestingengineering.com/sex-robot-samantha-gets-an-update-to-say-no-if-she-feels-disrespected-or-bored>.

91. «Amazon Alexa to reward kids who say: "Please"», BBC News, 25 de abril de 2018, <https://www.bbc.com/news/technology-43897516>.

92. «Studying computers to learn about ourselves», NPR, 3 de septiembre de 2010, <https://www.npr.org/templates/story/story.php?storyId=129629756>.

93. Soy consciente de la dificultad que entraña determinar qué categorías de objetos mecánicos deberían estar protegidas.

94. G. W. F. Hegel, *Fenomenología del espíritu.*

95. Jacqueline M. Kory-Westlund, «Robots, gender, and the design of relational technology», MIT Media Lab, 12 de agosto de 2019, <https://www.media.mit.edu/posts/robots-gender-and-the-design-of-relational-technology/>.

96. Nicholas A. Christakis, «How AI will rewire us», *The Atlantic*, abril de 2019, <https://www.theatlantic.com/magazine/archive/2019/04/robots-human-relationships/583204/>.

97. David Levy, *Love and sex with robots*, HarperCollins, 2007, pág. 132; Laurence Goasduff, «Emotion AI will personalize interactions», Smarter With Gartner, 22 de enero de 2018, <https://www.gartner.com/smarterwithgartner/emotion-ai-will-personalize-interactions/>.

98. Anco Peeters y Pim Haselager, «Designing virtuous sex robots», *International Journal of Social Robotics*, 2019, <https://doi>.

99. Brian Borzykowski, «Truth be told, we're more honest with robots», BBC, 19 de abril de 2016, <https://www.bbc.com/worklife/article/20160412-truth-be-told-were-more-honest-with-robots>.

100. Judith Shulevitz, «Alexa, should we trust you?», *The Atlantic*, noviembre de 2018, <https://www.theatlantic.com/magazine/archive/2018/11/alexa-how-will-you-change-us/570844/>.

101. Adam Satariano, Elian Peltier y Dmitry Kostyukov, «Meet Zora, the robot caregiver», *New York Times*, 23 de noviembre de 2018, <https://www.nytimes.com/interactive/2018/11/23/technology/robot-nurse-zora.html>.

102. Kate Julian, «Why are young people having so little sex?», *The Atlantic*, diciembre de 2018, <https://www.theatlantic.com/magazine/archive/2018/12/the-sex-recession/573949/>.

103. Jean M. Twenge, «Have smartphones destroyed a generation?», *The Atlantic*, septiembre de 2017, <https://www.theatlantic.com/magazine/archive/2017/09/has-the-smartphone-destroyed-a-generation/534198/>.

104. «British people "having less sex" than previously», BBC News, 8 de mayo de 2019, <https://www.bbc.co.uk/news/health-48184848>.

105. Klinenberg, *Going Solo*, pág. 15.

106. Chen Mengwei, «Survey: Young, alone, no house and not much sex», *China Daily*, 5 de mayo de 2017, <http://africa.chinadaily.com.cn/china/2017-05/05/content_29210757.htm>.

107. «Meet Henry, The world's first generation of male sex robots», Fight The New Drug, 27 de septiembre de 2019, <https://fightthenewdrug.org/meet-henry-the-worlds-first-generation-of-male-sex-robots/>.

108. Gabby Jeffries, «Transgender sex robots are a thing now and apparently they're very popular», *Pink News*, 9 de abril de 2018, <https://www.pinknews.co.uk/2018/04/09/transgender-sex-robots-are-a-thing-now-and-apparently-theyre-very-popular/>.

109. «Meet Henry, The world's first generation of male sex robots».

110. Realbotix, <https://realbotix.com>.

111. Eve Herold, «Meet your child's new nanny: A robot», *Leaps*, 31 de diciembre de 2018, <https://leapsmag.com/meet-your-childrens-new-nanny-a-robot/>.

10. La economía de la soledad

1. Lanre Bakare, «Glastonbury tickets sell out in 34 minutes», *Guardian*, 6 de octubre de 2019, <https://www.theguardian.com/music/2019/oct/06/glastonbury-tickets-sell-out-in-34-minutes>; unos dos millones de personas intentaron comprar una entrada.

2. David Doyle, «12 things I learned as a Glastonbury virgin», 4 News, 23 de junio de 2015, <https://www.channel4.com/news/glastonbury-2015-festival-lessons-12-things-know-virgin>.

3. Robyn Taylor-Stavely, «Glastonbury Festival, the weird and the wonderful», *The Fair*, 23 de julio de 2019, <https://wearethefair.com/2019/07/23/glastonbury-festival-review/>; Crispin Aubrey y John Shearlaw, *Glastonbury: An oral history of the music, mud and magic*, Ebury Press, 2005, pág. 220.

4. Jenny Stevens, «Glastonbury's healing fields: festival goer well being is not just for hippies», *Guardian*, 27 de junio de 2015, <https://www.theguardian.com/music/2015/jun/27/glastonbury-healing-green-fields-hippies-wellbeing>.

5. Véanse los tuits originales en <https://twitter.com/CNDTradeUnions/status/482469314831085568>; <https://twitter.com/WI_Glasto_Cakes/status/600374352475992064>.

6. Lisa O'Carroll y Hannah Ellis-Petersen, «Michael Eavis laments muddiest ever Glastonbury festival», *Guardian*, 26 de junio de 2016, <https://www.theguardian.com/music/2016/jun/26/michael-eavis-laments-muddiest-ever-glastonbury-festival>; Neil McCormick, «A wonderful wet weekend», *Telegraph*, 27 de junio de 2016.

7. «Working at the Festival», Glastonbury Festival, <https://www.glastonburyfestivals.co.uk/information/jobs/>.

8. Stevie Martin, «Shit-covered tents and used tampons: What it's really like to clean up after Glastonbury», *Grazia*, 4 de agosto de 2018, <https://graziadaily.co.uk/life/opinion/shit-covered-tents-used-tampons-s-really-like-clean-glastonbury/>.

9. Hannah Ellis-Petersen, «15,000 at Glastonbury set for record human peace sign», *Guardian*, 23 de junio de 2017, <https://www.theguardian.com/music/2017/jun/22/glastonbury-weather-to-cool-after-heat-left-dozens-needing-a-medic>.

10. Akanksha Singh, «Biggest music festivals on the planet», Far & Wide, 10 de junio de 2019, <https://www.farandwide.com/s/biggest-music-festivals-ca71f3346443426e>.

11. Joey Gibbons, «Why I loved Coachella», *Gibbons Whistler*, 6 de junio de 2016, <https://gibbonswhistler.com/why-i-loved-coachella/>.

12. «The largest music festivals in the world», Statista, 18 de abril de 2019, <https://www.statista.com/chart/17757/total-attendance-of-music-festivals/>; en cuanto al número de personas que asistieron en 2019 a Donauinselfest, Rock in Rio y Kostrzyn nad Odra, véase, respectivamente, «2,7 Millionen Besucher beim Donauinselfest», *Die*

Presse, 24 de junio de 2019, <https://www.diepresse.com/5648670/27 -millionen-besucher-beim-donauinselfest>; Mark Beaumont, «Rock in Rio: Brazil's totemic event that brings the entire country together», *Independent*, 17 de octubre de 2019, <https://www.independent.co.uk/ arts-entertainment/music/features/rock-in-rio-festival-brazil-lineup -roberto-medina-2020-a9160101.html>; «Record attendance and a global reach for the 18th edition of Mawazine», Mawazine Rabat, 30 de junio de 2019, <http://www.mawazine.ma/en/mawazine-2019-reus site-totale-et-historique-2/>.

13. Simon Usborne, «Get me out of here! Why escape rooms have become a global craze», *Guardian*, 1 de abril de 2019, <https:// www.theguardian.com/games/2019/apr/01/get-out-how-escape-rooms-became-a-global-craze>; Will Coldwell, «Escape games: why the latest city-break craze is being locked in a room», *Guardian*, 3 de abril de 2015, <https://www.theguardian.com/travel/2015/apr/03/ room-escape-games-city-breaks-gaming>.

14. Simon Usborne, «Get me out of here! Why escape rooms have become a global craze».

15. Malu Rocha, «The rising appeal of board game cafés», *Nouse*, 21 de enero de 2020, <https://nouse.co.uk/2020/01/21/the-rising-appeal-of-board-game-cafs>.

16. Tom Walker, «"Huge growth" in number of people doing group exercise», *Health Club Management*, 14 de mayo de 2018, <https:// www.healthclubmanagement.co.uk/health-club-management-news/ Huge-growth-in-number-of-people-doing-group-exercise-/337501>.

17. Vanessa Grigoriadis, «Riding high», *Vanity Fair*, 15 de agosto de 2012, <https://www.vanityfair.com/hollywood/2012/09/soul-cycle -celebrity-cult-following>.

18. Tara Isabella Burton, «"CrossFit is my church"», *Vox*, 10 de septiembre de 2018, <https://www.vox.com/the-goods/2018/9/10/ 17801164/crossfit-soulcycle-religion-church-millennials-casper-ter-kuile>.

19. Tom Layman, «CrossFit as church? Examining how we gather», Harvard Divinity School, 4 de noviembre de 2015, <https:// hds.harvard.edu/news/2015/11/04/crossfit-church-examining-how-we-gather#>; Tara Isabella Burton, «CrossFit is my church».

20. Un estudio ha revelado que, si hacemos ejercicio en una bicicleta estática durante treinta minutos con un compañero al lado, nos sen-

timos mejor que si pedaleamos solos. Thomas Plante, Laura Coscarelli y Marie Ford, «Does exercising with another enhance the stress-reducing benefits of exercise?», *International Journal of Stress Management* 8, núm. 3, julio de 2001, págs. 201-213, <https://www.psychologytoday.com/files/attachments/34033/exercise-another.pdf>.

21. Cynthia Kim, «In daytime discos, South Korea's elderly find escape from anxiety», Reuters, 16 de abril de 2018, <https://af.reuters.com/article/worldNews/idAFKBN1HN01F>.

22. Émile Durkheim, *Las formas elementales de la vida religiosa*, Fondo de Cultura Económica, 2013. Si bien las comunidades virtuales pueden proporcionar cierto grado de efervescencia colectiva, esta es mucho menos intensa. Véase, por ejemplo, Randall Collins, «Interaction rituals and the new electronic media», *The Sociological Eye*, 25 de enero de 2015, <https://sociological-eye>.

23. Charles Walter Masters, *The respectability of late victorian workers: A case study of York, 1867-1914*, Cambridge Scholars Publishing, 2010.

24. National Museum of African American History & Culture, «The community roles of the barber shop and beauty salon», 2019, <https://nmaahc.si.edu/blog/community-roles-barber-shop-and-beauty-salon>.

25. Obsérvese que el acceso «universal» a esos «terceros espacios» es en sí mismo una suposición idealista que no siempre tiene en cuenta barreras tan evidentes como el racismo, que ha hecho que los negros no sean especialmente bien recibidos en algunos establecimientos. Para una réplica a Oldenburg, véase F. Yuen y A. J. Johnson, «Leisure spaces, community, and third places», *Leisure Sciences* 39, núm. 2, 2017, págs. 295-303.

26. «ANNOUNCING Mission Pie's 12th Annual PIE CONTEST», Mission Pie, 2018, <https://missionpie.com/posts/12th-annual-community-pie-baking-contest-september-9-2018/>; «Join us on National Typewriter Day for typewriter art, poetry, stories, and letter writing – and of course, delicious pie!», Mission Pie, <https://missionpie.com/posts/3rd-annual-type-in/>.

27. «PAN in conversation with Karen Heisler», Pesticide Action Network, <http://www.panna.org/PAN-conversation-Karen-Heisler>.

28. Joe Eskenazi, «Last meal: Mission Pie will soon close its doors», *Mission Local*, 17 de junio de 2019, <https://missionlocal.org/2019/06/last-meal-mission-pie-will-soon-close-its-doors/>.

29. J. D. Esajian, «Rent report: Highest rent in US 2020», *Fortune Builders*, <https://www.fortunebuilders.com/top-10-u-s-cities-with-the-highest-rents/>.

30. Nuala Sawyer Bishari, «Can the Mission save itself from commercial gentrification?», *SF Weekly*, 13 de febrero de 2029, <http://www.sfweekly.com/topstories/can-the-mission-save-itself-from-commercial-gentrification/>; Kimberly Truong, «Historically Latino district in San Francisco on track to lose half its Latino population», Mashable UK, 30 de octubre de 2015, <https://mashable.com/2015/10/30/san-francisco-mission-latino-population/>; Chris Colin, «36 hours in San Francisco», *New York Times*, 11 de septiembre de 2008, <https://www.nytimes.com/2008/09/14/travel/14hours.html>; Joyce E. Cutler, «"Twitter" tax break in San Francisco ends amid push for new funds», *Bloomberg Tax*, 15 de mayo de 2019, <https://news.bloombergtax.com/daily-tax-report-state/twitter-tax-break-in-san-francisco-ends-amid-push-for-new-taxes>.

31. Carolyn Alburger, «As Twitter tax break nears its end, midmarket restaurants feel glimmer of hope», *Eater San Francisco*, 19 de septiembre de 2018, <https://sf.eater.com/2018/9/19/17862118/central-market-tax-exclusion-restaurants-post-mortem-future>.

32. James Vincent, «DoorDash promises to change controversial tipping policy after public outcry», *The Verge*, 24 de julio de 2019, <https://www.theverge.com/2019/7/24/20708212/doordash-delivery-tip-theft-policy-change-tony-xu-tweets>; Jaya Saxena, «Delivery apps aren't getting any better», *Eater*, 29 de mayo de 2019, <https://www.eater.com/2019/5/29/18636255/delivery-apps-hurting-restaurants-grubhub-seamless-ubereats>.

33. Joe Eskenazi, «Last meal: Mission Pie will soon close its doors».

34. Por desgracia, tras el cierre de Mission Pie, este texto ya no está disponible en Facebook.

35. Véase la publicación original en: <https://www.facebook.com/131553526891752/photos/a.213721682008269/2380204862026596/?type=3&theater>.

36. Melissa Harrison, «We must be brave by Francis Liardet review – a child in wartime», *Guardian*, 13 de febrero de 2019, <https://www.theguardian.com/books/2019/feb/13/we-must-be-brave-frances-liardet-review>.

37. «One community one book», Kett's Books, <https://www.kettsbooks.co.uk/onecommunity/>.

38. «Clarkes Bookshop Cape Town», Getaway.co.za, <http://www.clarkesbooks.co.za/assets/docs/GW1214p69%202%20(3).pdf>.

39. June McNicholas y Glyn M. Collis, «Dogs as catalysts for social interactions: Robustness of the effect», *British Journal of Psychology* 91, núm. 1, febrero de 2000, págs. 61-70, <https://doi.org/10.1348/000712600161673>.

40. Abha Bhattarai, «Apple wants its stores to become "town squares." But skeptics are calling it a "branding fantasy"», *Washington Post*, 13 de septiembre de 2017, <https://www.washingtonpost.com/news/business/wp/2017/09/13/apple-wants-its-stores-to-become-town-squares-but-skeptics-call-it-a-branding-fantasy/>.

41. Andrew Hill, «Apple stores are not "town squares" and never should be», *Financial Times*, 17 de septiembre de 2017, <https://www.ft.com/content/8c5d4aec-988f-11e7-a652-cde3f882dd7b>.

42. Julia Carrie Wong, «Pepsi pulls Kendall Jenner ad ridiculed for co-opting protest movements», *Guardian*, 6 de abril de 2017, <https://www.theguardian.com/media/2017/apr/05/pepsi-kendall-jenner-pepsi-apology-ad-protest>.

43. Véase el tuit original en <https://twitter.com/BerniceKing/status/849656699464056832?s=20pepsi-kendall-jenner-pepsi-apology-ad-protest>.

44. Wong, «Pepsi pulls Kendall Jenner ad ridiculed for co-opting protest movements»; como han señalado muchos críticos, la imagen de Jenner con el agente de policía parece una referencia a la impresionante foto de Ieshia Evans, una mujer negra con un vestido vaporoso que levanta impasible las manos para que la arresten durante una manifestación contra la brutalidad policial en Luisiana. Véase la foto de Jonathan Bachman, Reuters, <https://www.nytimes.com/slideshow/2017/02/13/blogs/the-worlds-best-photo/s/13-lens-WPress-slide-JSQ0.html>.

45. Keiko Morris y Elliot Brown, «WeWork surpasses JPMorgan as biggest occupier of Manhattan office space», *Wall Street Journal*, septiembre de 2018, <https://www.wsj.com/articles/wework-surpasses-jpmorgan-as-biggest-occupier-of-manhattan-office-space-1537268401>; «WeWork locations», noviembre de 2017, <https://www.wework.com/locations>.

46. «The We Company», United States Securities and Exchange

Commission, 14 de agosto de 2019, <https://www.sec.gov/Archives/edgar/data/1533523/000119312519220499/d781982ds1.htm>.

47. Rani Molla, «"Co-living" is the new "having roommates" – with an app», *Vox*, 29 de mayo de 2019, <https://www.vox.com/recode/2019/5/29/18637898/coliving-shared-housing-welive-roommates-common-quarters>.

48. Henny Sender, «Investors embrace millennial co-living in Asia's megacities», *Financial Times*, 28 de enero de 2020, <https://www.ft.com/content/c57129f8-40d9-11ea-a047-eae9bd51ceba>.

49. «Coliving is city living made better», Common, <https://www.common.com>; Society, <http://oursociety.com>; «Join the global living movement», The Collective, <https://thecollective.com>; Winnie Agbonlahor, «Co-living in London: Friendship, fines and frustration», BBC, 24 de abril de 2018, <https://www.bbc.com/news/uk-england-london-43090849>.

50. Common, <https://www.common.com/why-common/>; «The 4 co's of coliving», Ollie, <https://www.ollie.co/coliving>.

51. Jessica Burdon, «Norn: the offline social network reviving the art of conversation», *The Week*, 30 de abril de 2018, <https://www.theweek.co.uk/93266/norn-the-offline-social-network-reviving-the-art-of-conversation>; Annabel Herrick, «Norn rethinks co-living for a new generation of nomads», *The Spaces*, <https://thespaces.com/introducing-norn-the-startup-taking-co-living-to-new-heights/>.

52. Véase un comentario en <https://news.ycombinator.com/threads?id=rcconf>.

53. Véase un comentario en <https://news.ycombinator.com/item?id=19783245>.

54. Conversación con Daniel.

55. Agbonlahor, «Co-living in London: Friendship, fines and frustration».

56. Will Coldwell, «"Co-living": the end of urban loneliness – or cynical corporate dormitories?», *Guardian*, 3 de septiembre de 2019, <https://www.theguardian.com/cities/2019/sep/03/co-living-the-end-of-urban-loneliness-or-cynical-corporate-dormitories>.

57. Peter Timko, «Co-living with Lefebvre: the production of space at The Collective old oak», Radboud University, 2018, pág. 49, <https://theses.ubn.ru.nl/bitstream/handle/123456789/7424/Timko%2C_Peter_1.pdf?sequence=1>.

58. Agbonlahor, «Co-living in London: Friendship, fines and frustration».

59. Timko, «Co-living with Lefebvre».

60. *Ibidem.*

61. Coldwell, «"Co-living": the end of urban loneliness».

62. «Berlin coliving meetup: How can coliving foster thriving communities?», *Conscious Coliving*, 30 de julio de 2019, <https://www.consciouscoliving.com/2019/07/30/berlin-co-living-meet-up-how-can-coliving-foster-thriving-communities/>.

63. Coldwell, «"Co-living": The end of urban loneliness».

64. Venn, «2019 Semi Annual Impact Report», Venn, 2019, <https://39q77k1dd7472q159r3hoq5p-wpengine.netdna-ssl.com/wp-content/uploads/2019/10/impactreport2019.pdf>.

65. «Your amenities», Nomadworks, <https://nomadworks.com/amenities/>.

66. Alessandro Gandini, «The rise of coworking spaces: A literature review», *Ephemera 15*, núm. 1, febrero de 2015, págs. 193-205, <http://www.ephemerajournal.org/contribution/rise-coworking-spaces-literature-review>.

67. «Doing things together», Happy City, <https://thehappycity.com/resources/happy-homes/doing-things-together-principle/>.

68. Oliver Smith, «Exclusive: Britain's co-living king has raised $400m to take on WeWork in America», *Forbes*, 27 de marzo de 2018, <https://www.forbes.com/sites/oliversmith/2018/03/27/exclusive-britains-co-living-king-has-raised-400m-to-take-on-wework-in-america/>.

69. Brad Eisenberg, «Why is WeWork so popular?», *Medium*, 15 de julio de 2017, <https://medium.com/@@eisen.brad/why-is-wework-so-popular-934b07736cae>.

70. Hannah Foulds, «Co-living spaces: Modern utopia or over-organised hell?», *The Londonist*, 12 de abril de 2017, <https://londonist.com/london/housing/co-living-spaces-modern-utopia-or-over-organised-hell>.

71. Marisa Meltzer, «Why fitness classes are making you go broke», *Racked*, 10 de junio de 2015, <https://www.racked.com/2015/6/10/8748149/fitness-class-costs>.

72. Hillary Hoffower, «Nearly one-third of millennials who went to a music festival in the past year say they took on debt to afford it,

survey finds», *Business Insider*, 1 de agosto de 2019, <https://www.businessinsider.com/millennials-going-into-debt-music-festivals-coachella-lollapalooza-bonnaroo-2019>.

73. «City reveals selected shared housing development proposals», NYC Housing Preservation and Development, <https://www1.nyc.gov/site/hpd/news/092-19/city-reveals-selected-shared-housing-development-proposals#/0>.

74. Jane Margolies, «Co-living grows up», *New York Times*, 14 de enero de 2020, <https://www.nytimes.com/2020/01/14/realestate/co-living-grows-up.html>; «City reveals selected shared housing development proposals».

75. The Common Team, «Common and L+M Development Partners Win ShareNYC», Common, 8 de octubre de 2019, <https://www.common.com/blog/2019/10/common-announced-as-winner-of-sharenyc-hpd/>.

11. Mantenerse unidos en un mundo que se está desmoronando

1. La soledad, como hemos visto, se manifiesta de manera distinta en cada persona. Véase también Fay Bound Alberti, quien describe la soledad como un «conjunto de emociones» que van surgiendo a lo largo de la vida. Fay Bound Alberti, «This "modern epidemic": Loneliness as an emotion cluster and a neglected subject in the history of emotions», *Emotion Review* 10, núm. 3, julio de 2018, págs. 242-254, <https://doi.org/10.1177/1754073918768876>; y, para más información, Fay Bound Alberti, *A biography of loneliness: The history of an emotion*, Oxford University Press, 2019.

2. Véase, por ejemplo, Corinne Purtill, «Loneliness costs the US almost $7 billion extra each year», *Quartz*, 28 de octubre de 2018, <https://qz.com/1439200/loneliness-costs-the-us-almost-7-billion-extra-each-year/>; «The cost of loneliness to employers», Campaign to End Loneliness, <https://www.campaigntoendloneliness.org/wp-content/uploads/cost-of-loneliness-2017.pdf>.

3. Incluyo aquí también a quienes han escrito sobre el colapso de la comunidad. Entre los conservadores que siguen esta línea se encuentran Roger Scruton y Mary Eberstadt; véase, respectivamente,

Roger Scruton, «Identity, family, marriage: our core conservative values have been betrayed», *Guardian*, 11 de mayo de 2013, <https://www.theguardian.com/commentisfree/2013/may/11/identity-family-marriage-conservative-values-betrayed>; Mary Eberstadt, *Primal screams: How the sexual revolution created identity politics*, Templeton Press, 2019. Jeremy Corbyn sería un ejemplo de una voz de la izquierda que sostiene que toda la responsabilidad es del Estado. Al igual que otros politólogos como Neil Vallelly. Nótese también que hay pensadores de «izquierdas», como Alasdair MacIntyre *(After virtue: A study in moral theory* [University of Notre Dame Press, 1981]) o Christopher Lasch *(The true and only heaven: Progress and its critics* [W. W. Norton, 1991]), que también han escrito sobre el papel fundamental que ha desempeñado la ruptura de la familia en el colapso de las comunidades. Así pues, aunque el debate puede caracterizarse por su carácter partidista, hay excepciones evidentes.

4. Con respecto a la desigualdad y su relación con el capitalismo neoliberal, véase Thomas Piketty, *Capital in the Twenty-First Century*, Cambridge, Mass., Harvard University Press, 2014. Con respecto al racismo y el neoliberalismo, véase Darrick Hamilton y Kyle Strickland, «The racism of neoliberalism», *Evonomics*, 22 de febrero de 2020, <https://evonomics.com/racism-neoliberalism-darrick-hamilton/>; para más información, véase David Theo Goldberg, *The threat of race: Reflections on racial neoliberalism*, Wiley-Blackwell, 2008. Para la relación entre género y neoliberalismo, véase, por ejemplo, Andrea Cornwall, Jasmine Gideon y Kalpana Wilson, «Reclaiming feminism: Gender and neoliberalism», *Institute of Development Studies Bulletin* 39, núm. 6, diciembre de 2008, <https://doi.org/10.1111/j.1759-5436.2008.tb00505.x>; o más exhaustivamente, Nancy Fraser, *Fortunes of feminism: From State-managed capitalism to neoliberal crisis*, Verso, 2013.

5. Adam Smith, *La teoría de los sentimientos morales*, Alianza Editorial, 2013.

6. David J. Davis, «Adam Smith, Communitarian», *The American Conservative*, 19 de diciembre de 2013, <https://www.theamericanconservative.com/articles/adam-smith-communitarian/>; Jack Russell Weinstein, *Adam Smith's pluralism*, Yale University Press, 2013; Jesse Norman, «How Adam Smith would fix capitalism», *Financial Times*, 21 de junio de 2018, <https://www.ft.com/content/6795a1a0-7476-11e8-b6ad-3823e4384287>.

7. Esto ascendería aproximadamente a 287.000 millones de dólares, teniendo en cuenta el volumen de la economía estadounidense. OECD, «Social Expenditure: Aggregated data», OECD Social and Welfare Statistics (database), <https://doi.org/10.1787/data-00166-en>, 30 de junio de 2020; <socialexp/social-spending.htm>.

8. «Fauci, governors get highest marks for response to coronavirus, Quinnipiac University National Poll Finds; majority say Trump's response not aggressive enough», Quinnipiac University, 8 de abril de 2020, <https://poll.qu.edu/national/release-detail?ReleaseID=3658>.

9. Luke Savage, «The coronavirus has created record support for medicare for all», *Jacobin*, 2 de abril de 2020, <https://www.jacobin mag.com/2020/04/coronavirus-pandemic-medicare-for-all-support>; encuesta original en Yusra Murad, «As coronavirus surges, "Medicare for all" support hits 9-month high», *Morning Consult*, 1 de abril de 2020, <https://morningconsult.com/2020/04/01/medicare-for-all-co ronavirus-pandemic/>.

10. Laura Gardiner, «The shifting shape of social security: Charting the changing size and shape of the British welfare system», Resolution Foundation, noviembre de 2019, <https://www.resolution foundation.org/app/uploads/2019/11/The-shifting-shape-of-social-security.pdf>.

11. Phillip Inman, «Right wing think tanks call time on age of austerity», *Guardian*, 16 de mayo de 2020, <https://www.theguar dian.com/politics/2020/may/16/thatcherite-thinktanks-back-increase -public-spending-in-lockdown>.

12. «A New Deal for the arts», The National Archives, <https://www.archives.gov/exhibits/new_deal_for_the_arts/index.html#>.

13. Aunque algunos países tienen bastante más margen de maniobra que otros.

14. Jonathan Nicholson, «Tax "excess" profits of big money-making companies to fix coronavirus economy, scholar urges», Market Watch, 30 de abril de 2020, <https://www.marketwatch.com/story/tax-excess-profits-of-big-money-making-companies-to-fix-coronavirus -economy-scholar-urges-2020-04-30>.

15. Tommy Wilson, «Budget wish list – look after those who look after others», *New Zealand Herald*, 31 de mayo de 2019, <https://www.nzherald.co.nz/premium/news/article.cfm?c_id=1504669&ob jectid=12235697>.

16. «The Wellbeing Budget», presupuesto del Gobierno neozelandés para 2019, 30 de mayo de 2019, esp. 10, 18, <https://treasury.govt.nz/sites/default/files/2019-05/b19-wellbeing-budget.pdf>.

17. «Build back better», Wellbeing Economy Alliance, <https://wellbeingeconomy.org>.

18. Richard A. Easterlin, «Well-being, front and center: A note on the Sarkozy report», *Population and Development Review* 36, núm. 1, marzo de 2010, págs. 119-124, <https://www.jstor.org/stable/25699039?seq=1#metadata_info_tab_contents>; «PM Speech on Wellbeing», Gov.uk, 25 de noviembre de 2010, <https://www.gov.uk/government/speeches/pm-speech-on-wellbeing>; Emma Bryce, «The flawed era of GDP is finally coming to an end», *Wired*, 3 de agosto de 2019, <https://www.wired.co.uk/article/countries-gdp-gross-national-happiness>.

19. Dan Button, «The UK should stop obsessing over GDP. Wellbeing is more telling», *Guardian*, 10 de junio de 2019, <https://www.theguardian.com/commentisfree/2019/jun/10/uk-obsessing-gdp-wellbeing-new-zealand>; para más información sobre el legado de la Comisión Sarkozy, véase Paul Allin y David J. Hand, *The wellbeing of Nations: meaning, motive, and measurement*, Nueva York, Wiley, 2014.

20. Noreena Hertz, *The silent takeover*, Random House, 2002, págs. 17-20.

21. Véanse también las opiniones de Diane Coyle al respecto; por ejemplo, *GDP: A brief but affectionate history*, Princeton University Press, 2014.

22. «Business roundtable members», Business Roundtable, <https://www.businessroundtable.org/about-us/mebers>.

23. Milton Friedman, «The social responsibility of business is to increase its profits», *New York Times* magazine, 13 de septiembre de 1970.

24. «Business roundtable redefines the purpose of a corporation to promote "An economy that serves all Americans"», Business Roundtable, 19 de agosto de 2019, <https://www.businessroundtable.org/business-roundtable-redefines-the-purpose-of-a-corporation-to-promote-an-economy-that-serves-all-americans>.

25. Julia Carrie Wong, «Amazon execs labeled fired worker "not smart or articulate" in leaked PR notes», *Guardian*, 3 de abril de 2020, <https://www.theguardian.com/technology/2020/apr/02/amazon-chris-smalls-smart-articulate-leaked-memo>.

26. Chris Smalls, «Dear Jeff Bezos, instead of firing me, protect your workers from coronavirus», *Guardian*, 2 de abril de 2020, <https://www.theguardian.com/commentisfree/2020/apr/02/dear-jeff-bezos-amazon-instead-of-firing-me-protect-your-workers-from-coronavirus>.

27. Julia Carrie Wong, «Amazon execs labeled fired worker "not smart or articulate" in leaked PR notes».

28. «AG James' statement on firing of Amazon worker who organized walkout», Office of the New York State Attorney General, <https://ag.ny.gov/press-release/2020/ag-james-statement-firing-amazon-worker-who-organized-walkout>.

29. Brad Smith, «As we work to protect public health, we also need to protect the income of hourly workers who support our campus», Microsoft, 5 de marzo de 2020, <https://blogs.microsoft.com/on-the-issues/2020/03/05/covid-19-microsoft-hourly-workers/>.

30. Véase, por ejemplo, el proyecto de ley presentado por el senador republicano Josh Hawley en julio de 2019 para frenar la adicción a los teléfonos inteligentes mediante la prohibición de la retroalimentación incesante de las redes sociales, y la limitación de su uso a treinta minutos al día por persona en todos los dispositivos: Emily Stewart, «Josh Hawley's bill to limit your Twitter time to 30 minutes a day, explained», *Vox*, 31 de julio de 2019, <https://www.vox.com/recode/2019/7/31/20748732/josh-hawley-smart-act-social-media-addiction>; o las advertencias del comisario de Mercado Interior de la UE, Thierry Breton, en febrero de 2020, de que si las principales plataformas tecnológicas no frenan adecuadamente la incitación al odio y la desinformación, se impondrán normas y sanciones más severas («EU threatens tougher hate-speech rules after Facebook meeting», *DW*, 17 de febrero de 2020, <https://www.dw.com/en/eu-threatens-tougher-hate-speech-rules-after-facebook-meeting/a-52410851>.

31. «Camden Council tackles the climate crisis», véase el video en <https://youtu.be/JzzWc5wMQ6s>.

32. «Camden Climate Action Plan», Camden Council, <https://consultations.wearecamden.org/supporting-communities/camden-climate-action-plan/>.

33. Carl Miller, «Taiwan is making democracy work again. It's time we paid attention», *Wired*, 26 de noviembre de 2019, <https://www.wired.co.uk/article/taiwan-democracy-social-media>.

34. «VTaiwan: Using digital technology to write digital laws», The Gov Lab, <https://congress.crowd.law/case-vtaiwan.html>.

35. Liz Barry, «VTaiwan: Public participation methods on the cyberpunk frontier of democracy», Civic Hall, 11 de agosto de 2016, <https://civichall.org/civicist/vtaiwan-democracy-frontier/>.

36. Sobre todo porque, aunque todos puedan publicar los comentarios que quieran, el proceso está diseñado de tal manera que impide responder por alusiones, a fin de que los troles no hagan de las suyas.

37. «Camden Council tackles the climate crisis», véase el video en <https://youtu.be/JzzWc5wMQ6s>.

38. Véase, por ejemplo, Hélène Landemore, *Democratic reason: Politics, collective intelligence, and the rule of the many*, Princeton University Press, 2012.

39. Sin embargo, hay que tener en cuenta que, como hemos visto, la inclusión y la diversidad pueden brillar por su ausencia en nuestra propia urbanización; y que algunas comunidades se caracterizan por lo que excluyen.

40. Thomas F. Pettigrew y Linda R. Tropp, «A meta-analytic test of intergroup contact theory», *Journal of Personality and Social Psychology* 90, núm. 5, 2006, págs. 751-783; Bhikhu Parekh y otros, «The commission on the future of multi-ethnic Britain», The Runnymede Trust, 2000; Alejandro Portes y Julia Sensenbrenner, «Embeddedness and immigration: Notes on the social determinants of economic action», *American Journal of Sociology* 98, núm. 6, mayo de 1993, págs. 1320-1350.

41. Este es el total acumulado de participantes en 2017, 2018 y 2019, según el propio *Die Zeit*. Christian Bangel y otros, «Start debating!», *Zeit Online*, 9 de marzo de 2018, <https://www.zeit.de/gesellschaft/2018-03/germany-talks-match-debate-politics-english>.

42. Shan Wang, «In Germany, a news site is pairing up liberals and conservatives and actually getting them to (gasp) have a civil conversation», Nieman Lab, 8 de agosto de 2018, <https://www.niemanlab.org/2018/08/in-germany-a-news-site-is-pairing-up-liberals-and-conservatives-and-actually-getting-them-to-gasp-have-a-civil-conversation/>.

43. Bangel y otros, «Start debating!».

44. «"You are rejecting an entire religion"», *Zeit Online*, mayo de

2018, <https://www.zeit.de/gesellschaft/2018-04/germany-talks-expe rience-report-meeting/seite-2>.

45. Jochen Wegner, «There is no Mirko here», *Zeit Online*, 22 de junio de 2017, <https://www.zeit.de/gesellschaft/2017-06/germany-talks-dispute-political-contention-english>.

46. Bangel y otros, «Start debating!», pág. 2.

47. «Improving social cohesion, one discussion at a time», *Zeit Online*, agosto de 2019, <https://www.zeit.de/wissen/2019-08/armin -falk-germany-talks-behaviour-research-english/seite-2>.

48. *Ibidem.*

49. Elena Erdmann y otros, «The issues dividing Germany», *Zeit Online*, 18 de noviembre de 2019, <https://www.zeit.de/gesellschaft/ 2019-11/germany-talks-discussion-issues-democracy-english>; Armin Falk, Lasse Stötzer y Sven Walter, «Evaluation Deutschland Spricht», <https://news.briq-institute.org/wp-content/uploads/2019/08/Tech nical_Report_Deutschland_Spricht.pdf>. No deberíamos subestimar el efecto humanizador del diálogo entre personas con ideas discrepantes; de hecho, numerosas investigaciones lo confirman. Véase, por ejemplo, Thomas F. Pettigrew y Linda R. Tropp, «A meta-analytic test of intergroup contact theory», *Journal of Personality and Social Psychology* 90, núm. 5, junio de 2006, págs. 751-783.

50. 91 Ways, <http://91ways.org/>.

51. «Public works», The Public Theater, <https://publictheater. org/programs/publicworks/>; Richard Halpern, «Theater and democratic thought: Arendt to Rancière», *Critical Inquiry* 37, núm. 3, primavera de 2011, págs. 545-572, <https://doi.org/10.1086/659358>. En la antigua Atenas, la sustitución de los espectáculos propios de cada tribu por un festival de teatro público unificado reunió a las tribus en una experiencia común.

52. «Public works' as you like it», *The Public Theater*, <https:// publictheater.org/productions/season/1920/sitp/as-you-like-it/>.

53. Carl Worswick, «Colombia's Farc guerillas turn to football as route back into society», *Guardian*, 11 de octubre de 2017, <https:// www.theguardian.com/football/2017/oct/11/colombia-football-farc-la-paz-fc>.

54. «Who's doing what in Italy», Refugees and Football, <https:// refugeesandfootball.org/whos-doing-what/in/italy>.

55. Eytan Halon, «Playing on the same team for a peaceful futu-

re», *Jerusalem Post*, 14 de mayo de 2019, <https://www.jpost.com/israel-news/playing-on-the-same-team-for-a-peaceful-future-589575>.

56. «Umuganda», Rwanda Governance Board, <http://www.rgb.rw/index.php?id=37>; Amy Yee, «How Rwanda tidied up its streets (and the rest of the country, too)», NPR, 18 de julio de 2018, <https://www.npr.org/sections/goatsandsoda/2018/07/18/628364015/how-rwanda-tidied-up-its-streets-and-the-rest-of-the-country-too>. Hay que tener en cuenta que *Umuganda* también tiene su lado oscuro; el Gobierno extremista hutu se apropió de la palabra Umuganda durante el genocidio de 1994, cuando, según el historiador Penine Uwimbabazi, Umuganda «no consistía en plantar árboles, sino en "limpiar la maleza", que es la expresión que utilizaban los genocidas para referirse a la matanza de tutsis» y hutus moderados. Véase Penine Uwimbabazi, «An analysis of *Umuganda:* The policy and practice of community work in Rwanda», Universidad de KwaZulu-Natal, 2012, págs. 47-49. Con relación a la historia de *Umuganda* durante la reconstrucción de Ruanda tras el genocidio, véase, por ejemplo, *Timothy Longman, memory and justice in post-genocide Rwanda*, Cambridge University Press, 2017.

57. «Umuganda», Rwanda Governance Board, <http://www.rgb.rw/fileadmin/Key_documents/HGS/UMUGANDA_2017.pdf>.

58. UNESCO, G. A. Lemarchand y A. Tash (comps.), *Mapping research and innovation in the Republic of Rwanda*; GOSPIN Country Profiles in Science, *Technology and Innovation Policy* 4, UNESCO, 2015, pág. 31.

59. Melanie Lidman, «In once-torn Rwanda, fear of a fine molds a nation of do-gooders», *Times of Israel*, 27 de marzo de 2017, <https://www.timesofisrael.com/in-rwanda-where-good-deeds-are-law/>.

60. *Ibidem.*

61. La asamblea comunitaria es menos habitual en Kigali y otras ciudades grandes.

62. Lidman, «In once-torn Rwanda, fear of a fine molds a nation of do-gooders».

63. Marie Anne Dushimimana y Joost Bastmeijer, «Rwanda, part 4: The "reconciliation villages" where genocide survivor and perpetrator live side by side», *New Humanitarian*, 20 de mayo de 2019,

<https://www.thenewhumanitarian.org/special-report/2019/05/20/ rwanda-reconciliation-villages-genocide-survivor-perpetrator>.

64. Laura Eramian, «Ethnic boundaries in contemporary Rwanda: Fixity, flexibility and their limits», *Anthropologica* 57, núm. 1, 2015, págs. 93-104.

65. En este proyecto piloto participaron voluntarios, pero lo que se pretende es que termine siendo obligatorio.

66. Angelique Chrisafis, «Macron's national service sparks criticism from French left», *Guardian*, 19 de junio de 2019, <https:// www.theguardian.com/world/2019/jun/19/rollout-of-compulsory -civic-service-for-young-people-in-france-sparks-criticisms>.

67. *Ibidem*; «France begins trial of compulsory civic service for teens», *France 24*, 16 de junio de 2019, <https://www.france24.com/ en/20190616-france-trial-macron-new-compulsory-national-service-teen-military>.

68. George Makin, «Small acts of kindness helping lives in lockdown», *Express and Star*, 30 de abril de 2020, <https://www.expres sandstar.com/news/health/coronavirus-covid19/2020/04/30/small-acts-of-kindness-helping-lives-in-lockdown/>.

69. Andy Devane, «Acts of kindness: Italy helps the most fragile during crisis», Wanted In Milan, 14 de marzo de 2020, <https://www. wantedinmilan.com/news/acts-of-kindness-italy-helps-the-most-fra gile-during-crisis.html>.

70. The Learning Network, «What students are saying about random acts of kindness, internet habits and where they'd like to be stranded», *New York Times*, 16 de abril de 2020, <https://www.nyti mes.com/2020/04/16/learning/what-students-are-saying-about-acts-of-kindness-internet-habits-and-where-theyd-like-to-be-stranded. html>.

ÍNDICE ONOMÁSTICO Y DE MATERIAS